Aufbrüche

Die Literatur Spaniens seit 1975

Herausgegeben von

Dieter Ingenschay und Hans-Jörg Neuschäfer

Christian
Thomas
November
1991

Titelzeichnung (»Aufbrüche«) und Umschlaggestaltung: Dietmar Silber

Satz: Contrapress, Berlin
Druck: Oktoberdruck, Berlin
1. Auflage, Berlin 1991
ISBN 3-925867-05-8

edition tranvía, Postfach 30 36 26, 1000 Berlin 30

Gedruckt mit Unterstützung der Botschaft des Königreichs Spanien

A u f b r ü c h e

Die Literatur Spaniens seit 1975

Herausgegeben von
Dieter Ingenschay und Hans-Jörg Neuschäfer

edition tranvía
Berlin

Inhalt

Aufbrüche:

Anmerkungen zur spanischen Literatur nach 1975 und Hinweise zur Benutzung des vorliegenden Bandes

Von Hans-Jörg Neuschäfer

Eine Bestandsaufnahme der aktuellen spanischen Literatur, der Literatur nach 1975, zu geben, übersteigt die Möglichkeiten des Einzelnen: Ein Selektionsprozeß hat noch nicht begonnen; und alles zu lesen, was in Frage und fast täglich hinzukommt, ist ausgeschlossen. Deshalb haben sich für den vorliegenden Band 30 Hispanistinnen und Hispanisten aus der Hochschule und aus dem Journalismus zusammengefunden, um dem interessierten Leser anhand von 26 Einzelporträts sowie von vier Sammeldarstellungen zu den wichtigsten Gattungen (Roman, Krimi, Theater, Lyrik) eine erste Orientierung in der äußerst abwechslungsreichen, aber noch kaum überschaubaren Landschaft der Gegenwartsliteratur zu verschaffen und ihn einzuladen, auf eigene Faust weiter auf Erkundung auszugehen. Wir rechnen nicht damit, daß alle Benutzer des Bandes die spanische Literatursprache beherrschen, geben deshalb Zitate grundsätzlich auf deutsch wieder und verweisen außer auf die spanischen Textausgaben auf deutsche Übersetzungen.[1] Auch wendet sich unser Buch bewußt nicht an Spezialisten der Literaturwissenschaft, sondern an das Informationsbedürfnis von Spanienliebhabern jeder Couleur. Es verzichtet deshalb auch weitgehend auf die in der Wissenschaft üblichen Anmerkungsapparate.[2]

Da auch der Verfasser dieser Einleitung nur eine begrenzte Anzahl von Gegenwartsautoren und -texten aus eigener Lektüre oder persönlichem Umgang kennt, muß er sich darauf beschränken, zusammenfassend einige Trends zu markieren, die sich aus den einzelnen Beiträgen ergeben; einige Besonderheiten der kulturellen Entwicklung Spaniens hervorzuheben, die in den Beiträgen nicht zur Sprache kommen; und gewisse Probleme namhaft zu machen, denen sich Mitarbeiter und Herausgeber dieses Bandes gegenübersahen.

Zunächst ist anzumerken, daß der Status der spanischen Gegenwartsliteratur und ihr Niveau umstritten sind, wie alles Gegenwärtige, zu dem man noch keinen rechten Abstand hat. Gab es 1975 eine Zäsur auch in kultureller Hinsicht, einen *cambio* also, oder gar eine *ruptura,* oder gab es — wie in der Politik — bloß eine *transición,* einen mehr oder weniger sanften Übergang, eine nicht allzu dramatische »Wende«? Hat die Demokratisierung des öffentlichen Lebens zu einer Belebung der Literatur geführt oder zu ihrer Verflachung? Dies zu beantworten ist deshalb schwierig, weil sich — wie stets bei aktuellen Diskussionen — zunächst Extrempositionen in den Vordergrund geschoben haben. Die einen konstatierten hämisch, nach Francos Tod sei rein gar nichts passiert; die Meisterwerke, die, von der Zensur unterdrückt, in den Schubladen der Autoren auf bessere Zeiten warteten, habe es nicht gegeben. Und was sich an Neuem rege, sei vorläufig nicht der Rede wert. Dem standen die Auguren der (Post-)Moderne gegenüber, vor allem die Literaturkritiker von *El País* und die Reklamebeauftragten der großen Verlage. Diese Strategen der Erneuerung wurden nicht müde, täglich neue Geniestreiche, Paradigmenwechsel und Traditionsbrüche zu annoncieren, wobei man manchmal den Eindruck hatte, man habe sich in den Marketingbereich der Automobilbranche verirrt, für die der ewige »Modellwechsel« und die stets »revolutionäre« Erneuerung längst zum Selbstzweck geworden sind.

Die tatsächliche Lage ist, wie immer, diffuser. Von einem Traditionsbruch kann jedenfalls nicht die Rede sein. Dazu lag auch kein Anlaß vor. Die Literatur der Franco-Zeit (zumindest diejenige, die heute noch zählt) hatte, trotz der Zensur und gegen die Zensur, ein beachtliches Niveau, und sie war politisch keineswegs kompromittiert; im Gegenteil: Sie hatte nach Kräften dazu beigetragen, den liberalen Ansatz der Zweiten Republik lebendig zu erhalten. Nicht von ungefähr genießen ihre Autoren nach wie vor hohes Ansehen. Die Literatur der vorhergehenden Generation war auch, was die Techniken des Erzählens, der Dramaturgie und des lyrischen Diskurses anbelangt, durchaus auf der Höhe der Zeit. Daß die jungen Autoren von heute im eigenen Land vor einer kulturellen Öde standen und deshalb umso »europäischer« und »weltoffener« sein müßten, ist jedenfalls ebenso ein Propagandamärchen der Werbeabteilungen wie die Behauptung, in Spanien habe jahrzehntelang ein platter Realismus vorgeherrscht. Das konnte, ja das durfte schon deshalb nicht sein, weil die Zensur mit Argusaugen darüber wachte, daß die Dinge nicht so dargestellt wurden, wie sie waren, sondern so, wie sie sein sollten. Wer dem nicht folgen mochte, mußte seine Botschaft verschlüsseln und die

Zensur unterlaufen, was zwangsläufig zu einem nichtrealistischen, aber oft sehr ingeniösen Diskurs der Verstellung führte.[3]

Genau das ist aber auch der Punkt, von dem aus die Hauptdifferenz und das »Neue« der spanischen Gegenwartsliteratur auszumachen ist: Nach dem Tod des Diktators, spätestens nach der offiziellen Abschaffung der Zensur im Jahr 1978 entfiel der Zwang zur Verstellung und die Notwendigkeit, gegen einen ganz bestimmten Zustand, den der Unterdrückung nämlich, anschreiben zu müssen. Da aber die literarische Phantasie das Widerständige, bis zu einem gewissen Grad jedenfalls, auch wieder braucht — denn Literatur ist allemal auch Kompensation eines Mangelzustandes —, herrschte zunächst eine gewisse, man möchte sagen: selbstverständliche Ratlosigkeit, als das vertraute Feindbild verschwunden war. Daraus erklärt sich (jedenfalls besser als aus dem Mangel an Talenten) das Zögern, mit dem die Literaten (ebenso wie die Filmemacher) auf die spanische Wende reagierten: Einerseits blieb noch der Zweifel, ob man dem Frieden trauen könne, und andererseits stellte sich die Frage: »Was nun?«

Diese Übergangsphase ist aber jetzt vorbei. Inzwischen ist nicht nur die *movida* hochgeschossen und schon wieder zum Rummel verkommen; es sprießen allenthalben auch die echten Triebe einer neuen Kultur, die bekanntlich Zeit zu ihrer Entwicklung braucht. Ob die Blütenträume alle reifen und wieviele der jetzt Hochgelobten nach dreißig Jahren noch Bestand haben werden, ist nicht abzusehen und mag dahingestellt bleiben. Aber der Gesang neuer Autoren ist schon jetzt unüberhörbar und vielstimmig geworden, und einzelne Stimmen haben bereits einen eigenen Klang.

Bemerkenswert an der gegenwärtigen Literatur Spaniens sind zunächst die positiven Konsequenzen, die allenthalben aus der neuen Freiheit gezogen wurden. Hauptcharakteristika sind: die undogmatische Offenheit und Aufgeschlossenheit; der breite Spielraum der formalen und thematischen Möglichkeiten; das gelassene, oft pragmatische Verhältnis zur Vergangenheit, auch zum kulturellen Erbe; das nach wie vor wache politische Bewußtsein und die offensichtlich unverwüstliche Fähigkeit zum galligen Humor, zur grotesken Verzerrung, zum respektlosen *disparate,* zur *burla,* zu allen möglichen Formen der Ironie, die Selbstironie eingeschlossen.

Gerade die zuletzt genannten Eigenschaften stellen zugleich unter Beweis, daß die neue spanische Literatur, obschon sie sich betont weltoffen oder sogar international gibt (vgl. etwa Antonio Muñoz Molinas *El invierno en Lisboa,* 1987; 'Der Winter in Lissabon'), gleichwohl noch Eigentümlichkeiten aufweist, die nur aus einem starken und lebendigen Traditionsbewußtsein zu erklären sind. Es ist z.B. durchaus beeindrukkend, daß die jungen Autoren sich nicht widerstandslos in das weltumspannende Großprojekt »Postmoderne« einspannen lassen, so sehr ihnen das von den Kritikern auch nahegelegt wird. Gewiß kann man sehen, daß das, was Postmoderne ausmacht, auch bei den Autoren der Iberischen Halbinsel seine Spuren hinterlassen hat: der Verlust der erzählerischen Unschuld, die Verfugung verschiedener Zeit- und Fiktionsebenen, die Suspendierung der Geschichte, das intertextuelle Spiel. Aber es ist bezeichnend, daß man der Mode nicht blind folgt, sondern sich zugleich humoristisch über sie erhebt, wie es z.B. Javier Marías in *Todas las almas* (1989; dt. *Alle Seelen oder Die Irren von Oxford,* 1991) tut. Der »Don Quijote« ist also nicht vergeblich in Spanien geschrieben worden: Seither gehört auch die Fiktions*ironie* zur Voraussetzung einer iberischen Schriftstellerkarriere.

Andererseits gibt es gerade in der spanischsprachigen Welt immer wieder gleichsam urwüchsige Erzähltalente, die sich jenseits aller Kritikerrezepte zu fabulieren erlauben — so Eduardo Mendoza in *La ciudad de los prodigios* (1986; dt. *Die Stadt der Wunder,* 1989), wo die Stadt- und Sozialgeschichte Barcelonas mit der pikaresken Biographie eines fiktiven Protagonisten zu einem Dokumentarroman voller Phantastik verwoben wird. Freilich muß auch zugegeben werden, daß kaum einer der Gegenwartsautoren mehr die sprachlich-stilistische Meisterschaft großer Nachkriegsautoren wie Cela oder Delibes erreicht, jedenfalls nicht durchgehend. Das liegt gewiß nicht an einem Mangel an Fähigkeiten, denn bei einer ganzen Reihe von Texten ist über längere Strecken das Vergnügen an der Lektüre völlig ungestört, bevor es zu (manchmal auch ärgerlichen) Einbrüchen in der sprachlichen Disziplin kommt. Es dürfte dies eher einem chronischen Mangel an Zeit zuzuschreiben sein, denn die guten Autoren sind vielbeschäftigt und können (oder wollen) sich kaum einmal ohne Unterbrechung der gleichen Sache widmen. Auch sind viele der jüngeren Schrifsteller ganz bewußt nicht mehr auf das Ideal des vollendeten und gleichsam für die Kontemplation geschaffenen Kunstwerkes eingeschworen, sondern produzieren Texte, die möglichst vielseitig verwend- und konsumierbar sind. Ein Beispiel ist Vázquez Montalbáns Pepe Carvalho-Serie, die zugleich für den Buch- und den Fernsehmarkt konzipiert, aus der auch noch eine Sammlung von Kochrezepten »ausgekoppelt« wurde und die trotzdem zeitresistente Texte wie *Los mares del Sur* (1979; dt. *Tahiti liegt bei Barcelona,* 1985) hervorgebracht hat.

Am auffälligsten im Panorama der gegenwärtigen Literatur ist der hohe Anteil der Frauen. Die spanischen Autorinnen haben sich diesen Anteil nicht aufgrund einer »Quote« erstritten, sondern allein dank ihrer schriftstellerischen Kompetenz, wobei der gleiche Vorbehalt zur »Zeitproblematik« wie bei den männlichen Kollegen zu machen ist. Wie diese kommen auch die meisten Frauen unter den Autoren aus dem Journalismus, einige aus Lehr- und Dozentenberufen und aus dem Verlagswesen. Viele, nicht alle, haben sich bei passender Gelegenheit feministisch engagiert; keine aber huldigt einem abstrakten oder dogmatischen Credo. Was weiter oben schon als ein herausragendes Charakteristikum der gesamten spanischen Gegenwartsliteratur gewürdigt wurde, die Nicht-Festgelegtheit nämlich, die Vermeidung des Klischeedenkens, die Fähigkeit zum Humor und die Offenheit für das »andere« (z.B. auch für den männlichen Standpunkt), zeichnet gerade die Arbeit der Autorinnen aus, von denen kaum eine in die Schublade der »Frauenliteratur« paßt und dort auch gar nicht hinstrebt. Am stärksten sind die Leistungen auf dem Gebiet des literarisch ambitionierten Journalismus (Rosa Montero), der Lyrik (Ana Rossetti) und der Erzählliteratur (allen voran: Esther Tusquets und Montserrat Roig). Die Kurzgeschichte — übrigens auch bei den männlichen Autoren — hat dabei ein besonderes Gewicht.

Nehmen wir zum Exempel Montserrat Roigs *El cant de la joventut* (1989; 'Der Gesang der Jugend'), die Titelgeschichte ihres jüngsten Erzählbandes. Sie dokumentiert vielleicht am schönsten, wie die journalistische Alltagsarbeit literarisch fruchtbar zu machen ist. Montserrat Roig, deren (liebendes) Interesse an alten Menschen bekannt ist, hatte für das katalanische Fernsehen eine Reihe von Interviews geführt, auch mit Insassen von sogenannten Pflegeheimen. Daraus ging der »canto de la juventud« hervor, in dem aus der Perspektive einer Moribunden erzählt wird, die, vom lähmenden Schlaganfall getroffen, »als Körper« bereits in das Sterbezimmer abgeschoben, in ihrer Erinnerung aber jung und lebendig geblieben ist. So fließen die Empfindungen einer (früher erlebten) Leidenschaft, der (gegenwärtigen) Ohnmacht, aber auch des energischen (wenngleich bloß noch verbalen) Widerstandes gegen die »Fürsorge« des Pflegepersonals übergangslos ineinander und ergeben einen »Gesang der Jugend« jenseits aller Klischeevorstellungen: nicht einen Gesang auf die Emanzipationsmöglichkeiten der jugendlichen Frau, die inzwischen von allen Werbewänden propagiert und von allen Schlagertexten besungen werden — keinen canto *a* la juventud also; sondern einen Gesang auf die Widerstandskraft der alten Frau, ja auf die Unverwüstlichkeit der menschlichen Imagination überhaupt.

Einer Besonderheit des weiblichen Diskurses muß an dieser Stelle noch gedacht werden. Genaugenommen handelt es sich nicht nur um eine weibliche Besonderheit. Da aber die Keuschheit in Gedanken und Worten, von den Taten ganz zu schweigen, vor allem von den iberischen Frauen gefordert war, ist die Unverblümtheit, mit der jetzt von der Sexualität geredet wird, bei den Frauen besonders ungewöhnlich. Das kann, wie etwa in Almudena Grandes' Bestseller-Roman *Las edades de*

Lulú (1989; dt. *Lulú. Die Geschichte einer Frau*, 1990), mit pornographischer Detailgenauigkeit geschehen, die schon an Besessenheit grenzt. Oder auch in traditions- und formbewußter Künstlichkeit, wie in den Gedichten von Ana Rossetti, die an den verborgenen Sensualismus der spanischen Mystiker anknüpfen, um ihn aus weiblicher Perspektive gleichsam vom Kopf auf die Füße zu stellen. Oder auch in vielen anderen Ausdrucksformen: Bei der eben erwähnten Erzählung Montserrat Roigs etwa in den erotischen Phantasien einer vom Tode Gezeichneten, was nach traditionellem spanischen Verständnis eine besondere »Unverschämtheit« darstellt. Dies alles muß auch als eine geradezu explosionsartige, weil überfällige Reaktion auf die jahrhundertelange, im Franco-Regime noch einmal verstärkte Unterdrückung des Körperbewußtseins, vor allem des weiblichen, verstanden werden: Eine Reaktion, die sich jetzt in der bisweilen Rabelaisischen Fülle Luft macht, mit der all das endlich in den Mund genommen und zur Sprache gebracht wird, was so lange tabuisiert und zum Schweigen verurteilt war. Ich sehe im übrigen nicht, daß ein vergleichbarer Ausbruch, der bisweilen auch an eine kollektive Pubertätserscheinung denken läßt, im puritanischen Norden schon einmal stattgefunden hätte.[4]

Ich komme zum Schluß noch einmal auf die vorliegende Publikation zu sprechen. Es dürfte klargeworden sein, warum eine »objektive« und »gerechte« Bestandsaufnahme der spanischen Literatur von heute noch nicht möglich ist. Andererseits ist es an der Zeit, auch im Hinblick auf das Schwerpunktthema der Frankfurter Buchmesse 1991, eine erste Einschätzung zu versuchen. Wir haben uns dabei von vornherein auf eine begrenzte Anzahl von Beiträgen festgelegt, haben also keine Vollständigkeit angestrebt, die ohnehin nicht möglich wäre. Wir haben zwar eine Reihe von Autoren vorgegeben, an deren Aufnahme uns besonders lag, haben aber im übrigen die Mitarbeiter an diesem Band aufgefordert, von sich aus weitere Schriftsteller zu nennen, die sie für präsentierungswürdig halten. Daraus ergab sich das vorliegende Panorama, bei dem man gewiß auch den einen oder anderen Namen vermissen wird, den man als ebenso bedeutend wie die aufgenommenen einschätzt.[5] Um solche unvermeidlichen Verluste in etwa zu kompensieren, sind für die wichtigsten Gattungen eigens kurze Überblickskapitel verfaßt worden, die allerdings recht knapp ausfallen mußten. Was die Präsentation der einzelnen Autoren anbelangt, hatten die Verfasser ziemlich freie Hand. Die meisten haben, unserer Empfehlung folgend, die bio-bibliographischen Angaben kurz gehalten und *ein* Werk aus der Produktion des gewählten Autors exemplarisch herausgestellt. Auch hier waren — im Hinblick auf den

Gesamtumfang und auf den erschwinglich zu haltenden Preis des Bandes — enge und für alle Mitarbeiter gleiche Grenzen gesetzt.

Daß der Roman (oder allgemeiner: das erzählerische Element) über-, das Drama wesentlich schwächer- und die Lyrik unterrepräsentiert sind, bedauern wir. Daran war indes wenig zu ändern. Einfach deshalb, weil hier Vorbedingungen gegeben sind, die man nicht einfach ignorieren kann: Zum einen erlebt das Erzählen in Spanien augenblicklich in der Tat eine Renaissance. Hinzu kommt, daß es in den Medien (einschließlich der fragwürdigen Bestsellerlisten) auch die meiste Beachtung findet, wozu wiederum beiträgt, daß viele Erzähler gleichzeitig Journalisten sind und den naheliegenden Vorteil nutzen, sich nach Kräften gegenseitig bekanntzumachen. Auch die in Spanien vielbeachteten und zum Teil hochdotierten Literaturpreise begünstigen einseitig die Erzählliteratur. Das Theater hingegen befindet sich in einer Strukturkrise, nachdem jetzt auch in Spanien das staatlich geförderte Repertoiretheater (neben dem traditionellen Unterhaltungstheater) immer mehr in den Vordergrund tritt und die kleinen experimentierfreudigen, neue Talente fördernden Privatbühnen ins Abseits drängt und zur Aufgabe zwingt. Die Lyrik schließlich, die leiseste aller Gattungen, ist zwar durchaus lebendig. Aber ihre Publikationen finden selten Eingang in die reklamemächtigen Großverlage, erscheinen zumeist nur in Klein- und Kleinstverlagen oder in (oft nur regional verbreiteten) Kulturzeitschriften, von denen nur wenige das Jahr ihrer Gründung überstehen. Um der Lyrik gerecht zu werden, bedürfte es aufwendiger und verzweigter Sucharbeit, die hier nicht geleistet werden konnte. Der Leser möge also wissen, daß unsere Auswahl unvermeidlich auch ein Spiegel der herrschenden Produktions- und Distributionsbedingungen ist.[6]

Fragwürdig ist selbstverständlich auch die Grenzziehung »nach 1975«. Daß 1975 — jedenfalls in der Literatur — keinen tiefen Einschnitt bedeutete, haben wir schon gesehen. Einerseits schreiben die Autoren von vor 1975 auch jetzt noch (von Cela bis Goytisolo, von Delibes bis Martín Gaite, von Buero Vallejo bis Sastre), und andererseits sind eine Reihe jener Autoren, die hier »nach 1975« eingeordnet wurden, schon vorher produktiv gewesen. Trotzdem ist es sinnvoll, mit 1975 wenn schon kein neues Zeitalter, so doch eine neue Rechnung zu beginnen, weil seither, endgültig seit 1978, die Literatur unter neuen Voraussetzungen entsteht: nicht mehr unter der Kontrolle der staatlichen Zensur (oder hinter ihrem Rücken), sondern allein unter den Gesetzen des Marktes.

Anmerkungen

1) Übersetzungstitel sind jeweils mit dem Hinweis »dt.« an die Originaltitel angeschlossen, während bei den nicht übersetzten Titeln ein Übersetzungsvorschlag in einfacher Anfüh-

rung folgt. Im übrigen richtet sich die Reihenfolge der Beiträge innerhalb der 'Abteilungen' nach den Geburtsjahren der Autoren.

2) Der Band vereinigt die Vorlagen zur Sektion I der letzten Tagung des Deutschen Hispanistenverbandes, die vom 27.2. bis 3.3.1991 an der Universität Göttingen stattfand. Diese Sektion war mit dem ausdrücklichen Ziel eingerichtet worden, aus ihr einen Sammelband mit Informationen über die spanische Gegenwartsliteratur hervorgehen zu lassen.

3) S. dazu ausführlicher: H.-J. Neuschäfer, *Macht und Ohnmacht der Zensur. Literatur, Theater und Film in Spanien (1933-1976)*, Stuttgart (Metzler) 1991.

4) Daß ein Ausbruch nicht zu lange dauern darf, wenn er seinen eruptiven Charakter nicht verlieren will, ist allerdings auch bemerkt worden. Der Filmemacher Pedro Almodóvar, selbst einer der Initiatoren der *movida*, hat schon 1984 gewisse Bedenken formuliert, die er — freilich in mehrfach gebrochener Ironie — seiner Patty Diphusa am Ende ihres pornographischen Lebensberichtes in den Mund legte: »Nichts als Festefeiern, nichts als Sex (...). Ich sage: nein! Das Spiel ist kein Spiel mehr, wenn es zu einer kulturellen Institution wird. Dann schon lieber das Erschlaffen, die Depression, die Reflexion, die Abstinenz, (...) das gute Benehmen, (...) die Verwandtenbesuche, der sowjetische Kommunismus, (...) die Tradition und die anspruchsvollen Liedermacher (...).« (Pedro Almodóvar: *Patty Diphusa y otros textos*, Madrid: Anagrama 1991, S. 89 f.)

5) Daß *ein* Autor — Manuel Vázquez Montalbán — zweimal vertreten ist, hängt nicht mit einer besonderen Vorliebe der Herausgeber zusammen. Der Zufall wollte es, daß uns zwei Beiträge angeboten wurden, die, jeder für sich, interessant waren, zumal sie verschiedene Aspekte des Werks behandeln. Wir haben uns deshalb entschlossen, beide abzudrucken.

6) Ich gebe deshalb die Namen der in den letzten Jahren »Meistgenannten« ganz bewußt nur in einer Anmerkung und in alphabetischer Reihenfolge wieder: Cristina Fernández Cubas, Rosa Montero, Soledad Puértolas, Carme Riera und Montserrat Roig unter den Frauen; Julio Llamazares, Eduardo Mendoza, Antonio Muñoz Molina, Javier Tomeo und Manuel Vázquez Montalbán bei den Männern. So hervorragende Autoren wie Esther Tusquets oder Alvaro Pombo (um nur zwei der »Möglichen« zu nennen) fallen dabei unter den Tisch.

Der Roman seit 1975: Das transitive Schreiben

Von Monika Walter

Wieviele unzählige Teile das Teil der Synthese ergeben, ist das Problem. Alejandro Gándara

Die Beschreibung aktueller Kapitel der Literaturgeschichte ist nicht selten eine heikle Aufgabe. Sie birgt das fast unvermeidliche Risiko, mit voreiligen oder einseitigen Urteilen bereits in absehbarer Zeit einen überholten Standpunkt einzunehmen. Der Fall des spanischen Gegenwartsromans läßt sich aus dem Rückblick der letzten fünfzehn Jahre als ein ungewöhnlich intensives Wechselbad der literaturkritischen Meinungen rekonstruieren. Von den einen wurde die seit 1975 endlich von Zensur befreite Buntheit der Buchofferte mit berechtigter Genugtuung als Zeichen vitaler Normalität des Literaturbetriebes gedeutet, von anderen mit erwartungsvoller Euphorie der lyrischen Moderne Spaniens in den zwanziger Jahren gleichgesetzt. In dritten dagegen weckte die chaotische Fülle der Publikationen — jährlich erscheinen ungefähr 150 Romantitel — eher den unbehaglichen Eindruck einer modesüchtigen, an den Modellen der Kulturindustrie ausgerichteten *literatura light.*

Doch nicht nur die kaum von einem einzelnen zu bewältigende Textmasse erschwert einen soliden Gesamtblick. Kompliziert wird er auch durch die Neigung der spanischen Literaturkritik, die Flut der Neuerscheinungen mit einer fast ebenso großen Etiketteninflation zu bändigen. Attribute wie poematischer, metafiktiver, skriptiver Roman oder offener, parodistischer, ludischer Realismus usw. haben indessen das Lesepublikum eher verwirrt als orientiert. Renommierte Kritiker wie Constantino Bértolo, Rafael Conte, Luis Suñén, Andrés Amorós oder Gonzalo Sobejano weisen auf tieferliegende Wurzeln solcher Schubladentechniken. Sie beklagen das Fehlen solider Studien zu wichtigen Grundlagen der Urteilsfindung: Analysen über die geschichtlichen Ursprünge der gegenwärtigen Romanliteratur und ihres Publikums, über den Einfluß ausländischer Literatur und Denkkultur, über den spanischen Dialog (beispielsweise von Trias, Savater, Sádaba) mit zeitgenössischer Philosophie und seiner Einwirkung auf die Romanciers wie überhaupt Forschungen zu den konkreten Voraussetzungen des literarischen Lebens.

Solche Klagen signalisieren eine noch viel weiterreichende Lücke in der literaturgeschichtlichen Forschung. Sie betrifft den historischen Vorgang des ebenso verspäteten wie besonderen Aufbruchs des spanischen Romans in die literarische Moderne zu einem Zeitpunkt, als diese bereits in das Zeitalter der Postmoderne getreten ist. Eine Verspätung, die ihrerseits aus einer jahrhundertelang unentschiedenen Gleichzeitigkeit feudaler und bürgerlicher Lebensformen herrührt und den multinationalen Charakter Spaniens mit seiner einzigartigen regionalen Kulturenvielfalt hervorbrachte. Die Schwierigkeit ihrer Zusammenschau hat bis heute die ungerechtfertigte Gleichsetzung von spanischer und kastilischer Literatur gefördert, von der auch dieser kurze Überblick nicht ganz frei ist.

Verdeckte Ursprünge der Romanmoderne

Das unverwechselbare Situationsverständnis von Modernität im Gegenwartsroman Spaniens ist zugleich geprägt durch die Lebens- und Literaturverhältnisse im Franquismus. Bis in die *transición* hinein zeigten sich die Spätfolgen seiner Fehlorganisation sozialer und individueller Erfahrung, die eine systematische Deformation von Erinnerungsvermögen und Ausdrucksfähigkeit des Erlebten ebenso bedeuteten wie den erschwerten Zugang zur weltliterarischen Modernetradition. Das Moderneverständnis der Romanciers ist auch bestimmt von einer Realismustradition, die mehr als anderswo für die Erzählformen ein gewissermaßen natürliches Arsenal der Legitimation und der Erklärungen darstellte, insbesondere für sein eigentümlich polyphones, protheisches Gattungsverständnis, das »alles umfaßt, das philosophische Buch, die psychologische Abhandlung, das Abenteuer, die Utopie, das Epische« (Camilo José Cela). Ohne scharfe Grenzziehung zwischen Essay, Chronik und Fiktion, übergenauer und grotesker Detailregistrierung, Oralität und Schriftlichkeit war dieser Romanrealismus eine in den fünfziger Jahren von Cela, Delibes, Torrente Ballester, Matute, Sánchez Ferlosio weitergeführte Tradition, die in mehr oder weniger eindeutigen Gegensatz zur Ästhetik des sozialen und sozialistischen Realismus der gleichen Zeit (z.B. Grosso, López Pacheco, Medio, Goytisolo) geraten sollte.

So kamen die Schriftsteller gleichsam in einer unentwegten Realismusdebatte zum Bewußtsein ihrer Modernität. Am Beispiel dieses langwierigen Streits hat Werner Krauss einmal von der »urspanischen Gepflogenheit einer überwachen Selbstkritik« gesprochen, die gerade wegen der notwendigen Absage an Vergangenes den »Blick für kontinuierliche Schöpfungslinien trübte«. Eine solche Sicht erschwerte jedoch das schillernde und diffuse Bild der Romanentwicklung bis 1980. Sie erweckte eher den Anschein, als würden die wesentlichen Quellen ihrer Erneuerung tatsächlich in dem Strukturwandel der politischen und literarischen Öffentlichkeit liegen. Die Popularität einer politisch engagierten und geschichtsbezogenen Epik (Guerra Garrida, Semprún, Torbado) sowie der Memoiren- und Zeugnisliteratur (Ayala, Alberti, Barral, Umbral) bestärkte den Eindruck, als würden die Spanier die anfänglichen demokratischen Gehversuche ihres Landes eher mit einem testimonialen Realismus begleiten wollen (Delibes, Lera, Pinilla). Die ersten Bestseller nach 1975 waren bislang verbotene Romane von drei bekannten Autoren franquistischer Zeit, Juan Marsé, Luis und Juan Goytisolo; die erfolgreichsten Autoren der ersten postfranquistischen Jahre hießen Carmen Martín Gaite und Jesús Fernández Santos.

Ein solcher scheinbar problemloser Fortbestand bewährter Schreibrezepte war jedoch weniger gemeint, als bald der zweifelhafte Periodisierungswert des Jahres 1975 für die spanische Literaturgeschichte hervorgehoben wurde. Dieses magische Datum markiert in der Tat eine politische und kulturpolitische Zäsur, keine literarische. Natürlich leistete die Romanliteratur einen ganz spezifischen Beitrag für den Übergang zu einer politischen Kultur, die erstmals in Spanien eine stabile Demokratie hervorbrachte. Die Formen, mit denen die Romane am Entstehen eines Klimas der Toleranz und Versachlichung von Handlungsimpulsen beteiligt waren, stammten indessen aus einer bereits mehr als zehn Jahre früher begonnenen Demontage des bürgerlichen Realismus eines Galdós und Baroja (Martín-Santos, Goytisolo, Marsé, Benet) sowie aus der Absage an die öffentlichkeitsprägende, nationalpädagogische Energie eines Romankonzepts des sozialen Realismus mit seiner Überbewertung des ideologischen Potentials und der Spiegelfunktion von Literatur.

Der Umschlag der politischen Verantwortung des Schriftstellers in die Verantwortlichkeit seiner Schreibweise, für die exemplarisch das Werk Juan Benets steht, bedeutet in Spanien aufgrund der bleibenden Widerstandsfunktion aller Literatur gegen das Franco-Regime nicht automatisch den Bruch mit einer engagierten Literatur. Der Rückzug in die persönlich erfahrbare Seite der Geschichte blieb insofern eine Herausforderung an das Politische, als er den kritischen und komplexer gewordenen Erfahrungen der Individuen eine gegenüber den Kontrollansprüchen herrschender Ideologie autonome Romansprache geben, ihnen in den Romanfiktionen Spielräume des Widerstands durch Imagination ermöglichen wollte. Das problematische Bewußtsein der eigenen Modernität und mit ihm der ebenso eingeschränkten wie neuentdeckten Möglichkeiten und Fähigkeiten zur Geschichtsaneignung entstand so in der politischen Agonie des Franquismus. Es brachte ungewöhnlich tiefsinnige, oft in Parabeln verschlüsselte Romanbilanzen spanischer Geschichts- und Ideologieerfahrung (Espinosa, Rojas, Vaz de Soto) hervor, die bis heute wenig beachtet geblieben sind. Es kündigte in Autoren wie José María Guelbenzu, Mariano Antolín Rato, Luis Mateo Díez, Felix de Azúa, Terenci Moix, Lourdes Ortiz, Montserrat Roig, Ana María Moix eine individualistische Aufsprengung jeglicher Gemeinsamkeit in der Suche nach Romanpoetiken an, die in einem produktiven Widerstreit mit eigenen und fremden Erzähltraditionen (Romantik, Avantgarde, Nouveau Roman, magischer Realismus) entstanden. Diese tragende Schicht der literarischen *transición* hat eine bis heute fortwirkende Schöpfungslinie in den modernen Roman eingezeichnet: in der Darstellung von Geschichte und Realität als sehr intimer Lebenschronik einzelner, häufig schreibender Individuen, im Herausstellen der Wirklichkeitsaneignung als eigenständiger Sprachpraxis, in der Übernahme filmischer Bildkonzepte und Montagetechniken, in der fortdauernden Verknüpfung von Realitätsdarstellung mit dem Anspruch nicht mehr auf Ideologiekritik, wohl aber auf Sinnsuche, Bedeutungsstiftung, Selbstfindung.

Topographien einer Identitätssuche

Zufall oder innere Folgerichtigkeit? Im Jahre 1975 debütierten zwei Autoren, die bereits eine literarische Synthese dieser ersten Etappe der romanliterarischen *transición* ankündigten und gleichzeitig wesentliche Merkmale der Erzählkunst des nächsten Jahrzehnts vorwegnahmen — Eduardo Mendoza und Juan José Millás. Mendoza bewies in seinem Romanerstling einen neuartigen intuitiven Spürsinn für breitenwirksame Darstellungsformen zeitgenössischer Probleme. Diese Nähe zum Lesegeschmack signalisierte sowohl die beginnende Normalisierung der Beziehungen zwischen Autor und Buchmarkt als auch zwischen Autor und seinem breiter werdenden Publikum. Wie in vielen vorhergehenden (Benet, Espinosa, Torrente Ballester) und nachfolgenden Geschichtsromanen wurde von der Gegenwart über den Umweg analoger oder nur scheinbar analoger Geschichtsperioden gesprochen. Diese bis heute andauernde Vorliebe der spanischen Leser für Historisches in phantastischer, romantischer oder kriminalistischer Verpackung, die auch Verdrängung unmittelbar erlebter Geschichte verriet, entdeckten bald Autoren wie Soledad Puértolas, Felix de Azúa, Jesús Fernández Santos, Justo Navarro, Lourdes Ortiz, Ana María Navales, Paloma Díaz-Más. Die parodistische Mischung aus Elementen des Politkrimis, Trivialformen des

Schauer-, Abenteuer- und Geschichtsromans sowie eines Naturalismus des 19. Jahrhunderts, aus Pikareske, Ritterroman und journalistischem Tatsachenbericht folgte einer in den Lateinamerikanern (García Márquez, Cortázar, Rulfo) neu entdeckten Fabulierfreude. Sie befriedigte mit humorvoller Ironie eine politische Anekdotenneugierde, ohne historische Tiefendimensionen auszuloten. Zugleich sicherte die detektivische Optik eine nüchtern-skeptische und überschauende Erzählerhaltung zu den erzählten Vorgängen und ermöglichte so ein gelasseneres, von Überideologisierung weitgehend befreites Verhältnis zur Geschichte. Hierin liegt ein Erfolgsgeheimnis des spanischen Kriminalromans (Vázquez Montalbán, Madrid, Martínez Reverte), der auf seine Weise einen Beitrag zur Versachlichung der politischen Atmosphäre leistete. Überdies gewann dieses epische Genre dem Verlust von Illusionen und Sinnentwürfen, der sich hinter der »operativen Utopie« (Jorge Semprún) der Sozialisten von Spaniens endgültiger Ankunft in der Moderne verbergen mußte, eine groteske, aber niemals zynische Komik ab. Mendoza kündigte nicht zuletzt den Aufstieg eines modernen Großstadtromans an, der das städtische Milieu als realistisch-phantastisches Panorama eines undurchsichtig gewordenen Zusammenlebens einsetzte (Montero, Umbral), als irreale Traumkulisse (Ferrater Mora, Muñoz Molina, Marías, Navales, Navarro) oder als entfremdender Hintergrund einer melancholisch-bitteren Identitätssuche (Millás, Azúa, Pombo, Gándara, García Morales, Puértolas, Tusquets).

Juan José Millás gestaltet franquistische Vergangenheit mit minutiösen Psychostudien eines banalen Beziehungsalltags, in den plötzlich eine phantastische oder alptraumhafte Fremdheit einbricht. Bestimmend ist die Einsamkeit des Helden als ein verteidigter oder umstrittener Raum komplizierter Identitätssuche in der verschwimmenden Grenzzone zwischen Gelebtem und Geträumtem, Fiktion und Realität. Auch bei Millás fallen künftige Erzähltendenzen der achtziger Jahre auf: die Selbstkritik des Schreibaktes mit einer Vorliebe für den Literaturroman; die grotesk, sentimental oder lakonisch beschriebene Schwierigkeit, unmittelbare Gegenwart in subjektives Erleben und Erfahren zu verwandeln; das Ausweichen in weit zurückliegende Erinnerungen, die sich fast immer als labyrinthische Fallen erweisen; die Unfähigkeit zur zwischenmenschlichen Kommunikation in den alltäglichen Vorfällen (Antolín Rato, Gabriel y Galán, Puértolas, Tomeo, Molina Foix).

In der nachgeholten Erziehung der Gefühle avancierte die sexuelle und erotische Intimsphäre, lange Zeit tabuisiert durch die franquistische Moral, zu einem Bestsellerthema (Pombo, Mendicutti, Guelbenzu). Ungewöhnlich an diesen Bucherfolgen ist allein der hohe Anteil weiblicher

Autoren (Grandes, Abad, Montero, Ortiz, Pottecher, Falcón). Sie erkannten in den verdrängten und entfremdeten Tiefenzonen ihrer weiblichen wie männlichen Helden ein wichtiges Feld literarischer Selbstbehauptung. Was im Gegenwartsroman Spaniens als ein feministischer Diskurs zu erkunden ist, beschränkt sich jedoch nicht allein auf frauenspezifische Themen wie die Eroberung von körperlicher Differenz, sexueller Unabhängigkeit und moralischer Gleichberechtigung der Geschlechter innerhalb der Texte. Dieser Diskurs betrifft auch die auffällige Schreibvielfalt der Schriftstellerinnen, die sich häufig souveräner und erfolgssicherer als die Männer zwischen den traditionellen Genres des Krimis, des historischen, psychologischen und des Abenteuerromans bewegen und in ihren Blickpunkten eine unverwechselbare Ganzheit von Zeitkritik und Erotischem, Humor und Sensibilität, Phantastik und Wirklichkeitsnähe einbringen (Roig, Fernández Cubas, Riera, Cibreiro, Navales, Puértolas, Tusquets, García Morales).

Der Eroberung städtischer Topographie steht seit den achtziger Jahren die wachsende Wiederbelebung einer regionalistischen Tendenz gegenüber. Die autonom gewordenen Länder und Gemeinden gewannen als lokale Zentren kultureller Integration und kollektiver Identität eine neue Anziehungskraft für die Romanciers. Aber diesen aus den Provinzen in die Großstädte kommenden Autoren geht es um etwas anders als eine schon früher erfolgte Aufnahme lokaler, beispielsweise galicischer Traditionen (Cunqueiro, Fole, Conde, Casares). Der moderne Regionalismus stellt einen besonderen Versuch dar, das Irreal-Verdrängte der jüngsten Geschichte in eine neue epische »Raumzeit« (Bachtin) zu bannen. Dieser Chronotopos ist im Baskenland (Atxaga, Austin Arrieta) und in Andalusien (Muñoz Molina, Quiñones) angesiedelt, besonders häufig jedoch im Nordwesten Spaniens. León, Asturien, Galicien sind mehr als andere Regionen angefüllt mit dramatischen Erinnerungen an Bürgerkrieg und antifranquistischen Widerstand, sie blieben zugleich bis in die Gegenwart eine Randzone der Modernisierungsbemühungen. Damit bilden sie ein Reservoir des Imaginären, in dem die Schriftsteller im Dialog mit einer noch lebendigen Regionaltradition der mündlich weitererzählten Legenden, Romanzen, Mythen sowie einer mehr und mehr versinkenden Dorfkultur die Möglichkeiten einer romanesken Rückkehr zu den Ursprüngen eigener Identität aufspüren. Die Bücher von Mateo Díez, Merino, Llamazares, Cibreiro, Berlanga, García Morales verschmelzen den Zauber kollektiver Imagination mit klassischer Schriftkultur, cervantinischen und pikaresken Wanderroman mit massenmedialen und modernistischen Erzähltechniken zur ebenso präzisen wie phantastischen Landschaft von Flucht- und Selbstfindungsversuchen.

Die Fähigkeit zum Entwurf einer solchen »Raumzeit« bezeugt nachdrücklich die Vitalität geschichtlicher Zeugenschaft der Spanier und einen erneuten Wandel im literarischen Heraufbeschwören des Vergangenen. Der postmoderne Vorgang, daß sich der Roman freimacht von Geschichte, fällt in Spanien mit Verdrängungsmechanismen der franquistischen Vergangenheit zusammen. Gleichzeitig bricht auch hier in der zunehmenden Allgegenwart moderner Kulturtechnologien der Zusammenhang zwischen akademischem Geschichtswissen, medienvermittelter Großstadterfahrung und eigenem Alltagserlebnis auf. Doch trotz problematischer Loslösung von einer historischen Zeugenfunktion suchen die Schriftsteller immer wieder nach Orientierungspunkten im Zeitgefüge, nach Wegen, Vergangenheit und Zukunft zu einer kohärenten Erfahrung zusammenzuschließen.

Julio Llamazares' Ineinssetzen von leonesischer Kindheitslandschaft mit Geschichts- und Kulturgedächtnis gehört zu diesen Bemühungen ebenso wie Alejandro Gándaras Erkundung symbolischer Dimensionen der menschlichen Auseinandersetzung mit den Grenzbereichen der äußeren und inneren Natur, oder Antonio Muñoz Molinas Faszination an der ästhetischen Erfahrung des andalusischen Kleinstadtraums bei der Geschichtsaneignung: Sie alle deuten zugleich auf einen Wandel der literarischen Sensibilität. Seit Mitte der achtziger Jahre durchdringt ein in der fortwährenden Bewegung mit der massenmedialen Zeichenwelt ästhetisch gewordener Sinn für Geschichtlichkeit die Romanentwicklung. Die Schlüsselstellung ästhetischen Erlebens beispielsweise im massenmedialen Mythen- oder Medienpastiche der Romane von Jesús Ferrero oder in Julián Ríos' radikaler Verteidigung von Textautonomie ist jedoch nicht so einfach einem bloßen Nachvollzug postmoderner Denk- und Darstellungsmoden gleichzusetzen. Beide Autoren erfahren sehr wohl die literarische Vorbesetzung ihrer eigenen Realitätserfahrung, zugleich aber fühlen sie sich als Ikonoklasten einer bestimmten Tradition, von der sie sich immer wieder eingeholt sehen. Weniger ein traditioneller Realismus ist hier gemeint als eine Umgangsform mit dem Literarischen, ein *escrivivir* als typisch spanische »Form, die Literatur zu leben« (Américo Castro).

Vom Jahre 1990 aus gesehen bestätigt der Rundblick über die große Romanmasse gleichermaßen die Befürchtungen gegenüber einer wenig tiefgründigen, vom Verlagsgeschäft gelenkten Modesucht wie, in einer kleinen Buchauswahl, die Hoffnungen auf eine tiefgehende Erneuerung. Nur noch für begrenzte Zeit wirken vier Generationen von Literaten zusammen — die nicht etikettierbaren Exilautoren Rosa Chacel, Manuel

Andújar und die kürzlich verstorbene María Zambrano; die lebenden Klassiker des Realismus; seine widerstreitenden Erneuerer und Gegner; und die Vertreter des Neuen Romans. Die realistische Schöpfungslinie behauptet sich mit überraschender Lebenskraft. Als Spiel, Chronik oder Simulakrum des zunehmend literarisierten Realen gleicht sie nicht zufällig einem postmodernen Hyperrealismus. Die bedeutenden, aus allen Generationen stammenden Romanciers knüpfen bewußt an massenmediale Erzählerfahrungen an, umgekehrt sichert ihnen das große Literaturinteresse spanischer Filmemacher eine über die Lektüre hinausgehende Popularität. Diese Schriftsteller bekräftigen jedoch im humanistischen Antirealismus ihres Schreibmotivs die Originalität der literarischen Moderne Spaniens. Sie machen nach wie vor einen transitiven Gebrauch vom Wort »schreiben«, nicht als Kündiger eines privilegierten — politischen oder ideologischen — Wissens, sondern als Beispiele existentiellen Widerstands in der Schreibhaltung: Widerstand gegen die zunehmende Vorspiegelung bloßer Effekte persönlicher Identität, die wachsende Auslöschung der Erfahrung historischer Zeit, das radikale Verschwinden der Natur, die Entzauberung einer von kollektiven Erzählbräuchen endgültig abgetrennten Literaturwelt. Auch wenn sie ihre nicht aufgegebene Sinnsuche als Windmühlenkämpfe durchschauen; selbst wenn, wie eine mögliche Lektüre des jüngsten außerordentlichen Bucherfolges des Romandebütanten Luis Landero nahelegt, sie bereits ihre eigene literarische *transición* zu parodieren beginnen.

Literaturhinweise

— C. Bértolo, »Introducción a la narrativa española actual«, in *Revista de Occidente* Nr. 98-99, Madrid 1989, S. 28-60

— Andrés Amorós, Darío Villanueva u.a., *Letras españolas 1976-1986,* Madrid 1987

— Ricardo Landeira, Luis T. González del Valle (Hgg.), *Nuevos y novísimos,* Colorado 1987

— Santos Sanz Villanueva, »Spanische Romane seit 1975«, in *Tranvía* Nr. 3 und 4 (Oktober 1986 und Januar 1987)

Javier Tomeo:

»El castillo de la carta cifrada« — Man ist, was man erzählt

Von Jochen Heymann

Javier Tomeo wurde 1932 in Quicena (Huesca) geboren, studierte Jura und Kriminologie in Zaragoza und Barcelona, wo er heute lebt.

Werke: *El cazador* ('Der Jäger'), Barcelona 1967; *Ceguera al azul* ('Farbenblindheit'), Barcelona 1969; *El unicornio* ('Das Einhorn'; Premio Ciudad de Barbastro), Barcelona 1971; *Los enemigos* ('Die Feinde'), Barcelona 1974; *Diálogo en re mayor* ('Dialog in D-Dur'), Barcelona 1976; *El castillo de la carta cifrada* (dt. *Der Marquis schreibt einen unerhörten Brief*), Barcelona 1985; *Amado monstruo* (dt. *Mütter und Söhne*), Barcelona 1985; *Preparativos de viaje* ('Reisevorbereitungen'), Barcelona 1986 (2. Auflage von *Ceguera al azul*); *El cazador de leones* (dt. *Der Löwenjäger*), Barcelona 1987; *Historias mínimas* ('Minimale Geschichten'), Madrid 1988; *La ciudad de las palomas* ('Die Stadt der Tauben'), Barcelona 1989; *Bestiario* ('Bestiarium'), Barcelona 1989; *Problemas oculares* ('Sichtbehinderungen'), Barcelona 1990; *El mayordomo miope* ('Der kurzsichtige Butler'), Barcelona 1990; *El discutido testamento de Gastón de Puyparlier* ('Das umstrittene Erbe des Gastón de Puyparlier'), Barcelona 1990.

Übersetzungen: *Der Marquis schreibt einen unerhörten Brief* (1984); *Mütter und Söhne. Roman über Monster* (1985); *Der Löwenjäger* (1987); *Der Mensch von innen und andere Katastrophen. In vier Abteilungen* (1988; Teilübers. aus *Historias mínimas, Problemas oculares* und *Bestiario*). Alle Übersetzungen von Elke Wehr.

Zwei Skelette sitzen auf einer Bank an der Sonne. Sie reden über die Wiederkehr des Frühlings. »Im Grunde war es ein Fehler, daß wir gestorben sind. — Ja, es war ein Fehler.«[1] Diese »minimale« Geschichte von Javier Tomeo vereinigt fast alle Elemente, die er für den Aufbau seiner Werke benötigt. Die 'Minimalen Geschichten', aus der sie stammt, ist eine Sammlung schematischer, auf ein Minimum reduzierter Dialogsituationen, die in eine Pointe münden. Der Kontrast zwischen der banalen Unterhaltung, die aus sprachlichen Gemeinplätzen besteht, und der Situation, in der sie fallen, verführt zum Schmunzeln, aber oft genug auch zu beklommenem Nachdenken: Ist es nicht absurd, als Mensch den Tod als persönlichen Irrtum hinzustellen? Ist es nicht ein Zeichen von Verbohrtheit, eine solche elementare Gegebenheit des menschlichen Lebens als beherrschbare Willensentscheidung zu betrachten? Erweist sich der Tod dieser zwei Skelette nicht gerade darin, daß sie ihren Tod ignorieren? Die Geschichte wirft alle diese Fragen auf und führt zu den Antworten, aber es ist nicht sie, die aus der Distanz zum eigenen Geschehen den kritisch fragenden Part übernimmt. Die 'Minimalen Geschichten' kommen ohne Erzähler aus; sie sind, wie Theaterszenen, reine Dialoge mit spärlichen Regieanweisungen. Die kritische Funktion wird dem Leser angetragen.

Alle Geschichten von Javier Tomeo sind in diesem Sinne »minimal«; mit äußerst sparsamen Mitteln beschwören sie Welten herbei, in denen der Leser die Fragen ebenso wie die Antworten finden muß, die die unscheinbaren Ausgangssituationen aufwerfen. Ein Herr gibt seinem Diener einen Auftrag; ein Telefonanruf; ein Bewerbungsgespräch. Gelegentlich auch ein innerer Monolog. Das sind die dürren Situationen, die die Geschichte entstehen lassen. Der Erzähler selbst greift kaum ein. Nur in wenigen Fällen — *La ciudad de las palomas, El discutido testamento de Gastón de Puyparlier* — taucht er überhaupt als Instanz des Textes auf; meistens besteht dieser aus einer ungebrochenen direkten Rede, oder der erzählende Part wird einer Figur übertragen — in *Preparativos de viaje*. Die gleiche Zurückhaltung gilt für den Ort und die Zeit der Handlung. »Hier« und »jetzt« sind die einzigen Angaben, die vorneweg faßbar sind. Der Ort, an dem das handlungstragende Gespräch stattfindet, muß ebenso indirekt aus den Ausführungen der Sprechenden erschlossen werden wie alle weiteren Umstände, die ihrerseits nicht eindeutig zuzuweisen sind. Die Namen und vor allem die Orte deuten nicht auf eine konkrete, identifizierbare Wirklichkeit hin. Es kann sich um eine einsame Burg in einem Tal handeln, um ein beliebiges Büro oder um eine Stadt. Der Autor ist sichtlich unbesorgt, ob seine Geschichten einer konkreten Wirklichkeit zugewiesen werden können und ob sie eine transparente, auf eine historische Gegenwart beziehbare Aussage enthalten. Er entfernt sich damit überdeutlich von den Werken anderer, annähernd gleichaltriger Autoren, die es sich zur Aufgabe gemacht haben, in vielfältiger Weise zu Spanien Stellung zu nehmen. Juan und Luis Goytisolo, Marsé, Benet, allesamt Altersgenossen von Tomeo, haben realistisch oder experimentell ihr eigenes Land und dessen Geschichte und Gesellschaft behandelt. Selbst die jüngeren Autoren, die gleichzeitig mit Tomeo die Aufmerksamkeit auf sich gelenkt haben — Pombo, Guelbenzu, Llamazares, Montserrat Roig, Rosa Montero —, haben eine identifizierbare Wirklichkeit vor Augen, die ihnen als Gegenstand dient. Davon nimmt er deutlich Abstand; ihm hilft im Gegenteil die Loslösung von konkreten Bezügen, um Themen anzusprechen, die ganz allgemein die menschliche Natur im »Reinzustand« betreffen und nicht in Abhängigkeit von einer konkreten historischen Lage stehen. Der Ausschluß von Ort und Zeit soll Ablenkungen vermeiden helfen, für den Leser ebenso wie für die Akteure in seinen Werken. Fast scheint es so, als müßten diese selbst versuchen, das ihnen vorenthaltene räumliche und zeitliche Umfeld zu entwerfen, um die Schutzlosigkeit, die seelische Nacktheit zu kompensieren, der sie sich durch ihren Autor ausgesetzt sehen. Aber je stärker sie das tun, desto mehr geben sie von sich preis, denn sie denken sich die Welt nach ihrem eigenen Abbild und verraten damit Aspekte ihres Wesens, die sie eigentlich in ihren Ausführungen verborgen halten wollen.

Die bisherige, nicht sehr umfangreiche Forschung hat Tomeos Werk insbesondere mit der Franco-Diktatur in Verbindung gebracht.[2] Vor allem das immer wieder vorkommende Machtverhältnis zwischen den Figuren und die Beherrschungsbestrebungen, die dabei offenbar werden, haben die Herstellung dieses Zusammenhangs begünstigt. Der Grund für die ständige Wiederkehr einer solchen Ausgangssituation ist subtiler: Nur so nämlich kann die Rede, die den Text konstituiert, überhaupt entstehen, weil nur so der vermeintlich Mächtigere einen Adressaten, einen Zeugen seiner Aussagen hat. Die Überlegenheit ist also in jedem Fall zerbrechlich. Nur in dieser Hinsicht läßt sich ein Widerschein der politischen Wirklichkeit vermuten; die ganze Substanz der solcherart ins Leben gerufenen Rede liegt aber im allgemein Menschlichen, in Problemen und Ängsten, die den Menschen als vergängliches Wesen im Angesicht seiner Vergänglichkeit befallen.

Dies veranschaulicht der 1979 erschienene Roman *El castillo de la carta cifrada* (dt. *Der Marquis schreibt einen unerhörten Brief*). Tomeo selbst hat ihn als sein ambitiösestes Werk bezeichnet, ein Urteil, dem sich die Kritik angeschlossen hat und das sicherlich den Grund dafür abgibt, warum er bislang im Mittelpunkt der Forschung gestanden hat. Entscheidend ist, daß nicht nur die Beleuchtung menschlicher Beziehungen und die Aufdeckung versteckter Handlungsursachen Thema des Romans ist, sondern zugleich — mindestens implizit — der Vorgang des Schreibens und Lesens. Es geht darin um einen Brief, den der Marquis seinem alten Erzrivalen und Feind, dem Grafen Don Demetrio geschrieben hat, und den der Diener Bautista überbringen soll. »Seien Sie unbesorgt, Bautista, und hören Sie auf zu zittern — sagte mir an jenem Morgen der Herr Marquis.« (S. 7) So lautet der erste Satz des Romans und gleichzeitig die einzige Stelle, aus der zweifelsfrei die Sprechsituation präzise beschrieben werden kann: Bautista wiederholt wörtlich, in direkter Form, was ihm der Marquis sagt. Der Text reproduziert dessen Rede an den anwesenden Bautista, nachdem er einen Brief geschrieben hat, den er überbracht haben will, und bevor der Auftrag ausgeführt worden ist. Die Handlung umfaßt zeitlich exakt die Dauer der Rede und sachlich genau diese. Ihren Inhalt bilden die Instruktionen des Marquis, um den Auftrag wunschgemäß und mit dem erstrebten Ergebnis auszuführen. In diesem Zusammenhang macht er eine Reihe von Angaben, die bestimmte Hintergründe erhellen und Bautista die Aufgabe erleichtern sollen. Obwohl es manchmal scheint, als schweife der Sprecher ab, ist nichts davon überflüssig. Bautista soll nämlich nicht nur den Brief überbringen, sondern auch Sprachrohr seines Herrn sein. Die ausführlichen Belehrungen betreffen sowohl die praktischen Seiten des Auftrags als auch allerlei diplomatische Informationen: des Grafen Vorliebe für die Farbe grün, seine krankhaft eifersüchtige Liebe zu seiner korpulenten Frau, sein asketischer Lebenswandel. Darum soll Bautista grün gekleidet — in der Kluft seines Vorgängers — hingehen und zwei grüne Frösche — als kleinen, besänftigenden Trumpf für Notfälle — in der Tasche mit sich führen; sie sind freizulassen, wenn der Graf in Rage geraten sollte, aber nicht, wenn die Gräfin anwesend ist; ihr soll er keine amourösen Avancen machen, aber ihre eventuellen Anträge nicht zurückweisen. Die Instruktionen sind so minutiös wie disparat; darin stecken aber all die Kenntnisse und Meinungen, die Bautista verinnerlichen muß, um die Absicht seines Herrn verwirklichen zu helfen: »Sie müssen reagieren, als wären Sie ein Großgrundbesitzer und als gehörte Ihnen das Land.« (S. 12) Bautista soll nicht, wie ein Botschafter, im Rahmen fester Richtlinien selbständig ei nen Auftrag erfüllen, sondern die Person des Marquis vor dem Grafen reproduzieren. Er hat keine Funktion als selbständiger Mensch, und deswegen ist sein eigenständiger Part zu Ende, nachdem er angezeigt hat, daß er die Rede seines Herrn wörtlich zitiert.

Gerade weil Bautista als Doppelgänger wirken soll, muß er auch wissen, welche Bewandtnis es mit dem ominösen Brief auf sich hat. Darüber weiß allerdings der Marquis kaum etwas zu berichten: »Wie soll ich Ihnen meinen Brief erklären, wenn ich selbst nicht genau weiß, was ich geschrieben habe?« (S. 26 f.) Das Problem ist offensichtlich nicht nur inhaltlicher Natur, denn Bautista soll ja den Brief umfassend verstehen. Der Marquis spricht aber nur die verschiedenen Rätsel an, die er dort entworfen hat. Die Zahl der Striche der Buchstaben »n« und »m« ist erweitert, die i-Punkte auf den folgenden oder vorhergehenden Buchstaben sind verschoben, die Wortzwischenräume und sämtliche Kopula gelöscht. »Tatsächlich ist mein ganzer Brief ein unendlich langes Wort, das nichts bedeutet.« (S. 16) Damit ist die Ausgangslage des Textes mit einem Schlag geändert, denn nun ist klar, daß mit dem Brief keine bestimmte Reaktion, keine konkrete Folgehandlung des Empfängers erwartet wird: »Der Brief (...) ist gleichsam ein Experiment. Vom Ausgang dieses Experiments wird es abhängen, ob wir dergleichen Briefe auch an die übrigen Schloßbewohner der Gegend schicken. In diesem Land gibt es viele, die wie wir eingesperrt in ihren Festungen leben.« (S. 93)

Der Marquis, der seit zwanzig Jahren als Einsiedler in seiner Burg lebt, nur in Kontakt mit seinem Diener, versucht mit dem Brief — so scheint es —, seine selbstgewählte Isolation zu durchbrechen und von neuem Kontakt mit seiner Außenwelt aufzunehmen. Darum ist es belanglos, welchen Inhalt der Brief hat; eine Einladung zur Jagd, eine längere Ausführung über Insekten oder eben ein völlig unverständlicher Text erfüllen alle die Funktion, die hier dem Brief zugedacht wird. Die Kommunikation ist ein Akt, mit dem die Isolierung aufgebrochen wird, und der Brief ein Fetisch, ein symbolischer Gegenstand, der sie geradezu rituell eröffnen soll. Das macht die Rolle Bautistas plausibel, denn ihm obliegt es, die förmliche Kontaktaufnahme mit dem Grafen erklärend zu begleiten, damit der Graf unter allen Umständen den Sinn des Unterfangens begreift; deshalb muß auch Bautista seinerseits vollkommen verstehen, was seinen Herrn bewegt hat, und alle Gedanken aufnehmen, die er hat, um getreulich und genau den Marquis vertreten zu können.

Die Probleme, die der Roman aufwirft, sind dadurch allerdings keineswegs gelöst, sondern fangen im Gegenteil erst richtig an. Denn: Warum einen Brief schreiben, der nichts aussagt und nichts bedeutet, der keine konkrete Botschaft überträgt und nicht nur seinem Empfänger, sondern sogar seinem Verfasser rätselhaft bleibt? Warum macht der Marquis die Erklärungen über seine Zurückgezogenheit und seinen Versuch, seine und die Isolation anderer zu durchbrechen, nicht zum Gegenstand seines Schreibens, anstatt sie seinem Diener zu geben? In seiner Anweisung entwirft er nicht nur mögliche Inhalte, sondern vor allem mögliche Reaktionen und Auflösungen des Rätsels, das er dem Grafen stellt. Die Alternativen reichen von der kühlen, herrschaftlichen Übergehung des Boten bis hin zu dessen grausamer Folterung und Hinrichtung, oder zur Fraternisierung zwischen dem Grafen und Bautista als Folge eines durch den kryptischen Brief vermittelten Humanitätsideals. Der Marquis versucht, jede mögliche Entwicklung vorauszusehen und Handlungsmuster dafür zu entwerfen, das heißt, den Zufall auszuschalten, jedem unerwarteten

Handeln zuvorzukommen. Diese Überlegungen bleiben aber Notbehelfe, die nicht verdecken können, wie dürftig seine Ausgangslage eigentlich ist. Der Marquis versucht einen Inhalt herbeizureden, der nicht vorhanden ist: »Welche Formeln sollen wir zu Hilfe nehmen, wenn wir unsere Seele ausdrücken wollen und dabei feststellen müssen, daß uns nicht ein einziger Tropfen Glück mehr bleibt, den wir den anderen zukommen lassen könnten?« (S. 32 f.)

Der Brief soll die Vereinsamung und die Sprachlosigkeit seines Schreibers verschleiern und durch seine rätselhafte Gestalt zu der Annahme führen, daß ein Inhalt existiere, der aber nur von seinem Urheber enthüllt werden kann. Der Marquis hätte dadurch einen unerreichbaren Wissensvorsprung; weil er zum Inhalt der Gedanken des Grafen würde und diesen beherrschen würde, ebenso wie er Bautista beherrscht. Der Graf soll, im Grunde, zu derselben zuhörenden Passivität geführt werden, die der Diener an den Tag legt. Auf der Ebene der Rede heißt dies: Nicht ein Dialog soll entstehen, sondern ein Monolog wie derjenige, der an Bautista gerichtet ist.[3] Das heißt aber auch, daß es nicht auf die Antwort ankommt, denn die einzig mögliche wäre zu schweigen. Die Botschaft, die der Marquis allein noch zu vermitteln hat, ist nicht der offenkundig belanglose Inhalt des Briefes, sondern die lange Rede an Bautista, die aber keinen eigentlichen Adressaten hat, denn dem Grafen sollte und müßte sie verborgen werden, um die ausgeklügelte Überredungstaktik nicht zu verraten und den gesuchten Machtvorsprung nicht zu verlieren. Bautista gesteht sein Herr keine dialogische Gleichwertigkeit zu, und er hat im Text tatsächlich keine: Er verharrt im Schweigen. In dieser Haltung aber wirkt er als Spiegel der Rede, die auf ihren Sprecher zurückfällt. Der Marquis redet eigentlich zu sich selbst, und deswegen braucht der Brief nicht verständlich zu sein: Er ist nur ein Vorwand, um immerfort diese Spiegelung herbeizurufen. Daß der Graf im Grunde eine herbeibemühte Reminiszenz vergangener Zeiten ist, zeigt der Schluß: »Wenn das Schloß von Don Demetrio nicht mehr existiert, wenn es vor zwanzig Jahren abgerissen wurde (...), dann brauchen Sie nicht mehr zurückzukehren, um mich davon zu benachrichtigen. Dann werde ich wissen, daß ich endgültig allein bin (...).« (S. 127)

Damit scheint der Marquis auf die Gewißheit zu verzichten, die ihm doch so teuer ist, denn er verbindet mit dem möglichen Ausbleiben seines Dieners, gleichgültig aus welchem Grund, eine ganz bestimmte Ursache, das Verschwinden des Grafen, die für ihn eine ganz bestimmte Folge hat: die Einsamkeit. Der Grund für diese scheinbare Widersprüchlichkeit liegt darin, daß es um Bautistas Anwesenheit, nicht um den Grafen geht. Ohne seinen Diener fehlt dem Marquis eine physische Präsenz, die ihm seine Rede zurückwirft und ihm damit die Illusion vermittelt, sprachlich noch präsent, noch am Leben zu sein. Ohne Bautista ist seine Rede grundlos, und das heißt, daß er sich nicht mehr die Erinnerung an seine Existenz vorsprechen kann. Das Schweigen ist also, in gewissem Sinne, sein Tod.

Bleibt zu fragen, welchen Sinn die Geschichte von Javier Tomeo macht. Seine Absicht ist gewiß nicht nur, die Skurrilität einer Figur oder einer Situation auf die Spitze zu treiben um ihrer selbst willen, und ebensowenig praktiziert er den Griff in die poetologische Spielkiste, ungeachtet der Tatsache, daß die Interpretationsprobleme um seinen Brief sich auch auf den Roman übertragen lassen. Von zentraler Bedeutung ist das Sprechen und Kommunizieren als Grundlage des Lebens; nicht nur als pragmatischer Informationsvorgang, sondern auch als ständiger Entwurf der je eigenen Welt: »Die Phantasie ist ein ewigwährender Frühling« (S. 22), der sich nur in der Rede verwirklicht. Insofern steht der Marquis, der eine ganze Welt mit seinen Worten heraufbeschwört, stellvertretend für alle Menschen unserer Gesellschaft, mit beiden Seiten, die die redeabhängige Existenz hat. Die Abhängigkeit vom Wort klärt nämlich nichts von dessen Beziehung zur Wirklichkeit, denn es kann diese ausdrücken oder aber auch nur vorgeben, das zu tun, in Wahrheit aber Scheinwirklichkeiten entwerfen. Die Rede des Marquis läßt diesen Zweifel offen und drückt damit eine Grundbefindlichkeit unserer Zeit aus. In einer »Zivilisation des Betruges, der geschickten Verkaufsstrategien« (S. 33), in der Werbung und Fernsehen wirklicher sind als Krieg und Tod, kommt es nicht auf die Gestaltung der Wirklichkeit, sondern auf deren Trugbilder an: Man ist, was man erzählt.

Anmerkungen

1) Aus dem Band *Historias mínimas,* Madrid 1988, dt. in Auswahl in *Der Mensch von innen und andere Katastrophen. In vier Abteilungen,* Berlin 1988 (Quarthefte 167), S. 35.

2) Dies gilt insbesondere für Horst Rien, »Diskurs der Macht und Wahn. Überlegungen zur Geschichte des Franquismus im Anschluß an Javier Tomeos Erzählung *El castillo de la carta cifrada*« und »Verhinderter Aufbruch. Überlegungen zu Konservatismus und Gesellschaft im Anschluß an Javier Tomeos Erzählung *Amado monstruo*«, beide in: ders., *Drei Versuche zur spanischen Literatur der Gegenwart,* Bonn 1989 (Hispanistik in Schule und Hochschule, 15), S. 61-78 und 79-90, und teilweise für Sabine Horl-Groenewold, »Die Stunde des Lesers. Zu Javier Tomeos Roman *El castillo de la carta cifrada* (1979)«, in: *Iberoromania* 27/28, 1988, S. 101-113.

3) Wesentliches über Dialog und Monolog als kommunikationsstiftende oder isolierende Redeformen bei P. Szondi, *Theorie des modernen Dramas,* in: *Schriften I,* Frankfurt/M. 1978, S. 9-148, insbes. S. 35. Zu den mit der Redeform verbundenen Herrschaftsrelationen vgl. Rainer Grübels Einleitung zu M. Bachtin, *Die Ästhetik des Wortes,* Frankfurt/M., 2. Aufl. 1989, S. 43 ff. und 61.

Esther Tusquets: Die Sprache, die Seele, das Meer

Von Rosemarie Bollinger

Esther Tusquets, 1936 in Barcelona geboren, studierte nach dem Besuch der deutschen Schule Geschichte und Kunstgeschichte in Barcelona und Madrid. 1960 übernahm sie den Verlag Editorial Lumen, der sich unter ihrer Leitung zu einem der renommiertesten literarischen Verlagshäuser Spaniens entwickelte. Zwei Kinder.

Werke: vier Romane, ein Band Erzählungen, ein Kinderbuch; Einzelbeiträge in Anthologien; journalistische Arbeiten.

Veröffentlichungen: *El mismo mar de todos los veranos* (dt. *Aller Sommer Meer*), Barcelona, 1. Aufl. 1978; *El amor es un juego solitario* (dt. *Die Liebe ein einsames Spiel*), Barcelona, 1. Aufl. 1979 (Premio Ciudad de Barcelona 1979); *Varada tras el último naufragio* ('Strandung nach dem letzten Schiffbruch'), Barcelona, 1. Aufl. 1980; *Para no volver* ('Um nicht zurückzukehren'), Barcelona, 1. Aufl. 1985; *Siete miradas en un mismo paisaje* ('Sieben Blicke in einundderselben Landschaft', Erzählungen), Barcelona, 1. Aufl. 1981; *La conejita Marcela* ('Marcela, das Kaninchenmädchen', Kinderbuch), Barcelona, 1. Aufl. 1981

Deutsche Übersetzungen: *Aller Sommer Meer,* übers. von Monika López, Reinbek 1981; *Die Liebe ein einsames Spiel,* übers. von Monika López, Reinbek 1984; »Giselle« und »Die subtilen Gesetze der Symmetrie« (Erzählungen), in: *Meine Schwester Elba. Neue spanische Erzählerinnen,* hrsg. und übers. von Margarete Born, Frankfurt/M. 1988; »Ich habe deinen Mund geküßt, Jochanaan« (Erzählung), übers. von Orlando Grossegesse, in: *Frauen in Spanien. Erzählungen,* hrsg. von Marco Alcántara.

Die Sprache, die Seele, das Meer. Es wären wohl diese Begriffe, die am ehesten den Kern träfen, müßte man die literarische Welt Esther Tusquets mit nur drei Worten erfassen. Drei Begriffe, drei Elemente, oder präziser: Entelechien, die zwar ihre eigenen, klaren Konturen besitzen, dabei aber zugleich in einer Weise ineinanderfließen, verschmelzen, daß die Trinität — Meer, Seele, Sprache — einem als verschiedene Ausdrucksformen der gleichen Essenz, einer einzigen poetischen Substanz erscheinen kann.

Die Verbindung zwischen Sprache und Meer ist insoweit offensichtlich, als das Meer im Oeuvre dieser Schriftstellerin beinahe allgegenwärtig ist: in seiner elementaren Präsenz; als lebensbestimmende, die Menschen wie auch die Stadt Barcelona prägende Realität; ebenso als Metapher der Befreiung, des Ausbruchs — und der Stagnation. Ein Meer auch, das manchmal gerade besonders intensiv spürbar wird durch seine Absenz — wie in der Erzählung »En la ciudad sin mar« ('In der Stadt ohne Meer'). Gemeint ist die spanische Hauptstadt Madrid, die aus der mit dem Titel anklingenden, leise ironisierten katalanischen Sicht tatsächlich die ihr eigene Gestalt gewinnt.

Die essentielle Gleichheit zwischen Sprache und Meer wird jedoch erst in einer tieferen Schicht erkennbar, wenn man seine Aufmerksamkeit auf die Sprache richtet. Es reicht aus, eines von Esther Tusquets' Büchern irgendwo aufzuschlagen, um festzustellen, daß ein einziger Satz seitenlang sein, rund zehn engbedruckte, absatzlose Seiten füllen kann, ehe ein Punkt ihn schließt; so in dem Fragment, das *Varada tras el último naufragio* ('Strandung nach dem letzten Schiffbruch') eröffnet. Dazu soll angemerkt werden, daß die Autorin ihre Romane durch Fragmente, nicht Kapitel, strukturiert, und daß der erwähnte, als Atempause ersehnte Punkt nicht, wie man annehmen würde, am Schluß, sondern — eine der für Esther Tusquets typischen Subtilitäten — sieben Zeilen vor dem Ende des Fragments zu finden ist. Es sind Eigenheiten, die vielleicht den merkwürdigen Sog, der von dieser Sprache ausgeht, ahnen lassen, in jedem Fall aber erklären, warum sie de facto nicht zitierbar ist; warum sie ihre ganze Vitalität, ihre Musikalität und Schönheit erst im Prozeß des Lesens entfaltet. Macht man das Experiment, einmal längere Passagen laut zu lesen, obwohl die Autorin keine orale Sprache schreibt, wird einem zudem die mehr oder weniger als Unterströmung wahrgenommene Kraft der Rhythmik unmittelbar bewußt. Es bedarf dann keiner Analysen, keiner Worte mehr, die erklärten, daß man in dieser literarischen Welt weder Sprachflüsse noch Wortkaskaden vor sich hat; daß es Wortwellen sind, die einen aufs immer neue fortziehen, tragen und (auf einen selbst) zurückwerfen. Da ich auf *Varada tras el último naufragio* später ausführlicher eingehen werde, sei hier lediglich noch darauf hingewiesen, daß die erste Hauptperson, die mit dem Eingangsfragment in Erscheinung tritt, aufs Meer schaut, während sie Gestalt annimmt mittels seelischer Vorgänge, deren Rhythmen und Klangfarben denen des Meeres und der Sprache gleichen.

Esther Tusquets hat relativ spät, drei Jahre nach dem Tod Francos, zu publizieren begonnen, doch, wie sie sagt, geschrieben, seit sie denken kann. Daraus erklärt sich, daß sie die Herrin ihrer Sprache, die Schriftstellerin war, die sie ist, als 1978 *Aller Sommer Meer* und 1979 der mit dem Preis der Stadt Barcelona ausgezeichnete zweite Roman *Die Liebe ein einsames Spiel* erschien. Beide Bücher liegen zwar in kongenialer deutscher Übersetzung vor, wurden jedoch von der Literaturkritik so gut wie nicht beachtet. Möglicherweise, weil sie, vom Rowohlt-Verlag in der Taschenbuchreihe »neue frau« ediert, in das Ghetto der sogenannten Frauenliteratur gerieten oder, noch schlimmer, in das der sogenannten 'schreibenden Frauen', was, aus welcher Perspektive man es auch betrachtet, die kritische literarische Rezeption nicht eben förderte.

Die beiden ersten Romane Esther Tusquets' bestechen u.a. durch ihre intelligenten, bösen, ironisch-erotischen Inaugurationen: In *Aller Sommer Meer* flüchtet sich die Ich-Erzählerin, Adriana, Mitte vierzig, Universitätsprofessorin, in einer existentiellen Krise in das Haus ihrer Kindheit, in eines dieser schönen alten Mehrfamilienhäuser im Zentrum Barcelonas. Sie tritt ein, und damit beginnt die Geschichte, bleibt dicht an der bereits geschlossenen Haustür in der Vorhalle des herrschaftlichen Treppenhauses stehen, blind noch vom Licht, aus dem sie kommt, lächelt aber — im Vertrauen darauf, daß alles so blieb, wie es immer war — der Bronzestatue eines griechischen Gottes zu, und greift ihm auch schon »in einem reflexartigen, mechanischen, im Verlauf langer Jahre vieltausendmal vorgekommenen Impuls neugierig zwischen seine Beine« (S. 7 f.). Ein altes, von Adrianas Mutter initiiertes Spiel, nachdem der Statue, sozusagen um den Sieg Francos zu krönen, ein Feigenblatt verordnet worden war. Eine Verzierung, die die Mutter mit nie erlahmendem Vergnügen an Empörung und Suchaktionen ehrbarer Mitbewohner, aufs immer Neue abpflückte und an den unmöglichsten Orten versteckte. Die Notwendigkeit, sich ständig heimlich vergewissern zu müssen, ob das göttliche Geschöpf anständig oder aber unversehrt war, wurde zur Gewohnheit, die Gewohnheit zum Reflex.

Am Rande wird erwähnt, daß der bronzene Grieche Flügelchen an den Fersen hatte, also eine Statue Merkurs war: ein Seitenhieb zwischen den Zeilen, bedenkt man, daß Merkur der Gott — und, wie es heißt, Barcelona die Stadt — der Träume, doch auch der 'Kaufleute und Diebe' ist. Hat man das Buch gelesen, wird einem klar, welche Bedeutung diesem vielgesichtigen Götterboten und 'Seelengeleiter', verbunden mit der Figur der Adriana, eigentlich zukommt. Denn Leitmotiv und Schlüssel zum Kern des Textes ist die kretische Sage vom Minotaurus; sind der Minotaurus, das Labyrinth, Theseus; ist Ariadne auf Naxos.

Der Roman *Die Liebe ein einsames Spiel* — ein Titel bereits, der wie ein Schlager eingeht, während einem der Atem stockt, vergewärtigt man sich, was er konstatiert — beginnt à la Tarzan: mit einem brünstigschwülstigen Frühlingserwachen im Tropenwald-Klischee. Die ersten Worte: »Ein dunkler Ruf. Im Frühjahr erfüllt ein sonderbarer Geruch die Wildnis, und die höheren Affen kreisen unruhig um die Nester ihrer Weibchen« (S. 7) — Erinnerungen an einen Trivialroman, den die Hauptgestalt, Elia (ein Name, der gesprochen wie *ella* klingt, d.h. wie das spanische Personalpronomen 'sie'), als Kind verschlungen hatte. Elia, die etwa so alt ist wie Adriana, ein beruflos gelangweiltes Luxusgeschöpf des katalanischen Großbürgertums, kommt der Schmöker wieder in den Sinn, als sie, wie jetzt, an den »halbwüchsigen Affen«, den »behaarten Gorilla«, den »dichtenden Schimpansen«, an Ricardo also, denkt: ein so ehrgeiziges wie skrupelloses Unterschichtenkind, das, so träumt sie genüßlich vor sich hin, sicherlich nun gerade in seinem erbärmlichen Zimmer hockt, in das die Mutter jederzeit hereinbrechen kann, und in Sehnsuchtsqualen nach ihr, Elia, vergehend brüllt. »Und sein Ruf dringt durch die Wildnis der Stadt, durch den gnadenlosen Asphaltdschungel, von Nest zu Nest, von Schlafzimmer zu Schlafzimmer, von Bett zu Bett bis zu ihr ...« (S. 14 f.)

An dieser Stelle muß darauf hingewiesen werden, und es gilt für das Gesamtwerk Esther Tusquets', daß die Stadt Barcelona, auch Häuser, auch Katzen, der Sphäre von Sprache, Seele, Meer zugehören; ferner, daß es zu den Eigenarten der Autorin gehört, charakterlich verschiedenen Figuren dieselben Namen zu geben. Durch die Namen gibt sie Typen, seelische Entwicklungsstadien, Konstellationen in zwischenmenschlichen Beziehungen vor. So trifft man beispielsweise immer wieder Frauen namens Elia und junge Mädchen, die Clara heißen.

Ausschließlich für die ersten, eben gestreiften Romane gilt, daß die Erotik, daß eine — aus sprachlicher Sicht gar nicht genug zu bewundernde — überbordende Fülle sexueller Metaphern in einer Weise vorherrscht, so daß leicht übersehen werden kann, daß es Tragödien sind, die hier erzählt werden; melancholische, asentimentale, bis zum Sarkasmus ironische Variationen zum Thema 'Über die Unfähigkeit zu lieben'.

Im Dominieren der Erotik kann m.E. eine notwendige, individuell wie kollektiv befreiende Reaktion auf rund vierzig Jahre Diktatur, auf die erstickende franquistische Zensur gesehen werden, einer Institution, mit der Esther Tusquets als Schriftstellerin in der Umbruchszeit nach dem Tode Francos zwar kaum mehr, als Verlegerin dagegen umso stärker konfrontiert war. Dennoch hat sie, über fast zwei Jahrzehnte eine von drei weiblichen Verlegern ihres Landes, eine beeindruckende Zahl wichtiger spanischer, lateinamerikanischer sowie anderssprachiger Autoren in der Editorial Lumen verlegt; ein Verlag, der u.a. — und sehr früh — spanischen Lesern das Werk Umberto Ecos und Peter Weiss' zugänglich machte.

Die Franco-Ära ist präsent in ihrem (bei Lumen edierten) Werk, am konzentriertesten vielleicht in den autobiographisch geprägten Erzählungen des Bandes *Siete miradas en un mismo paisaje* (wörtlich: 'Sieben Blicke in einundderselben Landschaft'), Geschichten, die in ihrem besonderen Zauber, ihrer intensiven inneren Spannung zu dem Schönsten gehören, das die Autorin schrieb. Und ein Titel, der durch das Wort *en* ('in') in den Kern der Poetik Esther Tusquets' führt. Denn der Blick fällt nicht *auf*, sondern *in* eine Landschaft, die imaginatives Bild der Seele, Zeit und Raum, schöpferische Substanz und Erkenntnisinstrument in einem ist. Der Prozeß der Introspektion ist abgeschlossen, man ist mit der Autorin und den von ihr geschaffenen Gestalten in der Dimension, *in* der 'Landschaft', in der sie zu erzählen anhebt.

Thematisch umkreisen die Texte, in denen Kinder und Jugendliche im Mittelpunkt stehen, den Tod, die Liebe, die Kunst. Zwischen den Zeilen wird ein ungewöhnlich ausgeprägter Gerechtigkeitssinn erkennbar. Ein Gerechtigkeitssinn, dem die insbesondere in diesen Geschichten klar zutagetretende innere Korrespondenz zwischen Ästhetik und Ethik entspringt; denn es gibt hier kein künstlerisches Credo, das nicht immer auch eine — erkämpfte — ethische Entscheidung wäre.

Sara, die Protagonistin der sieben Erzählungen, mal sechzehn (»Giselle«), mal elf (»Orquesta de verano«/'Sommerorchester'), dann wieder achtzehn Jahre alt (»En la ciudad sin mar«/'In der Stadt ohne Meer'), ist, wie aus »Los Primos« ('Die Cousins') hervorgeht, 1936 geboren, dem Jahr, in dem der Spanische Bürgerkrieg begann (allerdings einige Monate vor Esther Tusquets). Wie ihre Schöpferin wächst Sara überbehütet, im Ghetto einer großbürgerlichen franquistischen Familie auf und wird, etwa 1942, in die »beste Schule der Stadt« geschickt, die ihr Cousin Gabi bereits besucht. Eine etwas seltsame Schule, deren violent militärisches Klima ihr Angst macht, in der die »besten Soldaten der Welt« herangezüchtet werden, um als gefeierte Kinder-Heroen zu fallen. Eine Schule, in der Lehrer wie Schüler regelmäßig den rechten Arm zackig hochreißen müssen, um die allgegenwärtige »Photographie eines Typs« (Hitler) anzuschreien. (S. 40)

»Los Primos«: eine betörend subtile, eine schmerzhafte Variation über das Thema 'Die zwei Spanien'. Absolut nicht das Schwarz-Weiß-Bild, das entstünde, versuchte man sich dem Kernproblem mit der Feststellung anzunähern, daß der kleine Señorito Gabi, Saras Beschützer in der Schule, das ultrakonservative franquistische Spanien verkörpert, während der Cousin Bruno, der sie aus der Schule abholt und mit dem sie wunderbar spielen kann, im niedergetretenen republikanischen Spanien beheimatet ist. Bruno ist es, für den Sara sich entscheidet.

Die Sprache, die Seele, das Meer. Sieben Erzählungen, die selbst in einem Essay für sich kaum ausgeschöpft werden könnten. In derselben 'Landschaft', im gleichen faszinierend feinen Gewebe, *Para no volver* ('Um nicht zurückzukehren'), Esther Tusquets vierter, sowie *Varada tras el último naufragio* ('Strandung nach dem letzten Schiffbruch'), ihr dritter Roman, der, aus gewisser Sicht, eine mit *Aller Sommer Meer* begonnene und mit *Die Liebe ein einsames Spiel* fortgeführte Trilogie bildet und abschließt. Sein Leitmotiv *und* Kontrapunkt: »Wenn uns die Liebe verläßt / erreicht uns der Tod« — Worte Mario Trejos, die dem Text als Motto vorangestellt sind.

Betrachtet man die Personenkonstellation, zunächst die drei Protagonisten (ein Mann und zwei Frauen), die im Zentrum der Erzählung stehen, fällt auf, daß die Frauen — Elia (*ella* = 'sie') und Eva — Namen tragen, die gleichermaßen Inbegriff des Weiblichen sind. Über dies hinaus evozieren die Charaktere dieser Frauen — der aktiven, extrovertierten Rechtsanwältin Eva und der kontemplativen, introvertierten Schriftstellerin Elia — die Schwestern des Lazarus, Martha und Maria. Esther Tusquets' Roman — die alltägliche, aber durchaus nicht triviale Geschichte vom Auseinanderbrechen engster menschlicher Beziehungen, in der unüberhörbar Worte des Neuen Testaments anklingen — kann auf einer anderen Ebene als Auferstehung von den Toten gelesen werden, denn in den *dramatis personae* lassen sich die Urbilder weiterer biblischer Gestalten finden. Lazarus könnte man in Pablo durchscheinen sehen, der, mit Eva verheiratet, auch Elia in einer so ungewöhnlichen Geistes- und Gefühlsverwandtschaft verbunden ist, daß er, im Wortsinn liebenswürdig, von »seinen Frauen« spricht. Der — abwesende — Jorge, Elias Mann, läßt sich, von ihr her gesehen, mühelos an die Stelle des Menschen- und Gottessohns Jesus setzen. Denn sie hatte in ihm, über fünfzehn für sie glückliche Jahre, die Verkörperung des Erlösers, der vollkommenen Liebe, des Absoluten geliebt. Sie hatte nicht nur, wie ein befreundeter Psychiater ihr zu erklären versucht, aus der Liebe das Zentrum ihrer Welt gemacht, was ihm bereits ein Wahnsinn zu sein schien; sie hatte die ganze Welt reduziert darauf, Zentrum ihrer Liebe zu sein. Darum sei sie jetzt aus der Welt gefallen, habe zusammen mit der Liebe (Jorge) die ganze Welt verloren. »Jorge ist der Weg gewesen«, sagt sie einmal (S. 270); 'die Wahrheit und das Leben' fügt man in Gedanken an.

Die zwei Ehepaare haben ein Haus am Meer, in dem sie, seit sie sich kennen, die Sommer gemeinsam verbringen. Weniger das Fehlen Jorges als dessen Auswirkung auf Elia verletzt und zerstört schließlich die spirituelle Symmetrie ihrer Beziehungen zueinander. Eva, die die Stärkste zu sein schien, bricht plötzlich in atembeklemmender Weise zusammen. Sie fällt, anders als Elia, nicht aus der Welt. Sie stürzt aus ihrer Person. Wie von Furien gejagt — denn tragischerweise erkennt sie, was sie tut —, vernichtet sie sich selbst in allem, was sie an Pablo und Elia band.

Eine weitere Variation zum Thema 'letzter Schiffbruch' verkörpert Clara. Gerade so alt wie die zerbrechenden Freundschaften und Lieben, körperlich eine blühende, eine zudem intelligente junge Frau, ist sie seelisch ein verhungerndes Kind, als Eva sie zu sich ans Meer holt, als diese »lichte Frau, diese warme und weiche, wie aus Federn gemachte Frau« kommt, um sie aus der Hölle, dem Tod der unerträglichen Verhältnisse zu erlösen mit den Worten (wie einst Jesus) »Steh auf, laß alles, und komm mit mir« (S. 62). Claras schwärmerische, unbedingte, unglückselige Liebe zu Eva gleicht der absoluten Liebe Elias in einer anderen Ausdrucksform. Eva aber, die betriebsame, praktische, immer und überall helfende, rettende, andere notfalls in das, was sie für Glück hält, zwingende Frau, hatte 'störende' Emotionen nicht eingeplant. Nicht zuletzt daran gewöhnt, daß Elia solcherlei Sachen schon irgendwie in Ordnung bringt, überläßt sie Clara sich selbst, ohne auch nur zu versuchen, auf das schwierige und verzweifelte Geschöpf, das sie ist, einzugehen. Sie war, wie das Mädchen einmal klarsichtig feststellt, für Eva kein Mitmensch, sondern eine Aufgabe gewesen. Um »eine Arbeit« zu werden, die mißlingt (S. 128).

Varada tras el último naufragio: eine sensitive poetische Sprache. Menschen, die weder psychologisch seziert noch beurteilt, im Monodialog mit ihrer Autorin, Esther Tusquets, aus sich selbst heraus lebendig, unvergeßbar werden. Ein offenes und für Elia befreiendes Ende. Ein zwanzig Seiten langes Schlußfragment, in dem das einzige Satzzeichen der Punkt am Ende ist. Darin: ein wunderbares Lachen ihres Sohnes Daniel; und das Meer, das durch die Imagination galoppierender Pferde Schaumkronen bekommt.

Manuel Vázquez Montalbán:

Das Essay-Werk — Schreiben gegen das Vergessen

Von Norbert Rehrmann

Die familiären Bande des 1939 in Barcelona geborenen Autors spiegeln die Vielfalt des kulturellen Panoramas seiner Heimatregion Katalonien in Teilen wider: Durch die andalusisch-galicische Herkunft seiner Eltern wächst Vázquez Montalbán in einem Emigrantenmilieu auf, das *castellano*-sprachig geprägt ist. Katalanisch spricht der Autor zwar auch, schreibt aber ausschließlich auf *castellano.* Seine betont kritische Haltung zum katalanischen Nationalismus dürfte durch seine biographischen Erfahrungen wichtige Impulse erhalten haben. Seit 1979, als er für den Roman *Los mares del sur* (dt. *Tahiti liegt bei Barcelona*) den begehrten Editorial Planeta-Preis erhielt, zählt Vázquez Montalbán zu den spanischen 'Boom'-Autoren, die vom Verkauf ihrer Bücher (nebst Filmrechten und journalistischer Tätigkeit) leben können (vgl. Delgado 1990, S. 106). Das Oeuvre des *polígrafo* umfaßt mehrere umfangreiche Romane, Monographien mit politisch-kultureller Thematik — u.a. eine Kritik der franquistischen Ideologie (1987), einen *Cancionero general 1939-1971* ('Großer Gesang', 1972), ein Porträt des Liedermachers Serrat (1972) sowie eine Analyse über *La penetración americana en España* ('Das amerikanische Eindringen in Spanien', 1974) —, eine mittlerweile fünfzehnbändige Reihe zeitkritischer Kriminalromane, Erzählungen, schwer klassifizierbare »surrealistische« Schriften, literaturtheoretische Aufsätze und ein ganzes Konvolut essayistisch-journalistischer Texte, von denen die als Buch erschienene *Crónica sentimental de la transición* ('Chronik der Gefühle der Übergangszeit') weiter unten in einigen Facetten vorgestellt wird.

Deutsche Übersetzungen: Übersetzt wurden bislang zahlreiche *Carvalho*-Romane (vgl. den Beitrag von Hartmut Stenzel) sowie die Romane *Der Pianist* (Rowohlt 1987) und *Die lustigen Jungs von Atzavara* (Rowohlt 1990). Darüber hinaus sind in bundesdeutschen Zeitschriften vereinzelt Aufsätze erschienen, so z.B. »Der Vorkrieg« (*Konkret* 7/1986), kritische Reflexionen über die Folgen des Bürgerkrieges.

Sujets, Sprache, politisches Credo: Zum Gesamtwerk des Autors

In dem 1985 erschienenen Roman *Der Pianist* hat Vázquez Montalbán seine *raison d'être* als kritischer Schriftsteller und Chronist seiner Zeit paradigmatisch formuliert: »... ich weiß nicht, ob Sie schon einmal darüber nachgedacht haben: Sich auszudrücken, das schriftlich festzuhalten, was einer denkt und fühlt — das ist mit den Botschaften vergleichbar, die ein Schiffbrüchiger in einer Flasche der Nachwelt schickt. Jeder Stadtteil müßte mindestens einen Dichter oder Chronisten haben, damit die Menschen viele Jahre später, in speziellen Museen, mittels des Gedächtnisses alles noch einmal erleben können.« (1987, S. 138 f.) Gegen die »vampirización de la memoria« als Folge der franquistischen Diktatur, aber auch gegen den Zeitgeist im allgemeinen hat der Autor in seinem voluminösen Gesamtwerk stets angeschrieben — was die ästhetische Seite angeht jedoch mit unterschiedlichem Erfolg. Neben der Lyrik liegen in der Essayistik die eigentlichen Stärken Vázquez Montalbáns, was er indirekt selbst anerkannt hat: »Ich glaube«, schrieb er 1974, »daß ich in Wirklichkeit nur zwei Gattungen gepflegt habe: die Chronik und das Gedicht. Sollte ein Buch als Theater oder Roman erscheinen, dann ist es bloß ein formaler Tick.« (Marco 1988, S. 11) Wie die *Crónica* illustriert, erweist sich die Souveränität des Autors in diesem Genre, damit seine Rolle als »Erneuerer des spanischen Journalismus« (ebd., S. 10), vor allem durch aphoristische Treffsicherheit und analytische Schärfe. Die Romane (u.a. *Der Pianist, Die lustigen Jungs von Atzavara* und *Galíndez*) sind zwar ebenfalls durchaus lesenswert, insbesondere wegen ihres Stoffes (in allen drei Romanen geht es um die Bewältigung der franquistischen Vergangenheit), der geschickt wechselnden Erzählperspektiven und der überwiegend pointiert-konzisen Dialoge. Wie in den Kriminalromanen bleiben die Personen jedoch häufig schematisch, wirken Motive, Handlungen und Situationen nicht selten vordergründig konstruiert und den politisch-didaktischen Intentionen deutlich nachgeordnet. In zahlreichen Passagen ist daher unverkennbar, daß den jeweiligen Helden kraft Weltanschauung gewisse politische Prozesse anverleibt werden. Damit bleibt der Autor, wie Brecht schrieb, die »realen äußeren Motive für die seelischen Bewegungen« seines Helden entweder schuldig, oder die äußere Welt wird weltanschaulich vom Autor vorverständigt. Die sprachlichen Aperçus, die die essayistischen Texte charakterisieren, verlieren sich hier recht häufig in dokumentierend-weitschweifigen und dozierenden Erzählformen, die zudem in Teilen stilistisch nachlässig wirken. Diese Aspekte treten meines Erachtens in seinem letzten Roman *Galíndez* besonders deutlich zutage. Montalbáns Kritik einer sterilen, »unlesbaren Literatur«, in der »die Protagonisten vierzig Seiten benötigen, um ein Fenster zu öffnen« (M.V.M. 1989b, S. 204), fällt daher zum Teil auf ihn selbst zurück. Der von Kritikern erhobene Vorwurf, die Romane, unter Einschluß der Kriminalserie, seien zumindest partiell »flach und oberflächlich« (Bértolo 1988), klingt daher plausibel, obgleich der Autor die normative Einteilung in hohe und niedere Literaturformen ebenso verwirft wie die von den einzelnen Fachdiszplinen gezogenen Gattungsgrenzen (vgl. Colmeiro 1989, S. 28).

Das sprachliche Repertoire, dessen sich der Autor in allen Gattungen bedient, ist dementsprechend bewußt breit angelegt. Durch die Inkorporation unterschiedlichster linguistischer »Niveaus« aus den Bereichen Massenmedien, politische Propaganda, Schlager, poetische und avantgardistische Schreibweisen etc., die den sozialen Gruppen meistens zugeordnet sind, erweist sich Vázquez Montalbán als Fachmann für Collagen ('Novellage'), die wiederum zu unterschiedlichsten sprachlichen Effekten führen: zu ironischer Distanz und Skepsis, sarkastischem Humor, surrealistisch-absurden Verfremdungen, Parodien und nicht selten zu aggressiver Schärfe — sprachliche Register, die in Spanien noch immer zahlreiche Anlässe und Adressaten finden: seien es die Reminiszenzen des »Faschismus«, des »Mister Hyde der Bourgeoisie« (M.V.M. 1989b, S. 59), oder skandalträchtige Politiker der *transición* wie Alfonso Guerra, der »Robespierre des PSOE« (M.V.M. 1984, S. 133). Schließlich ist die Diktion durchgängig von alltagssprachlichen Elementen einer »filosofía popular« geprägt, wie sie der Autor u.a. im Werk des Liedermachers Serrat gewürdigt hat (M.V.M. 1972, S. 11). In dieser »lenguaje no estuchable« (etwa: in kein Etui passend) kommt im übrigen die surrealistisch beeinflußte Frühphase des Autors zum Ausdruck, die nach seiner damaligen Überzeugung (mittlerweile scheint er diese Position auch theoretisch teilweise zu revidieren, vgl. M.V.M. 1989a, S. 13 ff.) die »einzige Kraft des spekulativen Intellektuellen« darstelle, die er »der Obszönität des Realen« entgegensetzen könne (M.V.M. 1989b, S. 21). Während er früher »Freiheit, Brot, Gerechtigkeit und freie Liebe« forderte, schreibe er jetzt, als ob er »ein Idiot wäre« — die »luzide Haltung« eines Intellektuellen im »Neokapitalismus« (Mangini 1987, S. 219). Die *Escritos subnormales* ('Subnormale Schriften'), zwischen 1970 und 1974 erschienen, markieren das Ende des *realismo social* bei Vázquez Montalbán, dessen aufklärerisch-informative Funktion erschöpft war (u.a. durch die neuen Artikulationsmöglichkeiten in der Presse). Die »performative Illusion«

(Goytisolo), als die diese Schreibweise von zumeist jüngeren Autoren erkannt wurde (vgl. Goytisolo 1984, S. 113 ff.), bezeichnete Vázquez Montalbán damals als »ästhetischen Alptraum«, nachdem er einige Jahre selbst, vor allem in der Zeitschrift *Praxis*, realistische Schreibweisen verteidigt hatte. De facto blieb er seinem realistischen Grundkonzept — von diesen hauptsächlich sprachexperimentellen Schriften (zu denen auch noch das Kriminalroman-Debüt *Ich tötete Kennedy* zu rechnen ist) abgesehen — weiterhin überwiegend treu. Die teilweise vollzogene theoretische Revision scheint daher nur konsequent.

Im Unterschied zu anderen Autoren, in deren Lyrik und Prosa politische Themen durch sprachlich-ästhetische Experimente weitgehend verdrängt wurden, blieb Vázquez Montalbán, hauptsächlich in den essayistisch-journalistischen Texten, daher fast durchweg ein dezidiert politischer, ein »interventionistischer Schriftsteller« (M.V.M. 1989a, S. 13), dessen Spektrum (übrigens auch in seiner Lyrik) alle erdenklichen Gebiete umfaßt. Seine zeitkritischen Beiträge sind in bekannten Oppositionszeitschriften (u.a. *Triunfo*) und später in den neugegründeten Zeitungen (vor allem der Madrider Tageszeitung *El País*) und Zeitschriften erschienen. Die kaum eingrenzbare Themenpalette enthält vor allem innenpolitische, seit Anfang der siebziger Jahre zunehmend auch internationale Aspekte, im Sinne einer kritischen Aufarbeitung der (franquistischen) Vergangenheit historische Fragestellungen, Literatur- und Kulturkritik, Attacken gegen sexuelle Prüderie (vgl. diesbezüglich u.a. die Kriminalromane, in denen diese Bereiche in unterschiedlichsten Variationen stets präsent sind) sowie (selbst-)kritische Einlassungen gegen den katalanischen Nationalismus und seine kommunistischen Parteifreunde.

Was schließlich das politische Credo des Autors betrifft, so ist dieses nicht weniger komplex als die zitierte Palette von Genres, sprachlichen Niveaus und Themenbereichen. Trotz der Baisse, die die Kommunisten gerade in Spanien erlebten, ist Vázquez Montalbán nach wie vor Mitglied des PSUC, der katalanischen 'Sozialistischen Einheitspartei', was in der Öffentlichkeit übrigens nie ein Geheimnis war. Dabei ist die betont nüchterne, (selbst-)kritische Distanz, die sein Verhältnis zu dieser Partei bestimmt (vgl. u.a. aus der Carvalho-Serie *Mord im Zentralkomitee*), keineswegs neueren Datums. Den Niedergang des »historisch-kulturellen Tempels« hatte bereits der Autor der *Escritos subnormales* konstatiert, als er z.B. Adorno, eine seiner Collage-Gestalten, ausrufen läßt (1989b, S. 69): »Es gibt keine Wahrheiten, die nicht von Schmerz, Tod und Scheitern begleitet wären; und wenn eine Wahrheit triumphiert, beginnt sie zu einer Lüge zu werden.« Diese 'prä-postmoderne' Haltung, die indes nicht mit den *rien ne va plus*- und *anything goes*-Positionen heutiger Spielarten der Postmoderne zu verwechseln ist[1], hat er in ihrer ganzen Paradoxie bis heute beibehalten. Der Schwierigkeiten, die Schubladendenker daher mit ihm haben, ist er sich bewußt. Als »Anhänger von Saint-John Perse und Berlinguer, vom Kuba Castros und von Oreiller de la Belle Aurore, dem ausgeklügelsten Gericht, das die kulinarische Ambition des Menschen geschaffen hat«, verstehe er, daß dies »zu viele Kontraste in einer Person« seien (M.V.M. 1987, S. 179 f.).

»Crónica sentimental de la transición«

Wird die Feder in den Romanen gelegentlich »hilflos, indem sie fabeln und doch wahr sein will« (Bloch), so wird sie in den Essays ausgesprochen spitz. Vor den *Crónicas,* die auf den Seiten von *El País* erschienen sind, hatte Vázquez Montalbán in der Zeitschrift *Triunfo* bereits eine *Crónica sentimental de España* geschrieben, die sich mit den Jahren des Franquismus beschäftigte. Der 1984 veröffentlichte Interviewband *Mis almuerzos con gente inquietante* ('Meine Mittagessen mit beunruhigenden Leuten') läßt sich diesem Genre, wenn auch personenbezogen, ebenfalls zuordnen. Mit seinem breiten Spektrum 'beunruhigender' Personen, die vom ehemaligen 'Zensur-Minister' Fraga Iribarne über den Madrider Kardinal Tarancón und den Präsidenten des spanischen Arbeitgeberverbandes Ferrer bis zum heutigen Chef der Kommunistischen Partei (PCE) Anguita reichen, setzt er gewissermaßen den in der Oppositionszeitschrift *Cuadernos para el Diálogo* begonnenen 'nationalen Dialog' mit anderen Mitteln fort, indem er seinen Lesern ein repräsentatives Personen- und Ideenspektrum der achtziger Jahre präsentiert.

Die im folgenden vorgestellten Beispiele aus der *Crónica* illustrieren vor allem zweierlei: Ihre *thematische* Seite zeigt, daß Vázquez Montalbán das Panorama der *transición* in nahezu allen relevanten Facetten beleuchtet, sich kritisch mit nationalen und internationalen Problemen beschäftigt, dabei jedoch nur selten parteipolitisch argumentiert, sondern fast durchweg intellektuelle Skepsis artikuliert. Ihr *formaler* Charakter vereint die chronologische Darstellung, die bestimmte Ereignisse in der Regel nach ihrer zeitlichen Abfolge ohne Rücksicht auf innere, sachliche Zusammenhänge präsentiert, mit der offenen Form des Essays, so daß durch bewußte Subjektivität und unter weitgehendem Verzicht auf systematisch-erschöpfende Analysen eher mosaikhaft-lockere, sprunghaft-assoziative Einsichten entstehen. Die sprachlichen Register, die der Autor dabei zu ziehen versteht, bewirken häufig Überraschungseffekte.

Den politischen Übergang von der Diktatur zur parlamentarischen Demokratie — von der Opposition zunächst als Bruch (*ruptura*) verstanden, dann jedoch rasch als »paktierter Bruch« akzeptiert, der die alten Strukturen in wichtigen Bereichen unangetastet ließ — persifliert Vázquez Montalbán mit einem fiktiven Dialog. Auf die Frage, ob die Öffnung das Ende des Regimes bedeute, antwortet der Gefragte, ein ehemaliger Franco-Anhänger: »Ich glaube nicht. Ich glaube, das Ende des Regimes wäre dagegen seine Nichtöffnung, da die Öffnung ein charakteristisches Element des Regimes darstellt. — Heutzutage für das Regime zu sein, heißt also, für die Öffnung zu sein? — Zweifellos. — Herrlich.« (S. 52).

In der beginnenden Demokratisierung sieht der Autor folglich eine aus dem Regime selbst heraus lancierte Strategie, auf die Zeichen der Zeit zu antworten. Der politische Opportunismus der »Präliberal-Aktiven« sei dabei tonangebend gewesen. Die Linke, in erster Linie die Kommunisten, hätten sich weitgehend hilflos auf die »Pädagogik des Paktes« eingelassen.[2] Ihre theoretisch-programmatische Schwäche, die in einer Art 'Billigtheorie' (»un partido de veinte duros de teoría«) bestehe, machten vor allem den PCE (»d.h. Carrillo, warum sich etwas vormachen«) blind gegenüber der Realität. Als der damalige PCE-Chef Carrillo vom Grandseigneur der spanischen Rechten, Fraga Iribarne, in den renommierten Madrider Club Siglo XXI eingeführt wird, bespöttelt Vázquez Montalbán die neue Rechts-Links-Liaison mit einem drastischen Vergleich. Den Hinweis, Fraga habe indirekt den Wert von Carrillos Geschlechtsteilen (»entrepiernas«) gelobt, kommentiert der Autor: »Nicht umsonst sagte Unamuno, daß wir Spanier uns nach Organen einteilen lassen, und Fraga stammt von der organischen Demokratie.« Auch in dem Interviewband (1984, S. 118) karikiert Vázquez Montalbán den einstigen Zensur-Minister pointiert: »Die schwindelerregende Geschwindigkeit«, mit der Fraga »in diesem Leben« alles zu sagen bestrebt sei, resultiere vermutlich aus dem »Mißtrauen, daß im Himmel Meinungsfreiheit besteht«.

Während die Konsenspolitik in Teilen der Gesellschaft schon bald zum *desencanto* führte, zur Ernüchterung und Enttäuschung über die relativ geringen Fortschritte der Demokratisierung, ließen sich die frisch gewählten Parlamentarier viel Zeit, eine neue Verfassung auszuarbeiten. Vázquez Montalbáns Kommentar: »Jahr des Konsensus, (...) einen Finger vor dem Mund. Psst. Ruhe. Man konstituiert.« (S. 135)

Die demokratische Sicherheit, in der sich die Mehrheit der *clase política* wähnte, war dennoch trügerisch, wie sich spätestens 1981 zeigte, als der *pistolero* Tejero die Parlamentarier aufforderte, sich »verflucht nochmal zu setzen« (»se sienten, coño«). Wenige Stunden zuvor, bringt Vázquez Montalbán seinen Lesern danach ironisch in Erinnerung, hatte der Regierungschef noch jenen »drolligen Satz« formuliert: »Die *transición* ist beendet.« Die Behauptung von früher: »Alles konnte in einem Land passieren, das sich in der Phase des Überganges vom Nichts zur absolutesten demokratischen Armut befand« (S. 58), schien sich in den Februartagen 1981 zu bestätigen.

Als wenig später die Sozialisten (PSOE) die Wahlen gewannen, hoffte der Autor, mit der Regierungsübernahme »der historischen Unschuld« (S. 230) würde »die *transición,* die ewige *transición* der Geschichte Spaniens, diese traurige, weil stets schlecht endende Geschichte zu Ende gehen« (ebd.). Tatsächlich scheint die Ära der *pronunciamientos,* der militärischen Staatsstreiche, seither der Vergangenheit anzugehören, und das »marketing ideológico« (S. 62), das noch die Parlamentsdebatten der frühen achtziger Jahre bestimmt hatte, machte im Kontext wirtschaftlicher Modernisierung schon bald einem neuen Konsensus Platz: »Qué país! Qué paisaje! Qué porcentaje!« (»Welch ein Land, welch eine Landschaft, welch ein Prozentsatz!«) paraphrasiert Vázquez Montalbán einen Ausruf des liberalen Schriftstellers Mariano José de Larra. Die Nichteinhaltung zentraler Wahlkampfaussagen, wie der Austritt aus der NATO, die sich durch zahlreiche Sprachregelungen abzuzeichnen begann, kommentiert er betont sarkastisch: »... die Außenpolitik der Regierung war montags, mittwochs und freitags atlantisch, dienstags, donnerstags und samstags neutral.« (S. 140) Und über einige Linksintellektuelle, die den Wandel der Regierung unterstützten, spöttelt er: »Der Paramiro und der Claudín gehen zur NATO, um sie ein bißchen zu pazifizieren.« (S. 235)

Auch etliche historische Altlasten und neue Probleme, die vom »Tanz der konstitutionellen Debütanten« unberührt geblieben waren, finden Eingang in Vázquez Montalbáns Kolumnen. So der »Traum Andalusiens«, der »durch den Hunger so real wie statistisch« (S. 212) zerstört worden sei (der Stil vermittelt hier Empörung und Solidarität, Sarkasmus bleibt den Mächtigen vorbehalten); eine drastisch gewachsene Überfremdung durch kulturindustrielle Produkte, vor allem nordamerikanischer Provenienz, von denen die »coca-cola musical« (S. 66) nur die Spitze des Eisbergs darstelle (die Kritik kultureller Überfremdung ist seit einigen Jahren eine Konstante in seinem Werk[3], häufig in Zusammenhang mit importierten Eßgewohnheiten, die der Gourmet besonders sensibel registriert); ferner der Boom realer oder vermeintlicher Idiosynkrasien der Regionen, die »plötzlich geheime und direkte Bande entdecken, die sie mit Adam und Eva verbinden« (S.149). Im *Pianist* fällt die Kritik eines exzessiven Nationalismus (hier des Katalanismus) noch schroffer aus. Einigen Katalanen gefiele es gar, »wenn sie schwarz wären, um sich deutlicher von den Spaniern abzugrenzen« (S. 166). Last but not least lassen zahlreiche Texte (vor allem auch die Kriminalromane) ein, so wörtlich, »testikulares Denken« (S. 199) erkennen. Camilo José Cela (»der literarische Erfinder des Wortes *coño*«, d.h. Votze, Scheiße) hatte in dieser Hinsicht für Vázquez Montalbán Vorbildcharakter. Die teils äußerst deftigen Ausdrücke sowie die breite Palette erotisch-sexueller Anspielungen sind Teil dieser bewußten »politización por vía vaginal« (Fuster 1985, S. 84), die Prüderie und sexuelle Heuchelei konterkarieren sollen.

Humor, Ironie und Sarkasmus, so läßt sich das aus Platzgründen nur knapp skizzierte Essaywerk Vázquez Montalbáns resümieren, bilden eine Konstante in diesen Texten. Die polemischen Schärfegrade, die die Essays zuweilen erreichen, finden in der deutschen Nachkriegsgeschichte kein Pendant, sie sind allenfalls mit der (stilistisch aber anspruchsvolleren) Essayistik eines Karl Kraus oder Kurt Tucholsky vergleichbar, die ob der Zumutungen, wie »die auf uns herumregieren« (Tucholsky), ähnlich scharf formulierten. Für die politische Kultur des Landes waren und sind die Montalbánschen Attacken auf alle Fälle von Nutzen.

Anmerkungen

1) In gewohnt polemischer Manier hat Vázquez Montalbán denn auch kürzlich »jene Athleten des Geistes« attackiert, die ihre Stimme zu gesellschaftspolitischen Fragen nie erhoben hätten und deren »intellektuelle Muskeln« mittlerweile völlig erschlafft seien (M.V.M. 1989a, S. 26 f.).

2) Der Beitrag der linken Opposition zur Überwindung des Regimes sei im übrigen eher sekundär gewesen: »... wir erfanden uns einen Kampf, den wir nicht geführt hatten. Der Franquismus dauerte so lange, wie er dauern mußte ...« (M.V.M. 1990, S. 55).

3) So z.B. im *Pianist* (S. 225), wo einer der Protagonisten kritisiert, »daß wir aus der schrecklichen Distanz Spaniens nur in der Lage sind, fast alles zu bewundern«.

Zitierte Literatur

— Bértolo, Constantino: »Los paisajes sustituidos. Actitudes y una mala conciencia de la generación de los años sesenta«, in: *El País*, 2.10.1988
— Colmeiro, José F.: »La narrativa policíaca posmodernista de Manuel Vázquez Montalbán«, in: *Anales de la literatura española contemporánea*, 1-3/1989, S. 11-32
— Delgado, Rafael: »Entrevista con Manuel Vázquez Montalbán«, in: *Tribuna*, 23.7.1990
— Fuster, Jaume: *Dialegs a Barcelona. Manuel Vázquez Montalbán*, Barcelona: Ajuntament de Barcelona/Editorial Laia 1985
— Goytisolo, Juan: »Der zeitgenössische spanische Roman«, in: *Dissidenten*, Frankfurt/M.: Suhrkamp 1984
— Marco, Joaquín: »Introducción«, in: M.V.M.: *Tres novelas ejemplares*, Madrid: Espasa-Calpe 1988
— Vázquez Montalbán, Manuel: *Mis almuerzos con gente inquietante*, Barcelona: Planeta 1984
— ders., *Crónica sentimental de la transición. Los desnudos, los vivos y los muertos de una transición que no sólo ha sido política*, Barcelona: Planeta 1985
— ders., *Pigmalión y otros ensayos*, Barcelona: Seix Barral 1987
— ders., *Der Pianist*, übers. v. M. Meyer-Minnemann, Reinbek: Rowohlt 1987
— ders., »El escriba sentado. O reflexiones de un escritor intervencionista en una sociedad literaria fanáticamente abstencionista«, in: *Revista de Occidente*, 98-99/1989a, S. 13-28
— ders., *Escritos subnormales*, Barcelona: Seix Barral 1989b
— ders., *Die lustigen Jungs von Atzavara*, übers. v. W. Zurbrüggen, Reinbek: Rowohlt 1990

Alvaro Pombo:

»El héroe de las mansardas de Mansard« — Von der problematischen Selbstfindung und der grazilen Auflösung der Wirklichkeit

Von Dieter Ingenschay

Alvaro Pombo — 1939 in Santander geboren — studierte in Madrid Philosophie und Philologie, in den Jahren 1966 bis 1977 wohnte er in London. Von der englischen Literatur, insbesondere von Henry James und Iris Murdoch, ist Pombos Erzählweise ebenso stark geprägt wie vom Existentialismus und der Phänomenologie. Seine schriftstellerische Laufbahn beginnt er mit Gedichten, die in den Bänden *Protocoles* ('Protokolle', 1973) und *Variaciones* ('Variationen', 1977) zusammengefaßt sind. Es folgen erste, teils philosophische, teils literaturtheoretische Erzählungen (unter dem programmatischen Titel *Relatos sobre la falta de sustancia*, 'Erzählungen über den Mangel an Substanz'). Bekannt wurde der Autor aber erst als Romancier, seit ihm mit *El héroe de las mansardas de Mansard* (dt. *Der Held der Mansarden von Mansard*) auch über Spanien hinaus der Durchbruch gelang. Dieser 1983 erschienene Roman erhielt im Jahr seiner Publikation den begehrten Premio Herralde. Nach der Einschätzung seines spanischen Verlagshauses Editorial Anagrama verdankt Pombo gerade der Frankfurter Buchmesse von 1985 das starke Interesse, das ihm inzwischen auf dem internationalen Buchmarkt zukommt.

Fünf Romane sind bisher veröffentlicht, nämlich: *El parecido* ('Der Ähnliche'), 1. Aufl. Barcelona: Anagrama 1979 (3. Aufl. 1988); *El héroe de las mansardas de Mansard*, 1. Aufl. Barcelona: Anagrama 1983 (3. Aufl. 1987), dt. *Der Held der Mansarden von Mansard*, übers. von Elke Wehr, München: Piper 1988; *El hijo adoptivo* ('Das Adoptivkind'), Barcelona: Anagrama 1984 (2. Aufl. 1986); *Los delitos insignificantes*, Barcelona: Anagrama 1986 (3. Aufl. 1990), dt. *Leichte Vergehen*, übers. von Elke

Wehr, München: Piper 1991; *El metro de platino iridiado* ('Das Meter aus iridiertem Platin'), Barcelona: Anagrama 1990 (3. Aufl. 1990).

»Echos der Entfremdung« — zu Pombos Gesamtwerk

Eine Literaturwissenschaftlerin, welche die Romane Alvaro Pombos als »Echos der Entfremdung« charakterisiert, nennt als wesentliche Themen u.a. folgende: Reflexionen über Realität und Irrealität; das Eindringen äußerer Mächte ins Innere des Menschen; Persönlichkeitsprobleme wie Einsamkeit und Entfremdung; Macht über Menschen; Probleme einer eher erträumten Sexualität; die Fraglichkeit von Wahrheit, Subjektivität und Objektivität; Verdoppelungen und Spiegelungen; philosophisches Spekulieren.[1] Oft sind Schriftsteller Pombos Hauptfiguren, oder aber junge, 'unfertige' Menschen.

Seinem ersten Roman, *El parecido,* fehlt der eigentliche Held, denn das Werk beginnt mit der Beerdigung des Protagonisten Jaime, eines jungen Mannes aus der nordspanischen Großbourgeoisie, der bei einem Motorradunfall sein Leben verlor. So entsteht das Bild, eher: das Vexierspiel seiner Identität aus den ganz verschiedenen Einschätzungen, Gedanken, Gefühlen und Gesprächen jener vier Personen, die ihn umgeben hatten — seiner Mutter Doña María (die sich nach dem Tod ihres Sohnes noch stärker absondert), des mit dem Verstorbenen gleichaltrigen, ihm ähnelnden Familienchauffeurs Pepelín (der mit dem Wunsch scheitert, sich in Jaime 'zu verwandeln'), seiner Freundin Mati (die das Haus und die Nähe der Mutter meidet), und besonders seines Onkels Gonzalo Ferrer, den eine platonisch gebliebene, doch heftige Liebe an den Neffen band (und der von Dieben in einem Park getötet wird, als er Jaimes Briefe vergraben will). Ein reiches Register ironischer Brechungen (auf der Ebene der Personen selbst und auch in ihren zahlreichen Dialogen) kennzeichnet diese tragikomische Geschichte ebenso wie das stete Umkreisen einer »ernsten« Identitätsproblematik.

Auf Pombos zweites, später näher vorzustellendes Erzählwerk (*El héroe de las mansardas de Mansard*) folgt dann *El hijo adoptivo.* Wieder geht es, ganz allgemein gesagt, um ein Vexierbild der Identitäten: Protagonist und Ich-Erzähler dieses an Reflexionen reichen, gelegentlich einen Tagebuchstil annehmenden Romans ist der menschenscheue Schriftsteller Pancho, der samt einer seltsamen Hausangestellten zurückgezogen lebt, immer noch fremdbestimmt von seiner verstorbenen Mutter, einer ebenfalls bislang noch unbekannten Dichterin. In sein Leben tritt überraschend der sechsjährige Pedrito. Fünfzehn Jahre zuvor hatte dessen Vater für kurze Zeit als Panchos Privatsekretär gearbeitet, bis ihn die Mutter entließ, als sie merkte, welche Faszination der junge Sekretär auf ihren Sohn ausübte. Die Eltern des Kindes nun nutzen Panchos Weltfremdheit ebenso wie seine unterschwelligen Schuldgefühle aus und 'schieben' ihm das Kind unter, das auf diese Weise in den Genuß aller *upper class*-Privilegien kommen soll. Der Schriftsteller verfaßt letztlich sogar ein Testament zu Gunsten des Kindes (ohne genau dessen *apellidos,* seine Familiennamen, zu kennen), bevor er bei einem Unfall ums Leben kommt.

Auch in Pombos viertem Roman, *Los delitos insignificantes,* steht ein Schriftsteller im Mittelpunkt: Ortega, ein Homosexueller mittleren Alters, einst vielversprechender Autor 'guter' Erzählungen, der nunmehr frustriert als Bankangestellter sein Leben verdient. Er lernt in einem Madrider Straßencafé den schönen, jungen (und literarisch ambitionierten) Quirós kennen, in den er all seine Wunschvorstellugen projizieren kann, ohne daß er es wagte, sich ihm direkt zu nähern. Quirós, ein wahrer Lebenskünstler, läßt sich von seiner erfolgreichen Verlobten und seiner verkitschten Mutter aushalten. Als sich ihm dabei unerwartete Schwierigkeiten in den Weg stellen, geht er — mehr aus finanziellen Gründen als aus dem Gefühl einer gewissen Angezogenheit — eine Beziehung mit Ortega ein, um ihn, den er emotional 'in der Hand' hat, um seine Ersparnisse zu erleichtern.

Dieser Roman weist eine ganz rigide Struktur auf: regelmäßig wechseln zwei Perspektiven, es alternieren (nach kapitelartigen Abschnitten) die allgemeinen und aktuellen Lebensbetrachtungen jedes der beiden Protagonisten. Zu Recht hat die Literaturkritik hier die Leichtigkeit vermißt, die grazile Ironie und den Glanz einer verblichenen Größe, die — gleichzeitig mit der Identitätsproblematik — Pombos Werke sonst kennzeichnen.[2] Auch die negative Sicht auf eine gleichgeschlechtliche Liebe, das Wiederholen des Stereotyps vom Ausnutzen des Alten durch den Jüngeren, ist Pombo angekreidet worden.

Den 'Vorschußlorbeeren' eher gerecht — zumindest in den Augen der spanischen Kritiker[3] — wird dagegen Pombos jüngster Roman *El metro de platino iridiado.* Im Mittelpunkt dieser (dieses Mal im modernen Ambiente des zeitgenössischen Madrid angesiedelten) umfangreichen Familiensaga steht María, eine 'klassische Heldin'; neben ihr ihr Mann Martín, ein Schriftsteller und Philosophieprofessor (Spezialist in 'aristotelisch-thomistischer Naturtheologie'). Die Gedankenwelten und Lebensentwürfe dieser beiden bilden den erzählerischen Schwerpunkt, um den sich die Geschichten der anderen Figuren ranken: da ist Marías Bruder Gonzalito, der sich auf einen Selbstfindungstrip nach London begibt, Marías männerverschlingende Freundin Virginia, deren (gleich eingangs des Romans) übereilt geschlossene Ehe mit einem argentinischen Industriellen bald scheitert, und Pelé, der Sohn Marías und Martíns, den eine verborgene Leidenschaft an seinen Onkel Gonzalito bindet. Alle führt eine Schicksalstragödie zusammen in Marías Elternhaus.

Pombo entfaltet in *El metro de platino iridiado* ein ganzes Spektrum des Lebens im Zeichen der Moderne, mit Parties, Vernissagen und all den Problemen des familiären und individuellen Seins. Dabei spielt der Autor auf allen Registern von Komik bis Tragik, vom philosophischen Spekulieren bis zur nachempfundenen (gehobenen) Umgangssprache der Romanpersonen.

»El héroe de las mansardas de Mansard« – Das Ende der Kindheit und des 'gesicherten' Romandiskurses

In jenem barocken Gestus, der im Titel aufscheint, erzählen die 22 Kapitel dieses modernen Bildungsromans einen kurzen Lebensabschnitt des Protagonisten Nicolás, genannt Kus-Kús. Der Leser erfährt weder das genaue Lebensalter dieses unheldischen Helden, der noch mit Zinnsoldaten spielt, noch die Zeit der Handlung, die allein durch die evozierte Atmosphäre in einer angegoldeten Vorbürgerkriegszeit, vielleicht in den zwanziger Jahren, anzusiedeln ist.

Kus-Kús lebt unter der Aufsicht seiner englischen Gouvernante in jenem durch die gewaltigen Mansarden auffallenden Haus, dem Hotel seiner meist abwesenden Eltern, in einer – wieder nicht präzisierten – nordspanischen Stadt am Meer. Wichtiger als die Gouvernante wird für die Entwicklung des Protagonisten der Hoteldiener Julián, mit dessen Einstellungsgespräch der Roman beginnt. Anders als die langweilige Kinderfrau nämlich hat dieser (schon durch seine chronische Bindehautentzündung interessante) Mann eine Ausstrahlung, die den Jungen so fasziniert, daß er in einer schlaflosen Nacht mit ihm einen Blutsbund schwört.

Die Aura des Geheimnisvollen umgibt Julián nicht nur in den Augen Kus-Kús', sondern gleichermaßen für den Leser, für den sich im Romanverlauf die anfänglichen Andeutungen verdichten, daß dieser bisexuelle Mann aufgrund alter Geschichten von dem zwielichtigen Pärchen Esther und Rafael erpreßt wird, ein Umstand, der ihn zur Unterschlagung eines Schecks veranlaßt. Julián vertraut sich im achten Kapitel des Romans in seiner mißlichen Lage dem jungen Freund an, der ihn ohnehin intuitiv durchschaut hatte. Später entschließt sich Julián zur Flucht.

Eine ähnlich zentrale Rolle im Alltag des Jungen spielt seine Tante Eugenia, die oben unter dem Dach eben jenes Hotels mit den großen Mansarden wohnt. Diese ledige, gealterte halbmondäne Vamp-Frau fasziniert Kus-Kús mit den Erzählungen über ihre Jugend, über ihre einstigen Gigolos, und trotz all ihrer oberflächlichen Geschwätzigkeit fühlt sich Nicolás von ihr ernstgenommen. Als dann im neunten Kapitel Kus-Kús einmal unangemeldet seine Tante besucht, überrascht er sie bei einem Schäferstündchen mit dem schönen jungen Ladenburschen Manolo, und durch diesen »Fehltritt« wird Tante Eugenia erpreßbar. Diesen Umstand nutzt Kus-Kús später schamlos aus, als der geflohene Julián ihn auf seinem Schulweg abpaßt und um Hilfe bittet. Zum ersten Mal in seinem Leben gefordert, nimmt der Knabe die Handlungsfäden souverän in die Hand: er zwingt die Tante, den Geflohenen in ihrer Wohnung aufzunehmen und ihn zu verbergen, was diese zuerst mürrisch, dann hingebungsvoll auf sich nimmt.

Bis dann nach einigen Retardierungen die Polizei Julián endlich in eben dieser Wohnung verhaftet, vergeht eine längere Zeit, in der dem Leser durch die Nebenhandlungen klargemacht wird, wie das Kind durch diese Vorgänge das Bewußtsein von eigenem Erwachsenwerden aufbaut, bis der Roman mit dem Tod der Tante (und einem »erstklassigen Trauergottesdienst«) endet. So viel — verzichtend auf die zahlreichen Seitenstränge — zum Gerüst der Geschichte.

Ebenso wie deren zeitliche und örtliche Koordinaten vage bleiben, ist der Stil des Romans durch ein perspektivisches Spiel von Andeutungen gekennzeichnet: der Erzählerdiskurs, die Reflexionen der inneren Monologe Kus-Kús' (aber auch Juliáns und der Tante) und die subtilen knappen Dialogpartien lösen jede einheitliche Erzählperspektive auf, so daß Kus-Kús selbst zeitweise zum Ich-Erzähler avancieren kann. Dabei ist schon vorher die Weltsicht des so oft nachdenklichen Jungen zum Maßstab des Erzählens und zum Parameter der Werte geworden: ganz wie seine Tante nimmt ihn auch der Romandiskurs ernst, verschanzt sich hinter seiner Perzeption der Dinge. Luis Suñén hat darauf aufmerksam gemacht, daß Pombos Narrativik im Grübeln ihren Ursprung hat.[4]

Solches Ernstnehmen des Kindes heißt nicht, daß alles durch seine Augen betrachtet würde, aber seine Sicht ist stets so selbstverständlich plausibel, daß sie auch Julián und andere mitreißt. Schönstes Beispiel dafür ist jene Passage, in der Kus-Kús seine Gouvernante »sanft in ein besseres Leben« bringen will, indem er ihr Juliáns Augentropfen verabreichen möchte (Ende des dritten Kapitels). Als er seinen Plan Julián unterbreitet, hält dieser ihn für ein bloßes Spiel des Kindes, wogegen sich Kus-Kús verwahrt, und letztlich verdichtet sich der Plan des Kindes bei Julián zu einer tiefsinnigen Lebensbetrachtung:

»... Er würde es nicht mitspielen, dieses Spiel, das nichts anderes sein konnte als ein Spiel. In diese Gedanken mischte sich abstrakt der Wunsch — als erlaubte ihm die Schläfrigkeit ein gewisses Maß an Groll —, das Kind des Hauses möge allein spielen, ohne Julián auf das schwankende Terrain der Bedeutungen seiner Spiele zu ziehen. Denn Julián war überzeugt, daß Spiele ebenso wie Maskeraden immer etwas bedeuten und denjenigen, der sich auf sie einläßt, erbarmungslos offenbaren. Er soll seine Morde alleine spielen, ihm wird nichts fehlen im Leben! Aber diese Rechtfertigung war irgendwie übertrieben (wie auch der Groll abstrakt war) und hielt der Konfrontation mit dem Kind aus Fleisch und Blut, das Julián kannte, nicht stand.« (S. 40)

Es entsteht aus dieser Erzählweise der Eindruck einer epischen Naivität, die sich über weite Strecken des Romans zu einem ebenso spannenden wie glaubhaften Diskurs der Frühpubertät verdichtet. Dabei ist Kus-Kús kein unproblematischer, 'glatter' kindlicher Held, sondern in seiner Unsicherheit bösartiger, als es die Textoberfläche erkennen läßt. So kommt ein authentischer Bildungs- und Entwicklungsroman zustande, der statt der psychologisierenden Außenperspektive eine Innenperspektive setzt, deren subjektive Willkür immer wieder antirealistische Niederschläge findet.

Zu dieser neuartigen, attraktiven Schicht des Romans treten Elemente eines ganz eigenen Ambiente, das in diesem Werk den diskreten Charme der anglophilen Großbourgeoisie der spanischen Vorbürgerkriegszeit aufscheinen läßt, wenn etwa die Tante ihrem neugierigen Neffen die erotisch gewürzten Abenteuer ihrer Jugend bei Tee und vielen Stücken »fruit-cake« serviert ...

In einer Besprechung des Buches in *Tranvía* wird eine naheliegende Analogie bemüht und Kus-Kús ein spanischer Oskar Matzerath genannt.[5] Dort wird betont, daß der Roman für spanische Leser keine Überraschungen biete, und daß diese »reizvolle Geschichte« Problembereiche der franquistischen Geschichte aufarbeite, insbesondere die katholische Körperfeindlichkeit des spanischen Bürgertums jener Epoche. Dieser Aspekt existiert in *El héroe de las mansardas*, doch scheint er mir sekundär hinter dem — durchaus gelungenen — Bemühen, die Mannwerdung des Jungen sozusagen durch den Romandiskurs selbst zu leisten. In der Relativierung der kindlichen Traumwelt — denn nur um eine Relativierung kann es gehen angesichts der Unreife auch aller Erwachsenen — ist die so wichtige Sexualthematik reduziert auf die Zaungastrolle. Geschildert wird allein in einem Rückblick Juliáns dessen erstes Onanieren; Kus-Kús' pubertäre Sexualität dagegen verbleibt (sieht man ab von den halbherzig-unsicheren Eingeständnissen seiner homoerotischen Neigungen in Kapitel 22) in der Sphäre des Angedeuteten und gliedert sich so ein in jene Verzeichnung ins Vage, die hinter aller Selbstfindungsproblematik das Stilprinzip und auch den eigenen Charme des Romans ausmacht.

Im Anschluß an die Veröffentlichung von *Los delitos insignificantes* sah sich der nach *El héroe de las mansardas* so gefeierte Romancier plötzlich einer heftigen Kritik ausgesezt, auf die er in der Zeitschrift *El*

Urogallo genauso vorsichtig, so zurücknehmend reagierte, wie seine Romane selbst es vorgeben. Gefragt, was seine Romane insgesamt kennzeichne, antwortet er wiederum mit Fragen: »Was läßt sich angeben, das ihnen allen gemeinsam und weniger trivial wäre als eine Diplomarbeit über die Auflösung des Realitätsprinzips in der zeitgenössischen Welt? Werde ich zu behaupten wagen, daß sie alle, allem zum Trotz, Grazie haben? Ja, ich wage es, dies zu sagen, weil es stimmt, daß man weniger nicht verlangen kann: alle meine Romane und Erzählungen bisher waren — und ich verspreche, daß sie das in Zukunft weiterhin sein werden — komisch.«[6]

Diese mit der Ernsthaftigkeit verwobene Komik von *El héroe de las mansardas* ist eher vage und reizt nicht zum Schenkelschlagen; sie ist ein Nebenprodukt dieses Romans, der eine schwankende Subjektivität setzt, die Realität auflöst und in die reine Grazie des Erzählens überführt.

Anmerkungen

1) L.E. Overesch-Maister, »Echoes of Alienation in the Novels of Alvaro Pombo«, in: *Anales de la literatura española contemporánea* 13, 1988, S. 55-70.

2) Zeugnisse der negativen Rezeption dieses Romans sind zusammengetragen (und von Pombo 'beantwortet') in der »Polémica: Alvaro Pombo frente a la crítica«, in: *El Urogallo* 7, Nov. 1986, S. 64-68.

3) E. Murillo feiert das Werk in *El País* als »den ersten großen Roman der neunziger Jahre«, und J.A. Masoliver Ródenas schreibt in *La Vanguardia:* »ein tief bewegender Roman, pathetisch und unterhaltsam ohne das kleinste Zugeständnis an oberflächlichen Humor, mit einer erzählerischen Spannung, die — trotz der konzeptuellen Schwere — es erlaubt, ihn zu lesen wie einen Abenteuerroman (oder einen Roman des Mißgeschicks).«

4) L. Suñén, »A. Pombo — la realidad y sus disfraces«, in: *Insula* 3, 1984, S. 4 f.

5) A. Rössler, »Der spanische Bruder von Oskar Matzerath«, in: *Tranvía* 12, 1989, S. 69.

6) A. Pombo, »A pesar de todo, mis libros tienen gracia«, in: *El Urogallo* 1, Mai 1986, S. 67 f.

José María Merino:

»La orilla oscura« — Die Rätsel der Realität

Von Angel Rodríguez Fernández

José María Merino ist ein leonesischer Schriftsteller, der — wie er von sich behauptet — rein zufällig 1941 in La Coruña geboren ist: »Meine Kindheit besteht hauptsächlich aus leonesischen Erinnerungen.« Sein Werk bestätigt das.

Nach Beendigung des Abiturs in León studiert er Jura, obwohl er schon als Kind Schriftsteller werden wollte. Nach seinem Studium und nach einem Aufenthalt in Paris läßt er sich endgültig in Madrid nieder. Zuerst arbeitet er bei einer Versicherung, dann wird er Verwaltungsbeamter im Kulturministerium. Er nimmt von 1977 an Aufgaben der UNESCO in Südamerika wahr, bereist u.a. Venezuela, Costa Rica, Guatemala, Mexiko. Diese Reiseerfahrungen sind wichtig für sein literarisches Werk. So spielt sein Roman *El oro de los sueños* (dt. *Gold der Träume*) im Süden der Vereinigten Staaten und in Mexiko, und auf der Halbinsel Yucatán verläuft die Handlung von *La tierra del tiempo perdido* ('Das Land der verlorenen Zeit'). Ein Teil des Geschehens von *La orilla oscura* ('Das dunkle Ufer') ist in Costa Rica angesiedelt. 1989 war er in Peru, um das Ambiente eines weiteren Romans kennenzulernen, *Las lágrimas del sol* ('Die Tränen der Sonne').

Von 1986 bis Anfang 1990 war er Direktor des Centro de las Letras Españolas (Zentrum für spanische Literatur). Nach seinen Angaben gab er diese Stellung auf, um sich seinem letzten Roman widmen zu können, der Anfang 1991 beendet wurde.

Seine literarische Laufbahn beginnt Merino mit einem Lyrikband, *Sitio de Tarifa* ('Die Belagerung von Tarifa', Madrid: Helios 1972). 1989 gesteht Merino: »Vielleicht bin ich zur Lyrik gekommen, weil ich mich in der spanischen Ästhetik jenes Realismus der fünfziger Jahre nicht wohl fühlte. Daher machte ich Balladen auf der Grundlage einer leicht geheimnisumwitterten Sicht der Wirklichkeit.« 1973 erscheint ein weiterer Gedichtband: *Cumpleaños lejos de casa* ('Geburtstag weit von zuhause',

León: Col. Provincia). Er arbeitet mit Luis Mateo Díez und anderen an *Parnasillo provincial de poetas apócrifos* ('Kleiner Provinzparnaß von apokryphen Dichtern', 1975) und beendet sein lyrisches Schaffen mit *Mírame Medusa y otros poemas* ('Schau mich an Meduse und andere Gedichte', Madrid: Ayuso 1984).

In Zusammenarbeit mit Juan Pedro Aparicio schrieb er *Los caminos de Esla* ('Die Wege des Esla', León: Everest 1980) mit einem neuen Konzept des Reisebuchs.

Das erzählerische Werk umfaßt acht Titel, die dem Autor aufgrund der hohen literarischen Qualität einen hervorragenden Platz in der gegenwärtigen spanischen Erzählliteratur sichern. Merino stellte sich vor mit dem Titel *Novela de Andrés Choz* ('Roman des Andrés Choz', Madrid: Magisterio Español 1976; die Einführung von Luis Mateo Díez wurde in der Ausgabe von Mondadori 1987 weggelassen). Der Roman erhielt 1976 den Premio de Novelas y Cuentos. Er weist eine doppelte Handlung auf: Choz schreibt einen Science Fiction-Roman und berichtet darüber einem Freund in Briefform; es ist die Geschichte eines außerirdischen, in den Körper eines Hundes geschlüpften Wesens, das später in einen Jungen verwandelt wird. Zugleich wird, als realistischer Kontrapunkt zu der phantastischen Geschichte, das Leben des Andrés Choz erzählt, obwohl der Leser am Ende feststellt, daß die Geschichte von Ons, dem außerirdischen Wesen, mit der von Andrés Choz zusammenfällt. Der Roman ist in Sequenzen unterteilt, die mit den Perspektiven der drei Erzählerfiguren übereinstimmen, er gehört somit zum Typ des Metaromans (wie er später von G. Torrente Ballester in *Fragmentos de Apocalipsis* oder Luis Goytisolo in *La cólera de Aquiles* praktiziert wurde). Auch im zweiten Roman, *El caldero de oro* ('Der goldene Topf', Madrid: Alfaguara 1981), werden die Erzählebenen vermischt, eine reale und eine mythische; das Werk gehörte zu den Favoriten des Premio Nacional de la Crítica. Er geht von der realen Erzählung der Agonie des Protagonisten aus und zeigt in fortwährenden *flash backs* und in Kontrapunkttechnik die drei Zeiträume der Kindheit und Jugend des Protagonisten in Begleitung seines Großvaters, den Mythos des goldenen Topfes, die Reifung und das tragische Ende.

1982 veröffentlicht Merino eine Sammlung von Erzählungen *Cuentos del reino secreto* ('Erzählungen aus dem geheimen Reich', Madrid: Alfaguara). Er ist Meister dieser Gattung, auch in der theoretischen Auseinandersetzung (s. »El cuento: narración pura«, in: *Insula* 495, Febr. 1988). Seinen Erzählungen ist die Präsenz des Mysteriums, der Träume und Mythen sowie der Erinnerungen an die Heimat der Kindheit gemeinsam. Wir erleben auch ungewöhnliche Verwandlungen und Veränderungen der Zeit. 1985 erhielt er den Premio de la Crítica für seinen Roman *La orilla oscura* (Madrid: Alfaguara 1986). Dieses Werk war auch für den Nationalpreis für Literatur vorgeschlagen, der Autor zog es jedoch zurück, als er zum Direktor des Centro de las Letras Españolas ernannt wurde. Mit *La orilla oscura* werden wir uns im zweiten Teil beschäftigen.

1986 veröffentlicht Merino den ersten Band der Trilogie über das spanische Amerika. *El oro de los sueños* wurde wiederum von Alfaguara veröffentlicht, in diesem Verlag erschien ebenso *La tierra del tiempo perdido* (1987) und *Las lágrimas del sol* (1989). Der erste wurde ins Französische, Schwedische, Portugiesische und Deutsche übersetzt (als *Gold der Träume* bei Thienemann, 1990, übersetzt von Eveline Urban). Weiter oben habe ich schon von der Situierung der beiden ersten Romane gesprochen; der dritte spielt in Peru während der Kriege zwischen Pizarristen und Almagristen. Die drei Bände enthalten Abenteuergeschichten voller legendärer und phantastischer Ereignisse, aber zugleich sind sie in der Nähe der Dokumente der Chronisten anzusiedeln, deren Arbeiten Merino eingehend studiert hat. Die Chroniken räumten dem Phantastischen bereits viel Raum ein, wie zum Beispiel mit den Beschreibungen des legendären El Dorado oder des Inkaschatzes und mit der Erwähnung wunderbarer verlassener Städte inmitten des Urwaldes. Es handelt sich um einen Romanzyklus ohnegleichen in der spanischen Erzählliteratur.

Das vorerst letzte Werk Merinos, auch bei Alfaguara publiziert, erschien 1990 unter dem Titel *El viajero perdido* ('Der verirrte Reisende'). Es ist eine Sammlung von elf Erzählungen, die eine ziemlich homogene Einheit bilden. Auch hier findet sich wieder das Phantastische, diesmal anhand realistischer Techniken, mit denen, von alltäglichen Ereignissen ausgehend, imaginäre Räume vorgestellt werden. In einer der Erzählungen wird die Einheit des menschlichen Denkens thematisiert, die der Sprache in ihrer Beziehung zur Wirklichkeit und auch die Unmöglichkeit des Gedächtnisses. Es fehlt auch nicht die Reflexion über den literarischen Schaffensprozeß (in »El viajero perdido« und »Un personaje absorto«), vorgestellt als ein Mittel der Erkenntnis des Wesens des Menschen, der auf der Suche nach seiner Identität an die Grenze zwischen Traum und Wachen gelangt.

»La orilla oscura« ('Das dunkle Ufer')

Eine sorgfältige Annäherung an diesen Roman bestätigt alles bisher über die Erzählkunst Merinos Gesagte. Es handelt sich um einen Roman, der an die Grenzen des Mysteriums führt, zu den Rätseln der Realität und dem Traum als wesentliche Elemente des von Identitätsproblemen geplagten Menschen. Der Autor selbst weist darauf hin, daß dieses Werk eine Huldigung an Unamuno und dessen Roman *Niebla* und an Kafka ist, und daß es als Zusammenfluß dreier verschiedener Geschichten entstand: die Geschichte der Beziehungen eines Jungen mit dem Eidechsengott, die der Peripetie der Pilger auf dem Jakobsweg und die des Protagonisten, der in der Traumwelt verschiedene Persönlichkeiten annimmt. »Plötzlich bemerkte ich«, fügt der Autor hierzu an, »daß sie [die Figuren] untereinander Verbindung aufzunehmen versuchten«. (*La Crónica*, León, 10.12.1989)

Die Erzählung beginnt mit dem dritten Element. Ein spanischer, in Mittelamerika lebender Literaturprofessor besucht das Museum der Stadt. Alles erinnert ihn geheimnisvoll an sein Heimatland, und vor einem Porträt entdeckt er die frappierende Ähnlichkeit des Porträtierten mit seinem eigenen Vater. Er findet später heraus, daß es sich um einen seiner Ahnen handelt und dieser einen Nachfahren in der Stadt hat, mit dem er dann ins Gespräch kommt. Die beiden ersten Sequenzen (»En el museo« und »El retrato«) führen zu der dritten (»La orilla oscura«), die auch den Titel des gesamten Romans bildet. In den beiden ersten ist die Grenze zwischen Traum und Wirklichkeit noch nicht verwischt, »jenseits dieser Bilder, die eindringlich die Übermacht gewisser Träume zu zeigen schienen, blieb die Wirklichkeit jedoch unversehrt« (S. 42). Es gab zwar Metamorphosen, aber sie waren »rein optisch«, sie veränderten den äußeren Schein, aber nicht die Natur (S. 54).

Von »La orilla oscura« an beginnt das Vexierspiel. Der Protagonist und der entfernte Verwandte vermischen ihre Identitäten. Nach einigen schlaflosen Nächten, die »in seinem Bewußtsein Zeit und Raum durcheinanderbrachten«, beginnt die erste Geschichte, ein Abenteuer, das seine Tante Marcelina erzählt: Ein Soldat, der El Dorado sucht, tritt mit dem Eidechsengott in Beziehung und wird dann selbst in eine Eidechse verwandelt. (Diese Geschichte wird später, in dem Kapitel »El dios lagarto«, zu Ende geführt [S. 291 ff.]) Darauf beschließt der Costaricaner, in Begleitung seiner Frau eine Erholungsreise auf den Küstenflüssen zu machen, um die innere Ruhe wiederzufinden. Es stellt sich heraus, daß der Steuermann des Schiffs ein Spanier, ein vor Jahren ausgewanderter Leoneser, ist. Während der Reise erzählt er sein Leben, das mit dem Romanschriftsteller Pedro Palaz in Verbindung steht (der erst als apokrypher und dann als wirklicher Autor erscheint; sein Verleger, Marzón, der behauptet, er sei apokryph, muß sich später überzeugen lassen, daß sowohl Palaz als auch der Junge, der sich für den Schriftsteller — der jetzt Steuermann ist — interessiert, niemand anderes sind als Figuren aus dem Roman von Palaz).

Zu diesem Zeitpunkt beginnt, als Teil der Geschichte des Steuermanns, die Erzählung der Legende von der Jakobspilgerfahrt der frevlerischen Liebenden, die dazu verdammt sind, ewig umherzuirren, ohne sich wiederzufinden. Diese Geschichte wird von Nonia, der früheren Braut des Steuermanns, erzählt. Das Mädchen forscht in den Bibliotheken nach der Legende und gelangt zu der Überzeugung, daß die Pilger noch am Leben sind (die Frau, Susanna, war ihre Französischlehrerin, und den Mann glaubt sie bei mehreren Gelegenheiten wiederzuerkennen).

Am Ende der Reise, in einem Hotel, wird der Traum vom Eidechsengott wieder aufgenommen und mit in die Geschichte der Pilger verflochten; schließlich taucht die Frage auf, ob es sich nicht einfach um die Transkription einer Lektüre handelt, die er mit anderen literarischen Themen in Verbindung bringt, wie das vom »geträumten Träumer«, »dem betrunkenen Kesselflicker und dem Schmied«. Beim Abschied bemerkt der Steuermann, daß der Reisende Palaz selbst ist. (»Jene Augen starrten ihn an ... 'Sie', rief er aus. In seinem Blick lag ein unheilvolles Wiedererkennen. 'Das ist doch nicht möglich', sagte er.«) Zurück in der Hauptstadt, beginnt die Figur, allmählich ihre Identität wiederzugewinnen, ohne jedoch vollständig das Bewußtsein jener Person zu verlieren, die er im Traum war. Er geht wiederum zum Museum und trifft dort den Literaturprofessor vor dem Porträt seines Vorfahren. Sie verabschieden sich, und von diesem Augenblick an erlangt er Normalität.

Der spanische Professor kehrt in seine Heimat zurück. Während er im Flughafen wartet, bemerkt er eine Frau, die eine der Figuren seiner Träume ist; er sagt zu ihr: »Du bist hier, weil ich dich geträumt habe. Du bist nur ein Element in der Verstrickung des Alptraums.« (S. 330) Das ist derselbe Vorgang, wie er in Unamunos Roman *Niebla,* in der Beschreibung des Besuches des Romanhelden beim Autor, geschildert wird. Während der Reise wird die Wiedererlangung der Identität deutlich: »Seine eigene Identität stand für immer fest, seine früheren Träume verursachten ihm nun Wohlbehagen.« (S. 331)

Der folgende Abschnitt (S. 342 ff.) wird im Futur erzählt. Es ist ein mahnender Monolog, eine Art Beschwörung aller Halluzinationen. Der anaphorische Stil (»aber du wirst die Galerie nicht betreten ...« wird mit Varianten fünfmal wiederholt) verleiht dem Text einen litaneihaften Charakter. Die Sequenz schließt mit einem Treffen zwischen dem Lehrer und dem Jungen — es ist der Steuermann. Daraus soll der Leser folgern, daß der spanische Professor mit dem Palaz aus den Träumen identisch sein muß: »Ihr werdet beide bewegungslos bleiben ... Es wird nicht einen Augenblick, sondern lange Zeit dauern ... Die Zeit, die man braucht, um die Grenze zwischen Traum und Wachen zu überschreiten ... So endet es also, so beginnt in Wirklichkeit alles.« (S. 347)

La orilla oscura ist, wie wir sahen, ein komplexer Roman durch die kontrapunktische Struktur mit drei ineinander verquickten Erzählsträngen. (Einige Kritiker haben behauptet, daß diese Verquickung mißlungen sei; ich meine jedoch, daß ihr Urteil auf Erwartungen beruht, die dem Roman nicht gerecht werden, denn es handelt sich um Träume, in denen sich mit viel größerer Freiheit Zusammenhänge einstellen als in der Wirklichkeit.) Es sollte nicht unerwähnt bleiben, daß die Figuren die Einheit bestärken: es sind während der gesamten Geschichte immer dieselben, und sie verkörpern verschiedene Deutungen der imaginären, vom Erzähler geschaffenen Wirklichkeit.

Die Fusion verschiedener Persönlichkeiten in den Figuren dient dazu, die eigene Identität zu vertiefen. In diesem immer schwankenden Grenzbereich zwischen Traum und Wachen lebt der Protagonist mit einer unsteten und schillernden Identität, die aus erlebten Wirklichkeiten, geträumten und gelesenen Tatsachen besteht. Vielleicht träumt er, obwohl er glaubt, wach zu sein. Alles ist wie ein drückender Halbschlaf; das Geträumte stellt sich wie eine greifbare Wirklichkeit dar; diese erscheint zugleich wie von imaginären Elementen bevölkert. (»Ich glaubte danach, daß alles, was mir in jenen Monaten passiert war, wenngleich real, doch einen trügerischen und ungereimten Eindruck machte, eine Konsistenz besaß, die der der Träume gleicht.« [S. 208]) Die Zweideutigkeit durchläuft alle Seiten dieses Textes, und doch ist sie kein Hindernis bei der Analyse des Erzählvorgangs. Nach den Wirrungen, die die Figuren im Traum erlebten, erkennen sie ihre wahre Persönlichkeit.

Das Problem der Identität ist eines der großen Themen unserer Zeit und beschäftigt J.M. Merino zutiefst (s. *El Urogallo,* Mai 1986, S. 28); er versucht es mit den Mitteln des Imaginären zu lösen. Einbildungskraft und Fiktion vermischen sich mit der gewohnten Wirklichkeit und zwingen sich ihr auf. Darum handelt es sich um eine Art phantastischer Literatur, die an J.L. Borges erinnert. Das Leben des Individuums bezieht seine Nahrung aus den Quellen des Wirklichen und des Imaginären: »So waren seine Erinnerungen, durch die er schließlich zu sich selbst gefunden hatte, eine innige Mischung aus Erlebtem und Gelesenem, und er sah sich nicht imstande, beides zu trennen.« (S. 136)

Drei weitere Aspekte von *La orilla oscura* möchte ich noch kurz erwähnen: Zunächst die hier, wie in seinen übrigen Romanen, meisterhafte symbolische Behandlung der Landschaft; sie stützt fortwährend den Handlungsverlauf und bleibt immer der Betonung des Heimatlichen verbunden, sowohl in den verschiedenen Zeitabschnitten des Romans als auch in der tatsächlichen Vergegenwärtigung dieser Landschaft auf den letzten Seiten des Romans (S. 335-336). Zweitens soll J.M. Merinos Fähigkeit hervorgehoben werden, fiktive Erzählräume zu gestalten, die eng mit den Erlebnissen in Verbindung stehen. Schließlich fällt die nuancenreiche Sprachbeherrschung auf und die Vertrautheit mit modernen narrativen Techniken, die immer — und das ist nicht sein geringstes Verdienst — mit der Fähigkeit zur Gestaltung einer kohärenten Fabel gepaart ist.

J.M. Merino gehört zu jenen westlichen Schriftstellern, die von den achtziger Jahren an (und in einigen Fällen sogar früher) zur Fabel zurückfinden und die zugleich die Dialektik zwischen Realismus und Idealismus, zwischen Formalismus und Betonung des Inhalts, zwischen reiner Literatur und Engagement zu überwinden versuchen. Er ist auf dem Wege zu dem, was man als »die neue Fabel« bezeichnet. Dazu bedient er sich der alltäglichen Wirklichkeit und historischer Stoffe — wie im Fall der Trilogie über die Entdeckung Amerikas —, ohne sich jemals auf die bloße Reproduktion, auf die Tätigkeit eines Dokumentaristen oder Notariatsschreibers zu beschränken. Er hält Dingen und Menschen einen Spiegel vor und entdeckt dabei die Kehrseite des Realen in der Fusion zweier Realismen, des phantastischen und des objektiven. Das Wesen des Phantastischen (s. T. Todorov, *Introducción a la literatura fantástica*) besteht in dem Gefühl der Unsicherheit, im Schwanken zwischen dem Realen und dem Irrealen, in jenem schwierigen Grenzbereich zwischen Wachen und Träumen, zwischen zurückgerufener Erinnerung und fühlbarer Wirklichkeit.

Luis Mateo Díez:

»Las horas completas« — Die unerträgliche Bedrohung der Existenz

Von Kurt Spang

Luis Mateo Díez wurde 1942 in Villablino in der Provinz León geboren, wohnt jedoch seit mehr als zwanzig Jahren in Madrid, wo er als Leiter der Abteilung für Dokumentation und Publikationen der Stadt beschäftigt ist. Luis Mateo Díez hat in Oviedo Jura studiert und ist Lizenziat dieser Universität. Früh begannen seine dichterischen Aktivitäten. Er war Mitbegründer und aktiver Mitarbeiter der literarischen Zeitschrift *Claraboya*, die in den siebziger Jahren neue Zeichen setzte. Sein erstes Buch ist eine Anthologie von Erzählungen mit dem Titel *Memorial de Hierbas* ('Erinnerungen an Gräser') aus dem Jahre 1973. Hier klingen bereits einige der konstanten Aspekte im erzählerischen Schaffen des Autors an: erst einmal die Rückkehr zur Darstellung zusammenhängender Geschichten — wie sie für seine ganze Generation repräsentativ ist —; die innige Verbundenheit mit seiner Heimat León, wo viele seiner Erzählwerke angesiedelt sind; seine Vorliebe für Übergänge von der Realität zur Surrealität, die sich — wie er mir selbst bestätigte — an die filmischen Verfahren Buñuels anlehnen; weiterhin wird hier die Neigung zur Darstellung von existentiellen Grenzsituationen und schließlich seine außergewöhnliche Sprachbeherrschung sichtbar. 1977 erscheint *Apócrifo del Clavel y de la Espina* ('Apokryph von der Nelke und dem Dorn'), das bereits ins Italienische (Mondadori 1988) übersetzt ist und in Kürze in einer holländischen Version erscheinen soll (Amsterdam: Fragment). Der Roman, die Chronik einer Familie des Landadels, erinnert an düstere Zeiten des Feudalismus, wie sie ähnlich in einigen Werken Valle-Incláns anklingen. Die enge Bindung zu León kommt noch intensiver zur Geltung in den Erinnerungen der Sammlung *Relato de Babia* ('Bericht von Babia' = eine Gegend von León) von 1981 (^{2}1986). Das erklärte Ziel des Autors ist »der Bericht über die Erkundung der unerschütterlichsten Zonen der Erinnerung an ein Dorf und seine Bewohner, die ich so sehr liebe, daß sie für mich in der unmittelbaren Nähe des Ursprünglichen angesiedelt sind«.[1] *Las Estaciones provinciales* ('Jahreszeiten in der Provinz') erscheint 1982. Die Handlung ist in die Provinzhauptstadt León verlegt und ist als Fahndungsarbeit eines Journalisten während der Franco-Zeit konzipiert. Die Aufklärung eines scheinbar harmlosen Verbrechens deckt Verbindungen zur korrupten Führungsschicht des »schwarzen Spanien« auf; ein Stück Vergangenheitsbewältigung, die ihm wie den meisten seiner Zeitgenossen am Herzen liegt.

Vier Jahre darauf, 1986, erhält Luis Mateo Díez den spanischen Nationalpreis für Literatur und gleichzeitig den Preis der spanischen Kritiker für seinen Roman *La fuente de edad* ('Der Jungbrunnen'). Er wurde bereits ins Französische übersetzt (Paris: Collection 12 Etoiles 1988) und soll noch in diesem Jahr, 1991, in deutscher Sprache (bei Volk und Welt, Berlin) in der Übersetzung von Ulrich Kunzelmann erscheinen. Der bereits in *Las Estaciones provinciales* anklingende groteske Humor und die kritische Ironie werden hier noch greifbarer; Díez zeigt mit Sarkasmus Spießbürgerlichkeit und Pseudointellektualismus in der Provinzstadt. 1989 veröffentlicht er eine weitere Sammlung von Erzählungen unter dem Titel *Brazas de Agosto* ('Augustglut'), in denen vor allem eine vielschichtige und facettenreiche Behandlung des Todesthemas auffallen. 1976 hatte Díez den Premio Ignacio Aldecoa für die Erzählung »Cenizas« ('Aschen') erhalten, die in diese Sammlung aufgenommen ist.

Der vorläufig letzte Roman des Autors ist *Las horas completas* ('Das Komplet', oder auch: 'Die vollständigen Stunden'). Die Zweideutigkeit des Titels ist gewollt und auch dem Inhalt angepaßt, denn der Roman erzählt einen Sonntagsausflug von fünf Provinzpriestern, die unterwegs mit einem mysteriösen Pilger zusammentreffen, der ihre Konzepte durcheinanderbringt, ihre Überzeugungen in Frage stellt. Der Roman ist 1990 bei Alfaguara in Madrid — wie ein Großteil seiner Publikationen — erschienen. Eine französische Übersetzung bei Flammarion ist für diesen Roman und auch für *Apócrifo* vorgesehen.

»Las horas completas« — Versuch einer Deutung

Dieser Interpretationsversuch geht von der Voraussetzung aus, daß die im Roman vorgestellten Figuren und Situationen Symbolcharakter besitzen. Damit sind andere Deutungen nicht ausgeschlossen, die symbolische scheint jedoch besonders ergiebig zu sein. Der Nachvollzug der Doppelschichtigkeit erfordert eine detaillierte Kenntnis der Romanereignisse, so daß eine etwas ausführlichere Zusammenfassung unvermeidlich sein wird. Vorab noch einige Bemerkungen zur strukturellen Gestaltung des in der zitierten Ausgabe 212 Seiten umfassenden Romans. Er ist in neun nur mit durchlaufenden Zahlen versehene Kapitel unterteilt, die durchschnittlich etwas mehr als zwanzig Seiten umfassen. In der Diskursführung ist der Text durchweg nach klassischem Muster konzipiert: ein nicht identifizierter Erzähler führt durch das Romangeschehen und gesteht den Figuren ungleich mehr Raum für dialogische Interventionen zu als seinen eigenen. Das führt dazu, daß einige Figuren, vor allem Doña Olina und Dalmacio — von denen noch die Rede sein wird — einen ausgesuchten Wortschatz und ein Formulierungsvermögen besitzen, die ihrer sozialen Herkunft und ihrer Bildung keinesfalls entsprechen. Als technische Besonderheiten fallen die häufigen nahtlosen Übergänge von Beschreibung zu szenischer Darstellung in Rückblenden und innerem Monolog auf.

Vor Beginn der Erzählung — gleichsam wie ein Trost für alle Implizierten — zitiert der Autor ein lateinisches Motto aus dem Psalm 91, der zu den Gebeten des Komplets gehört; es lautet in der deutschen Übersetzung: »Du mußt nicht fürchten das nächtliche Grauen, / nicht am Tage den fliegenden Pfeil; // nicht die Pest, die umgeht im Dunkel; / nicht die Seuche, die hereinbricht am Mittag.«

Mit dem Titel *Las horas completas* beginnt bereits die symbolische Gestaltung des Textes, denn er nimmt einerseits einen Begriff aus dem Brevier der katholischen Priester auf, der das letzte der Stundengebete bezeichnet, spricht aber andererseits auch das Gesamtgeschehen an, denn die Figuren werden vor endgültige Entscheidungen gestellt, die in ihrer Symbolträchtigkeit wiederum weit über die Faktizität hinausweisen. Drei Domherren und zwei junge Priester verlassen an einem Herbstsonntag ihr Kloster in einer spanischen Provinzstadt, um mit einem alten Wagen zu einem Priesterkollegen zu fahren, der sie in seine nahegelegene Dorfpfarrei zum Abendessen eingeladen hat. Während der Fahrt stellt der Erzähler durch *stream-of-consciousness*-Einblendungen und häufige *flash backs* einige Aspekte der Vergangenheit sowie Sorgen und Nöte der Priester vor: Don Fidel, der Veteran unter ihnen, leidet an permanenten Magenbeschwerden, die er vor seinen Mitbrüdern zu verbergen sucht; Don Benito beschäftigen Probleme seiner Nichte, die einem betrügerischen Ehemann aufgesessen ist und in einer Bank Geld unterschlagen hat; Don Ignacio ist der Leiter des Chores und ständig in seine Musik vertieft, die ihn seine Umwelt vergessen läßt. Ángel, einer der beiden Jungpriester, hat Probleme mit seiner bigotten Mutter, die Hostien in ihrem Gebetbuch sammelt; außerdem erliegt er während der Fahrt der Versuchung, von der Droge zu rauchen, die der Pilger im Wagen liegen läßt. Manolin schließlich, Don Fidels Vetter, erhält Liebesbriefe von einem

Mädchen aus der Pfarrei, sie bedrängt ihn und macht ihn hilflos. Plötzlich werden die Ausflügler aus der Monotonie ihrer Grübeleien gerissen, ein auf der Straße liegender Mann zwingt sie zum Halten. Er wird dem Leser als Pilger vorgestellt, der auf diese merkwürdige Art Autostop macht. Er gibt vor, auf dem Jakobsweg unterwegs nach Santiago zu sein, entpuppt sich aber auch als hoffnungsloser Wirrkopf, der die Mitfahrer mit peinlichen Berichten über sein Privat- und Intimleben und auch mit Drogenkonsum belästigt und sie zuguterletzt mit der Pistole bedroht und so dazu zwingt, Geschichten aus dem Beichtstuhl preiszugeben. Bevor der Wagen zum Dorf des Amtsbruders abbiegt, können sich die Reisenden des Pilgers entledigen. Im Dorf angekommen, werden sie festlich von der Mutter Meros, des Dorfpfarrers, in einer 'Bodega', einer Felshöhle, bewirtet. Auch hier werden wiederum Geschichten erzählt: von Doña Olina, der Mutter, von dem Wildhüter Serapio, der unerwartet in der Höhle auftaucht, und von Dalmacio, dem Kirchendiener. Doña Olina erzählt die märchenhafte Legende von Doña Lidia, Don Beltrán, ihrer wunderschönen Tochter Otilia und dem Bettler, der im Schloß, dessen Ruinen in unmittelbarer Nähe des Dorfes zu sehen sind, aufgenommen wird und das Leben der drei Bewohner erschüttert, weil er wiederum Geschichten erzählt, die unangenehme Erinnerungen in seinen herrschaftlichen Zuhörern wecken. Serapio, der Wildhüter, kommt zu Don Mero, um dessen gesetzwidrige Angeltätigkeit anzuzeigen, und gibt bei dieser Gelegenheit seine pantheistischen Überzeugungen zum besten. Den größten Raum nimmt die Geschichte des Kirchendieners Dalmacio ein, der im Traum zum Sexprotz wird — er beglückt dann reihum alle Damen des Ortes und seine frühere Braut, mit der er dann auch tatsächlich zusammentrifft; beide erleben ihr Zusammensein so, als wären die Träume Wirklichkeit gewesen. Auf der Heimfahrt in der Dunkelheit stoßen die Ausflügler wiederum auf den auf der Straße liegenden Pilger, der sie noch einmal grundlos mit der Pistole bedroht, dann sich aber selbst verletzt. In der Nähe der Stadt angelangt, entdecken die Insassen des Wagens, daß ihr Kloster in Flammen steht und somit ihre Bleibe zerstört ist. Beim Anblick der brennenden Gebäude fällt Don Ignacio ein, daß er vor der Abreise den Heizofen brennen ließ; das heißt auf spanisch »infiernillo«, also kleine Hölle. Mit dieser schuldbewußten und vieldeutigen Anspielung schließt der Roman.

Bereits diese kurze Zusammenfassung erweckt den Eindruck einer kohärenten, nicht ohne Witz und Spannung vorgestellten Geschichte. Die außergewöhnliche Sprachbeherrschung, die geschickte Verflechtung von Erzählgeschehen und Erinnerungen, der wirkungsvolle Einsatz unerwarteter Ereignisse, der unverhoffte Ausgang der Geschichte — dies alles beeindruckt zweifelsohne; das Geschehen ist trotzdem zu banal, um als solches ausreichend Material für einen bedeutenden Roman zu liefern.

In der Tat scheint mir erst eine symbolische Deutung der Figuren und Vorkommnisse die ganze Fülle des Erzählwerks aufzudecken. Der Autor hat mich in dieser zuerst intuitiven Überzeugung bestärkt und mir bestätigt, daß sein Werk »voller mehr oder weniger verborgener Symbole steckt, voller untereinander auf geheimnisvolle Weise verbundener Allegorien. (...) Es handelt sich nicht um eine bloß reale Reise oder einen Erlebnisbericht, es mag eine wahrscheinliche Reise sein, weil sie möglich und echt erscheint, eine Reise in jene Zonen zwischen Traum und Wachen, zwischen Erinnerung und Vergessen.« (Brief vom 19.9.1990)

Es ist natürlich kein Zufall, daß die Fahrt in einem altersschwachen Wagen von Priestern unternommen wird, genausowenig wie das provozierende Zusammentreffen mit einem mehr als seltsamen Pilger willkürlich ist. Beide stehen für bedeutsamere Realitäten, nämlich für die Kirche und für die Gesellschaft. Sowohl die Kirche als auch die Gesellschaft sind 'unterwegs'; Rückblenden und Erlebnisse beider, ja die Reise und die Pilgerfahrt selbst als Sinnbilder des Existenzvollzugs, zählen mit zu den »geheimnisvoll untereinander verbundenen« Symbolen und Allegorien, von denen der Autor spricht. Die Doppelschichtigkeit des Romans gerät zu einer Bilanz der gegenwärtigen Situation Spaniens (vielleicht nicht nur Spaniens) und insbesondere des prekären Verhältnisses zwischen Seelsorgern und zu umsorgenden Seelen. Wie die kurze Überschau gezeigt hat, liegt beides im argen. Es sollte nicht unerwähnt bleiben, daß das Verhältnis des Autors zur Kirche nicht gänzlich ungestört ist.

Hier können nur die offenkundigsten Symbole gedeutet werden; eine ausführlichere Interpretation würde auch die Bedeutungsschwere zahlloser, oft minutiöser Einzelheiten zutage fördern. Auffällig und bedeutsam ist auch die Verstrickung der beiden Geschehensstränge, die eine analytische Trennung erschwert. Bleiben wir erst einmal bei den beiden sich kreuzenden und teilweise parallelen Reisen: die Fahrt der Priester könnte nicht platter und bedeutungsloser sein; Priester fahren zu einem Priesterkollegen, um zu essen. Sie treffen jedoch auf einen Pilger, der unterwegs ist nach Santiago. Hier geht also ein Laie, obgleich zögerlich und wirr, den Bußweg, den eigentlich die Priester zu gehen hätten. Das wirkt wie ein ironischer Hinweis auf verfehlte oder vertauschte Wege von Kirche und Gesellschaft. Hier hört die Ironie jedoch noch nicht auf: dieser Pilger ist alles andere als ein Bußgänger oder Danksager, er pervertiert die ursprüngliche Funktion der Pilgerschaft, so wie er alles pervertiert, was er tut oder anspricht. Nach und nach offenbart er sich in seinen nicht endenden wollenden, skrupellosen, teils exhibitionistischen, teils selbstanklagenden Enthüllungen. Ein tragikomisches Abbild der heutigen Gesellschaft; jedoch nicht nur Negatives kommt in diesen Darstellungen zum Vorschein: zunächst ist die Tatsache, daß unser Pilger nach Santiago unterwegs ist, ein Hinweis auf seinen Willen, an einen aus der Tradition als Ziel der Hilfe- und Heilsuchenden bekannten Ort zu gelangen, auch wenn er dies auf so provokatorische Art vollzieht. Es ist auch positiv zu werten, daß er die Priester um Mitnahme bittet, und ein anderes Problem ist, daß das Treffen von ihnen nicht als Chance wahrgenommen wird, daß sie den unbequemen Pilger loswerden wollen, anstatt ihn für ihre Sache zu gewinnen, die er durchaus kennt, wenngleich er vorgibt, agnostisch zu sein. Einmal bittet er sogar einen Priester, ihm die Beichte zu hören, um ihn daraufhin mit der Pistole zu bedrohen.

Nichts verläuft in dieser Begegnung in gewohnten oder erwartbaren Formen. So wie dieser Zwischenfall sind fast alle Aktionen und Reaktionen des Pilgers Ausdruck einer völligen Orientierungs- und Haltlosigkeit. Der Mangel an Kriterien und Wertvorstellungen, der die heutige Gesellschaft kennzeichnet, ist hier in grotesker Form an einer literarischen Figur dargestellt. Der sein Ziel nur erahnende, jedoch gänzlich in ein Labyrinth verfangene Pilger wird zur Allegorie der tragischen Hilflosigkeit, des provokatorischen, oft gewaltträchtigen Freiheitsvollzugs und maßlosen Individualismus, die die menschliche Existenz und Koexistenz zum fortwährenden Risiko und zur unerträglichen Bedrohung werden lassen. In mehreren Handlungen und Haltungen sind eine Darstellung der fehlenden Solidarität, der übersteigerten Anforderungen des Individuums an die Gesellschaft und ihre Institutionen, der Mangel an Eigenverantwortung und nicht zuletzt die Gewalt gegen Menschen und Sachen als deutliche Hinweise auf die Makel der heutigen Gesellschaft zu entdecken. In seinen durchweg peinlichen Erzählungen früher sexueller Erlebnisse, in der detaillierten Schilderung seiner gescheiterten Ehe wird die obsessive Überbewertung des Sexuellen in der Gegenwartsgesellschaft angeprangert. Die Pilgerreise artet aus in eine absurd wirkende Irrfahrt, die nicht nur die Ohnmacht des Pilgers, sondern auch die der zur Führung Berufenen offenbart.

Ein Wort noch zum Ziel der Reise der Priester. Sie führt von der Stadt ins Dorf und dort in eine Höhle. Der Vergleich zwischen Stadt und Land, zwischen Stadtbevölkerung und Landbevölkerung bietet sich förmlich an. Die in der Höhle erzählten Geschichten sind für diese Charakterisierung besonders bedeutungsvoll, denn sie schildern einerseits die nur noch in den Alten lebendige Traditionsverbundenheit, wie das in der märchenhaften Geschichte Doña Olinas anklingt, andererseits aber die Verstädterung und Säkularisierung, wie das aus der pantheistischen Überzeugung des Wildhüters Serapio und auch aus den Erlebnissen des Sexprotzes Dalmacio hervorgeht. Es ist kein Zufall, daß der Dorfpfarrer sich nicht um seine Priesterkollegen kümmern kann. Er wird zu zwei Sterbefällen ins Nachbardorf gerufen, die wiederum für die Situation auf dem Lande symptomatisch sind: den beteiligten Familien geht es weitaus mehr um das, was die Leute sagen werden, als um die Sorge für die Seelen. Auch die Figur des bisher nicht erwähnten Cirria, der an jeden Dorfbewohner einen Brief mit einer Aufzählung aller geheim gebliebenen Untaten schickt, bevor er sich das Leben nimmt, räumt mit dem Klischee des friedvollen, orthodoxen Landlebens gründlich auf. Bedeutet das Leben im Dorf nur noch Rückkehr zu den Gewohnheiten der Höhlenmenschen? Ist die Gesellschaft hier wie dort pervertiert, soll das Zusammenleben nirgendwo mehr funktionieren? Dieser düstere Ausblick bietet sich dem Leser an und wird noch durch mehrere Details und Episoden verstärkt, die hier nicht erwähnt werden können.

Die Wiederbegegnung zwischen Priestern und Pilger auf der Heimfahrt stellt eine nochmalige Chance für beide dar, selbst wenn dies in der uns schon bekannten provozierenden Art geschieht. Wenn der Pilger wieder schlafend auf der Sraße liegt und die Priester abermals mit der Pistole bedroht, so wirkt das Ganze doch wie ein Aufschrei, ein unbewußter Hilferuf, der nur halbwegs verstanden wird, denn die Priester nehmen den Pilger zwar wieder mit, verbinden seine Wunde, übersehen dabei jedoch seine Seelenwunden; sie sind ebenso ungeduldig und oberflächlich wie der Pilger selbst. Es ist natürlich auch nicht bedeutungslos, daß das Kloster in Flammen steht, als die Reisenden zusammen in der Stadt ankommen, es ist genausowenig bedeutungslos, daß der Roman angesichts dieses Dilemmas endet. Wir erfahren nichts über das weitere Schicksal weder der Priester noch des Pilgers, so wie auch das Schicksal von Kirche und Gesellschaft aus heutiger Sicht im Dunkeln steht.

Eine symbolische Deutung erlaubt also hinter dem alltäglichen Geschehen des Romans eine tiefere Bedeutung zu sehen, die *Las horas completas* zu einer aufrüttelnden Interpretation der gegenwärtigen Problematik der Gesellschaft Spaniens macht. »Von der Zerbrechlichket des Lebens und der Zerbrechlichkeit der Realität handelt diese Geschichte, von dem schmalen Grat, der das Triviale von dem Außergewöhnlichen trennt, davon, daß wir schutzlos durch die Öde des Lebens wandeln, wo jede Unrast, jeder schlechtverdaute Traum oder die Spur einer obsessiven Erinnerung unsere Existenz verändern oder überschreiten können. Davon, wie leicht es ist fortzugehen, und wie schwierig es ist heimzukehren.«[2]

Anmerkungen

1) *Relato de Babia*, León, Diputación Provincial de León 1986, S. 9.

2) Aus dem Artikel des Autors »La aventura a la vuelta de la esquina« für *El Urogallo*.

Eduardo Mendoza:

Ein Romancier auf der Höhe einer kurzlebigen Zeit

Von Rolf Kloepfer

Mendoza (*1943 in Barcelona) ist Übersetzer der UNO (in New York 1973-82, seither auf internationalen Konferenzen) und Autor von fünf Romanen, die alle in Barcelona erschienen (Seix Barral): *La verdad sobre el caso Savolta* ('Die Wahrheit über den Fall Savolta', 1975), *El misterio de la cripta embrujada* (1979, dt. Übersetzung *Das Geheimnis der verhexten Krypta* von Peter Schwaar, Frankfurt: Suhrkamp 1990), *El laberinto de las aceitunas* ('Das Labyrinth der Oliven', 1982), *La ciudad de los prodigios* (1986, dt. Übersetzung *Die Stadt der Wunder* von Peter Schwaar, Frankfurt: Suhrkamp 1989) und *La isla inaudita* ('Die unerhörte Insel', 1989). Seine Romane wurden in die meisten westlichen Sprachen übersetzt, zwei verfilmt (*La cripta* und *La ciudad*). Er erhielt diverse Preise. 1986 publizierte er einen Essai über *New York* (Destino, Barcelona) und mit Carmen Mendoza 1989 *Barcelona Modernista* (Ed. Planeta, col. Ciudades en la Historia). Der Drehbuchautor Mendoza übersetzte im gleichen Jahr Shakespeares *Sommernachtstraum* für ein Theater in Madrid. Sein erstes eigenes Stück — *Restauració* — wurde 1990 in Barcelona aufgeführt. Die Auflage seiner Romane liegt allein in Spanien weit über einhunderttausend Exemplaren.[1]

Dieser anerkannte Erfolgsautor schreibt ein Kastilisch, das angereichert ist mit typischen Ausdrücken aus Barcelona. Die Sprache läßt in den ersten Romanen oftmals syntaktisch die amerikanischen Vorbilder der Kriminalklassiker durchschimmern und wird zunehmend nachlässig gebraucht. Er rechtfertigt das mit dem Verweis auf andere »schlechte Stilisten« wie Stendhal oder Tolstoi.[2] Pastiche-Collagen, die durchaus mit Arbeiten von Max Ernst vergleichbar sind, bestimmen das Werk bis *La ciudad de los prodigios*. Strukturen eines Vorbilds von der Sprache und dem Stil bis zur Art des Erzählens sowie dem Plot werden übernommen, zustimmend stilisiert, ironisch oder parodierend gebrochen und das Ganze zu zweideutigen Gebilden mit vielen Leerstellen vermengt, in denen sich die Phantasie des Lesers austoben kann.

Mendoza reißt so Worte, Wendungen, Handlungs- und Konstellationsschemata erfolgreicher Literatur aus dem automatisierten Kontext, verbindet sie mit Fetzen von Gemeinplätzen höchster Trivialität, die man an allen Ecken hören könnte, speist sie mit aktuellen Recherchen, präzisen Erinnerungen und befriedigt so gleichzeitig Faktenhunger und Lust an gruselig-schönen Phantasmagorien, (Schaden-)Freude am entgleisenden Melodram und Spaß an satirischen Bocksprüngen durch eine Gesellschaft im Umbruch.

»La verdad sobre el caso Savolta«: Die Wahrheit – ein nutzloses Konstrukt

In diesem Roman hat Mendoza eine erfolgreiche Mischung begonnen, die – wenn auch wesentlich radikaler – Umberto Ecos *Der Name der Rose* auszeichnet. Ein durch die Widersprüchlichkeit der Ereignisse geblendeter Erzähler ist Erinnernder, Protagonist und Anklänger angesichts eines Verbrechens, das dem Vergessen anheimgegeben erscheint. In ihm spiegelt und bricht sich die korrupte neue Oberschicht jener exzessiven Jahre 1917-19 in Barcelona. Seiner Naivität entspricht der Leser in der ersten Hälfte des Romans, der in einen Wirbel von Ereignissen gezogen wird und vergeblich versucht, den »Fall Savolta« zu lösen. Die Intrigen, Machenschaften, Morde, Liebschaften mit naiven oder zigeunerhaft verführerischen Frauen im Zusammenhang mit der Waffenfabrik Savolta, die im Krieg nach Frankreich und Deutschland liefert, entspricht dem Vorbild eines Eugène Sue wie ein ans Weltnetz angeschlossener Computer dem Telefonapparat, bei dem der Hörer an der Wand noch vom Sprechtrichter getrennt ist.

Viele Neuerungen des *experimentalismo*, mit dem spanische Erzähler der siebziger Jahr Anschluß an das narrative Raffinement der herrschenden Weltliteratur suchten, werden in der ersten Hälfte des Romans genutzt, Textformen gemischt, Erzählstränge unversehens verknüpft, Orte unmerklich gewechselt, Lügengeschichten zur Entlarvung angeboten. Vor allem bekommt der Leser das Vergnügen, gleichzeitig die zugrundeliegenden literarischen Muster aufzudecken und sich an den exzessiven Geschehnissen zu delektieren. Es kämpfen die bösen Unternehmerdunkelmänner gegen die armen, teilweise anarchistischen Arbeiter und untereinander und gegen die Presse und gegen den honorigen Kommissar Vázquez, der kurz vor der Aufklärung des Mordes an Savolta u.a. versetzt wird und erst nach zehn Jahren dem naiven Erzähler mit dem sprechenden Namen Miranda zeigt, wie er Marionette des obersten Bösewichtes war: Lepprince! Dieser Mann hat die notwendigen Eigenschaften, er ist »gran hombre«, faszinierendes Individuum, Gangster, Schlächter und schließlich Politiker mit der Hoffnung, Bürgermeister von Barcelona zu werden, da das Waffengeschäft mit dem Kriegsende nichts mehr hergibt. Der zweite Aufklärer neben dem abgeschobenen Detektiv ist die Randexistenz Nemesino (sic!) Cabra Gómez, der sich als Gesandter Gottes in sündiger Welt versteht und Licht ins Dunkel der Affairen bringen könnte, wenn die Staatsanwaltschaft noch Interesse hätte. Und Miranda, der als Augenzeuge nichts erkennt, als Betroffener sein Interesse nicht wahrnimmt, als Kläger noch nach zehn Jahren vor dem Richter in New York lügt, dieses Alter ego des Lesers ist ein Modell für die Schwäche des wichtigsten Vermögens des Menschen, aus dem Durcheinander der Ereignisse eine sinnvolle Geschichte zu machen: des ordnenden Gedächtnisses.[3]

Grotesk, absurd in der Tradition Valle-Incláns ist jedoch nicht nur das, was sich in der erzählten Welt abspielt — wie z.B., daß der Waffenschieber Max von anarchistischen Arbeitern mit Ehren beigesetzt wird, weil sie von ihm nur wissen, daß er von der Guardia Civil umgelegt worden ist —, sinnlos ist auch, wie sich das erzählende Bewußtsein jenes Miranda formt, das den Lebensfilm nicht zusammenbringt und das vom Autor zum Hollywood-Happy-End geführt wird: er baut mit der Ex-Zigeunerin und Geliebten des »Prinzen« eine glückliche Kleinbürgerexistenz in New York auf. Dem entspricht einiges in der Rezeption des Romans: der ungemein progressive Verleger C. Barral läßt ihn zwei Jahre in der Schublade, weil er sich für anspruchsvolle, experimentelle und daher minoritäre Literatur engagiert;[4] die Verfilmung des Romans droht wegen des Widerstandes der anarchistischen Gewerkschaft zu scheitern;[5] die Literaturwissenschaft versucht die »objektive Realität« dieser wilden Jahre zu konstruieren, als wäre der ästhetische Schwindel des Romans eine Schale, die man knacken muß, um an den einzig realen, historischen und objektiven Kern zu kommen.[6] Gerade dem hat Mendoza jedoch entgegengewirkt, der die zweite Hälfte des Romans weniger der Aufdeckung des Geheimnisses widmet — dies geschieht recht linear, chronologisch und logisch —, sondern dem Nachweis, wie die immer erzählte Vergangenheit als Einheit geschaffen wird, wenn und weil sie zu nichts mehr nutze ist.

»Das Geheimnis der verhexten Krypta« – das Meisterwerk

Mendoza hat sich in Interviews zur Devise bekannt, daß die Qualität eines Werkes nicht im Gegensatz zur Quantität seines Verkaufs stehen darf. Er surft – lustvoll fabulierend – auf der Welle des Kriminalromans, wie auch Manuel Vázquez Montalbán und Juan Madrid, kommt zu Verkaufserfolgen, zu Übersetzungen in viele Sprachen sowie zur Anerkennung durch in- und ausländische Kritik. Sein moderner Pikaro ist Privatdetektiv. Das amerikanische Vorbild bei Hammett und Chandler hatte zumindest eine Lizenz. Der kleine spanische Schnüffler wird vom *underdog* zur Ratte, die für Versuchszwecke – gut beobachtet von lizenzierten öffentlichen Augen (Polizeikommissar und Anstaltspsychiater) – in den Müll von Barcelona gesetzt wird, um die nahrreiche Information aus dem Abfall der Oberschicht aufzuspüren. Denn wenn die Polizei den Irrsinn, der sich soziale Ordnung nennt, nicht auf sich beruhen lassen kann, weil im honorigen Mädcheninternat Zöglinge verschwinden und wiederauftauchen, läßt man einen notorischen Irren Arbeitsurlaub machen – eine Plot-Variante, die Donald E. Westlake bereits mit dem schönen Titel *Pity him afterwards* 1964 erprobt hatte.[7] Die spanische Version gibt mit radikaler Komik Replik auf das, womit man nicht fertig wird: auf den städtischen Alltag, das Beziehungsgewirr – schon gar wenn geschlechtlich potenziert –, die Gesellschaft im absurden Gegensatz von Anspruch und Erfahrung.

Die natürliche Marginalität, die alltägliche Exzentrik, die gewöhnliche Sinnlosigkeit und andere Paradoxien mehr werden demjenigen evident, der sie sich durch den komischen Blick erträglich macht, sie auszuhalten wagt und damit seine Vitalität feiert. Man kommt mit allem Wesentlichen »nicht zu Rande« und kann diesen Zustand nur mit dem ständigen Laxativum des Lachens ertragen. Und dieser Lust, dem Blick in das eigene Seelen-*Geheimnis der verhexten Krypta,* kann sich der Leser in Barcelona, Madrid, Paris, Saarbrücken oder Heidelberg hingeben.

Mendoza steigert die Komik durch den latenten Ernst. Daß Waffenschieber, die an jeder Form von Krieg, auf allen kämpfenden Seiten insbesondere dann gut verdienen, wenn die davon profitierende Gesellschaft bewußt die Augen schließt, ist unerträglich. So auch eine Justiz, die Betrüger oder gar Mörder laufen läßt, wenn sie dem Regierungschef nahe genug stehen. Oder auch diese Mächtigen selbst, die nicht mehr wissen, warum sie immer neue private Profite als dem Gemeinwohl dienlich deklarieren. Dies ist Mendozas Schritt vom ersten zum zweiten Roman. Die unerträgliche Korruptionsanfälligkeit gesellschaftlichen Seins wird durch Unernst lustvoll gewendet. Komik ist mehr als nur ein kathartisches Mittel von Kunst unter anderen, eine Droge – wie man seit Platon und Aristoteles weiß —, die man nicht nur zu Heilzwecken nutzen kann, Komik bietet hier ein ganzes Arsenal, die Befindlichkeit von Lesern — Hunderttausenden von Lesern bei Mendoza — zu verbessern. Mendoza steigert bis zur *Ciudad de los prodigios* die Lust an dem, womit wir nicht fertig werden: dem Geschmacklosen, Falschen, Häßlichen, Schlechten, an dem wir zumindest teilhaben. In Abwandlung eines Diktums von Baudelaire könnte Mendoza für diesen Roman sagen — oder besser: in einem nächsten Roman durch einen schriftstellernden Versager sagen lassen —: Ich habe aus dem exkremental durchsetzten Abfall der Großstadt nicht nur Gold, sondern ein feines Heilmittelchen gemacht.

In *El misterio de la cripta embrujada* von 1979 werden die Prinzipien komischen Raffinements deutlicher als in dem drei Jahre später erscheinenden *El laberinto de las aceitunas.* Deshalb soll an diesem früheren Roman das Wechselverhältnis von »Kryptomanie« seitens des Autors und »Detektionslust« seitens des Lesers betrachtet werden. Je mehr sich der Leser über den irre guten Detektivverschnitt aufklärt, desto weniger versteht er von der Story, von den Skandalen, von Barcelona und dem sogenannten modernen Leben. Zwar wird klar, warum zwei Mädchen im gefährlichen Alter — »dem Höhepunkt der Pubertät« (S. 191) — in der Krypta verschwinden, warum sie dort hocherotische, lesbische und andere Abenteuer oder monströse Riesenfliegen wahrnehmen oder zu erfahren meinen, warum der Held annimmt, im Innersten des Labyrinths von einem »schoko-schwarzen«, mit »Goldlaméschurz bekleideten« Gay in dessen Mysterien initiiert zu werden (was seinen Slip ausbeult, ist jedoch nicht die Entsprechung des mitteleuropäischen Klischees, sondern ein Büchlein, denn er will Dichter werden), doch die mysteriöse Geschichte entlarvt sich als ziemlich nichtig, das Labyrinth ist Blendwerk, das Superweib, das es zu retten gilt, ist schal und desinteressiert, die Polizei läßt den Fall aus Faulheit fallen. Nicht nur die schöne Mercedes wurde unter Äther »das Opfer von Halluzinationen, in denen sich Wirklichkeit und Wunsch vermischten. Das passiert uns allen, sogar ohne Äther, und ist überhaupt keine Schande« (S. 215). Was wunder, daß der einzige, der eigentlich etwas Licht in das Dunkel gebracht hat, unser Detektiv, am Ende mit eigenem Einverständnis wieder in die Anstalt abgeschoben wird und sich darauf freut, in der lokalen Fußballiga gegen »die Schizos von Pere Mata« zu gewinnen, »eine oligophrene Neue« anzumachen, Cola trinken und träumen zu dürfen, irgendwann wieder die Chance zu bekommen, sein »Köpfchen unter Beweis zu stellen« (S. 222). Denn die allein gibt die Freiheit (S. 177, S. 221). Alle Lösungen, die das Detektivspielen brachte, beruhten nicht auf systematisch verwendeter Rationalität, sondern darauf, daß die irresten Spekulationen, die primitivsten Wünsche und vor allem das Scheitern, die filmische Heldenrolle einzunehmen, deshalb zum Ziel führen, weil eben alle so irre sind.

Diesen Habitus, diese alles durchdringende Gewohnheit, sich auf bestimmte Weise in eine vorgestellte Welt wertend einzugliedern, zeigt u.a. der Odontologe Plutonio Sobobo Cuadrado. Narrative und detektivische Phantasie wuchert sich in sein Bewußtsein hinein, um zu den entscheidenden Motiven zu kommen. Man landet pausenlos in Sackgassen, die in weitere wuchernde Labyrinthe Auswege zu bieten scheinen. Der Witz einer solchen Gesellschaft ist eine atemberaubende Logik.

Jede Seite bietet Plots für mehrere Romane à la *Isla inaudita*. Das ist die Lektion seitens lateinamerikanischer Vorbilder (García Márquez und Vargas Llosa vor allem). Der groteske Ich-Erzähler bringt den rätselsüchtigen Leser in die glückliche Lage, daß er sich bei der Dichte und Schnelligkeit des Angebots gar nicht entscheiden kann, worüber und wie er sich zuerst amüsieren soll. Ganz in der cervantinischen Tradition gibt ihm der Autor freundlich dozierend Hinweise, doch diese brechen das groteske Spiel nur ein weiteres Mal und laden zum Mitspielen auf der Metaebene ein. Hier sieht man, daß Mendoza den Nouveau Roman gerne gebraucht hat, um Valle-Incláns Schauerposse zu steigern (Mendoza in *Leer* 6, S. 104). Nichts geht in der Wirklichkeit Barcelonas: Toiletten, Züge, Autos. Und wie die Vehikel des Verkehrs, so die der Sprache. Die Worte sind verstopft von Bedeutungen; die Sätze führen in barocken Verwirrungen nicht ans Ziel; Argumentationen platzen wie die Worthülsen; Beschreibungen gehen auf das Beschriebene mikroskopisch ein, bis die Nähe blind macht; jede Aussprache unter den Menschen führt zum Verlust des Themas.

Diese ironischen, grotesken, absurden Spiele lassen Mendoza ein Genre vertiefen, das bei Dostojewskij schon dazu diente, über das Verbrechen in der großstädtischen Gesellschaft die Beweggründe der Seelen zu erforschen. Daß er die komische Variante weitergebracht hat, sollte evident sein. Gegen die Trennung von Komik und Ernst, von Spiel und Wirklichkeit, Wahn und Sinn haben sich hispanische Künstler seit dem *Lazarillo* und *Don Quijote* erfolgreicher behauptet als ihre europäischen Kollegen. Insofern sieht sich Mendoza zu Recht als Traditionalist.

Die Übersetzungen dieses und des nächsten Romans von Mendoza durch Peter Schwaar verdienen besondere Erwähnung. Sie lassen nicht nur die Gleichzeitigkeit der verschiedenen Stimmen erleben, sondern entsprechen auch dem spezifischen Rhythmus, der nach atemlosen, barocken Informationsballungen plötzlich lyrisch-seicht und zeitlos verweilen kann.

»La ciudad de los prodigios« – oder wie man absolut modern wird

Unter der Masse von Stadt-Romanen zeichnet sich dieser durch Aktualität aus. Sicher, Sue hat von der Kanalisation, Zola über die neuen Markthallen, den 'Bauch von Paris', und die Kaufhäuser geschrieben, wo sich der Kunde erstmals als König fühlen darf, doch die Koinzidenz der thematisierten Booms um die Weltausstellungen von 1888 und 1929 mit den Olympischen Spielen von 1992 ist erkenntnistreibend.

Bei Apuleius wird der Held in einen Esel verwandelt, um so alles, vor allem das Tabuisierte und Obszöne, miterleben zu können. Die wunderbare Anpassungs- und Wandlungsfähigkeit des Menschen erstaunt in den niederen Genres seit dem Mittelalter. Der karnevaleske Überlebenswille, der das Unterste nach oben kehrt, um in einer Maske anerkannte Person zu werden, bekommt Aktualität in einer Zeit, wo *image* alles ist. Auch die englische Variante des Pikaro, der Schurke, dessen Amoral gänzlich mit der öffentlichen übereinstimmt, wird von Mendoza zur Farce dazugemengt. Schon einem französischen Schelm hatte der Teufel die Dächer abgehoben, damit er ins Verborgene sehen konnte, denn Information ist alles. So auch für Onofre Bouvila, den Proletarier aus dem Hinterland, dessen erster Job im Verteilen von anarchistischen Blättchen besteht, dem Aufsteiger, Trittbrettfahrer, Gauner, Schieber, Kriegsgewinnler, Parvenü, Plutokrat und schließlich Beherrscher der neuen Medienindustrie. Zum ersten Mal stellt Mendoza nicht mehr den scheiternden, sondern den sich durchsetzenden Außenseiter dar. Onofre verschwindet am Ende mysteriös und wird in der vielfältigen Phantasie seiner Zeitgenossen weiterleben, denn er entspricht deren Synthese.

Die 42 Jahre von der Vorbereitung der ersten bis zu den Nachwehen der zweiten Weltausstellung in Barcelona (1887-1929) geben die turbulente Einheit der spekulativen Expansion der Stadt und des einen wieder, das allen entspricht: ihrer Erinnerung, ihrer leidenschaftlichen Erschütterung in der Krise und vor allem dem kollektiven Traum. Onofre macht sich nützlich, denn aus dem Auswurf oder Abschaum wird ein Sublimat für die Gesellschaft. Mit Haarwuchsmitteln aus Dreck fängt er an, mit Filmen hört er auf. Er hat das Prinzip des *recycling* verstanden. Jeder und jede ist zu etwas nütze: der homosexuelle Transvestit und parasitäre Pensionsbesitzer ebenso wie der Winkeladvokat oder die Diva. Das Anormale ist als Hefe, Salz, Treibmittel für das Aufgehen aller geheimen Rechnungen nützlich, wenn das Chaos sonst keine Richtung bekommt, wenn es keine politische oder sonstige Führung gibt und schon gar keine Demokratie. Anarchie gibt es, so kann man das Motto des Romans deuten, wenn man den Teufel mit Beelzebub austreibt (Lukas 11,23).

»La isla inaudita« und die fatale Wende zum Ernst des Lebens

Der Bestseller des Jahres 1989/90 ist — so ist zu hoffen — nichts Dauerhaftes im Werk Mendozas. Die Insel ist »Venedig« als Hafen des Liebesglücks eines Unternehmers aus Barcelona, der sanft geläutert ein neues Leben beginnt. »Außerordentlich« wird nur der Leser in der Erwartung enttäuscht, daß das Klischee von der geheimnisvollen Stadt ge- oder mißbraucht werde (wie in Nicholas Roegs Psycho-Thriller *Don't look now*) oder erfüllt (wie im Krimi von Patricia Highsmith) oder zumindest genutzt werde in dieser »Auferstehung in Venedig«. Doch außer ein paar touristischen Elementen taucht wenig auf, was nicht vor oder neben den Franzosen von Sue über Zola bis Robbe-Grillet (*Dans le labyrinthe*) bereits Dickens (*Bleak House*) an Nebel-, Verfalls- oder Labyrinthmotiven gebraucht hätte. Der verklemmte Erbe flieht vor seiner mühsamen Freundin, kommt über Paris nach Venedig und dort lange nicht in die Arme der mysteriösen, liebenswerten, alles geheimnisvoll Schöne von Venedig verkörpernden Maria Clara, sondern in die der Ex-Pianistin Madame Gestring, die sich den frustrierten, verfallenden, vom übermäßigen Videogenuß weggetretenen Selbstzweifler nimmt. Während die vergeblichen Versuche, die junge Schöne zu treffen, zu sprechen und zu verstehen, im jeweils entsprechenden nebulösen, nächtlichen, gewittrigen oder nostalgischen Licht breiten Raum einnehmen und von relativ unmotivierten Venedig- oder Lebensgeschichten unterbrochen sind, wird die tolle Nacht mit der reifen Verführerin übergangen; allerdings bekommt auch sie, wie jeder, Gelegenheit, lang und breit ihr Leben zu erzählen. Alle haben Probleme mit Vater und Mutter und ihrer Sozialisation — Madame Gestrings Klosterlehrerinnen waren allesamt in Karlsbad »ohne Ausnahme von den sowjetischen Truppen vergewaltigt worden«, die Ex-Wehrmachtsangehörigen, die dann die Schule leiten, machen daraus ein Bordell, ein zarter Benediktinermönch baut sie wieder auf in platonischer Liebe etc. (S. 187 f.) — und alle arbeiten quasselnd wie ein schlechter Reiseführer an ihren profunden Traumata. Der implizite Erzähler stellt sentenziös fest, daß diese Menschen durch ihre tief analogen Lebensgeschichten Verständnis für das Leben anderer und überhaupt entwickeln. Es gibt wenige Ironiesignale — Madame und der Held, der seinem Namen Fábregas zu entsprechen lernen muß, treiben es beim Essen, weil Madame dies stimulierend an die Affen im Baseler Zoo erinnert (S. 191) — doch was könnte davon abhalten, das Werk einfach als spanische Variante eines Lore-Romans abzutun, der mit leichter Psychokost angereichert ist und nicht das Niveau von Konsalik erreicht? Wenig. Unser Mann in Venedig ohne Eigenschaften, dieser Fremde mit dem kleinen Existenzproblem, ein Psychotiker mit den üblichen Angstträumen und

Spaziergänger in der Luft der nicht erscheinenden Stadt wartet — ebenso wie der Leser — auf eine Erleuchtung und flieht doch — wie der Autor — jede Bedeutung, »und sei sie auch symbolisch« (S. 198). Aus diesem Grund ruft er auch die heimliche Geliebte Maria Clara Dolabella nicht an, deren Nummer er im Telefonbuch leicht finden könnte, sondern hofft sie am gleichen mysteriösen Ort zu finden, wo die erste Begegnung vor einem Jahr stattgefunden hatte. Die absolute Koinzidenz zufällig und schicksalhaft koordinierter Lebenswege bringt den Helden — trotz seiner Conclusio »Todo es inútil!« (S. 203) — in den verfallenen Palast der Geliebten, wo ihm nicht nur Schlangenbilder des Bösen (i.e. des Weibes) in Spiegeln reflektiert erscheinen (»las tarascas«), sondern er selbst sich in der Totale unendlich reflektierender Spiegel ... und das Bild einer jungen Mutter Gottes. Diese »última visión« macht ihn einmal mehr ohnmächtig: Es ist sie! (S. 210 ff.) Der kostümierte Empfang mit traditionsreichem venezianischen Spektakel ist zu Ende, die Vision wird mit der Geschichte der Maria Clara aufgeklärt: Ihr Martyrium ist das Kind, das sie vom männlichen Pendant der Madame Gestring hat. Die Erzählung macht alles gut.

Er sieht ein, daß dieses eine Jahr nichts war »als eine Prüfung, aus der er erfolgreich hervorging«, denn er — »ein dummer und egoistischer Mensch« — hatte sich unter der »Marter« gewandelt (genau wie sie), die »unerhörte Insel erobert« und nun als neuer Homo faber das Glück gefunden (S. 234). Durchs Fenster sieht er, wie asoziale Typen jemanden fertig machen, so wie am Anfang ihn. »Was geht mich das an, was da draußen geschieht?« denkt er fröstelnd, aber »jetzt kann er sich nicht mehr den Luxus leisten, krank zu werden«, und fragt sich — wie auf der ersten Seite —, ob er nicht sein ganzes Leben ein Träumer war (S. 236).

Die geschraubte, gutbürgerliche Sprache, die schwarz-rosa Romantik, die leeren Ansprüche, das Melodramatische, die Ungeschicklichkeiten in der Komposition u.ä. mehr, was in den Collagen der ersten Romane zu witzigen Spielen genutzt wurde, wirkt nun fade, unentschieden, auf einfache, unmittelbare Wirkung hin angelegt. Sicher gibt es auch dafür in Spanien ein Publikum, doch kann es von anderen Autoren sicherlich besser befriedigt werden als von Mendoza. Die thematische Entwicklung vom sozialen Abfall über den Emporkömmling zum edlen Aussteiger entbehrt nicht der Konsequenz. Es bleibt zu hoffen, daß Mendoza als Autor, der erfolgreiche Maschen nicht wiederholen möchte, in sich eine neue Ader entdeckt.

Anmerkungen

1) Sein Kommentar, als er von *Lire* mit *La ciudad de los prodigios* zum Autor des Jahres gewählt wurde, ist typisch für seine pragmatische Einstellung: »Vielleicht verkauft man dann

statt 1.000 Exemplaren 20.000.« (*El País,* 6.1.89) Seine Selbsteinschätzung ist durchaus unprätentiös, ganz im Gegensatz zu den Versuchen seiner Einordnung in die zeitgenössische Literatur seitens der Kritik.

2) Vgl. *Quimera* 66/67 (Sonderausgabe zu Mendoza 1986: S. 42 ff.), wo er sich in einem ausführlichen Interview definiert und von einigen Kritikern dargestellt wird; vgl. *El Urogallo* 6 (1986), *Miguel de Cervantes* 3 (1987). Als einzige umfassendere und hilfreiche Darstellung s. Marschall von Bieberstein, Matern, *Das Werk Eduardo Mendozas als Beispiel für den spanischen Roman nach Francos Tod,* Köln (unpubl. MA-Arbeit) 1990. Hilfreich war mir auch die Seminararbeit von Daniela Ruff (Mannheim 1990) über *La ciudad.* Ich erwähne diese beiden, nicht publizierten Untersuchungen, weil die spanischen Artikel dagegen desolat redundant sind.

3) Vgl. Tusón, Vicente, und Fernando Lázaro Carreter, *Literatura española,* Madrid (Anaya) 1982, S. 435 ff.

4) Vgl. Yerro Villanueva, Tomás, *Aspectos técnicos y estructurales de la novela española actual,* Pamplona (Ed. Universidad de Navarra) 1977, S. 37.

5) Vgl. Quesada, Luis, *La novela española y el cine,* Madrid (Ediciones J.C.), 1986, S. 459.

6) Vgl. Osorio, Carlos Urbano, »Gráfico temporal de *La verdad sobre el caso Savolta* de E. Mendoza (¿Errores o pastiche temporal?)«, in: *Miguel de Cervantes* 3 (Ciudad Real), 1987, S. 24-37; Osorio weist wieder und wieder nach: »Hier irrte Mendoza.«

7) Dt. *Ein Irrer macht 'Urlaub',* München (Desch) 1966.

Cristina Fernández Cubas:

Die Mühsal des Interpretierens

Von Friederike Hassauer

Cristina Fernández Cubas wurde 1945 in Arenys de Mar bei Barcelona geboren. Sie schloß ihr Jurastudium mit dem Examen ab, arbeitete danach als Journalistin; sie lebte und schrieb u.a. in Lateinamerika, Ägypten und verschiedenen europäischen Ländern, so 1988 in der Bundesrepublik (Berlin) als Gast des DAAD. Derzeit wohnt sie wieder in Barcelona. Neben ihren journalistischen und literarischen Texten legte sie ein Kinderbuch vor.

Veröffentlichungen: *Mi hermana Elba,* Barcelona, 1. Aufl. 1980 (2. Aufl. 1980, umfaßt vier Erzählungen, von denen zwei, nämlich »Mi hermana Elba«, dt. »Meine Schwester Elba«, und »El provocador de imágenes«, dt. »Der Bilderweber«, in dem Band *Meine Schwester Elba* übersetzt vorliegen); *Los altillos de Brumal,* Barcelona, 1. Aufl. 1983 ('Die Anhöhen von Brumal', umfaßt vier Erzählungen, von denen eine, nämlich »La noche de Jezabel«, dt. »Die Nacht Jezabels«, in dem Band *Frauen in Spanien* übersetzt vorliegt); *Mi hermana Elba. Los altillos de Brumal,* Barcelona, 1. Aufl. 1988; *El año de Gracia,* Barcelona, 1. Aufl. 1985 (3. Aufl. 1987, dt. *Das geschenkte Jahr*); *Cris y Cros. El vendedor de sombras,* Madrid, 1. Aufl. 1987 ('Kris und Kros. Der Schattenverkäufer', Kinderbuch); *El ángulo del horror,* Barcelona, 1. Aufl. 1990 (umfaßt vier Erzählungen, von denen die Titelgeschichte, dt. »Der Winkel des Entsetzens«, in dem Band *Meine Schwester Elba* übersetzt vorliegt).

Übersetzungen: *Das geschenkte Jahr,* übers. von Eva Schikorski, Frankfurt 1989 (Roman); M. Born (Hg.), *Meine Schwester Elba. Neue spanische Erzählerinnen,* übers. von Margarete Born, Frankfurt 1988, enthält »Meine Schwester Elba« (S. 20-40), »Der Winkel des Entsetzens« (S. 41-50) und »Der Bilderweber« (S. 51-70); M. Alcántara (Hg.), *Frauen in Spanien. Erzählungen,* München 1989, enthält »Die Nacht Jezabels«, übers. von Orlando Grossegesse (S. 153-180).

Der Horror der Psyche

In den Geschichten von Cristina Fernández Cubas wird gezischelt und getuschelt, Stimmen flüstern, Gesichter erscheinen, Menschen machen sich unsichtbar; Geistergeschichten werden ausgetauscht unter sonderbaren Bekannten, zur Mitternacht, in einem einsamen Haus am Meer, draußen Sturm, Blitz und Donner, drinnen Stromausfall – ein Dekamerone des Spuks. Ein Spuk, der uns auch noch eine geheimnisvolle Schrift im Sand beschert, eigenhändig hinterlassen von einem veritablen Gespenst, das unerkannter Gast in der seltsamen Runde war:

»Alle blickten auf den Boden, und bei Kerzenlicht konnten wir eine Inschrift entziffern, die über die schmutzigen Bodenfliesen der Eingangsveranda gekritzelt war: *'Danke für eine so herrliche Nacht. Ich werde sie nie vergessen.'* Ein Windstoß begrub die ersten und letzten Worte unter aufgewehtem Sand. Für einige Augenblicke, in denen die Zeit stehenzubleiben schien, stand da nur *nie.* Der Kimono fiel mir aus den Händen. Ein zweiter Windstoß verwehte die Buchstaben. Mit einem dritten erlangten die Fliesen der Eingangsveranda wieder ihr normales Aussehen an einem Gewittertag zurück: Häufchen von Sand und Schlamm und die frischen Spuren unserer eigenen Schritte.

Als wir in das Haus eintraten, war wieder elektrischer Strom da ... Mit dem unverhofften Läuten des Telephons erfrischte eine Brise von Alltäglichkeit die Atmosphäre.« (S. 178 f.)

Alltäglichkeit? Die Erzählerin rafft ihr Gewebe von fingierter Realität und Irrealität, von Realitätseffekt und Realitätsfiktion wieder an sich und entläßt den Leser mit den Worten: »Da faßte ich den Entschluß, mich von einer Sache zu überzeugen, von der wahrscheinlich schon alle überzeugt waren: Nie mietete ich mir ein Haus am Meer, nie empfing ich Gäste in einer Gewitternacht, und schließlich war ich nie dabei, als langsam die drei Buchstaben des Wortes *nie* verschwanden.« (S. 179)

Spuk mit allen Schikanen also, diese Geschichte über »Die Nacht Jezabels«. Eine Geschichte die von Heinrich Heines »Belsazar« –

»Und sieh! Und sieh! An weißer Wand
Da kam's hervor wie Menschenhand

Und schrieb und schrieb an weißer Wand
Buchstaben von Feuer und schrieb und schwand«

– bis zur Jezabel in Dorothy Sayers' *Nebukadnezar* alle einschlägigen Assoziationen des Schauer-Genres bedient; eine Geschichte, die zudem noch E.A. Poe als ihren Ahnvater selbst benennt — literarischer, gebildeter, gelehrter Spuk also: *gothic novel.*

Aber die Autorin hat mehr zu bieten als die Kulissen dieser Tradition, die sie hier ironisch und so offensichtlich auf Wiedererkennbarkeit hin inszeniert durchprobiert, in ihren Winkeln des Entsetzens, den Gärten des Grauens und den Häusern des Horrors. Die Autorin bietet uns eine zweite Kulisse. In ihrem Roman *Das geschenkte Jahr* läßt sie das *zapping* zwischen den verschiedenen Realitäts- und Irrealitätsebenen mit den Requisiten eines Robinson spielen, dessen Schiff nach Mord und Totschlag im Sturm auf hoher See schließlich an einem Riff scheitert und der nun seine einsame Inselexistenz zu bestehen hat. Defoe wird getreulich zitiert, und mit ihm der vertraute Bühnenzauber des Abenteuerromans — Sindbad der Seefahrer im ausgehenden 20. Jahrhundert, mit Melville, Stevenson und Jules Verne im Schlepptau; ein postmoderner Kolumbus, dessen 'Gran Conquista de Ultramar' ihn freilich in eine Neue Welt der ökologischen Katastrophe verschlägt, auf eine bakteriell verseuchte, biologisch vergiftete und deshalb einsame Insel.

See-Stück wie Spuk-Schauer fungieren in gleicher Weise als Folie für anderes, als Etude von Gattungskonventionen, als versierte literarische Fingerübungen in Ausstattungsfragen. Welches Kostüm die Akteure auch tragen, gemeinsam ist den Heldinnen und Helden dieser Geschichten, die ausnahmslos Erzähler ihrer eigenen Geschichte sind, eine Obsession: die Frage nach der 'wirklichen' Wirklichkeit unter all den verschiedenen Realitäten, in denen sie umhertaumeln. Der wirkliche Horrortrip der Abenteuer liegt jenseits der beiden wohltemperierten, literarisch kultivierten Folien der *magical mystery tour* und der Robinsonade. Der Horror der Psyche, die Abenteuer der Seele vertreiben diese Protagonisten aus der Vorzugsrealität der Alltagswelt, aus dem Bereich des Normalen, treiben sie zu unkontrollierten und unkontrollierbaren Expeditionen ins Unerklärliche, Absurde, Ver-Rückte, in Psychose, Traum, Telepathie, Depression, Autismus. Sie leben im Grenzbereich von Welten, in denen die Unterscheidung real/irreal verwischt ist; sie leben in Schwebezuständen, in denen die zweiwertige Logik des Entweder/Oder verschwimmt, in denen die Ordnung der Dinge suspendiert ist. Von nun an ist die Entscheidung für Ja oder Nein unhaltbar und unglaubwürdig geworden: »(...) schließlich war ich nie dabei, als langsam die drei Buchstaben des Wortes *nie* verschwanden.« Von nun an ist die Frage 'Was ist wirklich?' nicht mehr beantwortbar: es beginnt die endlose »Mühsal des Interpretierens«, wie Cristina Fernández Cubas programmatisch ihren Romanhelden sagen läßt (S. 83); es beginnt der erfolglose Versuch der Bildung von linearem Sinn.

Der wirkliche Horror in der Geschichte »Die Nacht Jezabels« ist daher nicht der Gespenster-Spuk, sondern die quälende Geschichte der oszillierenden Beziehung zwischen Jezabel und der Erzählerin; das wirkliche Abenteuer des postmodernen Robinson ist die quälende Geschichte der Beziehung zu seinem 'Freitag', mit dem er schließlich die Identität tauscht. Unsichere Ich-Grenzen, ambivalente Beziehungen von Aussaugen und Einverleiben, von Erinnern und Verdrängen, prekäre Identitäten — sie produzieren unentscheidbare Konstruktionen von Wirklichkeit, stets gefährdete Optionen auf Realität. So entsteht mit den Texten von Cristina Fernández Cubas eine postfreudianische Version von phantastischer Literatur, die die explizit psychoanalytische Ausrichtung zum Beispiel mit einer Generationsgenossin der Autorin, Mercedes Abad, oder mit Esther Tusquets teilt, die sich aber vom Fantasy-Genre à la Tolkien, wie Rosa Montero es mit ihrem (in diesem Band von Andrea Rössler besprochenen) jüngsten Buch *Temblor* ansteuert, deutlich unterscheidet.

»Meine Schwester Elba« — Die Magie der kleinen Mädchen

Cristina Fernández Cubas' wohl bekanntester Text ist die Erzählung, mit der sie ihr literarisches Debut gab: »Meine Schwester Elba«. Es ist die Geschichte des Umschlags der phantastischen Kinderwelt kleiner Mädchen in die Ordnung der Erwachsenen; es ist die Geschichte einer 'geglückten' Pubertät, die für die Erzählerin den Eintritt in die weibliche Geschlechtsrolle markiert; und es ist die Geschichte einer Verweigerung, den Preis solcher Logik zu entrichten: Elba, die Schwester der Erzählerin, will all dies nicht und muß dafür bezahlen.

Den Einstieg in die Erzählung bildet die klassische Herausgeberfiktion: das erwachsene Ich der Erzählerin sitzt vor dem Tagebuch des elfjährigen Mädchens und liest sich in die Erinnerung zurück. Wie viele der Heldinnen und Helden bei Cristina Fernández Cubas schreibt auch sie. Schreibend versuchen diese Figuren, ihre prekären Ich-Identitäten zu sichern, sich ihrer selbst zu vergewissern, wenigstens als Beobachter ihre Ich-Undeutlichkeiten zu protokollieren, mindestens aber ihre Passagen zwischen Wirklichkeit und Irrealem zu dokumentieren. Autobiographisches Schreiben in der Hoffnung, die Biographie zu retten; schreiben, um zu überleben; Tagebuch führen, um »das Entsetzen zu bekämpfen, (...) den Wahnsinn zu bannen« (*Das geschenkte Jahr,* S. 60).

Heute schreibt sie nicht mehr. Schreiben gehört zu den Dingen, mit denen sie aufgehört hat, seit sie diesseits der Schwelle steht, seit sie nicht mehr das Kind von damals mit seinen »Klein-Mädchen-Spielen« ist. Das Schreiben selbst, das Tagebuch ist erfolgreich vergessen — »ich kann mich nicht entsinnen, es je benutzt zu haben« —, und es wurde verstümmelt: auch das erfolgreich vergessen.

»Ich weiß auch nicht, was später aus den Fotografien geworden ist, die ich zu irgendeinem Zeitpunkt herausgerissen haben muß — von ihrer Existenz zeugen noch gewisse Reste hausgemachten Leims, die mit der Zeit verkrustet sind —, oder den Zeitpunkt und die genauen Motive, die mich veranlaßt haben, das Gesicht meiner Schwester Elba auf einer Reproduktion, wahrscheinlich mit einem Federmesser, unkenntlich zu machen.« (S. 20)

Damals — das ist der Sommer, in dem ihre Eltern die Scheidung beschließen und beschämt und voller Schuldgefühle für die beiden Töchter das Internat planen. Die ältere beginnt zu schweigen, »eine Schweigsamkeit jenseits aller Logik«, ein »hartnäckiges Stillschweigen«, das »Wunder« wirkt: es erpreßt immer neue Geschenke von einer Mutter mit schlechtem Gewissen und von einem emotional abwesenden, hilflosen Vater; es bewirkt »den Großteil jenes zauberhaften Wechsels« (S. 21 f.) von der Familie in eine neue Zukunft. Aber das katholische Klosterinternat mit stumpfsinnigem Unterricht zwischen Rosenkranz und Meßbüchern wird nur allzu schnell dem alten Leben ähnlich: tödlich langweilig, sinnlos, nutzlos, eine verlorene Illusion, in der das Ich sich beschäftigt »mit der Vorstellung, ich wäre gar nicht ich, und alles, was mich umgab, wäre nichts weiter als das Gespenst eines endlosen und langweiligen Traumes. Aber die kalten Morgenstunden (...) brachten mich immer wieder auf den Boden der Tatsachen zurück.« (S. 24)

Das wird anders, als das Mädchen seine Mitschülerin Fatima kennelernt. Fatima, die prinzipiell schweigt oder »unsinnige« Antworten gibt (S. 25), die heimlich das Internatsgelände verläßt, die selbstverständlich in den »verbotenen Bereich« der Klausur, ins Noviziat, eindringt — unbemerkt, weil sie sich und ihre getreue Anhängerin unsichtbar machen kann. Sie initiiert die ungläubige 'Neue' in das Geheimnis magischer Verstecke, die zuverlässig, aber nach unverständlichen Gesetzen funktionieren: »'Du bist dümmer, als es den Anschein hat. (...) Ich dachte, du wüßtest es (...): Wir waren da und doch nicht da. Und auch wenn du den Eindruck hattest, daß wir da waren, waren wir es doch nicht. (...) Ich sehe', sagte sie im gleichen Ton, 'daß du immer noch nicht kapiert hast. Ich wiederhole, wir sind nicht dort gewesen. Begreifst du es jetzt?'«

Freilich erscheint diese Magie der Mädchen nicht sonderbarer als die obskuren religiösen Riten und Praktiken der Novizinnen, denen die beiden unsichtbaren Besucherinnen nachspüren: Heiligenbildchen in Kniehosen eingenäht, rostige Nägel zur Selbst-Kasteiung in Hemdhosen und »Dinge, die noch viel sonderbarer sind« (S. 29).

Aber die eigentliche Meisterin der magischen Verstecke ist die kleine Elba. Fatima und die ältere Schwester bewundern sie mit größtem Respekt, weil sie sich unnachahmlich souverän »auf mysteriöse Weise, für die uns jegliches Verständnis fehlte«, in »dieser Welt ohne Grenzen« bewegt und spurlos überall auftauchen oder verschwinden kann (S. 33 f.).

Zieht man, wie Phyllis Zatlin und Mary Lee Bretz vorschlagen, hier Todorovs Überlegungen zum Phantastischen heran[2], so erscheint das Insistieren auf Unentschiedenheit und Zweifel über die Setzung des Realitätsakzents als das zentrale Charakteristikum dieses Texts, wie auch der anderen Erzählungen von Cristina Fernández Cubas. Das Phantastische verschwände — so Todorov — dagegen sofort, wenn der Leser 'skeptisch-ungläubig' für eine realistische Erklärung oder aber 'gläubig' für eine übernatürliche Lösung im Sinne des Wunderbaren optieren würde. In zwei Erzählungen — »En el hemisferio sur« ('In der südlichen Hemisphäre') und »Die Nacht Jezabels« — geben die Erzähler so auch programmatische poetologische Statements gegen das Wegerklären des Unerklärbaren, gegen die Reduktion auf einfache, gewöhnliche und alltägliche Geschichten ab. Entscheidend für das Funktionieren des Phantastischen ist dabei die Integration des Lesers in die Protagonisten-Perspektive. Einem Ich-Erzähler ausgeliefert, der keine Distanz zwischen Leser und Erzähler zuläßt, ist über die Ich-Perspektive hinaus keine weitere Information zugänglich. Welche Zweifel auch immer der Erzähler hat — der Leser muß sie teilen.

Die Verdrängung des Phantastischen

Das Phantastische der »sonderbaren Immunität« (S. 34) der drei Mädchen, der Expertinnen des Magischen gegenüber der Außenwelt, erodiert, mutiert mit ihrem Heranrücken an die Schwelle der Pubertät.

Zuerst trifft es Elba. Während die beiden Mädchen sich bisher nach den Gesetzen ihrer Welt mühelos mit ihr verständigten, kann Elba gegenüber den Erwachsenen nur schweigen. Diesmal bewirkt das Schweigen freilich keine Wunder: Elba wird, da sie offensichtlich nicht 'normal' ist, in eine Sonderschule gegeben. Hilflos sieht die ältere Schwester, daß nicht einmal ihre Erklärung, die Enthüllung des Geheimnisses, Elba retten kann. Die Eltern hören gar nicht erst zu, und »ich begriff, daß meine Erfolgschancen in dieser Welt der Erwachsenen, die von der Unmittelbarkeit bestimmt waren, gleich Null waren« (S. 35). Während die Erwachsenen die »Mühsal des Interpretierens« nicht haben und dieses Phantastische auf Debilität reduzieren, verändert sich auf unerklärliche Weise ihre eigene Person und die Fatimas, und beider phantastische Potenz. Sie selbst 'vergißt' die magischen Verstecke; und eine neue Fatima kommt mit hochgestecktem Haar, Stöckelschuhen und Damenhandtasche ins neue Schuljahr, die alte Kinderfreundin als »etwas Lästiges und Unerfreuliches« abschiebend (S. 36).

In dem Augenblick, als sie — untröstlich — Fatima und ihre einstigen Kinderspiele, und damit ihr altes Ich, verloren hat, meldet sich Elbas Stimme, erscheinen ihr Elbas Augen, streckt Elba in ihren Träumen die Arme nach ihr aus. Je erwachsener sie wird, je schamvoller sie die Erinnerung an die peinlich kindliche Vergangenheit beiseite schiebt, je vernünftiger sie jetzt mit den einst verhaßten Eltern spricht und sich in den ersten Freund verliebt, desto quälender wird Elba zum Alptraum. Elba drängt sich ohne »Mitleid und Ruhe« in ihr Leben, Elba fordert Tag und Nacht, Elba »nahm Besitz von allen, aber auch allen meinen Gedanken«.

Längst ist aus der ehemaligen Liebe zu der kleinen Schwester Haß auf das gefräßige Monster geworden, das sie verschlingt: »'Aus jetzt!' schrie ich eines Tages und machte damit der Sache ein Ende. 'Mach, daß du wegkommst, ein für allemal!' Von da an wurde ihre Stimme schwächer, entfernte sich jedesmal etwas mehr, versank schließlich in anderen Geräuschen und war am Ende gänzlich verschwunden.« (S. 37)

So erfolgreich verschwunden, daß ihr im nächsten Sommer, als auch Elba wieder nach Hause kommt, die kleine Schwester wie längst verloren erscheint, ohne daß sie noch Kummer darüber empfände und sie kühl immer weiter von sich wegschiebt. 'Ich' gegen 'sie' — was in der Psyche der Älteren längst mit Elba passiert ist, holt die reale Elba in der Wirklichkeit nach: sie stürzt von einer Terrasse zu Tode, »Blut in Strömen« fließt, und »ihr kleines Gesicht (war) ganz zerstört«. Am Tage des Begräbnisses, bei dem die Erzählerin ohnmächtig wird, küßt der Freund sie zum ersten Mal, und so wird dies »DER GLÜCKLICHSTE TAG MEINES LEBENS!« — so steht es in ihrem Tagebuch (S. 39 f.), aus dem sie später Fotografien herausreißt und in dem sie Elbas Gesicht mit einem Federmesser unkenntlich macht.

Die Welt der Erwachsenen — Das Reich der Logik

Adoleszenz, Menstruation, Sexualität, Kommunikation — das Erwachsenwerden als Frau führt zum Verlust der magischen Fähigkeiten des kleinen Mädchens. Wer aber auf der anderen Seite des Spiegels bleiben will, wer die Erwachsenen sehen, aber nicht gesehen werden will, wer nicht sprechen und Kind bleiben will, der wird für verrückt erklärt. Die »Mühsal des Interpretierens« endet mit dem Sieg der Logik und der Niederlage des Irrealen.

Nach Phyllis Zatlin assoziiert die Rückkehr der Heldin aus dem Reich des Phantastischen die Versöhnung mit den Eltern, die Frauwerdung und die gewaltsame Verdrängung und Abspaltung der Elba-Anteile in ihrer eigenen Psyche. Allerdings läßt sich wohl auch mit dem 'Schlüssel' einer solchen psychoanalytischen Lektüre der Schwebezustand der Realitätsakzente in diesen, in der Tradition der *short-story* auf Pointe geschriebenen Erzählungen nicht auflösen. Es scheint, als verwendete Cristina Fernández Cubas das Phantastische hier, um einen typischen biographischen Realitätenwechsel, den *rite de passage* der Pubertät, schriftstellerisch zu bewältigen: der Wechsel von diesseits der Schwelle zum Jenseits und zugleich die Unmöglichkeit der Erinnerung an den Übergang, und damit die Unmöglichkeit, den Übergang mit den Mitteln traditioneller Narrativik zu erzählen. Wie also eine solche Passage aus dem Nachhinein beschreiben, und wie sich vom Jenseits der Schwelle aus an das Diesseits erinnern, wenn schon die Passage selbst diskontinuierlich war? Cristina Fernández Cubas' Einsatz des Phantastischen arrangiert in ihren Texten die Beschreibung solcher Realitätenwechsel als genau kalkulierte Kompilation von Beobachterperspektiven und Beobachterebenen, für die sich im angloamerikanischen Raum der Begriff *metafiction* eingebürgert hat.

Vor dem Hintergrund der neuesten spanischen Frauenliteratur gehört Cristina Fernández Cubas sicher nicht zu den programmatischen Vertreterinnen einer feministischen Perspektive auf weibliche Lebenswelt, und ebensowenig zu den Autorinnen, die Frauenliteratur als realistische, mimetische Abbildungen solcher Realität verstehen. Vor dem Horizont gesamteuropäischer Diskussionen über *écriture feminine* und *discurso femenino* markiert ihr Votum für die Welt des Imaginären und ihre Ablehnung der symbolischen Ordnung des Logozentrismus jedoch eine unverwechselbare Parteinahme.[3]

Anmerkungen

1) Zur generationsspezifischen und regionalen (Katalonien) Einordnung von Cristina Fernández Cubas ins zeitgenössische literarische Panorama Spaniens vgl. C.D. Bellver, »Two new women writers from Spain«, in *Letras femeninas* 8,2 (1982), S. 3-7, sowie A. Rueda, »C.F.C. — una narrativa de voces extinguidas«, in *Monographic Review* Bd. 4 (1988), S. 257-267. Zum literarhistorischen Kontext der neueren Frauenliteratur in Spanien vgl. B. Ciplijauskaité, *La novela femenina contemporánea 1970-1985,* Barcelona 1988.

2) Vgl. Ph. Zatlin, »Tales from Fernández Cubas: Adventures in the Fantastic«, in *Monographic Review* Bd. 3 (1987), S. 107-118, und M.L. Bretz, »C.F.C and the recuperation of the semiotic in *Los altillos de Brumal*«, in *Anales de Literatura Española contemporánea* vol. 13 (1988), S. 177-188; zur Theorie des Phantastischen: T. Todorov, *Introduction à la littérature fantastique,* Paris 1970.

3) So z.B. Zatlin, Anm. 10, und Bretz, passim.

Juan José Millás:

Das zweistimmige Ich einer Generation

Von Reinhold Görling

Die Entwicklungen unserer Gesellschaften sind so sehr von den durch die Produktions- und Verwaltungsapparate gesetzten Notwendigkeiten beherrscht, daß wir leicht übersehen, daß jede Generation für sich ein eigenes Selbstverständnis entwickeln muß. Diese Notwendigkeit einer Selbstverständigung ist es wohl, die Generationen noch immer eine Rolle in der Geschichte zuweist. Nicht zufällig besitzt die Literaturgeschichte im allgemeinen und vor allem die spanische hierfür eine besondere Sensibilität. Ich nehme deshalb an, daß man von den neuen spanischen Schriftstellern in einigen Jahrzehnten in Analogie zu der *generación del 98,* der Generation eines Machado, Unamuno oder Ortega y Gasset, und der *generación del 27,* also der eines García Lorca, Alberti oder Cernuda, von der *generación del 75* sprechen wird.

Sollte das so geschehen, dann wird man den 1946 in Valencia geborenen und seit seinem sechsten Lebensjahr in Madrid aufgewachsenen Juan José Millás wahrscheinlich zu einem ihrer Begründer zählen. *Cerbero son las sombras* ('Die Schatten sind Zerberus'), sein erster Roman, erschien 1975 einige Monate vor Francos Tod. Im Dezember des Vorjahres hatte er für dieses Erstlingswerk den Literaturpreis Sésamo de narrativa zugesprochen bekommen. Was hatte die mit bekannten Schriftstellern und Kritikern besetzte Jury damals so einmütig, wie sie es tat, für diesen Roman optieren lassen? Was war neu in diesem Werk?

Liest man es heute, anderthalb Jahrzehnte später, so wird man, wenigstens geschah mir das so, von klaustrophoben Gefühlen eingeholt. Der Roman besteht aus einem langen Brief eines vielleicht Zwanzig- oder Fünfundzwanzigjährigen an seinen Vater, in dem der Sohn die ersten Wochen nach der Ankunft der Familie in Madrid schildert. Sie hat nach einer Flucht aus Valencia in einer dunklen Wohnung der spanischen Hauptstadt Unterschlupf gefunden. Aus Angst vor der franquistischen Polizei, die den Vater aus nicht ganz klar werdenden politischen Gründen sucht, verlassen die Familienmitglieder fast nie das Haus. Die dunklen Winkel der Räume werden zu Symbolen einer Bedrohung, die jedoch nicht identifiziert werden kann. Denn diese Schatten sind Zerberus selbst, wie der Sohn seinem Vater schreibt (vgl. S. 50), und dieser Türsteher der Hölle wacht davor, daß die Bedrohung nicht benannt wird. Er steht auch vor der Tür zum Zimmer von Jacinto, des jüngeren Bruders des Erzählers. Jacinto wird dort sterben, unbemerkt von Vater, Bruder und kleiner Schwester Rosa, mit keinem Wort erwähnt von der Mutter, die den Kranken hinter verschlossener Tür pflegt und gleichsam zu Tode schweigt. Und der Vater, der seinen Sohn nie über den Grund der Flucht in Kenntnis gesetzt hat, wird in dieser Wohnung über Wochen um sein Leben kämpfen, weil die Familie sich keinen Arzt zu bestellen traut, der die Wunde seines halb abgerissenen und mit grobem Garn und Haushaltsnadel wieder angenähten Ohres versorgte. Diese auch symbolisch zu lesende Verwundung hatte sich der Vater in einem moralischen Konflikt selbst zugefügt, nachdem er in der Verzweiflung über das Scheitern aller Versuche, Hilfe für die Fortsetzung der Flucht ins Ausland zu finden, das Überleben seiner Familie nicht mehr anders als durch einen Diebstahl zu sichern wußte.

Erst die eigene Flucht aus dem Kreis der Familie ermöglicht es dem älteren Sohn, das vor einem anderen in Sprache zu fassen, was in der Familie immer verschwiegen wurde. Er nennt die Schatten, hinter denen die Hölle wartet, beim Namen, sucht mit Worten Halt am Rand dieses Kraters des Schweigens. Dabei gesteht er im Brief seinem Vater wiederholt, wie sehr er sich mit ihm identifiziere. Er klagt ihn nie an, er rechnet nicht mit ihm ab, er sprengt nicht den Kreis der Verfolger, der sich, wie er glaubt, immer enger um ihn lege, und doch tut er etwas Ungeheuerliches: Er beendet el *Tiempo de silencio*, die 'Zeit des Schweigens', die Luis Martín Santos in seinem so betitelten Roman am Anfang der sechziger Jahre ebenso genau wie deprimierend beschrieben hatte.

Diese Auseinandersetzung mit dem Vater ist bei Millás wie auch bei den anderen Autoren seiner Generation so grundverschieden von der, die deutsche Söhne und Töchter in den sechziger und siebziger Jahren mit ihren Vätern literarisch führten, daß hier eine kontrastive Zuspitzung zum besseren Verständnis sinnvoll ist. Der Schlüsselbegriff, unter dem deutsche Kinder ihre Väter kritisierten, war der der Verdrängung. Wir klagten die Doppelmoral an, das hohle und leere Wort, das die alten Ordnungsprinzipien und Feindbilder weiter tradierte, aber nichts davon wissen wollte, was in seinem Namen in der Zeit des Faschismus geschehen war. Die Rekonstruktion des Verdrängten denunzierte die Schwäche der Väter und war schon für sich eine moralische Auflehnung. Aber das moralische Wort ist so monologisch wie das verdrängende, ein Dialog fand nicht statt, auch das literarische Ich dieser meiner Generation war selbstbezogen und, weil sich mit schwachen Vätern nur schwer eine Auseinandersetzung führen läßt, selbstmitleidig.

Der Schlüsselbegriff zum Verständnis der Auseinandersetzung der spanischen Söhne und Töchter mit der Geschichte ihrer Väter unter dem Franquismus jedoch ist das Schweigen. Seisdedos, eine Figur aus Millás drittem Roman *Letra muerta* ('Tote Worte'), sagt an einer Stelle, der Spanische Bürgerkrieg sei so brutal und seine Wirkung bis in die Gegenwart so stark, daß allein seine Erwähnung zu Beginn einer Kette von Ereignissen genüge, daß diese — bisweilen erfundenen — Ereignisse sich am Wirklichkeitsgrad des eigentlichen Krieges infizierten (vgl. S. 64 f.). Einen historischen Bruch, der es, wenn auch unter hohen moralischen Kosten, erlaubt hätte, einen Teil der Geschichte zu verdrängen, hat es im Spanien des Nachbürgerkrieges nicht gegeben. Die Überlieferung kann folglich auch Teile der Geschichte nicht einfach verdrängen, das andere, das Unterlegene lebt in ihr auch dort fort, wo es offizielle Sprachregelungen gibt. So fährt Seisdedos an der zitierten Stelle mit der Bemerkung fort, daß Tradition die Möglichkeit ausschließe, das Wahre und das Falsche zu unterscheiden: »Sie ist eine Art Verbindung oder Amalgamierung zwischen Dingen verschiedener Natur, wie dem Wahrhaften und dem Falschen, aber auch dem Guten und dem Bösen.« (S. 66)

Wird Tradition, wird die Überlieferung der Sicht auf die Welt so erfahren, dann lassen sich die sie bestimmenden Wahrnehmungs- und Bewertungsweisen weder ganz ablehnen noch ganz annehmen. Die andere Möglichkeit der Geschichte, der andere überhaupt, ist immer anwesend, aber als Nicht-Genanntes, als Schweigen. Zweifellos sind die ersten zehn oder auch mehr Jahre nach dem Ende des Bürgerkrieges, die Jahre der Angst, der materiellen Not und der Verfolgung, noch verstärkend zu dieser Erfahrung hinzugekommen. Sie konnten in ihrer Wirkung auf die Lebenswelt der Individuen kaum dichter literarisch rekonstruiert werden als eben in *Cerbero son las sombras.*

Während Verdrängung ausschließt, schließt Schweigen ein: Es ist die ständige Anwesenheit eines anderen, Nicht-Genannten. Durch historische Rekonstruktion alleine läßt sich die Macht nicht lösen, die Sprache in der Form des Schweigens ausübt. Nicht nur, daß hinter jedem Wort und jeder Geste ein Geheimnis warten könnte, das Schweigen entzieht der Sprache jede Eindeutigkeit von Wertungen, unterläuft die diskursive Logik, reißt bestimmbare Zusammenhänge und Trennungen wie Ich und Du, Innen und Außen oder Vergangenheit und Gegenwart auf. Das Wort wird zweideutig und macht jeden Text instabil, was aber paradoxerweise gerade dazu führen kann, daß er umso mächtiger wird, weil das

Subjekt nicht mehr zwischen dem eigenen und dem anderen, noch zwischen einem falschen und einem wahren Text unterscheiden kann.

Der Brief an den Vater in Millás' erstem Roman beginnt mit dem Satz: »Es ist möglich, daß der Kern Deines Problems wie des meinigen nichts anderes als ein Problem der Einsamkeit ist. Und das heißt vor allem, den Mittelpunkt zwischen der Einsamkeit und den anderen nicht gefunden zu haben. Bis heute hat jeder von uns versucht, es auf seine Weise zu verbergen, auch wenn uns die Umstände bei dieser Arbeit nicht sehr geholfen haben.« (S. 9) Die Einsamkeit dieser und der anderen Figuren in Millás' Romanen entsteht gerade aus der Zweistimmigkeit, der Ununterscheidbarkeit zwischen dem Ich und dem anderen. Sie wird als Bedrohung erlebt, als Verfolgung durch andere und durch Dinge, sowie als Aufzehrung und Fremdbestimmung des eigenen Körpers. Der Verfasser des Briefes an seinen Vater in *Cerbero son las sombras* identifiziert letzteres sogar mit Einsamkeit: »Es gibt keine gänzliche Einsamkeit, solange die physische Erschöpfung nicht vollständig ist. Ich glaube sogar, daß beides dieselbe Sache in verschiedenen Kleidern ist.« (S. 66)

Doch die Zweistimmigkeit des Wortes, die als Fremdbestimmung erlebt wird, ist auch eine Chance der Selbstbestimmung und des Dialoges. Ich werde das an Millás' vorletztem Roman, der den Titel *La soledad era esto* ('Dies war die Einsamkeit') trägt, noch genauer aufzeigen. Schon *Cerbero son las sombras* ist keineswegs eine monologische Selbstschau. Die Niederschrift des Briefes an den Vater bricht das Schweigen und ermöglicht eine Selbsterfahrung. Die Setzung des Du eröffnet auch die Möglichkeit des Ich. Sie bleibt labil und ungewiß, sie löst auch die Verfolgungsängste nicht auf. Ein wichtiger Grund hierfür ist, daß die Mutter kaum in den Dialog einbezogen werden kann. Wohl setzt sich das Ich auch gegen die Mutter, es kann sie aber nicht ansprechen. So schreibt der Sohn an seinen Vater, daß »man sich nicht mit der Welt versöhnen kann, ohne sich zuvor mit seiner Mutter versöhnt zu haben« (S. 143). Haß und Liebe prägen diese Beziehung gleichermaßen. Er glaube, so fährt er seinem Vater gegenüber fort, niemals wirklich frei sein zu können, solange seine Mutter lebe (vgl. S. 146), nennt sie aber zugleich den einzigen festen Bezugspunkt, der deshalb auch unsere gegenwärtige Weise des Seins rechtfertige (vgl. S. 144). In dem schon erwähnten Roman *La soledad era esto* wird dieser Widerspruch, dessen Intensität hier noch die Setzung des Du verhindert, in einem Dialog aufgelöst. Ich komme darauf zurück.

Alle Helden von Millás' bisher sieben weiteren Romanen haben das jeweilige Lebensalter des Autors zur Zeit ihrer Abfassung. Akzeptiert man die generalisierende Interpretation seines ersten Romans, so läßt sich sein gesamtes bisheriges Werk als eine Geschichte seiner Generation lesen. Das Grundproblem bleibt, aber es variieren im Zuge sowohl der Lebensabschnitte wie der gesamtgesellschaftlichen Entwicklung die Umstände und die Lösungsmöglichkeiten. Es variieren auch die literarischen Techniken, von denen die wichtigsten allerdings schon im Erstlingsroman aufspürbar sind: die des Textes im Text, die Millás in späteren Romanen in Texte aus unterschiedlicher Erzählperspektive ausfächert, und die des Doppelgängers.

Im Bild des Doppelgängers wird die Zweistimmigkeit des Wortes signifikant. Schon in seinem zweiten Roman führt Millás diese Erzähltechnik, die in der identifikatorischen Beziehung zwischen Vater und Sohn in *Cerbero son las sombras* bereits angedeutet ist, weiter aus. *Visión del ahogado* ('Vision eines Erstickten'), so der Titel des 1977 erschienenen Werkes, handelt von einer Dreierbeziehung. Eines Morgens sieht Jorge in einem Menschenauflauf am Eingang einer U-Bahnstation Luis, einen ehemaligen Klassenkameraden, den er vor zehn Jahren kennenlernte, weil er der Freund Julias war, eines Mädchens, zu dem sich Jorge hingezogen fühlte. Seit einigen Monaten lebt Jorge mit Julia zusammen, Luis hat seine spätere Ehefrau und die gemeinsame Tochter vor zwei Jahren verlassen. Die zufällige Begegnung der Blicke im Menschenauflauf beschleunigt nun in dramatischer Weise die mimetische Dynamik der Identifikationen, Übertragungen, Angleichungen und Projektionen der auf geheimnisvolle Weise miteinander verbundenen Personen. Dabei entwirft Millás fast antizipatorisch zugleich die Geschichte des *desencanto* im Zuge der *transición,* also des den Übergang zur Demokratie begleitenden Prozesses der Desillusionierung einer ganzen Generation. Die Welt des Antifranquismus mit ihren moralischen Verhaltensmodellen wird in Rückblenden erinnert, erscheint aber aus der Perspektive des Jahres 1977 schon als äußerliche Übernahme dem eigenen Leben fremder Orientierungen: »Wie Idioten sind wir dem nachgegangen, erfanden uns eine intensive und leidvolle Vergangenheit, weil wir es nicht verstanden, irgendetwas zu genießen außer dem Schmerz ...« (S. 211)

Dies sind die Worte von Jorge, der solcher Leidensbereitschaft eine an Vergnügen, Freizeit und Konsum orientierte Pragmatik gegenüberstellt, die dann auch das neue Spanien bestimmend prägen sollte. Die vom Katholizismus beeinflußten moralischen Werte der Ehre, der Verurteilung von Lust und der Hochschätzung des Leidens und der Niederlage gehören für ihn zu einer Jugend, von der er sich endgültig verabschieden will. Im Gegensatz dazu hält Luis, die zweite Stimme dieser Generation, an ihnen bis zum eigenen Untergang fest. Julia sagt von ihm, er habe immer seine Rechnung bezahlt und sei deshalb der Mittelmäßigkeit entkommen (vgl. S. 149).

In zwei späteren Romanen finden sich dieselben Erzählelemente wieder: die Dreiecksbeziehung, die Doppelgängeridentität der beiden durch sie verbundenen Männer und die Thematik der Verabschiedung einer moralisch-politischen Orientierung, die ihre Wurzel im Antifranquismus hat. Nur wird die Kritik hier stärker ironisch, wenn nicht gar sarkastisch vorgetragen: Millás' Generation ist inzwischen in sozial anerkannte und machtvolle Positionen aufgestiegen. Seine Helden sind nun Abteilungsleiter in Verlagen und Psychoanalytiker, wie in dem 1988 erschienenen Roman *El desorden de tu nombre* (dt. *Dein verwirrender Name*), oder bekannte Schriftsteller und erfolgreiche Geschäftsleute, wie in Millás' letztem Roman, in *Volver a casa* ('Heimkehren'). Hier treibt Millás das Spiel mit dem Doppelgängermotiv so weit, daß er am Ende seine beiden Helden — Zwillingsbrüder, denen er seine beiden Vornamen Juan und José gibt — ihre Identität tauschen läßt.

Das Thema der Mutter-Sohn-Beziehung kehrt wieder in *El jardín vacío* ('Der leere Garten'), einer poetischen Versenkung in das Madrid der Kindheit des Autors, wie auch in *Letra muerta*, wo die Lösung dieser engen Beziehung mit der Entdeckung der eigenen Homosexualität des Ich-Erzählers verbunden wird. In *La soledad era esto* schließlich, Millás' einzigem Roman, in dessen Mittelpunkt eine Frau steht, wird der Dialog mit der Mutter möglich und durch ihn eine Chance zur Versöhnung mit der Welt sichtbar. Elena, die Heldin des Romans, ist gerade dabei, sich ihre Beine zu enthaaren, als sie die Nachricht vom Tod ihrer Mutter erhält. Als ob sie die damit aufbrechende Zweistimmigkeit ihres Ichs auch körperlich manifestieren wolle, entschließt sie sich, den kosmetischen Vorgang abzubrechen und das linke Bein unenthaart zu lassen. Doch ist dies kein bewußt intendierter Vorgang. Zunächst glaubt sie, daß ihre lang gehegte Vorstellung, der Tod ihrer Mutter werde sich als bürokratischer Vorgang vollziehen, Wirklichkeit werde — »denn für Elena war ihre Mutter schon vor langer Zeit gestorben« (S. 14).

Elena lebt vereinsamt, fast ohne Kontakt zu ihrer zwanzigjährigen Tochter und weitgehend distanziert von ihrem Ehemann, der in der politisch-wirtschaftlichen Grauzone der Korruption zu sozialem Wohlstand kommt und sich über die politisch-sozialen Ideale der gemeinsamen Jugend nur noch sarkastisch äußert. Allein das gelegentlich gemeinsame Rauchen eines Joints ist wie ein Ritual aus anderer Zeit übriggeblieben. Ohne ein Du, das sie ansprechen und durch das sie ein Ich gewinnen könnte, gerät Elena unvermeidlich in eine tiefe psychische Krise, die auch in ernsten körperlichen Beschwerden ihren Ausdruck findet.

Bei der Auflösung der Wohnung der verstorbenen Mutter stößt Elena dann auf ein Tagebuch, dessen Abfassung die Mutter mit 43 Jahren begonnen hatte, in demselben Alter, in dem Elena jetzt ist. Darin hält die Mutter die Entdeckung eines fremden ungewissen Körpers in ihrer Brust fest, eines *bulto.* Sie erzählt niemandem davon, konsultiert auch keinen

Arzt und wird Jahrzehnte später daran sterben. Dieses Motiv des *bulto* durchzieht alle Romane von Millás: auch in ihm wird die Zweistimmigkeit des Ichs signifikant. Elena wird ebenfalls in ihrem durch die Lektüre des Tagebuchs intensivierten Prozeß der Identifikation mit der Mutter bald einen solchen fremden Körper in sich fühlen. Er wird sich lösen, als es ihr, anders als der Mutter, gelingt, ihr Leben wieder in die eigene Hand zu nehmen.

Nicht nur aus der Perspektive Elenas wird die Mutter zur Doppelgängerin; auch die Mutter sieht in Elena, dem schwierigsten ihrer Kinder, wie sie schreibt, eine Antipode: Diese lebe auf der anderen Seite der Weltkugel und müsse jeden ihrer Schritte nachvollziehen, wie auch sie durch ihr Tun zu Handlungen bewegt werde. Schließlich konstruiert Millás in *La soledad era esto* noch eine zusätzliche Doppelgängerbeziehung: wegen des (zutreffenden) Verdachtes der Untreue ihres Mannes bestellt Elena telefonisch einen Privatdetektiv. Zunächst wird er nur mit der Überwachung ihres Mannes betraut, doch dann fordert sie ihn auf, in seine Bericht auch die Beobachtung der Frau des Observierten, also von sich selbst, einzubeziehen. Es stellt sich heraus, daß der Privatdetektiv sowohl Elena als auch ihren Mann aus der Studienzeit kennt. Auch sein Lebensalter ist wiederum identisch mit dem ihres Mannes. Aber anders als dieser hält der Privatdetektiv an seinen sozialen Idealen aus der Zeit des Antifranquismus fest. Aus seinen Berichten, in denen zunehmend seine Empathie gegenüber Elena deutlich wird, gewinnt diese ein Bild von sich selbst. Die Berichte werden ihr zur Ansprache an ihr eigenes Sein als Du. Es ergänzt das von Elena gesetzte Du einer Ansprache an die Mutter, das sich in der Lektüre ihres und der Abfassung eines eigenen Tagebuches entwickelt.

Auch in diesem Roman spielt Millás in perfekter Ökonomie mit bekannten Bildern, Erzählstrukturen und sozialen Texten. Aber die Auflösung der Beziehungskonstellationen ist doch ungewöhnlich und nachdenkenswert: Elena verläßt ihren Mann, zieht in eine eigene Wohnung und gibt sich der Versuchung nicht hin, auf die in den Berichten des Detektivs immer deutlicher werdende Liebe zu dem Objekt seiner Beobachtung zu reagieren. Elena hat am Ende nicht mehr soziale Kontakte als zuvor, aber ihre Einsamkeit ist ein Stück Vergangenheit geworden, wie schon der Titel des Romans programmatisch angibt.

Dieses Spiel um Lesen, Schreiben und Leben ist auch als Reflexion über Literatur angelegt. Sie ist die Möglichkeit, die Zweistimmigkeit in Dialogizität zu überführen, aber sie ist keine Form des Lebens. Lesen ist die erfahrene Ansprache als ein Du, Schreiben ist die Setzung eines Du durch ein Ich. Aber geschriebene Sprache ist für den Schreibenden doch letztlich etwas Totes, wie der Titel des Romans *Letra muerta* schon vorgibt, weil sie statisch und deshalb wahr nur für den Augenblick ist. Man kann dies kritisieren oder nur einschränkend gelten lassen für eine Literatur, die in einer ähnlich distanzierten, konstruierten und ökonomisch durchrationalisierten Schreibweise verfaßt ist wie die Mehrzahl der Romane von Juan José Millás. Aber mir scheint, daß Millás mittels dieser Schreibweise eine These immer wieder neu durchspielt: daß die Zweistimmigkeit des Ich, auch wenn sie oft leidvoll erlebt wird, der Subjektivität erst ihren Raum gibt. Sie ermöglicht Verwandlung, mithin auch Emanzipation und Augenblicke des Glücks, wenn die sprachliche Setzung des Du gelingt. Anders gesagt: Millás nutzt in seinen Romanen das Spiel mit den literarischen Techniken und dem Zitat der gesellschaftlichen Diskurse in einer Weise, die dem im Widerspruch zwischen moralischer Tradition und Konsumismus verfangenen Ich seiner Generation die Möglichkeit des dialogischen Wortes eröffnet.

Bibliographie

– J.J.M., *Cerbero son las sombras,* Madrid, 1. Aufl. 1975 (2. Aufl. 1989)
– J.J.M., *Visión del ahogado,* Madrid, 1. Aufl. 1977 (4. Aufl. 1989)
– J.J.M., *El jardín vacío,* Madrid, 1. Aufl. 1981 (3. Aufl. 1988)
– J.J.M., *Papel mojado,* Madrid, 1. Aufl. 1983 (9. Aufl. 1990)
– J.J.M., *Letra muerta,* Madrid, 1. Aufl. 1984 (3. Aufl. 1989)
– J.J.M., *El desorden de tu nombre,* Madrid, 1. Aufl. 1988 (10. Aufl. 1990)
– J.J.M., *La soledad era esto,* Barcelona, 1. Aufl. 1990
– J.J.M., *Volver a casa,* Barcelona, 1. Aufl. 1990

Deutsche Übersetzungen

– J.J.M., *Dein verwirrender Name,* übers. von Peter Schwaar, Frankfurt/M. 1990
(Eine Übersetzung von *La soledad era esto* hat der Suhrkamp-Verlag, Frankfurt/M., für den Herbst 1991 angekündigt.)

Montserrat Roig:

Die alltägliche Oper

Von Pere Juan i Tous

Bibliographie der Werke von Montserrat Roig: *Molta roba i poc sabó,* Selecta, 1971. *Ramona, adéu!,* Edicions 62, 1972. *Retrats paral.lels I,* Abadia de Montserrat, 1975. *El temps de les cireres,* Edicions 62, 1976. *Rafael Vidiella, l'aventura de la revolució,* Laia, 1976. *Retrats paral.lels II,* Abadia de Montserrat, 1976. *Els catalans als camps nazis,* Edicions 62, 1977. *Retrats paral.lels III,* Abadia de Montserrat, 1978. *Personatges I,* Pòrtic, 1979. *Personatges II,* Pòrtic, 1979. *L'hora violeta,* Edicions 62, 1980. *L'agulla daurada,* Edicions 62, 1985. *L'òpera quotidiana,* Planeta, 1985. *Isabel-Clara Simó, Montserrat Roig (a dialog),* Ajuntament de Barcelona/Laia, 1985. *Barcelona a vol d'ocell,* Edicions 62, 1987. *La veu melodiosa,* Edicions 62, 1987. *El cant de la joventut,* Edicions 62, 1989. — Übersetzungen ins Deutsche: In *Frauen in Spanien* (Anthologie), Deutscher Taschenbuchverlag, 1989. In *Meine Schwester Elba* (Anthologie), Suhrkamp, 1988.

»Han vençut (...), però nosaltres hem de continuar, ara eus tocarà callar, però per dintre hem de cridar ben fort. Recorda-ho, per dintre hem de cridar ben fort perquè no se'ns emportin les paraules.« — »Sie haben gewonnen (...), aber wir müssen weitermachen, jetzt müssen wir schweigen, aber innerlich müssen wir umso mehr aufschreien. Denkt daran, innerlich müssen wir umso mehr aufschreien, damit sie uns die Wörter nicht wegnehmen.«

Dieser Satz fällt in Montserrat Roigs Roman *L'òpera quotidiana* ('Die alltägliche Oper') an jenem Tag, an dem die klerikalfaschistischen Truppen Francos gegen Ende des Bürgerkriegs in Barcelona einrücken. Sätze wie diesen gilt es in Erinnerung zu behalten, wenn nun im folgenden Montserrat Roig als einziges Beispiel der katalanischen Literatur (neben Carme Riera) in dem vorliegenden Band vorgestellt wird. Der Satz evoziert überdeutlich jene »Ur-Szene« des kulturellen Genozids, den der spanische Faschismus an der katalanischen Literatur und Gesellschaft vollzogen hat. »Sea patriota, hable español« (»Sei Patriot, sprich Spanisch«). Dies war das drohende Motto der Sprachpolitik der Sieger, die, wie es Unamuno vorhergesagt hatte, zwar zu siegen, jedoch nicht zu überzeugen verstanden. In ihren Romanen hat Montserrat Roig selbst immer wieder diese Vorgänge thematisiert, ohne deren Erwähnung es daher auch nicht möglich ist, ihr Werk zu charakterisieren. Vielleicht sollte man noch weiter zurückgreifen und daran erinnern, daß die katalanische Literatur die Epoche der Renaissance, des Barocks und der Aufklärung ebensowenig wirklich erlebt hat wie die Phase der Romantik. Durch den Verrat ihrer eigenen Eliten war sie vor mehr als drei Jahrhunderten fast völlig verstummt und hatte so keine eigene umfangreiche kulturelle Tradition in Übereinstimmung mit der eigenen Geschichte entwickeln können. Erst um die Wende zum 20. Jahrhundert war es der katalanischen Kultur aufgrund des regionalistischen Engagements ihres Bürgertums gelungen, wieder ein vollständiges literarisches System auszubilden. Wie das politische Leben Kataloniens so war auch seine Literatur gerade in den dreißiger Jahren zu einer großen Blüte und einer Situation der »Normalität« gelangt. Der Sieg des Franquismus zerstörte nicht nur die rechtmäßig etablierte spanische Demokratie, er opferte auf dem Altar eines überholten Zentralismus auch die vom Volk getragenen politischen und kulturellen Autonomiebewegungen im Baskenland und in Katalonien. Es geschah dies im Rückgriff auf Schlagwörter, die im 15. Jahrhundert während der Herrschaft der Reyes Católicos, die seinerzeit den spanischen Einheitsstaat erzwungen hatten, aufgekommen waren. Die Vorstellung, daß es in *einem* Reich nur *einen* Gott, nur *ein* Schwert und nur *eine* Sprache geben könne, wurde während der folgenden Jahrhunderte zum verhängnisvollen autoritären Leitgedanken spanischer Politik. In diesem Zusammenhang gilt es auch nicht zu vergessen, daß die Katalanen der Nachkriegszeit bis weit in die siebziger Jahre hinein von einem starken »sprachlichen Schuldgefühl«, ja einem Selbsthaß, wie die Soziologen sagen würden, erfüllt und geradezu traumatisiert waren. Sie alle waren durch den Franquismus in dem Glauben erzogen worden, ihre Muttersprache, das Katalanische, sei angesichts einer vollkommenen spanischen Norm nichts als ein bloßer, minderwertiger Dialekt und daher unfähig, Träger einer Kultur zu sein. Wenn sie diese Sprache dennoch erwarben und mündlich gebrauchten, so geschah dies jedoch in jedem Fall ohne Kenntnis der schriftlichen Tradition.

Wer die Schriftstellerin Montserrat Roig und die thematischen Konstanten ihres Werkes verstehen und angemessen bewerten will, muß all diese Fakten präsent haben. Darüber hinaus muß zum adäquaten Verständnis von Montserrat Roig auch auf jene katalanischen Schriftsteller verwiesen werden, die sich, sei es im Exil, sei es im Lande selbst, trotz des Franquismus und einer übermächtigen kastilischsprachigen Literatur selbstlos dafür einsetzten, wie es Salvador Espriu formuliert hatte, »per salvar-nos els mots« (»um uns die Wörter zu retten«). Es waren nicht viele, und es konnten nicht viele sein, die in den harten Jahren der franquistischen Kulturpolitik eine solche Aufgabe übernahmen. Es fehlte ihnen an fast allem. Insbesondere an einem Verlagsapparat, der bereit gewesen wäre, das finanzielle und politische Risiko auf sich zu nehmen, durch Veröffentlichungen in einer zumindest teiltabuisierten Sprache die Zensur herauszufordern; und es fehlte ihnen eine literarische Öffentlichkeit, die umfassender gewesen wäre als jene »knapp dreihundert Leser«, von denen die katalanischen Schriftsteller mit einer gewissen Selbstironie zu Anfang der sechziger Jahre gesprochen hatten. Denn auch hier gilt es daran zu erinnern: Aufgrund der franquistischen Schulpolitik vermochte die übergroße Mehrheit der katalanischen Sprecher die eigene Sprache weder zu schreiben noch zu lesen. Erstaunlicherweise hatte sich dennoch in den sechziger Jahren der katalanische Roman neu ausgebildet und eine, wenn auch kleine Leserschaft gefunden. Hier sei nur auf Autoren wie Mercè Rodoreda und Manuel de Pedrolo, Joan Perucho und Maria Aurèlia Capmany verwiesen, in deren Werken sich ein neu erwachtes literarisches und historisches Selbstbewußtsein eines zwischenzeitlich auch wirtschaftlich wiedererstarkten Katalonien ausdrückt.

Vor diesem Hintergrund soll nun Montserrat Roig und ihr Werk näher dargestellt werden. Zunächst ist auf ihr umfangreiches journalistisches Oeuvre hinzuweisen, auf ihr Engagement für Katalonien, vor allem auf jene Interviews zu Ende der siebziger Jahre, in denen sie der breiten katalanischen und spanischen Öffentlichkeit die großen Männer und Frauen der damaligen katalanischsprachigen Kultur vorstellte, die in den offiziellen, von Madrid beherrschten Medien totgeschwiegen worden waren. Es ist auch von ihrem Feminismus zu sprechen, der in vielen ihrer Artikel, Aufsätze und Romane seinen Niederschlag gefunden hat: ein Feminismus, der frei ist von fundamentalistischem Eifer und der im Geschlechterkonflikt nicht zu einem »heiligen Krieg« aufruft. Des weiteren ist ihr gesellschaftliches Engagement zu würdigen und an ihre langjährige aktive Mitgliedschaft im marxistisch orientierten Partit Socialista Unificat de Catalunya zu einer Zeit zu erinnern, als es für die spanischen Intellektuellen fast selbstverständlich, für einige sogar »necessari i forçós« (»notwendig und zwingend«) war, sich zum Kommunismus zu bekennen. Aus diesem Engagement war ihr Interesse für die »andere« Geschichte erwacht, die, vom Regime tabuisiert, im offiziellen Gedächtnis der Spanier keinen Platz hatte. Hier sei auf ihr reich dokumentiertes

Buch *Els catalans als camps nazis* ('Die Katalanen in den nationalsozialistischen Konzentrationslagern') verwiesen.

Es sind dies Arbeiten, die Zeugnis von der in ihnen wiederentdeckten katalanischen Geschichte ablegen und die Identifikationsmöglichkeiten aufzeigen. Da es im vorliegenden Rahmen kaum möglich ist, alle Facetten der intellektuellen Persönlichkeit von Montserrat Roig im Detail zu behandeln, beginne ich meine Darstellung mit einem jener anekdotischen Sätze, wie sie sich häufig als Einleitung zu den frühen Interviews mit ihr finden: »Té les camas llargues i un posat de nena de l'Eixample«, womit gemeint ist, sie hat unverschämt lange Beine und die selbstsichere, sympathische Ausstrahlung eines Mädchens aus gutem Hause in Barcelonas Stadtteil Eixample. Natürlich sind dies zwei Gemeinplätze, von denen der erste zweifelsohne machistisch ist; sie vermögen aber dennoch die Autorin in einer ersten Annäherung recht gut zu charakterisieren. Immer noch lebendig ist die fasziniert erschrockene Erinnerung an den Minirock, den damals, vor etwa zwanzig Jahren, die noch weitgehend unbekannte Autorin trug, als sie gerade ihr Studium der spanischen Philologie abgeschlossen und den angesehenen Victor Catalá-Preis erhalten hatte und Arm in Arm mit Terenci Moix, dem heute abtrünnigen *enfant terrible* der katalanischen Literatur, über die Ramblas flanierte. Für ein literarisches Publikum wie das von Barcelona in den Jahren um 1970, das in der Atmosphäre eines asketischen Bekennertums kulturell sozialisiert worden war, stellte dieses »sinnliche Auftreten« eine nicht unerhebliche Provokation dar, die das jugendliche Aufbegehren vorwegnahm, das schon bald in der katalanischen Kulturszene zum Ausdruck kommen sollte.

Montserrat Roigs Minirock war mehr als nur ein Symbol. Er markiert das Auftreten einer neuen Generation katalanischer Schriftsteller(innen), der der 'siebziger Jahre'. Hier sind die Namen zu nennen von Victor Mora, Oriol Pi de Cabanyes, Pau Faner, Jaume Fuster, Jordi Coca, Maria Antònia Oliver, Baltasar Porcel, Carme Riera, Antònia Vicens und vielen anderen mehr. Sie alle wären einer ausführlichen Darstellung würdig, denn sie waren es, die den katalanischen Roman in vollem Wortsinne revolutioniert haben. Sie wurden vom französischen *nouveau roman* und dem sogenannten Boom des lateinamerikanischen Romans angeregt; sie wurden ermutigt durch die Aussicht auf ein zwar noch geringes, aber für ein eigenständiges literarisches Leben bereits umfassend genug gewordenes katalanisches Lesepublikum.

Was den zweiten der oben erwähnten Gemeinplätze anbelangt, so besitzt Montserrat Roig nicht nur jene sympathische Ausstrahlung, die den jungen Frauen des gutbürgerlichen Stadtteils Eixample nachgesagt wird. Die Atmosphäre ihres literarischen Werkes ist zum großen Teil von diesem städtischen Mikrokosmos geprägt, der zumindest auf den ersten Blick mit dem Kosmopolitismus ihres journalistischen Oeuvres kontrastiert. Bereits in den frühen Erzählungen *Molta roba i poc sabó* (1970; 'Viel schmutzige Wäsche und wenig Seife') und in ihrem ersten Roman *Ramona, adéu!* (1972; 'Auf Wiedersehen, Ramona!') beschwört sie jene Welt, die der Kritiker Enric Bou folgendermaßen charakterisiert: eine autonome, in sich geschlossene Welt, die das mittlere und Kleinbürgertum von Barcelonas Stadtteil Eixample und den Generationsbruch in den sechziger Jahren als immer wiederkehrendes Thema evoziert. Hinzu kommt eine recht gelungene Nachahmung einiger der besten Vorbilder der katalanischen Erzähltradition: Narcís Oller und Mercè Rodoreda.

In der Tat hat Montserrat Roig die Herausforderung angenommen und in der Tradition von Ollers *Febra d'or* ('Goldfieber') und Rodoredas *La Plaça del Diamant* (dt. *Auf der Plaça del Diamant*) in ihrem Romanwerk eine breite Familiensaga aus Barcelona entworfen. Um nicht an ihrem eigenen Vorhaben zu verzweifeln, mußte sie, wie sie selbst bekennt, diese beiden Über-Ichs, besonders das der 'grande dame' der katalanischen Literatur, Mercè Rodoreda, symbolisch töten. Spricht man von dieser Saga, so darf der zeitgenössische literarische Kontext nicht vergessen werden, in dem Montserrat Roig dieses Werk begann. Noch hallte der »Urknall« des sogenannten lateinamerikanischen Booms nach: insbesondere war noch das Echo der *Cien años de soledad* (dt. *Hundert Jahre Einsamkeit*) von Gabriel García Márquez zu spüren, eines Werkes, das auch im Bereich des Katalanischen nolens volens zum unvermeidlichen Bezugspunkt einer ganzen Romanflut wurde.

Im Gegensatz zur Mehrheit derer, die sich diesem Themenkreis gewidmet haben, und natürlich auch im Gegensatz zu García Márquez selbst, versucht Montserrat Roig, für den Leser die Wirklichkeit einer Stadt einzufangen. Dabei wendet sie sich sowohl von der Vorstellung einer mythischen Zeit ab als auch von jeder Art von Phantastik und magischem Realismus. Außerdem verfällt diese Chronik niemals in jenen willkürlichen Historizismus, an den uns die Postmoderne gewöhnt hat. Ihr Ziel ist die psycho-historische Rekonstruktion zweier konfliktreicher Emanzipationsprozesse: die der Emanzipation der Frau aus jenem Rollenbündel, das ihr die Männer vorgeben, und die der Emanzipation der katalanischen Nation aus der Entfremdung von sich selbst, die durch eine zu starre Fixierung auf Kastilien zustandegekommen ist. Dabei behandelt Montserrat Roig in dieser Saga immer wieder drei Phasen der katalanischen Geschichte: die Zeit um die Jahrhundertwende, die als ein goldenes Zeitalter erscheint; die dreißiger Jahre mit ihrem großen »katalanistischen Traum« und dem bitteren Erwachen nach dem Sieg des Faschismus; und schließlich die sechziger Jahre, die zwar als eine konfliktreiche

Dekade dargestellt werden, die jedoch voller Hoffnung sind, weil sich in ihnen die Arbeiter- und Studentenbewegung konsolidierte und sich allmählich eine politische Öffentlichkeit des mittleren und Kleinbürgertums gegenüber dem allmächtigen Franco-Regime formierte. In Übereinstimmung mit diesen historischen Phasen sind auch die ganz überwiegend weiblichen Protagonisten der Romane in drei Generationen zusammengefaßt: die Generation der 1946 geborenen Autorin, die Generation ihrer Mutter und schließlich die ihrer Großmutter. Sieht man einmal von dem bei Zola zu findenden Determinismus der Vererbung ab, so stellt sich die breit angelegte Chronik von Montserrat Roig, zu der die Romane *El temps de les cireres* (1976; 'Zur Kirschenzeit'), *L'hora violeta* (1980; 'Die violette Stunde') und *L'òpera quotidiana* (1982; 'Die alltägliche Oper') gehören, als die Verwirklichung eines recht orthodoxen naturalistischen Programms dar. Montserrat Roig zeigt ihre Protagonisten unter dem Einfluß eines sie stark determinierenden Milieus (dem des mittleren und Kleinbürgertums Barcelonas) und eines bestimmten historischen Moments. Dieses sozusagen naturalistische inhaltliche Programm bestimmt jedoch nicht die Erzählstruktur der Romane. Diese verzichtet weitgehend auf die Linearität der Erzählung und auf die Allgegenwart eines auktorialen Erzählers.

Die folgenden Ausführungen stellen nun die Analyse des letzten Romans dieser Chronik – *L'òpera quotidiana* – in den Vordergrund. Zweifelsohne läßt sich *L'òpera quotidiana* als jener »große Roman« bezeichnen, den der Kritiker Enric Bou den Lesern von Montserrat Roig in Aussicht stellte, als er seine Rezension von *L'hora violeta* schrieb, die bei aller Anerkennung für die Autorin eine gewisse Enttäuschung über das Werk nicht verbergen konnte. Obwohl Montserrat Roig auch in *L'òpera quotidiana* an ihrer Chronistenpflicht festhält, gelingt es ihr doch, ein stilistisch und strukturell höchst eindrucksvolles Werk zu schaffen, in dem Form und Inhalt zu weitestgehender Kongruenz gebracht werden. So ist bereits der Titel durchaus programmatisch. Auf der Ebene der Struktur stellt sich *L'òpera quotidiana* als ein lyrisches Drama dar mit einer Eröffnung, einem ersten Teil, einem Intermezzo, einem zweiten Teil und einem Schlußchor. Die Monologe, Dialoge und Beschreibungen in dritter Person innerhalb der einzelnen, meist sehr kurzen Kapitel lassen sich mit den Formen der Arie, des Duetts, der Kavatine und des Rezitativs einer Oper vergleichen. Der auktoriale Erzähler des Romans versteht es, sich immer wieder in die Subjektivität einzelner Gestalten zu verwandeln und so zum bloßen Voyeur des Geschehens zu werden. Andererseits entscheidet er sich auch immer wieder für die objektive Wiedergabe verschiedener Dialoge, die er durch keinerlei Einmischungen stört. Doch ist die Aussage des Titels nicht auf die formale Analogie beschränkt. Montserrat Roig behandelt und ordnet die Realität ihres Romans ganz bewußt so, als handele es sich dabei um eine Oper. In einem Zitat, das sie dem Roman voranstellt, erinnert sie daran, daß die Oper dahin tendiert, »stets die genaue Dosierung und ein perfektes Gleichgewicht zwischen all jenen Faktoren anzustreben, die uns, jeder für sich genommen, höchst konventionell, selbst trivial erscheinen würden, die aber in ihrem szenischen Zusammenhang Sinn und Aussagekraft erlangen«. Dieses Bemühen um Totalität manifestiert sich auch in *L'òpera quotidiana,* insbesondere in der gegenwärtigen Kontextualisierung der fragmentarischen Diskurse und der jeweils beschränkten Perspektiven.

Der komplexen Struktur des Romans, in der die einzelnen isolierten Erzählelemente zu einem Ganzen verflochten sind, liegt die erdrückende Trivialität dreier Liebesgeschichten zugrunde. Zwei von ihnen sind in der Vergangenheit der Erzählung angesiedelt und entwickeln sich im Dialog: in einer Serie von Kapiteln erzählt der schon etwas gealterte Horaci Duc seiner Hauswirtin, der noch betagteren Patricia Miralpeix, die Tragödie seiner Ehe. In einer zweiten Reihe von Dialogen zwingt die ältliche Senyora Altafulla ihr Dienstmädchen Mari Cruz, eine »Gastarbeiterin« aus Andalusien, dazu, sich die Geschichte der großen Liebe ihres Lebens anzuhören, die zugleich Produkt und einziger Gegenstand ihrer Erinnerung ist: eine angebliche Beziehung, die sie am Vorabend des Bürgerkriegs zu einem Oberst namens Saura unterhalten haben will.

Horaci Duc ist in gewisser Weise eine Gestalt, wie sie sich in den Werken Borges' findet. In der erzählten Gegenwart hat er längst seinen Beruf als Metzger aufgegeben, um seiner enzyklopädischen Leidenschaft für Nachtfalter nachzugehen und um über sein Leben nachzusinnen. Er ist einer jener sentimental angehauchten, ständig Maragall zitierenden Berufskatalanen, »einer von den Dichtern, die nichts schreiben«, wie seine Hauswirtin vermutet. Im Verlauf des Gesprächs, das Horaci Duc mit der Senyora Miralpeix führt und das allmählich zu einer Beichte wird, erfährt der Leser, daß Horaci sich in den fünfziger Jahren in eine junge, fast analphabetische Andalusierin mit Namen Maria verliebte und sie heiratete und daß er ihr mit Begeisterung seine Bildung und seine Liebe für die katalanische Sache einpflanzte. Doch was hier zunächst wie ein idyllisch anmutender Abklatsch des Pygmalion-Mythos erscheint, verwandelt sich im Verlauf der Erzählung in eine Neuauflage des Frankenstein-Mythos, zumindest aus der Perspektive von Horaci Duc. Maria begnügt sich nämlich nicht mit dem seichten, letztlich ganz äußerlich bleibenden »Katalanismus«, wie ihn ihr Mann vertritt. Sie kann sich weder mit seinem falschen Bewußtsein noch gar mit seiner Feigheit abfinden. Diese zeigt sich etwa darin, daß er all jene Flugblätter, die ihm sein alter Freund und Mentor Pagès regelmäßig in gutem Glauben überläßt, keineswegs verteilt, sondern sie — aus Furcht — einfach in die Toilette wirft. Maria verachtet ihren Mann schließlich gerade deshalb, weil sie zuvor so fest an ihn geglaubt und weil sie seine Ideale so tief verinnerlicht hat, ohne jedoch zu erkennen, daß diese Ideale nichts anderes waren als bloße Tagträumereien, und ohne sich bewußt zu werden, daß der pädagogische Eros ihres Mannes lediglich ein Instrument narzißtischer Kompensation gewesen ist. Horaci Duc hatte im Grunde nur versucht, sich ein *alter ego* zu schaffen, das ihn nicht nur wie ein Spiegelbild reflektieren, sondern seine eigene unzureichende aktive Hingabe an die katalanische Sache wettmachen sollte. Es gelingt Maria, sich der Rolle, die ihr Mann ihr aufzuzwingen versucht, zu entziehen. Sie beschließt, die Flugblätter von Pagès selbst zu verteilen, und vermag so jene Mündigkeit zu erreichen, die ihr Mann nie erlangt hatte und die er deshalb auch seiner Frau verweigern mußte.

Horaci Duc ist schlechthin unfähig, die Emanzipation seiner Frau hinzunehmen. Er kann darin lediglich eine sexuelle Untreue sehen und erkennt nicht, daß sich Maria vielmehr weigert, jene Kopie seiner selbst zu werden, zu der er sie in seiner narzißtischen Grundhaltung machen wollte. Für ihn steht außer Zweifel: Maria betrügt ihn mit Pagès und ihr Einsatz für die Sache des »Katalanismus« ist lediglich ein Vorwand und eine plumpe List. Der Konflikt erreicht mit der Verhaftung, der Folterung und dem Tod von Pagès seinen Höhepunkt. Maria verfaßt zur Erinnerung an ihn ein Flugblatt und wird bei dessen Verteilung von einem Zug erfaßt. Ihr Mann sieht dem Geschehen zu, ohne ihr helfen zu können oder zu wollen.

Gänzlich anders und auch weniger vom Zufall bestimmt ist die Geschichte der ältlichen Senyora Altafulla, die zurückgezogen in ihrer Wohnung lebt und dort ihre noch vorhandenen Sehnsüchte und ihre wohl eher erfundenen als tatsächlich erlebten Liebeserinnerungen pflegt. Diese drehen sich immer um ein und denselben Mann, den republikanischen Oberst Saura, der ihr Männlichkeitsideal verkörpert. Freilich handelt es sich um ein reichlich ambivalentes Ideal, denn Senyora Altafulla gesteht ein, daß sie sich seinerzeit in ihn nicht nur wegen seiner unverwechselbaren strammen Haltung verliebt hatte, sondern auch und vielleicht vor allem wegen seiner Bereitschaft, mit ihr zusammen in keuschen und postromantischen Idealen zu schwelgen. Ihre Liebe gehörte zu jenen, die sich der Alltäglichkeit versagen. So verharrten sie in einem eher pubertären Verliebtsein und trennten sich schließlich freiwillig, noch ehe es zu einem eindeutig sexuellen Kontakt kam. Dies ist die glorreiche bzw. die glorifizierte Vergangenheit, an die sich Senyora Altafulla beim gedämpften Klang von Verdi-Opern erinnert. Es ist dies eine ständige Selbstfeier auf dem Altar des Narzißmus. Denn die »Wahrheit«, die dieses ältliche Fräulein in ihren Erinnerungen wiederbelebt, ist nichts als eine narzißtische Phantasie. Dem Leser wird dies nach und nach klar. Senyora Altafulla war nie eine *femme fatale,* kein Opernstar, sondern eine einfache Angestellte bei der Firma Pirelli, und die ganze Attraktivität ihres Oberst bestand darin, von ausgesprochen kleiner Gestalt und schmalbrüstig gewesen zu sein, wie es im Text heißt. Und dieser Oberst starb so, wie man üblicherweise im Kriege stirbt, nämlich auf idiotische Weise und keineswegs als strahlender Held. Schließlich hat es zwischen den beiden nie die von ihr angeblich erinnerten herzzerreißenden Szenen auf sturmumtosten Gipfeln noch jene keuschen Umarmungen am Strand des vom Mondlicht gleißenden Meeres gegeben. In ihrer Beziehung war alles banal, trist und plump, nichts, was der Erinnerung wert wäre, nichts Opernhaftes.

Die dritte Liebesgeschichte schließlich, die in der Gegenwart der Erzählung spielt, ist die zwischen Horaci Duc und Mari Cruz, die nicht nur das Dienstmädchen und die Vertraute von Senyora Altafulla ist, sondern auch die Wohnung der Senyora Miralpeix putzt. Mari Cruz, die Jüngste und Wehrloseste von ihnen allen, hat keine unmittelbaren Gesprächspartner. Ihre Vergangenheit und das Scheitern ihrer gegenwärtigen Liebesbeziehung erfährt der Leser in der Form innerer Monologe und durch Erzählsegmente in dritter Person.

Mari Cruz wird uns als ein menschliches Wesen vorgestellt, das auf der Suche nach seiner Herkunft und Identität ist, eine Identität, die ihr durch die Umstände und die Männer, die eben diese Umstände bestimmen, verweigert wird. Als uneheliches Kind wird sie in einer besonderen Nonnenschule erzogen, in der sie ständig, als ob es ihre eigene Schuld wäre, an ihre uneheliche Herkunft erinnert wird. Dort wird sie von einem alten pädophilen Gärtner belästigt und recht eindeutig bedrängt. Und dennoch ist dieser Mann das einzige menschliche Wesen, für das sie schließlich zumindest die Andeutung einer — wenn auch krankhaften — Zuneigung zu empfinden beginnt. Mari Cruz erfährt seine Vergewaltigungsversuche wie eine inzestuöse Beziehung zu dem Vater, den sie nie gehabt hat. Jahre später stellt dann Horaci Duc noch einmal die Inkarnation dieser inzestuösen Versuchung dar. Mari Cruz sieht in ihm, wie sie selbst sagt, den Zauberer, der ihr ihre Identität als Frau eröffnet, einen Zauberer, der darüber hinaus an die Stelle des Vaters zu treten vermag. Horaci Duc seinerseits verliebt sich in Mari Cruz, weil er in ihr ein Linderungsmittel für den Schmerz sieht, an dem sein narzißtischer Charakter seit dem »Verrat« Marias leidet. Er versucht, aus ihr ein vollkommenes Abbild der Toten zu machen und beraubt sich so der letzten Möglichkeit, nochmals eine menschliche Beziehung aufzubauen. Wenn er Mari Cruz später verläßt, dann handelt es sich dabei um eine narzißtische Ersatzlösung, um einen emotionalen Selbstmord, der vorgibt, das Unvermeidliche, den Verlust des ersehnten Objekts, vorwegzunehmen und ihn so zu vermeiden.

Schließlich scheitern alle drei Protagonisten des Romans und enden im Wahnsinn. Senyora Altafulla verliert jeglichen Kontakt zur Realität und driftet endgültig in die Gefilde ihrer psychotischen Phantasien ab, in denen sie alle großen postromantischen Mythen der Weiblichkeit durchlebt. Der in ein Altersheim verbrachte Horaci Duc ist zu einem schlüpfrigen Faun geworden, der meint, sein Engagement für die katalanische Sache habe aus ihm einen Mörder gemacht. Und auf Mari Cruz schließlich bezieht sich jene — verschiedene Personen des Romans ineins verschmelzende — Stelle, wo es heißt, nachts zeige sich immer wieder ein Mädchen in der Straße, die zum Hospital führt, »auf der Suche nach einem gewissen Oberst Saura, der viel über Nachtfalter weiß«.

So endet denn der Roman mit dem endgültigen Triumph der phantastischen Oper über das reale Leben, mit dem Triumph des Wahns. Der aber ist zugleich das vollkommene Symbol der Literatur, eben jener Literatur, die es erlaubt, radikal und endgültig mit der Realität zu brechen, sie völlig zu negieren, um ein *anderes* Leben zu leben, mit einem anderen Sinn, mit anderen Voraussetzungen und anderen Impliziten.

Es wäre jetzt eigentlich noch auf die zahllosen intertextuellen Bezüge einzugehen, die sich allenthalben in *L'òpera quotidiana* finden lassen. Da wären Camus und Tolstoi zu nennen, Shakespeare und Calderón, die Tradition des Schelmenromans und Ricard Salvats Zyklus des »Nord Enllà«. Es wäre schließlich möglich, Maria und Mari Cruz in der Tradition Colometas, der mythischen Protagonistin von Mercè Rodoredas *La Plaça del Diamant,* zu sehen. Auch auf Borges müßte man sich beziehen, auf seine Vorstellung von Literatur als einer Alternative zum Leben. Und wie wäre es schließlich möglich, in der Gestalt von Pagès nicht eine Reminiszenz des archetypischen militanten Kommunisten zu sehen, wie ihn die *novela social* der fünfziger und sechziger Jahre gefeiert hatte? Verzichtet sei auch auf eine — zweifelsohne ambivalente — politische Lektüre, nach der auch dieser Roman wie alle anderen von Montserrat Roig verlangt. Erwähnt sei nur noch der von der Autorin deutlich herausgestellte Gegensatz zwischen Pagès und Horaci Duc. Mit seinem rückhaltlosen Einsatz für die katalanische Sache verkörpert Pagès eine ins Mythische gesteigerte heroisierte Ideologie, während Horaci jenen Typus repräsentiert, der trotz allen guten Willens an eben diesen überhöhten Forderungen scheitert. Das in Pagès verkörperte Ideal ist derartig hoch, daß es sich letztendlich neurotisierend und frustrierend auswirken muß.

Wenn Geschichte zum opernhaften Mythos wird, so mag sie mithelfen, die Unzulänglichkeiten der Gegenwart zu kompensieren. Sie stellt jedoch in kollektiver Hinsicht ein ebenso neurotisches Ideal dar, wie wenn man auf individueller Ebene eine sozial vorgeschriebene Rolle erfüllen muß, der man nicht gewachsen ist. Darin liegt die Tragik des unglücklichen Horaci, der wohl komplexesten Gestalt des Romans. Diese Nicht-Erfüllung aber birgt in sich notwendigerweise die größte Gefahr, der ein Mensch begegnen kann: den Verlust seiner sozial sanktionierten Identität. Darin liegt eine der zentralen Aussagen des Romans, und nur so ist jene höchst ambivalente Passage zu verstehen, in der Horaci Duc sagt: »Ich will die Verachtung der Menschen, ich will, daß sie mir einen Namen geben, ich will, daß sie mich einen Mörder nennen, so werde ich existieren, so werde ich sein. (...) Die Schuld liegt bei ihnen. Sie sind es, die mich dazu zwingen, eine Rolle zu spielen, seitdem ich geboren wurde, die mich zwingen, mutig zu sein und an vorgegebene Ideale zu glauben (...). Sie und die Geschichte haben mich nicht Mensch sein lassen.«

Horaci Duc ist nicht fähig, wie Pagès heroisch zu handeln, aber er braucht auch weiterhin einen Namen, eine von außen bestimmte identitätsstiftende Rolle. Wenn er schon nicht Pagès sein kann, so will er wenigstens Othello, der Mörder, sein. Denn darum geht es doch: einen — irgendeinen — Part in der alltäglichen Oper zu übernehmen. Und entscheidend ist nur, nicht ganz allein im Zwielicht der Kulissen zu bleiben, mit dem abscheulichsten aller Ungeheuer, mit einem undefinierbaren Ich, mit einem Ich ohne soziale Identität.

Deutsche Fassung dieses Beitrags:
Dorothée von Keitz und Maria Weiß-Pawliska

Soledad Puértolas: Der flüchtige Zauber des Alltäglichen

Von Dorothee Nolte

Soledad Puértolas wurde 1947 in Zaragoza geboren; sie verbrachte dort die ersten vierzehn Jahre ihres Lebens und zog dann mit ihrer Familie nach Madrid, wo sie immer noch lebt. Nach dem Studium der Literaturwissenschaft und des Journalismus in Madrid und an der University of California, Santa Barbara, arbeitete sie in einem Verlag, im Kulturministerium und als Dozentin für spanische Literatur. Soledad Puértolas ist freie Mitarbeiterin verschiedener spanischer Zeitungen und Zeitschriften und hat bisher vier Romane sowie einen Band mit Erzählungen (*Una enfermedad moral*), eine Studie über Pío Baroja und zwei Kinderbücher veröffentlicht. Für ihren letzten Roman, *Queda la noche,* erhielt sie den Premio Planeta 1989.

Werke: *El bandido doblemente armado,* Barcelona, 1. Aufl. 1980 (4. Aufl. 1989); *Una enfermedad moral,* Barcelona, 1. Aufl. 1982 (3. Aufl. 1988); *Burdeos,* Barcelona, 1. Aufl. 1986 (4. Aufl. 1989); *Todos mienten,* Barcelona, 1. Aufl. 1988 (6. Aufl. 1989); *Queda la noche,* Barcelona, 1. Aufl. 1989 (6. Aufl. 1990).

Von den Romanen Soledad Puértolas' liegen noch keine Übersetzungen vor; Erzählungen von ihr sind in folgenden Anthologien erschienen: »Die Schwelle überschreiten«, übers. von Orlando Grossegesse, in: *Frauen in Spanien,* hrsg. von Marco Alcántara, München 1989, S. 79-52; »Eva und die Gleichgültigkeit« und »Eine moralische Krankheit«, in: *Meine Schwester Elba,* hrsg. und übers. von Margarete Born, Frankfurt/M. 1988, S. 178-189.

Wenn man sich in die Romanwelt von Soledad Puértolas begibt, ist es, als nähme man das Leben durch einen leichten Nebel wahr — wie durch jenen Zigarettendunst, in den sich ihre Protagonisten so gerne hüllen. Ein Schleier legt sich über die Menschen und die Dinge, lähmt den Betrachter und versetzt ihn in eine Haltung zwischen Passivität und Träumerei; die Konturen der Dinge scheinen nicht ganz scharf, sie sind nicht greifbar, man kann sie nicht bewegen oder verändern, man kann sie nur beobachten, ein wenig zerstreut, ein wenig melancholisch und doch auch genießerisch, wie mit einem guten Glas Rotwein in der Hand.

Die Welt der Soledad Puértolas, die sie in bisher vier Romanen beschrieben hat, ist eine widersprüchliche: scheinbar festgefügt und doch zerbrechlich, gleichbleibend und flüchtig, detailliert und oberflächlich, banal und tief. Sie zentriert sich um Personen, um wenige Schauplätze, meist Häuser oder Wohnungen; die Autorin erforscht die Beziehungen dieser Personen zueinander, manchmal über Jahre hinweg, Menschen, die verwandt sind oder sich lieben und sich dennoch meist fremd bleiben. Die großen und kleinen Erlebnisse in ihrem Leben werden beschrieben, jedoch ohne daß sich daraus eine Handlung entwickelte; das Leben plätschert dahin, mit Hochs und Tiefs, aber ohne sich dramatisch zusammenzuballen; auch die seltene Dramatik zerfließt, zerbröselt vor dem ebenso unerbittlichen wie tröstlichen Schritt derZeit.

Erzählt werden diese alltäglichen Geschichten oft von einer am Rande beteiligten Person: Im ersten Roman, *El bandido doblemente armado* ('Der doppelt bewaffnete Bandit', 1980), ist es ein Freund der Familie Lennox, der über die Mitglieder dieser reichen und geheimnisvollen Familie berichtet; in *Burdeos* ('Bordeaux', 1986) schildert ein allwissender Erzähler die Lebensgeschichten dreier nur locker miteinander verbundener Personen; in *Todos mienten* ('Alle lügen', 1988) schreibt der ältere Sohn einer Familie über seine Verwandten; in *Queda la noche* ('Es bleibt die Nacht', 1989) schließlich schildert eine junge Frau, Aurora, die Ereignisse in ihrer Familie und ihrem Leben seit dem letzten Sommer. In all diesen Romanen jedoch haftet den Erzählern bzw. den Protagonisten eine gewisse Verlorenheit an: Sie beobachten die anderen, gehen Beziehungen zu ihnen ein, handeln aber selber kaum und scheinen immer ein wenig überwältigt von jenen »normalen« vitalstarken Männern oder geschwätzigen Frauen, die gelegentlich in ihr Leben einbrechen.

»Todos mienten«

Die »seguridad«, die (Selbst-)Sicherheit solch lebenstüchtiger Menschen, die das Leben anpacken, statt seine Geheimnisse zu umkreisen, fasziniert auch den Erzähler des Romans *Todos mienten* (1988). Zusammen mit seinem jüngeren Bruder Federico wächst er in einem »Haus von Frauen« auf; sein Vater, ein Autor von Theaterstücken, ist früh verstorben, und in der Wohnung tummeln sich die Mutter und ihre zahlreichen Freundinnen, viele von ihnen ehemalige Schauspielerinnen: »Mein Zuhause war voll von Frauen. Sie machten viel Lärm, wenn sie die Wohnung betraten, sie waren stark geschminkt und extravagant gekleidet, sie rochen nach starkem, billigem Parfum, und sie redeten sehr laut und in oberflächlichem Ton von den wichtigen Dingen im Leben.« (S. 9)

In diesem Ambiente, das Javier selbst als »irreal« (S. 80) empfindet — »Bei mir zu Hause wußte man nie so recht, welche Werte herrschten. Wir sprachen nicht über Prinzipien.« (S. 21) —, werden die beiden Brüder zu Künstlern erzogen: Federico wird Musiker, Javier will Schriftsteller werden, ein Traum, der sich allerdings nicht erfüllt.

Als Gegenpol zum Reich der Mutter erscheint die Wohnung der Großeltern väterlicherseits, die auch noch von zwei Onkeln bewohnt wird, eigenartigen gescheiterten Existenzen, deren Vergangenheit die Kinder nur erahnen können. Hier, in der Wohnung, die für Javier »immer die Ordnung repräsentierte« (S. 21), wird beispielsweise die große Bedeutung des Geldes anerkannt, während die Mutter Javiers zum Geld ein nachlässiges Verhältnis hat: »Zu Hause sprachen wir nicht über Geld, und ich gewöhnte mich daran, es nicht als ein Problem anzusehen. Der Umschlag mit Geld von der Großmutter wurde zu jedem Monatsersten von Antonio überbracht, wurde im Schrank meiner Mutter, zwischen der Wäsche, aufbewahrt, und mehr als einmal kam er weg. Unerwartet tauchte er dann wieder auf, und wir begrüßten ihn wie ein Geschenk.« (S. 10)

Zwischen der Wohnung der Mutter und der der Großeltern spielt sich die Kindheit der beiden Jungen ab; die räumlichen Pole ihres schwebend-unbestimmten Lebens sind fest gefügt, die Zonen eindeutig begrenzt. Javier erzählt von seiner Mutter mit ihren ewigen Klagen, von ihren Freundinnen, von den Onkeln und Tanten: was er von ihnen als Kind wußte, was er ahnte oder sich vorstellte. Fast den ganzen Roman hindurch stehen andere Personen im Mittelpunkt von Javiers Interesse, nicht er selbst; sein problematisches Verhältnis zur Mutter und zum verstorbenen Vater deutet er lediglich an. Wie es seiner passiven Persönlichkeit entspricht — »In jenem Haus von Frauen fragte mich niemand nach meiner Meinung« (S. 40) —, schmiegt er sich in seinem Erzählen an die anderen Menschen an und gewinnt selbst nur schwache Konturen. Anders als sein Bruder Federico bemüht er sich dabei nicht, die Menschen nach Freudschen Kategorien zu analysieren; Javier umkreist sie eher, beschreibt sie, immer mal wieder zu einem »fondo« (Grund) der Persönlichkeiten vorstoßend, aber sie nie darauf festschreibend; die Menschen sind bei ihm nie zu Ende erklärt, sondern bewegen sich in ihrer Verlorenheit weiter.

Die Außenwelt, jenes Leben vor den Wohnungstüren, über das in Zeitungen und im Fernsehen berichtet wird, spielt für Javier keine Rolle. Begebenheiten der äußeren Welt, die nicht direkt etwas mit den Protagonisten zu tun haben, tauchen in Soledad Puértolas' Romanen ebensowenig auf wie Daten oder Hinweise auf die politische Aktualität. Ein einziges Mal nimmt sie in *Todos mienten* auf ein historisches Datum Bezug, und zwar auf den Tod Francos (S. 47); im Gespräch sagt die Autorin, daß sie lange gezögert habe, bevor sie diesen Satz niederschrieb. Zu bestimmt, zu eindeutig wirken geschichtliche Daten in einer Welt, die jenseits, am Rande aller Öffentlicheit oder Politik liegt.

Die Kindheit in den »Zimmern voll von Rauch, Tränen und Frauen« (S. 54) kommt zu einem abrupten Ende, als der reiche Onkel Enrique aus Mexiko auftaucht. Die Realität bricht über die Mutter und die Jungen hinein in Gestalt jenes vitalen Onkels, der mit kritischem Blick die Unordnung im Hause begutachtet, der praktisch denkt und handelt, der die Jungen nach ihren Berufsplänen fragt, ein Mann, kurz, der sie aus ihren zeitlosen Träumereien reißt, der die Gegenwart im Griff hat und die Zukunft im Terminkalender. »Er war ein Mann der Gegenwart und davon überzeugt, daß alle es seien, oder zumindest, daß diejenigen es seien, die triumphierten, die, deren Bekanntschaft sich lohnte.« (S. 47) Und anders als Javier oder seine Mutter verfügt er auch über einen festen Maßstab, der ihm eindeutiges Urteilen und das Bewerten seiner Umgebung erlaubt: »Er fühlte sich berechtigt, seine Meinung zu äußern und Ratschläge zu erteilen, vor allem, weil er sehr reich war und immer gemeint hatte, daß Geld das größte Gut sei, das man in diesem Leben erreichen konnte.« (S. 41)

Selbst ihm gelingt es jedoch nur teilweise, seine Familienangehörigen aus ihrer Lethargie zu reißen. Zwar besorgt er der Mutter einen Verehrer, doch sie bricht die Beziehung kurz vor der geplanten Hochzeit ab, ohne Gründe anzugeben. Zwar verhilft er Javier zu einem eigenen Maklerbüro, nachdem dieser trotz Literaturstudiums nicht zum Schriftsteller geworden ist; aber Javier arbeitet dort ein wenig lustlos und läßt den Elan und Aufbauwillen, den der Onkel Enrique verkörpert, vermissen.

Ganz anders als Javier und doch auf gewisse Weise ähnlich ist Chicho Montano, ein ehemaliger Schulkamerad mit auffallend strahlendem Zahnpastareklame-Lächeln. Er ist einer jener Spielertypen, wie sie in Soledad Puértolas' Romanen häufiger vorkommen (z.B. Terry in *El bandido doblemente armado*), ein Mensch, der das Risiko um des Risikos willen liebt, wesentlich aktiver und zielgerichteter als Javier, aber von einer ähnlichen Unfähigkeit getrieben, sich auf irgendetwas, sei es eine Frau oder einen festen Beruf, wirklich einzulassen. Wieder ist das Verhältnis zum Geld symptomatisch: Während der »normale«, lebensstarke Onkel Enrique sein Geld wichtig nimmt, es anlegt und vermehrt, hat Geld für Javier keine rechte Bedeutung, und Chicho benutzt es lediglich, um es zu verspielen. Beide scheinen dem gewöhnlichen Leben, das Verpflichtungen, Bindungen, gefühlsmäßige Anteilnahme, Eindeutigkeit verlangt, auf ähnliche Weise entrückt.

In einer so vagen Welt ist auch das, was der Titel des Romans als Lehre vorgibt — »todos mienten«, »alle lügen« —, nicht eindeutig. Wahrheit und Lüge scheinen die falschen Kategorien in dieser Welt. Was Javier nach einer schweren Krankheit zu erkennen glaubt — »Alle lügen, sagte ich mir, alle strengen sich an, alle verbergen etwas, vielleicht dasselbe: die Angst, die Machtlosigkeit, die Einsamkeit, den Tod. In größerem oder kleinerem Ausmaß müssen alle damit leben. Auch ich log: ich lächelte, akzeptierte und küßte und redete nicht von meinen Frustrationen. Manchmal brach ich zusammen oder lebte am Rande des Zusammenbruchs. Alle taten es« (S. 181) —, fällt im Grund hinter seine eigene Erzählweise zurück. Die Lüge kann nicht so banal einfach nur darin bestehen, »nicht von meinen Frustrationen zu reden« (die anderen Gestalten im Roman tun das sowieso recht ausgiebig); wer so lügt, weiß, wo die Wahrheit liegt. In Soledad Puértolas' Welt dagegen gibt es eigentlich weder Lüge noch Wahrheit, sondern Unbestimmtheit.

Und nicht Begriffe oder Kategorien sind für sie entscheidend, sondern Stimmungen oder — Schlüsselwörter bei Soledad Puértolas — »el aire« (Luft, Hauch) und »la luz« (Licht). Sie bestimmen die Atmosphäre in ihren Romane, sie machen ihre schwebende Qualität aus: Das Licht und die Luft durchdringen alles, lassen sich jedoch nie fassen oder greifen. Und wie immer (zum Teil irritierend) banal die Begebenheiten sein mögen, die sie beschreibt — etwa wenn die Mutter auf die Suche nach einer neuen Wohnung geht, wenn alle in den Sommerurlaub fahren, wenn die Freundinnen zu Besuch kommen —, sie sind in ein bestimmtes Licht getaucht, das ihnen einen besonderen Reiz verleiht.

Was bleibt?

Und eben dies, die Luft, das Licht, ist es auch, was von Soledad Puértolas' Romanen bleibt. Nicht eine spannende Handlung, über deren Intrigen man sich noch nach der Lektüre den Kopf zerbrechen könnte, keine überraschenden Reflexionen, keine Selbstzerfleischungen oder Spielereien mit der literarischen Form: Nein, es bleibt eine Atmosphäre. Das gilt auch für ihren letzen Roman, in dem die Ich-Erzählerin Aurora über eine »Kette von Zufällen« sogar in einen Spionagefall verwickelt wird: Zwar ist hier ein eindeutiger Handlungsstrang vorhanden, zwar ist die beschriebene Zeitspanne auf etwa anderthalb Jahre begrenzt, aber die Protagonistin bleibt auch in diesem Roman weitgehend passiv, sucht das Abenteuer nicht, sondern betrachtet eher erstaunt jene Ereigniskette, zu deren Zentrum sie unvermittelt geworden ist. Auch hier gilt also, was schon der Titel selber sagt: »queda la noche«, es bleibt die Nacht und ihre Versprechen, die Abkühlung von einem heißen Tag, der Genuß, nach der Siesta von einem Balkon aus die Menschen im Nachbarhaus zu beobachten, denen noch die Müdigkeit in den Gliedern sitzt. Eine Sinnlichkeit, die alles Direkte umgeht (in keinem von Soledad Puértolas' Romanen wird eine Sexszene beschrieben) und die selbst aus dem Scheitern noch Genuß zu ziehen vermag.

Besonders eindrücklich ist dies am Ende ihres zweiten Romans, *Burdeos*, beschrieben: Die letzte Szene ist hier einem Mann gewidmet, der kurz vor dem Tod steht und der, wie die Besucherin Lilly erkennt, »litt, nicht wegen des Todes, der ihn erwartete, sondern weil er seine Träume nicht hatte erfüllen können. Das Kunstwerk war ihm zwischen den Fingern zerronnen wie das Wasser, das man aus einer Quelle schöpft.« Und doch: »Auf dem Heimweg erholte sie sich beim Anblick des wechselnden Lichtes, das die Häuser, die Bäume, die dunkle Linie der Straße umhüllte, als ob dieses die Botschaft sei, die die müden Augen von Allan ihr leise hätten übermitteln wollen. Sie stellte sich vor, daß Allan immer noch den Horizont betrachtete, ohne dem Leben einen anderen Vorwurf zu machen als den, zu schön zu sein.«

Eduardo Mendicutti:

»Una mala noche la tiene cualquiera« — Tuntenschreibe oder Der Durchbruch eines Diskurses des Transvestismus

Von Dieter Ingenschay

Eduardo Mendicutti, im Hauptberuf zur Zeit reisewütiger Leiter der Öffentlichkeitsabteilung einer Außenhandelsfirma, wurde 1948 in der Nähe von Cádiz geboren. 1972 siedelte er nach Madrid über, studierte Journalismus und verdiente dann seinen Lebensunterhalt als Literaturkritiker verschiedener Zeitungen und Zeitschriften. Nach einigen Erzählungen publizierte er 1974 seinen ersten Kurzroman, *Cenizas* ('Aschen'). Zwischen 1982 und 1985 entstanden drei weitere Romane, *Una mala noche la tiene cualquiera* ('Eine schlechte Nacht hat jeder einmal', Tusquets: Barcelona 1988), *Ultima conversación* ('Letztes Gespräch') und *El salto del ángel* ('Der Sprung des Engels'). 1987 erschien in der Colección de Erótica bei Tusquets *Siete contra Georgia* ('Sieben gegen Georgia') und 1989 sein bisher letzter Roman, *Tiempos mejores* ('Bessere Zeiten'). Deutsche Übersetzungen von Mendicuttis Werk liegen nicht vor.

Zur näheren Vorstellung wird *Una mala noche la tiene cualquiera* gewählt, ein Roman, der inzwischen in gewissen Kreisen zum wahren Kultbuch avancierte.

Die Person, welche die im Titel des Romans erwähnte »schlechte Nacht« hat, nennt sich — wie aus einem alten Schlager — »La Madelón«. Einst war sie Manuel García Rebollo und lebte im andalusischen Sanlúcar de Barrameda (dem Heimatort Mendicuttis, was als autobiographische Anspielung zu werten ist). Jetzt ist sie Kabarett-Artistin im »Marabú«, einer Nachtbar der Madrider Schwulenszene, ebenso wie »La Begum«, alias Pedro Romero Torres, mit der sie zusammenlebt. Die

»schlechte Nacht« ist die Nacht des versuchten Staatsstreichs vom 23. Februar 1981, in der Truppen der Guardia Civil unter der Leitung des Oberstleutnants Tejero versuchten, die noch junge spanische Demokratie zu Fall zu bringen.

Der Roman besteht aus zwei ungleich langen Teilen, deren erster sich in acht (nicht numerierte) Kapitel untergliedert. Während der zweite (nur zehn Seiten lange) Teil über eine Freudendemonstration nach der Niederschlagung des Staatsstreichs berichtet, ist der gesamte erste Teil von der Erzählperspektive her ein einziger langer innerer Monolog, in dem die Hauptfigur, der erwähnte homosexuelle Transvestit namens La Madelón, ihr ureigenstes Erleben jener Nacht sukzessiv nach dem jeweiligen Wissensstand schildert. Von der Erzählgegenwart des Werks, von den Ereignissen jener Nacht also, wird immer wieder zurückgeblendet in deren Leben, in ihre private Geschichte.

Die beiden Hauptbestandteile des Romans, Politik und Sexualität, sind natürlich nichts Neues im spanischen Gegenwartsroman. Daß die politische Thematik während der achtziger Jahre vielleicht nicht mehr brandaktuell, doch vielfältig präsent ist, zeigt sich in mehreren Beiträgen dieses Bandes; die in Deutschland allzu wenig bekannten Ereignisse des 23. Februar 1981 sind in Spanien gerade im Bewußtsein der jungen Generation gegenwärtig,[1] und in keinem anderen Stück Fiktion sind sie so zentral geworden wie in *Una mala noche la tiene cualquiera.* Vielleicht ist es bezeichnend, daß die politische Kommentierung hier von einem so subjektiven Standpunkt aus geschieht.

Zur Sexualthematik, dem anderen charakteristischen Teilbereich des Werks, ist anzumerken, daß die Darstellung des Sexuellen die literarische Antwort auf die Restriktionen einer vierzigjährigen Unterdrückung darstellt.[2] Im Rahmen dieser so überbordenden Thematik nun kommt der Homosexualität eine Sonderrolle zu. Die Thematisierung von Gleichgeschlechtlichkeit galt zur Zeit des konservativ-katholischen, vom Machismo geprägten Franquismus und seiner Zensurbehörden als besonders verpönt, obwohl auch schon in den sechziger und siebziger Jahren vereinzelte einschlägige Romanszenen den Zensoren entgangen sind.[3] Inzwischen hat das Gleichgeschlechtliche Konjunktur: Gleich im ersten Kapitel des pornographischen Erfolgsromans *Las edades de Lulú* (dt. *Lulú, die Geschichte einer Frau*) von Almudena Grandes vertreibt sich die Protagonistin die Zeit damit, daß sie auf einem Videofilm zwei Männer betrachtet, die 'es miteinander treiben'. Homosexuelle Figuren in 'unerotische' Romane einzubauen, avanciert in den 'befreiten' achtziger Jahren nahezu zu einem Gemeinplatz: vom schwulen Señor Braulio in E. Mendozas *La ciudad de los prodigios* (dt. *Die Stadt der Wunder*) über den an Aids sterbenden Professor Crome-Blake in J. Marías' *Todas las al-*

mas (dt. *Alle Seelen oder Die Irren von Oxford*) führt ein Weg zu Werken, die homoerotische Enthüllungen liefern (wie J. Goytisolo in *Coto vedado*, 'Privates Jagdgebiet', und in *En los reinos de Taifa*, 'In den Königreichen von Taifa') oder eine entsprechende Selbstfindung thematisieren (wie J.J. Millás in *La letra*, 'Der Buchstabe'), und dann zu Werken, die nichts anderes als eine gleichgeschlechtliche Beziehung behandeln (wie A. Pombo in *Los delitos insignificantes*, dt. *Leichte Vergehen*). So tauchen homosexuelle Figuren im spanischen Roman zehn Jahre später als in Lateinamerika auf (wo v.a. M. Puig und J. Donoso entsprechende Themen verarbeiteten), aber dafür umso geballter.

Was *Una mala noche la tiene cualquiera* kennzeichnet, ist weder die problematisierende Behandlung einer im Zeichen des Machismo marginalisierten Gruppe noch die didaktische Absicht, über weniger bekannte Lebensformen zu informieren. Vielmehr feiert Mendicuttis (eigentlich handlungsloser) Roman eine neue, alternative Sprache, führt diese im Roman selbst vor und gibt so eine praktische Antwort auf die theoretische Frage nach der Existenz einer homosexuellen Ästhetik. Daß eine homoerotische Hauptfigur sich einer 'alternativen Sprachregelung' bedient, hatte schon M. Puig in *El beso de la mujer araña* (dt. *Der Kuß der Spinnenfrau*) zum Thema gemacht, wenn er einen wegen Verführung Minderjähriger einsitzenden Gefangenen seinem 'normalen' Mithäftling gegenüber äußern läßt, er müsse beim Gedanken an den Mann, den er liebt, von sich selbst einfach in der grammatisch weiblichen Form sprechen. Puig verfolgt übrigens die erklärte Absicht, durch sein Werk über die psychosozialen Aspekte der Homosexualität aufzuklären, was er u.a. durch einen umfassenden Apparat wissenschaftlicher Anmerkungen unterstreicht, die er als einen Bestandteil des Romans selbst auffaßt.[4]

Nichts von all dem bei Mendicutti. Hier redet eine Tunte ihre eigene Sprache in ungezügelter Geschwätzigkeit, in schamloser Rücksichtslosigkeit den Codes möglicher Leser gegenüber. Die Madelón quasselt ununterbrochen und konstant den eigenen Slang: jeder Mann ist ein 'Typ' (»tío«), die Polizei sind 'die Bullen' (»la poli«), die Guardias sind 'Graue' (»grises«); es ist schwierig, teils unmöglich, diesen eigenen und eigenartigen Sprachstil zu übersetzen. Wird der Begum ein Kompliment gemacht, lautet die plastische Situationsbeschreibung: 'der Alten geht fast einer ab' (»la tía quasi pilla un orgasmo«, S. 67 f.). Zu diesem Slang gehört ein Diskurs der permanenten Übertreibung: viele Freundinnen sind 'ein Meer von Freundinnen' oder 'ein Berg von Sachen' (»un montón de cosas«), jede Überraschung ist ein 'Wunder' (»milagro«), das beliebteste Epitheton 'göttlich', jeder gutaussehende Mann ist 'zum Ohnmächtigwerden schön' (»guapo de desmayarse«), und im gegenteiligen Fall heißt es, 'der Typ ist eine fette Leberwurst' (»el tío es un salchichón«). Es wimmelt von umgangssprachlich-vulgären Bezeichnungen ('Flittchen' gibt »gachí« kaum wieder, »putón« ist unübersetzbar als männliches Aumentativ zu »puta«, 'Nutte').

Mit solcher Verschriftlichung von Slang-Ausdrücken geht die Strategie einher, auch in der Syntax Umgangssprache abzubilden — durch kurze Satzellipsen einerseits, andererseits durch bandwurmlange Satzperioden, in denen nur Gedankenstriche die Orientierung ermöglichen. Dem sprachlichen Code entsprechen gewisse inhaltliche Codes, über die sich der Leser im allgemeinen erst klar werden muß: die Beliebtheit der Fallschirmspringer hat hier nichts mit Militarismus zu tun, sehr wohl aber mit der Vorliebe der Madelón für Uniformträger, wobei der Fallschirmspringer weit vor dem Omnibusfahrer rangiert. Die sarkastischen Bemerkungen über Araber sind nicht rassenfeindlich, sondern ironisieren die Schwäche der Begum für jedes 'Mohammed-Gesicht'. Vom spielerischen Umgang mit solchen Codes zeugen zahlreiche Beispiele einer phonetischen Orthographie, wenn etwa die Madelón ihre »biutibox« packt oder von dem schönen deutschen Fußballer »Chúster«, einem 'Cherubin', schwärmt ... Ähnliche Verballhornungen erfahren die Namen diverser Politiker von 'Regen' bis 'Tacher'.

Der mexikanische Autor und Literaturkritiker C. Fuentes hatte im Kontext von J. Donosos Roman *El lugar sin límites* (dt. *Ort ohne Grenzen*) von einem »lenguaje del transvestismo« gesprochen;[5] Donosos Verfahren, streckenweise einen bestimmten gruppenspezifischen Ideolekt zu imitieren, wird von Mendicutti durchgängig verfolgt und sozusagen in eine andere Dimension gehoben, und zwar insbesondere deshalb, weil hier der Ebene der Sprachlichkeit die Ebene der Mentalität entspricht. Schon weil dieser Roman ein langer Monolog ist, liefert er stets die ganze Weltsicht, das ganze Wertesystem des Protagonisten mit. So kann es nichts Schockierendes haben, wenn der Erzähler im selbstverständlichsten Ton seine Liebesabenteuer beschwört und von der Anmache am Madrider Atocha-Bahnhof berichtet.

Dieses implizite Wertsystem wird ganz stark vermittelt in Bildern der modernen Kitschkultur. Der Vergleich mit Puig liegt wieder nahe: wie dort stellt auch hier der Trivialfilm Hollywoods das Modell bereit, an dem die Lebenswelt gemessen wird. Unter den deutschen Soldaten fühlt sich die Begum wie Vanessa Redgrave in *Julia;* Errol Flynn, Omar Sharif, Richard Gere, Vivian Lee, Jane Fonda, Grace Kelly oder — herrlich phonetisch travestiert — »Burlan Caster« durchgeistern die Lebenswelt der Madelón, und wenn keine dieser Positivfiguren in die Schilderung paßt, ist die Situation 'wie im Kino' oder schlicht: 'kinomäßig' (»de cine«). Zum Film tritt, allerdings in geringerem Maße, die Werbung als Lieferant neuer Codes. Beredt im Kontext der Kitschkultur ist auch ein langer

Exkurs über die europäischen Königshäuser, ein gelungenes Pastiche der spanischen Regenbogenpresse à la *Hola!*. Dabei vergißt natürlich die Madelón andernorts nicht zu sagen, was sie liest: '*El País* ist die Zeitung, die unsereins liest, weil du da alles so göttlich erzählt bekommst.' (S. 73)

Die Madelón und die Begum, die Transvestiten aus der Tingeltangelbar, empfinden das ganze Leben als 'Auftritt'. Sinnfällig wird das bei den Demonstrationen zum Andalusien-Tag, bei denen sie im Zigeunerinnen-Kleidchen 'mit allersüßesten Volant-Fummeln' in farbgerechtem Grün-Weiß mitziehen und außer den männlichen Andalusiern auch den Uniformierten vom Dienst schöne Augen machen. Und all das im Gestus des Natürlichsten der Welt.

Anders als in Mendicuttis späterem Roman *Siete contra Georgia* gibt es aber eines hier nicht: es gibt keine obszönen Szenen (im Sinne einer harten oder weichen Pornographie), keine Schilderungen des Sexuellen selbst. Wenn schon dieser Tatbestand den Pornographieverdacht widerlegt, so gilt das noch deutlicher für jenen zweiten thematischen Strang, der vielleicht der wichtigere ist: für die politische Thematik. Der Roman beginnt damit, daß die Madelón gleichsam am Radio hängt, um zu erfahren, was genau sich während des Staatsstreichversuchs im Parlament abspielt. Doch der nationale Radiosender bringt nur 'die blöde Tschingbumm-, Tschingbumm-Musik'. Ausländische Sender sind nicht zu bekommen, angerufene Freunde wissen nichts, und die Angst der Hauptfigur steigt an zur Verzweiflung, sieht sie doch ihr ruhig-friedliches Leben in den 'fünfzig Quadratmetern Freiheit' ihrer Wohnung erneut gefährdet: 'Und wenn das alles so weitergehen würde und die Sache nach dem Geschmack von Tejero und Milans del Bosch ausgehen würde — ich bekam Horrorvorstellungen ..., wenn der Staatsstreich Erfolg hätte, würde sich mein Leben in ein Martyrium verwandeln.' (S. 36)

Wenn die Madelón 'mit der Brust voll Angst um die Freiheit' redet, verliert die Sprache einen Teil ihrer luxurierenden Kitschigkeit und vermittelt Betroffenheit. Als spät in der Nacht endlich die so lang ersehnte Wohnungsgenossin, die Begum, eintrifft, die sich bezeichnenderweise während dieser schlimmen Stunden in einem einschlägigen Kino aufhielt, spricht die Madelón sie (bzw. ihn) gar in erleichterter Verwirrung mit seinem alten, dem männlichen Vornamen an.

Die Ausbrüche tiefer Furcht, dann allmählich der Abbau der Angst durch die positiven Entwicklungen strukturieren den Verlauf jener Nacht, der Erinnerungen und so auch des Romans selbst. Zwischen allem Geschwätz stellen sich immer wieder eindringliche Bilder der Erinnerung und der Imagination ein: Die Madelón denkt daran zurück, wie sie es zum ersten Mal wagte, in weiblicher Kleidung, aber mit männlichem Paß zur Wahl zu gehen, wie sie dabei mit einem triumphalen 'Ich wähle kommunistisch' dem Beisitzer des PCE die Schamröte ins Gesicht trieb. Sie erinnert sich an Francos Tod, beschwört das Bürgerkriegsjahr 1936, und immer wieder bemächtigt sich ihrer die Befürchtung, doppelt verurteilt zu sein, 'weil ich ein Roter und ein Schwuler bin' (»por roja y por maricón«). Auch in diesen 'ernsten' Passagen zieht Mendicutti wieder die verschiedensten Register; schmunzelnd sieht die Madelón voraus, daß beim Gelingen des Staatstreichs 'der ganze Mist mit dem Ändern der Straßennamen und so wieder losgeht', und gleichzeitig wird sie von der entsetzlich grausamen Vision verfolgt, mit den Köpfen von Leuten wie ihr würden die Schergen der Konzentrationslager Fußball spielen wie einst mit jüdischen Kinderleichen.

Der Roman endet, wie gesagt, mit der Freudendemonstration über das Scheitern des Staatsstreichs, hat also ein nur optimistisches Ende, vermittelt nichts als Erleichterung, aber dies ebenso authentisch wie zuvor die panische Angst. Insofern ist es kein generell 'gesellschaftskritisches' Werk (und hat auch wohl diesen Anspruch nicht). Interessant an *Una mala noche* ist sicherlich primär, wie der 'grenzüberschreitende Diskurs' der Tuntenschreibe mit der authentischen Ebene privater und politischer Betroffenheit verbunden wird. Ob der Roman in den 'Kanon der Meisterwerke' eingeht, ist zu bezweifeln; er stellt aber sicherlich eine ebenso gelungene wie extreme Form dessen dar, was in der gegenwärtigen literarischen Landschaft des postfranquistischen Spanien schreibbar ist.

Anmerkungen

1) Dies belegt eine von *El País* anläßlich des 10. Jahrestags des Staatsstreichs durchgeführte Umfrage, veröffentlicht in jener Zeitung am 23.2.1991 unter dem Titel 'Die jungen Leute wollen den 23.2. als Gedenktag, damit er sich nicht wiederholt'.

2) Vgl. dazu die Bemerkungen von H.-J. Neuschäfer in der Einleitung dieses Bandes sowie F. Valls, »La literatura erótica en España entre 1975 y 1990«, in: *Insula* 530, Febr. 1991.

3) Beispiele sind C. Laforets Roman *La insolación* ('Der Sonnenstich') aus dem Jahre 1963 oder die (etwas versteckte) Episode zwischen dem Protagonisten und einem Araber im 6. Kapitel von J. Goytisolos *Señas de identidad* (dt. *Identitätszeichen*). Zu diesem Komplex allgemein s. G. Büntzly, »Homosexualität in der iberischen Literatur«, in: *Tranvía* 10, Sept. 1988, S. 79.

4) S. dazu D. Ingenschay, »M. Puig: *El beso de la mujer araña*«, in: V. Roloff/H. Wentzlaff-Eggebert (Hgg.), *Der neue hispanoamerikanische Roman von 1950 bis zur Gegenwart*, Darmstadt 1991.

5) C. Fuentes, *La nueva novela hispanoamericana*, Mexiko 1972, S. 27.

Carme Riera:

»Una primavera per a Domenico Guarini« — Bildstruktur und Romanhandlung

Von Montserrat Mullor-Heymann

Die 1949 auf Mallorca geborene Schriftstellerin und Professorin für spanische Literatur lebt heute in Barcelona und lehrt an der dortigen Universitat Autònoma.

Werke: *Te deix, amor, la mar com a penyora* (dt. *Und laß als Pfand, mein Liebling, Dir das Meer*), Barcelona 1975; *Jo pos per testimoni les gavines* ('Ich nenne als Zeugen die Möwen'), Barcelona 1977;[1] *Una primavera per a Domenico Guarini* ('Ein Frühling für Domenico Guarini'; Premi Prudenci Bertrana), Barcelona 1981; *Epitelis tendríssims* ('Zarteste Haut'), Barcelona 1981; *Qüestió d'amor propi* ('Eine Frage der Selbstachtung'), Barcelona 1987; *Joc de miralls* ('Spiegelspiel'; Premi de novel.la Ramon Llull), Barcelona 1989.[2]

Wissenschaftliche Arbeiten: *La Escuela de Barcelona* ('Die Dichterschule von Barcelona'; Premio Anagrama de Ensayo), Barcelona 1988; *La obra poética de Carlos Barral* ('Das dichterische Werk Carlos Barrals'), Barcelona 1990.

Übersetzungen: »Ist dort Andrea, bitte?« und »Die Reportage«, in: M. Born (Hg.), *Meine Schwester Elba,* Frankfurt/M. 1988, übers. von M. Born; »Die Verabredung«, in: M. Alcántara (Hg.), *Frauen in Spanien,* München 1989, übers. von O. Grossegesse; »Und laß als Pfand, mein Liebling, Dir das Meer«, in: A. Maass (Hg.), *Und laß als Pfand, mein Liebling, Dir das Meer* (und vierzehn weitere Erzählungen aus dem Katalanischen), Frankfurt/M. 1988, übers. von A. Maass.

Will man Carme Riera innerhalb der spanischen Literatur einordnen, so bieten sich hier sicherlich gleich zwei Möglichkeiten: einmal das mit Vorsicht zu behandelnde Etikett der Frauenliteratur, und zum anderen das gerade in Deutschland sehr viel weniger beachtete Etikett der katalanischen Literatur. Carme Riera hat sich für ein Schreiben auf katalanisch entschieden, weil sie in der Wahl einer lange Zeit unterdrückten Minoritätensprache auch einen Akt der Auflehnung gegen die Repression des Franco-Regimes sah. Dies rechtfertigt auch ihre Zuordnung zur jungen katalanischen Literatur weitaus mehr als die Einordnung in die Rubrik »Frauenliteratur«, die sich nur ergibt, weil die Autorin eben eine Frau ist. Die Tatsache, daß von ihr nur einige Erzählungen in überwiegend der Frauenliteratur gewidmeten Anthologien auf deutsch erschienen sind, gibt erneut Anlaß, darüber nachzudenken, ob eine solch spezifische Einordnung sinnvoll ist, oder ob sie nicht vielmehr dazu führt, die verschiedenen Autorinnen aus dem großen Kreis der modernen spanischen Erzähler auszugrenzen und ihnen so eine marginalisierte Stellung zuzuweisen, die ihren Texten sicherlich nicht gerecht wird. Etwas, das übrigens auch der aus Barcelona stammenden, aber kastilisch schreibenden Verlegerin und Autorin Esther Tusquets widerfahren ist.

Das Gesamtwerk Carme Rieras ist geprägt von häufigen autobiographischen und quasi-autobiographischen Bezügen: Ihre Protagonistinnen sind nicht selten Journalistinnen, wie beispielsweise in der Erzählung »Die Reportage« oder in dem Roman *Una primavera per a Domenico Guarini,* Schriftstellerinnen oder angehende Literaturwissenschaftlerinnen wie in *Joc de miralls.* Fast immer kommen sie aus Mallorca, leben dann in Barcelona, ohne aber die Bindung an die Heimatinsel zu verlieren. Die Schriftstellerin Carme Riera wird außerdem immer wieder eingeholt von der Literaturwissenschaftlerin Carme Riera. In zahlreichen ihrer Texte, besonders in den Romanen, häufen sich die Erwähnungen von Figuren oder Autoren der meist spanischsprachigen Literatur. Eine Vorliebe zeichnet sich hier vor allem für Autoren und Texte des ausklingenden 19. Jahrhunderts ab, wie Pérez Galdós, Clarín oder Emilia Pardo Bazán. Diese literarischen Anspielungen sind keineswegs nur latent vorhanden, sondern Carme Riera nennt sie meist expressis verbis. Doch auch andere Literaturen, wie die deutsche oder die italienische, werden von ihr zitiert. In *Joc de miralls* beispielsweise wird immer wieder Bezug genommen auf die Beziehung zwischen Goethe und Bettina Brentano.

Die Romanhandlung selbst erinnert allerdings viel mehr an die modernen Autoren Lateinamerikas: Eine junge Frau, Teresa Mascaró, promoviert über einen lateinamerikanischen Schriftsteller namens Pablo Corbalán aus dem fiktiven Land Itálica. Teresa will ihn unbedingt kennenlernen, weil sie sich durch seine Bücher zu ihm hingezogen fühlt. Immer wieder vergleicht sie sich mit Bettina Brentano in ihrer Bewunderung für Goethe. Die Referenz auf Goethe und Bettina Brentano durchbricht schlaglichtartig den ersten Teil des Romans. Teresa Mascaró schafft es auch, Pablo Corbalán kennenzulernen und einige Interviews mit ihm durchzuführen. Noch in Spanien, stirbt Corbalán plötzlich. Mit Hilfe eines Verlages gelingt es ihr, in das von einer Diktatur beherrschte Itálica zu reisen. Offiziell soll sie dort Buchpräsentationen übernehmen, es bleibt ihr aber noch Zeit, um über »ihren« Autor weiterzuforschen. Im Verlauf dieser Forschungen stellt sie fest, daß es nicht Corbalán war, mit dem sie in Barcelona sprach — eine Widmung des Autors in ihrem Buch bringt sie darauf —, und ihre weiteren Untersuchungen bestätigen dies auch. Der Leser erfährt all das zunächst aus Tagebuchaufzeichnungen Teresas, die den ersten Teil des Romans ausmachen, ferner aus ihren Briefen aus Itálica an eine Freundin, die den zweiten Teil des Buches bilden. Diese Briefe lassen bereits die politische Komponente, die für den dritten Teil des Romans zentral wird, erahnen: Teresa deutet in den letzten Briefen schon an, daß ihre Situation in Itálica immer prekärer wird. Der dritte Teil des Romans ist schließlich ein Manuskript, das die Freundin erhielt und das nach und nach das Geheimnis um Pablo Corbalán lüftet: der Autor war dem diktatorischen Regime unbequem geworden, wurde verhaftet, gefoltert und starb daran. Da dieser Tod dem Regime allerdings schadete — Corbalán war ein sehr populärer Autor —, mußte jemand in dessen Rolle schlüpfen. Dazu wurde dann Antonio Gallego, privater und beruflicher Kontrahent Corbaláns, gezwungen. Erzählt wird nun die Geschichte Antonio Gallegos, die natürlich mit der Corbaláns verknüpft ist, doch der Starautor Pablo Corbalán rückt völlig in den Hintergrund und am Beispiel Antonio Gallegos, eines vortrefflichen Übersetzers der Werke Goethes — hier schließt sich der Kreis mit Teresas Verweis auf Goethe und Bettina Brentano —, wird die unbarmherzige und raffinierte Maschinerie einer Diktatur aufgezeigt. Der Roman endet mit einem Epilog, unterzeichnet von Teresas Freundin, der dem Leser von Teresas Tod in Itálica durch einen offensichtlich vom herrschenden Regime vorgetäuschten Unfall berichtet.

Diese Aufteilung, drei Abschnitte mit Epilog — unter Verwendung verschiedener Erzählformen wie Tagebuch, Brief und Bericht —, findet sich schon in Carme Rieras erstem Roman *Una primavera per a Domenico Guarini.* Statt Tagebuch- oder Briefpassagen setzt sie hier Zeitungsberichte und Teile von wissenschaftlichen Abhandlungen ein. Wieder findet sich ein handlungstragender Bezug, diesmal allerdings nicht aus dem literarischen Bereich; vielmehr nutzt die Autorin für die Gestaltung ihres Textes die bildende Kunst: Sandro Botticellis Gemälde »Primavera«, das heute in den Uffizien in Florenz zu sehen ist. Florenz ist auch der Handlungsort des Romans.

Isabel Clara Alabern, eine in Barcelona lebende und für die Zeitschrift »La Nació« arbeitende Journalistin, fährt nach Florenz, um von dort über den spektakulären Fall Guarini zu berichten: Domenico Guarini hat ein Attentat auf Botticellis »Primavera« verübt und wurde daraufhin sofort verhaftet. Es soll nun der sehr medienträchtige Prozeß stattfinden, bei dem man hofft, Guarinis Motive herauszufinden. Isabel Clara nutzt die Möglichkeit, beruflich nach Florenz zu reisen, um so ihre private Situation zu überdenken und zu sich selbst zu finden; der erste Teil des Romans umfaßt die Reise im Zug nach Florenz.[3] Nur bruchstückhaft erfährt der Leser etwas über die innere Situation Isabel Claras: sie wuchs mit ihrer Mutter und drei ledigen Tanten auf, die alle die Hoffnung in sie hineinprojiziert haben, sie möge eines Tages das klassische gesellschaftliche Rollenverhalten praktizieren: Heirat — Ehefrau — Mutter. Die Gedanken, denen die Protagonistin nachhängt, deuten allerdings auch an, daß sie glaubt, schwanger zu sein, und nicht weiß, wie sie dazu stehen soll. In Florenz hofft sie nun mit Hilfe eines Freundes, Alberto, Klarheit zu gewinnen. Sie ist sich bewußt, in einem Zwiespalt zu stecken, und weiß auch, daß ihr in Florenz ein langer und schwieriger Prozeß bevorsteht. So heißt es denn auch sinnbildlich im Roman: »(...) der Zug fährt in einen Tunnel.« (S. 15)[4] Der Roman endet etwa acht Monate später mit ganz ähnlichen Worten, nur ist dann der Prozeß für sie abgeschlossen: »Der Zug ist aus dem Tunnel gefahren.« (S. 196) Um ihr Leben neu zu ordnen und zu sich selbst zu finden, ist allerdings ein langer, schwieriger Entscheidungsprozeß nötig, bei dem ihr die Auseinandersetzung mit dem Fall Guarini zu Hilfe kommt.[5]

Damit ist die Überleitung zum zweiten Teil des Romans gegeben. Hier wechseln ständig die von Isabel Clara verfaßten Zeitungsartikel über den Fall Guarini mit den Reflexionen und Gesprächen der Protagonistin über ihre eigene Situation ab. So stellt sich heraus, daß sie in Barcelona mit einem Mann namens Enrique eine Beziehung hat, der ihrer zunächst nur vermuteten Schwangerschaft ablehnend gegenübersteht, unter anderem weil er geschieden ist und bereits zwei Kinder hat. Als sich in Florenz die Schwangerschaft bestätigt, erhofft sie von Alberto, mit dem sie früher eine Beziehung hatte, einen Rat. Dieser ist zunächst zwar bereit, ihr zu helfen, macht ihr aber auch klar, daß die Entscheidung letztlich bei ihr liegt. Im Verlauf des Geschehens entfremden sich Alberto und Isabel Clara immer mehr, vor allem als sie erfährt, daß Alberto inzwischen Drogen konsumiert und ein homosexuelles Verhältnis eingegangen ist. Sie empfindet es als Vertrauensbruch, daß er ihr dies nicht selbst erzählt, sondern sie alleine darauf kommen mußte.

Parallel dazu verläuft der Fall Guarini. Im Mittelpunkt steht hier sowohl für die Medien als auch für Isabel Clara die Suche nach den Motiven für den Anschlag: War es ein Akt enttäuschter und verschmähter Liebe zu einer jungen Frau namens Laura — die Reminiszenz an Petrarca und dessen angebetete Laura ist nur zu deutlich —, oder war es die Tat eines vermeintlichen Terroristen gegen Staatseigentum? Durch die sensationslüsterne Berichterstattung der Medien entwickelt sich die Stimmung immer mehr gegen Domenico Guarini. Nur Isabel Clara hat ihre eigene Version der Geschichte, die auch in den zweiten Teil des Romans eingebaut ist. Für sie hat er die Tat aus enttäuschter und zurückgewiesener Liebe begangen. Damit weicht sie von der überwiegenden Meinung ab und muß sich den Vorwurf gefallen lassen, zuviel Verständnis für Guarini aufzubringen. Als sich im Verlauf des Prozesses herausstellt, daß seine Tat wahrscheinlich 'nur' der Akt eines psychisch kranken Menschen ist, verliert die Öffentlichkeit das Interesse an seiner Person. Isabel Clara soll baldmöglichst nach Barcelona zurückkehren. Der zweite Teil des Romans endet mit einem Bericht über die Restaurierung des Bildes.

Im letzten Teil des Romans sitzt Isabel Clara in den Uffizien vor der restaurierten »Primavera«, lauscht zum Teil der kunstwissenschaftlichen Interpretation des Bildes durch einen jungen Universitätsdozenten und hängt ihren eigenen Gedanken, die in die Vergangenheit wandern, nach. Nun erfährt der Leser auch die ganze persönliche Problematik Isabel Claras, die vorher immer nur angedeutet wurde: die Kindheit in einem Elternhaus, in dem die Fassade einer glücklichen Ehe aufrechterhalten wurde, obwohl der Vater die Mutter betrog und diese sich völlig fatalistisch verhielt; der plötzliche Tod des Vaters und ihr bis dahin nicht verarbeitetes Kindheitstrauma, der Tod ihres Cousins Jaime, der beim Spielen ertrank und an dessen Tod sie sich mitschuldig fühlt. Ihre gescheiterten Beziehungen zu Männern sind Stationen ihrer Selbstverwirklichung. Von Carlos, ihrem Jugendfreund, der sie auf Wunsch der Familie heiraten sollte, trennte sie sich rechtzeitig vor der Hochzeit; in Florenz, mit Alberto, lernt sie ihre Sinnlichkeit akzeptieren. Sie studiert zu Ende, fängt an zu arbeiten und geht dann eine Beziehung mit dem erfolgreichen Politiker Enrique ein, die im Grunde völlig nach dem klassischen Rollenprinzip Kinder — Küche — Kirche funktioniert. Sie bügelt seine Hemden, kümmert sich um seine Kinder und schreibt die Artikel für ihn. Für ihre eigene Entfaltung bleibt kein Platz. Als Isabel Clara dann eine junge Ausreißerin aufnimmt, zeigt Enrique kein Verständnis dafür und die Beziehung bekommt einen spürbaren Riß, der durch die vermutete Schwangerschaft noch verstärkt wird. Enrique sieht eine Lösung nur in einer Abtreibung. Während die Protagonistin nun in den Uffizien sitzt, wird ihr deutlich, daß sie sich gedanklich längst von Enrique getrennt hat und daß sie — diesmal konsequent — ihre Unabhängigkeit verteidigen muß, um nicht wieder, wie früher, fremdbestimmt zu sein. Sie macht sich damit frei von dem Rat anderer und akzeptiert den Bruch der Beziehung, falls sie sich für ihr Kind entscheidet. Der Epilog, acht Monate spä-

ter, zeigt ihre Konsequenz; Isabel Clara liegt im Kreißsaal und bekommt ihr Kind, ohne Begleitung ihrer Mutter, Enriques und ihrer Freunde. Sie ist allein, aber frei.

Welche Rolle aber spielt Botticellis »Primavera« wirklich im Roman? Zunächst bringt der Leser das Bild sicherlich nur mit dem Fall Domenico Guarini in Verbindung, vor allem nachdem Isabel Clara die Gründe für sein Attentat zum Teil im Bild selbst sucht. Doch Guarinis Auseinandersetzung mit dem Bild ist für sie nur der Beginn der Auseinandersetzung mit ihrer eigenen Situation, bei der das Gemälde eine Schlüsselstellung einnimmt. Das Bild ist — wie auch der Roman — dreigeteilt. In der rechten Bildszene verfolgt Zephyr die Nymphe Chloris, die dann mit neuer Identität als Flora erscheint.[6] Ordnet man den drei Figuren die Eigenschaften Wollust, Keuschheit und Schönheit zu, die auch durch die drei Grazien in der linken Bildhälfte repräsentiert sind, so ergibt sich folgende Zuordnung: Zephyr steht für die Wollust, Chloris für die Keuschheit und Flora, die aus dem Zusammenspiel von Wollust und Keuschheit hervorgeht, für die Schönheit. Die Bildmitte wird eingenommen von Venus mit ihrem Sohn Cupido über sich, der — analog zu Zephyrs Verfolgung der Chloris — nun mit seinem Pfeil auf die Grazie zielt, die ebenfalls die Keuschheit verkörpert. Die Figur der Venus steht allein und etwas erhöht in der Bildmitte. Rechts wird das Bild begrenzt von Merkur, der sich von den drei Grazien abwendet.

Das Bild reproduziert auf allegorisierende Weise die wesentlichen Stationen im Leben der Protagonistin Isabel Clara. Dabei sind zwei nicht deckungsgleiche Ebenen zu unterscheiden. Zum einen ist das Bild eingerahmt von drei männlichen Figuren: Zephyr, Cupido und Merkur; diese drei Figuren entsprechen genau den drei Männern, die wichtig waren im Leben Isabel Claras: Carlos, vor dem sie — wie Chloris vor Zephyr — floh; Enrique, der sie — wie Cupido auf die Keuschheit zielend — getroffen hat, weil er ihre Schwangerschaft ablehnt; und schließlich Alberto, der sich — wie Merkur — abwendet, als sie ihn braucht. Die männlichen Akteure im Roman treten aber, wie auf dem Bild auch, in den Hintergrund gegenüber den Frauenfiguren. Betrachtet man die drei Frauenfiguren der rechten Bildhälfte und der Mitte — Chloris, Flora und Venus —, so repräsentieren sie genau die Stationen, die die Protagonistin durchlebt. Zunächst flieht sie aus Barcelona, um zu sich selbst zu finden. In Florenz — dem Blumengarten des Bildes — bestätigt sich die Schwangerschaft; auch Flora hält als typische Geste schwangerer Frauen die Hand schützend über ihren Bauch, was notabene auch Isabel Claras Haltung widerspiegelt, die sich trotz Enriques und Albertos Haltung gegen eine Abtreibung des Kindes wehrt. Schließlich bleibt noch Venus, mit ihrem Sohn Cupido über sich, als ruhender Mittelpunkt und die Bildhandlung überblickend. Dieser Haltung entspricht Isabel Claras Zustand am Ende des Romans, nachdem sie alle Rollenwandlungen abgelegt hat: »Aber du brauchst niemanden, du hast sie nicht nötig. Du bist allein. (...) Nur so wirst du dich verwandelt fühlen.« (S. 196)

Die starke Fixierung auf die Figur der Flora ist dadurch leicht erklärbar. Diese, Flora, entspricht dem Augenblickszustand Isabel Claras, als sie in Florenz über den Fall schreibt. Die Gestalt der Flora — auch als Primavera bezeichnet — ist der meistbetroffene Bildteil bei Guarinis Anschlag, weil dieser darin seine geliebte Laura erkennt. Die eigene Projektion macht es Isabel Clara möglich, Guarini zu verstehen, und umgekehrt zwingt sie die Auseinandersetzung mit dem Bild und dem Fall, einen Prozeß durchzumachen, an dessen Ende Zerstörung und Loslösung stehen: »Nur indem er sich zerstört, verwandelt sich der Mensch in einen neuen Menschen; nur die Verwandlung der Materie und des Geistes, der von einer niedrigeren Welt in eine höhere Welt geht, vom Vorübergehenden zum Bleibenden, kann uns auf den Weg von der Finsternis zum Licht bringen.« (S. 187)

Isabel Claras Verwandlung kulminiert im dritten Teil, als sie noch einmal vor ihrer Rückkehr die Uffizien besucht und dabei eine akademische Bildinterpretation mithört. Der Gang ihres inneren Monologs wird nach und nach synchronisiert mit dem Fortgang der kunsthistorischen Erläuterung, so daß der zuerst ziellose Bewußtseinsstrom eine Richtung bekommt und schließlich zu einer Erkenntnis und einem Entschluß führt. Die Interpretation des Bildes ist zugleich jene ihres Lebens und formuliert die Forderungen, die sie sich selbst stellt.

Carme Riera hat mit diesem Roman ein vielfach verschlüsseltes Gebilde entworfen, in dem Botticellis »Primavera« zum Verbindungsglied der verschiedenen Handlungen und zum eigentlichen Bedeutungsträger des Romans wird, ganz so, wie der Titel es andeutet: *Una primavera per a Domenico Guarini* verweist zugleich auf das Bild selbst, auf die Bedeutung, die es für Domenico Guarini erlangt, und schließlich auf die (Jahres-)Zeit, die Isabel Clara in Florenz dem Fall und sich selbst widmet. Genau diese drei Ebenen — Bild, Zeit der Selbstfindung und Prozeß — hat Carme Riera verknüpft. So ist das Bild Botticellis nicht nur eine Allegorie auf den Frühling, sondern in diesem Fall auch eine Allegorisierung des Romans.

Anmerkungen

1) Auf spanisch erschienen beide Bände zusammengefaßt unter dem Titel *Palabra de mujer, el signo de una memoria impenitente,* Barcelona 1980.

2) Die spanische Übersetzung trägt den Titel *Por persona interpuesta,* Barcelona 1989.

3) Titus Heydenreich verdanke ich den Hinweis auf die Nähe zu Michel Butors *La Modification* (1957). Die Reise im Zug als Beginn einer »Ich-Suche« kann als eine Reminiszenz daran gelesen werden. In beiden Fällen will der Protagonist bzw. die Protagonistin aus ihrem bisherigen Leben ausbrechen und die Zugfahrt dient ihnen als Mittel zur Reflexion. Bei Butor scheitert der Versuch, Carme Riera dagegen führt die Identitätssuche zu einem positiven Ende. Ebenfalls vergleichbar ist die Funktion, die den Stadtprojektionen der jeweiligen Protagonisten zugewiesen wird. Diese und weitere kleine Parallelen sind Gegenstand einer in Vorbereitung befindlichen Arbeit.

4) Da die katalanische Ausgabe des Romans vergriffen ist, folge ich hier der spanischen Übersetzung, die von Luisa Contoner vorgenommen wurde: Carme Riera, *Una primavera para Domenico Guarini*, Barcelona 1981.

5) Zu dieser doppelten Suche nach Wahrheit, einmal im Fall Guarini und einmal für die eigene Situation, siehe auch: Janet Pérez, *Contemporary Women Writers of Spain*, Boston 1988, (TWAS 798) S. 195.

6) Zur Bildinterpretation siehe: Horst Bredekamp, *Botticelli, Primavera*, Frankfurt/M. 1988.

Rosa Montero:

Weibliche Literatur als Korrektiv der patriarchalischen Gesellschaft

Von Andrea Rössler

Rosa Montero wurde 1951 in Madrid geboren und studierte dort Romanische Philologie, Psychologie und Journalistik. Seit ihrem achtzehnten Lebensjahr arbeitet sie als Journalistin, vor allem als Interviewerin, zunächst bei Zeitungen und Magazinen wie *Arriba, Pueblo, Hermano Lobo* und *Fotograma* und seit 1977 ausschließlich bei Spaniens bekanntester Tageszeitung *El País.* Von 1980 bis 1981 war sie als erste Frau Spaniens Chefredakteurin einer überregionalen Zeitung und koordinierte in dieser Funktion die Herausgabe der Sonntagsbeilage von *El País.* Für ihre sensible und innovative Interviewarbeit erhielt sie 1978 den Internationalen Interviewpreis und zwei Jahre später den Spanischen Nationalpreis für Journalismus. Eine Reihe ihrer besten Interviews wurden zudem 1976 und 1982 in zwei Sammelbänden veröffentlicht (R.M., *España para tí siempre* ['Spanien, immer für Dich'], Madrid, 1. Aufl. 1976; R.M., *Cinco años de país* ['Fünf Jahre des Landes' bzw. 'Fünf Jahre El País'], Madrid, 1. Aufl. 1982).

Ihre literarische Karriere begann 1979 mit der Veröffentlichung ihres Romanerstlings *Crónica del desamor* ('Chronik der Lieblosigkeit'), Madrid, 1. Aufl. 1979 (15. Aufl. 1988). Dann folgten in teilweise sehr kurzem Abstand vier weitere Romane: *La función Delta* ('Die Funktion Delta'), Madrid, 1. Aufl. 1981 (8. Aufl. 1988); *Te trataré como a una reina* (dt. *Ich werde dich behandeln wie eine Königin*), Barcelona, 1. Aufl. 1983 (10. Aufl. 1987); *Amado amo* (dt. *Geliebter Gebieter*), Madrid, 1. Aufl. 1988; *Temblor* ('Zittern'), Barcelona, 1. Aufl. 1990. Zudem arbeitete sie zwischenzeitlich als Übersetzerin aus dem Englischen und schrieb Drehbücher für Fernsehserien. Rosa Montero lebt seit ihrer Geburt in Madrid, ist unverheiratet und kinderlos. Zwei ihrer Romane wurden bisher ins Deutsche übersetzt: *Geliebter Gebieter,* übers. von Susanne Ackermann, Wuppertal 1988; *Ich werde dich behandeln wie eine Königin,* übers. von Susanne Ackermann, Wuppertal 1990.[1]

»Für mich ist der Journalismus wie ein Ehemann, wir haben uns gestritten und schlechte Zeiten gehabt, kennen uns in- und auswendig, ich kann schon jetzt sagen, daß ich mein ganzes Leben mit dem Journalismus verbringen werde. Und der Roman ist wie ein Liebhaber, er ist Herzklopfen, Entrückung und Abenteuer, Beklemmung und Glücksgefühl. Aber behalten werde ich sie beide.«[2] Diese schriftstellerische 'Bigamie' ist keineswegs ein Einzelfall in der postfranquistischen Gegenwartsliteratur, aber Rosa Montero gehört auf beiden Gebieten zu den bekanntesten Autoren.[3] Dabei dürfte ihr außerordentlicher Erfolg als Journalistin entscheidend dazu beigetragen haben, den Sprung in den traditionell von Männern dominierten Literaturmarkt zu wagen. So nimmt die schriftstellerische Karriere Rosa Monteros ihren Anfang bezeichnenderweise mit einem umfangreichen Interviewprojekt: Als die engagierte Feministin Ende 1977 von dem neu gegründeten spanischen Verlag Editorial Debate gebeten wird, eine Reihe von Interviews nur mit Frauen zum Thema Emanzipation im postfranquistischen Spanien zu führen, entwickelt sich daraus stattdessen ein literarisches Kaleidoskop, das eine Vielzahl von Frauenschicksalen im modernen Spanien vorführt, ihr erster Roman *Crónica del desamor.* So nimmt es nicht wunder, daß dieses Werk einer Literatur der Authentizität zuzurechnen ist, die weitgehend auf die Realisierung poetischer Ambitionen verzichtet und in erster Linie darauf abzielt, gesellschaftliche Mißstände realitätsnah anzuprangern und/oder Ursachen und Wirkungen persönlicher Krisen zu dokumentieren. Solche Schreibweisen lassen sich häufig im Frühwerk von Frauen oder Angehörigen anderer gesellschaftlich marginalisierter Gruppen finden; Schriftstellerinnen greifen beispielsweise nicht selten zunächst auf das autobiographische Genre zurück. Für die Journalistin Rosa Montero indes bot sich — auch in Anbetracht der spezifischen Entstehungsbedingungen ihres ersten Romans — die Variante einer fiktiven »Polybiographie«[4] eher an, die vor dem gesellschaftlichen Hintergrund des *desencanto*[5] die Desillusionierung der um Emanzipation bemühten modernen Frau protokolliert. Deren konkrete Alltagserfahrungen, ihre inneren und äußeren Konflikte, bilden den thematischen Schwerpunkt des Buches, das dementsprechend eine Vielzahl frauenspezifischer Probleme anschneidet, die bis dato (wenn überhaupt) an den Rand des literarischen Diskurses gedrängt worden waren: Abtreibung, Unterschiede in der Erziehung von Jungen und Mädchen, Vergewaltigung in der Ehe, alleinerziehende Mütter, Sexualpraktiken, Verhütungsmethoden, frauenfeindliche Strukturen am Arbeitsplatz usw. Rosa Montero leistet mit diesem Buch daher einen entscheidenden Beitrag zur Etablierung einer literarischen Gegenöffentlichkeit, der es darum zu tun ist, einen spezifisch weiblichen Blick auf die moderne spanische Gesellschaft zu werfen.

Ihr zweiter Roman *La función Delta* wechselt dann von der in *Crónica del desamor* dominierenden Außenperspektive zur Innenperspektive der Ich-Erzählerin Lucía; die fiktive Polybiographie wird demzufolge durch Spielarten autobiographischen Schreibens ersetzt, durch alternierende Tagebuch- und Memoirenfragmente in diesem Fall, die auf zwei verschiedenen Zeitebenen angesiedelt sind — die dem Tagebuch zugrundeliegende Handlung spielt im Jahre 2010, die des Memoirentextes 1980. Folglich weist *La función Delta* auch einige Science Fiction-Passagen auf, die überwiegend zeitliche Extrapolationen von aus der Sicht der Autorin negativen Tendenzen der spanischen Gesellschaft der frühen achtziger Jahre darstellen. Diese gesellschaftskritischen Aspekte stehen jedoch nicht im Zentrum des Buches, genausowenig wie die diesmal nur am Rande thematisierten frauenspezifischen Konflikte und Problemstellungen. Zentral sind jetzt vielmehr die klassischen Literaturthemen Liebe, Altern und Tod und schließlich die Erfahrung existentieller Einsamkeit. Darüber hinaus gibt es noch eine zweite Lesart des Textes, die die Literaturkritik bisher weitgehend unbeachtet gelassen hat und die ich poetologisch nennen möchte, denn *La función Delta* ist zugleich ein eminent metafiktionaler Text. Zum einen handelt er grundsätzlich über die Relation zwischen Realität und Fiktion, zum anderen reflektiert und vollzieht er die Abkehr der Schriftstellerin Rosa Montero von einer der Literatur der Authentizität verpflichteten Schreibweise, indem sowohl der Tagebuch- als auch der Memoirenrahmen dazu genutzt werden, den Bogen vom simulierten intimen Dokument zum frei assoziierenden und imaginierenden Ich-Roman zu spannen.

Rosa Monteros endgültige Abwendung von auto- oder polybiographischen Schreibweisen vollzieht sich dann in ihrem dritten Roman *Te trataré como a una reina*, der ihr bezeichnenderweise gleichzeitig den ersehnten literarischen Erfolg beschert und auf den hier etwas genauer eingegangen werden soll.

Te trataré como a una reina läßt sich als ein groteskes, die Realität verfremdendes Melodrama in Romanform beschreiben, dessen Protagonisten an unerfüllten Liebessehnsüchten, grausamer Desillusionierung, Perspektivlosigkeit und Einsamkeit leiden, was ein kurzer Blick auf die Handlungsführung verdeutlichen mag:

Bella, eine alternde Nachtclubsängerin, fristet ihr an Abwechslungen armes Dasein in einem zwielichtigen Lokal, das zum Hauptschauplatz der Anfang der achtziger Jahre spielenden Handlung avanciert. Eines Tages taucht dort Poco auf, ein undurchsichtiger Ex-Legionär, der von einer glanzvollen Zukunft als Bolerotexter in Kuba träumt. Bella verliebt sich in ihn und will ihm nach Kuba folgen. Doch Poco möchte dorthin lieber von Vanessa begleitet werden, einem naiven jungen Mädchen, das sich eine Karriere als Schauspielerin in Hollywood erträumt. Vanessa indes nimmt den Heiratsantrag des peniblen Beamten Antonio an, der in seiner Freizeit zwei sonderbaren Leidenschaften frönt: der Verführung einsamer Pilotengattinnen und der Kreation eines perfekten Parfums. Seine von ihm tyrannisierte, jungfräuliche Schwester Antonia beginnt ein Liebesverhältnis mit dem um viele Jahre jüngeren Damián, wird jedoch von Antonio dazu gezwungen, die skandalöse Beziehung zu beenden. Diese patriarchale Bevormundung alarmiert die inzwischen von Poco enttäuschte Bella, die sich stellvertretend für die allesamt männlicher Gewalt ausgesetzten Frauenfiguren des Romans an Antonio rächt, indem sie ihn aus dem Fenster seiner im vierten Stock gelegenen Wohnung wirft. Zwar überlebt Antonio den Fenstersturz, verliert dabei aber den für seine Parfumkunst so wichtigen Geruchssinn. Unterdessen hat Poco versucht, Vanessa dazu zu überreden, mit ihm nach Kuba zu gehen. Als das Mädchen sich hartnäckig weigert, schlägt er sie brutal zusammen und begeht anschließend Suizid.

Dominantes Stilprinzip dieses Textes ist die spannungsreiche und ironische Kontrastierung verschiedener Diskurse, die sich sowohl auf der Mikro- als auch auf der Makroebene nachweisen läßt. Auf der Mikroebene ist es das intertextuelle Spiel mit bald authentischen, kubanischen, bald von Rosa Montero erfundenen Bolerofragmenten, die die eigentliche Romanhandlung, wie sie oben skizziert wurde, ironisch kommentieren. Während die im Bolero beschriebene Welt hell, harmonisch und aufregend ist und sich weitgehend aus Naturelementen zusammensetzt, die eine romantisch-kitschige Landschaft evozieren, konstituiert sich die Realität im »Desiré« aus heruntergekommenen 'Elementen', die im Halbdunkel dem Gesang Bellas lauschen. Warum aber greift die Autorin für diese Collagetechnik ausgerechnet auf den *kubanischen* Bolero zurück? Wohl deshalb, weil sich der kubanische Bolero in einer Ausschließlichkeit wie kaum eine andere lateinamerikanische Liedform der Beziehung zwischen den Geschlechtern und der impliziten und expliziten Propagierung des Mythos von der allumfassenden Liebe widmet, die zum eigentlichen Lebensziel avanciert. So heißt es beispielsweise in einem von Bella vorgetragenen Lied: »Wir sind Leben, nicht endende Minute, Frühling wie auch Winter, wir sind alles, und alles ist unser, weil es Liebe ist.« (S. 28)

Damit entsteht auch hier wieder ein ironischer Kontrast zwischen der heilen Welt des Bolero und den scheiternden und von Gewalt geprägten

Liebesbeziehungen der Romanfiguren. Interessanterweise orientieren sich nicht nur die Frauenfiguren an diesem im Bolero transportierten Liebesmythos, vielmehr bewegen sich auch die Männerfiguren im literarischen Raum dieses irrealen Liebesdiskurses, der sie in die Rolle des sehnsüchtig erwarteten Liebhabers drängt und unter einen hohen Erwartungsdruck setzt. Rosa Montero nutzt die eingefügten Bolerotexte so zur konsequenten 'Entmythologisierung' des traditionellen Liebesdiskurses, in dem Frauen wie Männer gleichermaßen gefangen sind und den die Bolerotexte in immer neuen Varianten erzählen.

Dieses intertextuelle Grundprinzip wiederholt sich nun auch auf der Makroebene des Romantextes, denn der setzt sich aus fiktiven authentischen Dokumenten des dargestellten Kriminalfalls und der eigentlichen Romanhandlung zusammen. Bei diesen fiktiven Dokumenten handelt es sich zum einen um den Artikel eines Journalisten über den versuchten Totschlag Bellas an dem Beamten Antonio Ortiz, mit dem der Romantext im übrigen eröffnet wird, zum anderen um drei von dem Journalisten im Zuge seiner Nachforschungen protokollierte Zeugenaussagen, von denen eine von dem Opfer selbst stammt und die sukzessiv in den eigentlichen Erzähltext eingeschoben werden. Eine genaue Analyse der Erzählperspektive und der semantischen Struktur dieser vier fingierten Dokumente erweist, daß sie keineswegs funktionslose Reminiszenzen an die journalistische Praxis der Autorin darstellen, wie einige Rezensenten meinen, sondern daß sie vielmehr den männlichen, öffentlichen Blickwinkel auf die Gewalttat Bellas repräsentieren. In der den Romantext eröffnenden Reportage, die den Anschein größtmöglicher Objektivität zu wecken bemüht ist, wird Bella zu einer wütenden, aggressiven Matrone stilisiert, die in einem Anfall von Wahnsinn scheinbar grundlos einen ahnungs- und hilflosen Mann umzubringen versucht. Die Schilderung der Tat aus der Perspektive des Reporters Paco Mancebo ergreift daher eindeutig Partei für den Mann, zum einen dadurch, daß sie die Straftat der Frau als einen verrückten Gewaltakt erscheinen läßt, der einer ernsthaften, um die Aufdeckung der Motive der Täterin bemühten Untersuchung nicht bedarf, zum anderen, weil Antonio einzig die Rolle des schuldlosen Opfers zugewiesen wird. Was die drei Zeugenaussagen anbetrifft, so fällt auf, daß der Reporter nur die an dem Geschehen beteiligten Männer befragt. Die sukzessive Nachstellung der Interviews enthüllt dem Leser so, auf welcher subjektiv-männlichen Sicht diese vermeintlich objektiv-sachliche Reportage beruht. In diesem Licht liest sich die Romanhandlung wie eine Gegendarstellung, wie ein Korrektiv, das sich eben jener Aspekte annimmt, die die männliche, offizielle Perspektive vernachlässigt, denn dort wird in erster Linie die Ursache der Gewalttat und das Vorleben der beiden Protagonisten beleuchtet. Dabei entpuppt sich der ehrbare Don Antonio nicht nur als patriarchaler Tyrann, der am Arbeitsplatz seine Untergebenen und in der Familie seine Schwester Antonia herumkommandiert, sondern auch als moderner Don Juan, der nach genauem Plan Pilotengattinnen verführt, um für ein paar Tage deren Körper und Geruch zu genießen und sie dann wieder — so überraschend, wie er gekommen ist — zu verlassen. Der Vergleich mit der Romanhandlung zeigt also, daß hier gezielt zwei Textebenen miteinander kontrastiert werden, die zwei konträre gesellschaftliche Diskurse symbolisieren. Der eine ist männlich und dominant, was dadurch zum Ausdruck kommt, daß seine Inhalte über die Medien als vermeintlich objektive Wahrheiten vermittelt werden können, der andere ist weiblich und bloß im Medium einer fiktionalen Romanhandlung vermittelbar. Damit ist der Blick auf eine weitere Bedeutungsschicht des Gesamttextes freigelegt: Rosa Montero führt hier einen gesellschaftlichen Mikrokosmos vor, in dem das Zusammenleben der Figuren nicht nur von unaufhebbarer Einsamkeit, Perspektivlosigkeit und unerfüllten Liebessehnsüchten geprägt ist, sondern auch von männlich dominierten Herrschaftsverhältnissen, die sich sowohl auf die alltägliche als auch auf die künstlerische Kommunikation erstrecken. Bisher ist auch noch unerwähnt geblieben, daß die Frauenfiguren allein als Rezipientinnen der von den Männerfiguren produzierten Kunstobjekte fungieren (Poco schreibt Bolerotexte und Gedichte, Antonio kreiert ein perfektes Parfum, das er ausdrücklich als Kunstgegenstand verstanden wissen will). Der bereits skizzierte Bedeutungsgehalt der Makroebene lehrt freilich, daß eine aus weiblicher Perspektive verfaßte Literatur in einer patriarchalen Gesellschaft ein notwendiges Korrektiv zum herrschenden Diskurs darstellen kann. Rosa Monteros dritter Roman scheint mir darüber hinaus ein geeignetes Beispiel dafür, daß metafiktionale und intertextuelle Schreibweisen, die *eine* Tendenz des spanischen Gegenwartsromans insgesamt darstellen, für einen spezifisch weiblichen Blick auf die moderne Gesellschaft zum einen und auf den männlich dominierten Literaturbetrieb zum anderen genutzt werden können.

In ihrem vierten Roman *Amado amo* stehen dann noch einmal die spezifischen Herrschaftsstrukturen und Entfremdungsprozesse im spanischen Kapitalismus der achtziger Jahre im Vordergrund. Erzählt wird die Geschichte eines beruflichen und moralischen Abstiegs des Erzählers César, die das kapitalistische Verhältnis von Herr und Knecht als zeitgenössische patriarchale Ersatzreligion entlarvt. Der neueste Roman schließlich, *Temblor,* dokumentiert das Bemühen Rosa Monteros, die grundlegenden Bedingungen und Möglichkeiten menschlichen Zusammenlebens zu erkennen, ein Bemühen, das sich sowohl einem extremen Entwicklungsbedürfnis der Schriftstellerin als auch der Angst, als feministische Autorin abgestempelt zu werden, verdankt. *Temblor* ist ein in eine weite Zukunft projizierter Bildungsroman, der den Untergang der spätkapitalistischen Gesellschaft voraussagt und die Suche nach neuen Lebensformen beschreibt, die immer mehr ins Zentrum des Interesses nicht nur der Schriftstellerin Rosa Montero zu rücken scheint.

Anmerkungen

1) Zudem erschienen drei ihrer Kurzgeschichten in deutscher Übersetzung: R.M., »Die Herrin«, »Kannibalische Seele«, »Paulo Pumilio«, in: M. Born (Hg.), *Meine Schwester Elba. Neue spanische Erzählerinnen,* übers. von Margarete Born, Frankfurt 1988, S. 132-144 und 154-177. In Spanien selbst liegt bisher nur eine Erzählung in veröffentlichter Form vor: R.M. »Paulo Pumilio«, in Y. Navajo (Hg.), *Doce relatos de mujeres,* Madrid, 1. Aufl. 1982 (4. Aufl. 1987), S. 68-93.

2) Aus einem unveröffentlichten Interview mit Antonio Monegal.

3) Die Kombination Journalist und Romancier findet sich z.B. auch bei Juan Madrid, Manuel Vázquez Montalbán und Juan Cruz, besonders häufig aber bei den Autorinnen der jüngsten spanischen Schriftstellerinnengeneration, so bei Ana María Moix, Carme Riera, Cristina Fernández Cubas, Rosa María Pereda und Montserrat Roig.

4) Vgl. S. Weigel, *Die Stimme der Medusa. Schreibweisen in der Gegenwartsliteratur von Frauen,* Dülmen-Hiddingsel, 1. Aufl. 1987, S. 140.

5) Der spanische Ausdruck *desencanto* (Enttäuschung) bezieht sich auf die Desillusionierung der spanischen Linken wenige Jahre nach Francos Tod, als sich abzeichnete, daß zwar ein schneller technischer und wirtschaftlicher, aber kein tiefgreifender gesellschaftlicher Wandel stattfinden würde. Die Enttäuschung gipfelte in dem Slogan »Gegen Franco ging es uns besser!«.

Javier Marías:

»Todas las almas« — Fiktionale Autobiographie als Thematisierung der verwirrenden Fremdheit

Von Alfonso de Toro

Javier Marías wurde im Jahre 1951 in Madrid geboren, studierte Philosophie und Literatur an der Universität Madrid und lehrte zwischen 1983 und 1985 in Oxford sowie am Wellesley College (Massachusetts). Marías ist ein hervorragender Kenner der englischen Literatur und prämiierter Übersetzer des *Tristram Shandy.* Der Autor, der sein erstes Buch, *Los dominios del lobo* ('Die Domänen des Wolfs'), 1971 schrieb, als er gerade neunzehn Jahre alt war, gehört dem Kreis der *novísimo*-Autoren um Juan Benet sowie dem des Verlags Anaya an. Er bricht mit jener realistischen Tradition der spanischen Literatur, die sich von den dreißiger bis in die sechziger Jahre erstreckt, und schafft einen neuen, in einer breiten literarischen Tradition angesiedelten Romantypus, der 'postrealistisch' oder 'kosmopolitisch' genannt wird.

Die Handlung von *Los dominios del lobo,* einem Roman, der sich durch einen direkten, durchsichtigen und schnellen Stil, durch Ironie und Humor charakterisiert, findet in den USA statt. Es ist eine Parodie auf bzw. eine Hommage an das Hollywood der vierziger und fünfziger Jahre. Man findet hier die Spuren von Autoren und Figuren wie Faulkner, John O'Hara, Hammett, Melville und Van Dine. Seine fragmentarische Struktur bietet eine Geschichte an, die ihren Anfang bei der Auflösung der Familie Teager aus Pittsburgh (1922) nimmt und die durch eine breite Zahl von Handlungen konstituiert ist, die zum Schluß in eine einzige einmünden. Dabei werden zahlreiche literarische und filmische Gattungen nachgeahmt.

Diesem Erstling folgt *La travesía del horizonte* ('Die Durchquerung des Horizonts', 1972), bestehend aus acht Büchern, deren Handlung in einem viktorianischen Ambiente angesiedelt ist. Dieser Roman bildet (wie der erste) eine Art Restauration des Erzählens als Kern der Narration —

im Gegensatz zum so verbreiteten experimentellen Roman. Das darauf folgende Werk *El monarca del tiempo* ('Der Monarch der Zeit', 1978) stellt eine Mischung aus fünf Texten verschiedener Gattungen und literarischer Themen — drei Erzählungen, einem Essay und einem Theaterstück — dar. Zwei der Erzählungen, »El espejo mártir« ('Der Märtyrerspiegel') und »Portento, maldición« ('Wunder, Verfluchung') werden dann Teil einer gerade erschienenen Erzählsammlung: *Mientras ellas duermen* ('Während sie schlafen', 1990). *El siglo* ('Das Jahrhundert', 1983) ist ein philosophisch inspirierter Roman, dessen Geschichte um einen Mann namens Casaldáliga kreist, der ein namenloses Land und einen nicht näher bestimmten Krieg (welcher der Spanische Bürgerkrieg sein könnte) unmittelbar vor dem drohenden Tod dieses Mannes beschreibt.

Mit *El hombre sentimental* ('Der Mensch der Gefühle', 1986) gewinnt Marías dann den Herralde-Preis und zieht die Aufmerksamkeit der internationalen Kritik auf sich; von nun an werden seine Werke in verschiedene Sprachen übersetzt. Der Roman handelt von einem Opernsänger, bekannt unter dem Namen »León de Nápoles«, der zugleich der Erzähler einer Geschichte ist, die ihm vier Jahre zuvor in Madrid bei den Proben zu Verdis *Othello* passierte und an die er sich in einem Traum erinnert. Es ist eine Geschichte der Leidenschaften, die bis zu ihrer letzten Konsequenz ausgelebt werden. Den narrativen Ton charakterisieren Humor, Komik und Ironie.

Der Roman *Todas las almas* (1989, dt. *Alle Seelen oder Die Irren von Oxford,* 1991) ist ein Homonym eines Colleges in Oxford und eine Hommage an Gogols *Die toten Seelen.* Die Geschichte ereignet sich in Oxford. Die Hauptfiguren sind ein Ich-Erzähler, seine verheiratete Geliebte Clare Bayes, ein ironischer Homosexueller namens Cromer-Blake und der Professor Toby Rylands. Außerdem bevölkern den Roman burleske Figuren, die in einer anderen Zeit leben wie etwa der Portier Will, oder geheimnisvolle Figuren wie der Schriftsteller John Gawsworth, von dem zwei Fotos abgedruckt werden.

Mientras ellas duermen ist ein Band, in dem beinahe alle bisher von Marías geschriebenen Kurzerzählungen erfaßt werden und der um so verschiedene Themen und Figuren kreist, wie z.B. um ein Madrider Gespenst aus den dreißiger Jahren, einen napoleonischen Soldaten während des Rußlandfeldzuges, den Protagonisten von *El hombre sentimental,* Léon de Nápoles als Kind, um drei Männer, über denen ein Familienfluch schwebt, um den Fall eines Doppelgängers, der in den Ruin getrieben wird, bzw. um einen weiteren Fall von Doppelgängertum, um eine Frau aus Gijón, die auch nach ihrem Tod Briefe schreibt, in denen sie nach ihrem Geliebten verlangt, noch einmal um den Schriftsteller John Gawsworth, dieses Mal als Bettler, um einen Video-Fanatiker und schließlich um einen New Yorker Portier, der in einem Aufzug eingeschlossen ist.

Werke: *Los dominios del lobo* (Editorial Edhasa), Barcelona 1971, (Editorial Anagrama) Barcelona 1987; *Travesía del horizonte* (La Gaya Ciencia), Barcelona 1972; *El monarca del tiempo* (Ediciones Alfaguara), Madrid 1978; *El siglo* (Seix Barral), Barcelona 1983; *El hombre sentimental* (Editorial Anagrama), Barcelona 1986; *Todas las almas* (Editorial Anagrama), Barcelona 1989; *Mientras ellas duermen* (Editorial Anagrama), Barcelona 1990; *Pasiones pasadas* (Editorial Anagrama), Barcelona 1991.

Übersetzungen: *Alle Seelen oder Die Irren von Oxford*, übers. von Elke Wehr (Piper-Verlag), München 1991; in Vorbereitung: *El hombre sentimental* (Piper-Verlag), Herbst 1992.

»Todas las almas«

Im folgenden wollen wir uns Javier Marías' Roman *Todas las almas* widmen, einem Roman, der Autobiographisches und rein Fiktionales enthält, der aber weder das eine noch das andere ist. Er ähnelt eher Prousts *A la recherche du temps perdu*, denn hier geht es weniger darum, bestimmte Episoden ihrer Ereignishaftigkeit wegen in Erinnerung zu rufen, sondern eher darum, bestimmte Gefühlszustände zu beschreiben, die der Erzähler als »perturbaciones« (Verwirrungen) definiert, und darum, diese Verwirrungen einzuordnen.

Der Roman hat insgesamt siebzehn typographische Segmente, die keiner chronologischen oder thematischen Anordnung folgen, sondern sich aus ungeordneten Erinnerungen eines namenlosen, aus Madrid stammenden Ich-Erzählers ergeben, der zugleich als rhetorische Handlungsinstanz sowie als Hauptprotagonist des Romans fungiert.

Die Geschichte dieses Ich-Erzählers, der seine Erzählung nicht als einen Zeugenbericht verstanden wissen will[1], kann wie folgt zusammengefaßt werden: Ein spanischer Schriftsteller kommt zu einem zweijährigen Aufenthalt als Gastdozent an die Universität Oxford. Seine Aufgabe besteht darin, Seminare über spanische Literatur und Übersetzung zu erteilen. Neben seiner von ihm selbst als überflüssig, langweilig und anspruchslos bezeichneten Lehrtätigkeit hat er drei Hauptbeschäftigungen: Die eine ist eine Liebesaffäre mit seiner verheirateten Kollegin Clare Bayes (oder auch andere zufällig zustandegekommene Affären mit Frauen), die zweite besteht in langen Spaziergängen, und die dritte bildet seine leidenschaftliche Suche nach besonders raren Büchern, mit denen die antiquarischen Buchhandlugnen Oxfords gut bestückt zu sein scheinen. Vor der vier Monate nach seiner Ankunft gemachten Bekanntschaft mit Clare Bayes unternimmt der Ich-Erzähler auch zahlreiche Wochenendausflüge nach London. Außer mit Clare Bayes pflegt er eine relativ enge Beziehung zu weiteren Kollegen, wie zu dem homosexuellen (später scheinbar an Aids verstorbenen) Crome-Blake und zu Toby Rylands. Ansonsten lebt er in großer Einsamkeit. Zurück in Madrid heiratet der Ich-Erzähler, wird Vater und widmet sich lukrativen Geschäften.

Nicht nur der Erinnerung an diese Zerstreuungen wird der Ich-Erzähler seine größte Aufmerksamkeit widmen, sondern er entwirft zugleich ein detailliertes und hochgradig ironisches Porträt der Stadt, der Universität und der Bewohner Oxfords, begleitet von zahlreichen Vergleichen zu den Madridern oder den »Mittelmeermenschen«.

Der unmittelbare Ursprung oder die Motivation seiner Erinnerung (typographisches Segment 7, S. 73 ff.) liegt in der Notwendigkeit, eine »Geschichte der Verwirrungen« a posteriori zu bewältigen. Mit dieser Formulierung bezeichnet er seinen Aufenthalt in Oxford nach seiner Rückkehr nach Madrid. Der Ich-Erzähler will sein Gedächtnis anstrengen und die Strapazen des Schreibens auf sich nehmen, um zu vermeiden, daß diese Erfahrungen verlöschen.

Die 'Verwirrungen' seien das, so der Ich-Erzähler, was die Bewohner der Stadt Oxford charakterisiere. Sie würden durch die Stadt 'verwirrt', weil diese sich weder *in der Welt* (Raum) noch in der Zeit befände. Der Zustand, 'außerhalb der Welt zu sein', stehe im schmerzlichen Widerspruch zu ihm selbst, da er *in der Zeit* und *in der Welt* lebe (beide Prädikatoren werden mit Madrid gleichgesetzt). Die Stadt beginnt ihn aber allmählich zu vereinnahmen, und der Ich-Erzähler wird ebenfalls von diesem störenden Gefühl erfaßt, *aus der Welt zu sein.* Damit nimmt seine eigene Verwirrung ihren Anfang. Der unmittelbare Auslöser dieser Feststellung ist der Blick von Clare Bayes (während eines Abendessens vier Monate nach seiner Ankunft); in ihren Augen sieht der Ich-Erzähler seine eigene Kindheit überraschend widergespiegelt, eine Zeit, in der man »besonders *in der Welt verankert lebte*«.

Die Fremdheit, die der Ich-Erzähler erlebt, ist nicht nur in der geschlossenen monotonen Welt der Universität und in dem gleichförmigen Rhythmus der Stadt begründet, sondern besonders gefördert durch die Anonymität, die der Ich-Erzähler in Oxford fühlt. Er klagt darüber, daß niemand seine Vergangenheit, seine Kindheit und Jugend kenne, und daher sei er nicht Teil dieser Welt, sondern ein Fremdkörper. Das Vakuum, das die Fremdheit bei ihm auslöst, verunsichert ihn bis hin zur Bestürzung und zu größtem Unwohlsein. Die ihm entglittene eigene Identität führt dazu, daß der Ich-Erzähler sich mit den Obdachlosen Oxfords identifiziert, zu denen zahlreiche frühere Persönlichkeiten der Stadt geworden sind, wie etwa der exzentrische Schriftsteller John Gawsworth (auch Terence Ian Fytton Armstrong genannt).

Diese letzte Figur hat eine zentrale Rolle im Roman, da verschiedene Erinnerungs-/Episodenfäden bei ihr zusammenlaufen; anders ausgedrückt: Das Suchen nach seltenen Büchern, also nach der Literatur, wird Vergangenheit und Gegenwart verschiedener Figuren zusammenführen. Clare Bayes erzählt dem Ich-Erzähler bei ihrem letzten Rendezvous vor dessen endgültiger Abfahrt aus Oxford, warum sie sich keiner festen Liebesbeziehung hingeben will (nachdem der Ich-Erzähler ihr vorgeschlagen hatte, entweder in Oxford oder in Madrid mit ihm zusammenzuleben). Der Grund liegt im tragischen Ausgang der Liebesgeschichte ihrer Mutter, die mit einem gewissen Armstrong in Indien liiert gewesen war. Als die Frau ihrem Mann eröffnet, schwanger zu sein und nicht genau zu wissen, von wem das Kind sei, von ihm, dem Ehemann, oder von ihrem Geliebten, wird sie verstoßen. Später nimmt sie sich in Anwesenheit von Armstrong das Leben. Ob es sich bei dem erwähnten Armstrong in der von Clare Bayes vorgetragenen Erzählung um den Schriftsteller John Gawsworth/Terence Ian Fytton Armstrong handelt, der ebenfalls in Indien weilte und nach dessen Büchern der Ich-Erzähler sucht, bleibt unklar, da der Ich-Erzähler, ausgehend von dem schlichten Bericht Clare Bayes' und von der Namensähnlichkeit zwischen dem Geliebten ihrer Mutter und Gawsworth, *eine eigene Geschichte* erdichtet.

So legt der Ich-Erzähler die Erinnerungen als Fiktion bloß, indem er die insinuierte Autobiographie zu Recht oder Unrecht als weitestgehend erfunden erklärt: Er zeigt dem Rezipienten, wie eine Fiktion entsteht, und zwar auf eine sehr ähnliche Art und Weise, wie sie Borges in seinen Novellen praktiziert. Daher kann es auch kein Zufall sein, daß Borges an dieser Stelle in Zusammenhang mit Gawsworth/Armstrong erwähnt wird: Der argentinische Schriftsteller soll viel und Gutes über Gawsworths Werk geschrieben haben, und letzerer soll auch Texte verfaßt haben, die der Sparte der phantastischen Literatur zuzuordnen seien (S. 135). Es dürfte auch kein Zufall sein, daß es dem Ich-Erzähler gelingt, von einem Mann aus Nashville/Tennessee entscheidende Informationen zur Enthüllung der Identität Gawsworths zu erhalten, da dieser als die bestinformierte Quelle über Gawsworths Leben gilt. Vergleichbar ist der Fall aus der Borges-Novelle *Tlön Uqbar Orbis Tertius,* in der angegeben wird, daß die Enzyklopädie von Uqbar/Tlön in Nashville/Tennessee zur Veröffentlichung gekommen sei, wodurch das Geheimnis um Tlön gelüftet worden sei. Auch das entsprechende typographische Segment 10 (S. 133-147), in dem zwei Fotos von Gawsworth abgedruckt sind, eines als Offizier der RAF und eines von seiner Totenmaske, ist nach dem für Borges typischen Labyrinth-Prinzip verfaßt: 'In einer Enzyklopädie findet sich die Information, daß ..., dort sagt X, daß ... und in dem Buch von X wird auf Y verwiesen' etc. Alle gewonnenen Daten werden ferner in Form von Fragezeichen angeführt, wodurch der Ich-Erzähler auf deren Unzuverlässigkeit hinweist. Darüber hinaus war Gawsworth (wie der Ich-Erzähler) ein Buchjäger, womit eine weitere Seelenverwandtschaft zwischen beiden angenommen werden kann. Die Herstellung von Beziehungen zwischen unterschiedlichen Zeiten (zwischen der Kindheit von Clare und seiner eigenen), Figuren (zwischen Clare, ihrem Vater, ihrer Mutter, Gawsworth, dem Ich-Erzähler und den Obdachlosen) und Ländern (Indien, Oxford, Madrid) scheint ein Ordnungsprinzip in den ziemlich wirren Erinnerungen des Ich-Erzählers und zugleich dessen Geisteshaltung zu sein, die besonders zum Ausdruck kommt, wenn er in Clares Liebe die Konkretisation der Liebesgeschichte ihrer Mutter, die Liebe zu ihrem Vater und ihrem Sohn sieht: Ein Kuß von Clare beinhalte zugleich die Küsse aller anderen genannten Figuren.

Durch diese Art Binnenerzählung wird die Rahmenerinnerung bewertet, und zwar durch den Vergleich, der sich aus den verschiedenen Liaisons ergibt. Im Falle von Clares Mutter ('Damals') führte der Ehebruch die Betroffenen zu einem tragischen Ausgang, im Falle von Clare ('Heute') sind solche Beziehungen klar definiert, ohne Pathos und ohne Konsequenzen.

Ein weiteres wichtiges Motiv des Romans bilden die immer wiederkehrenden Porträts einer ziemlich verkrampften und heuchlerischen Gesellschaft, die vorwiegend nach dem Schein handelt und lebt, einer Gesellschaft, die nur unter großem Alkoholeinfluß Gefühle zulassen kann. Besonders breit wird dies am Beispiel der periodisch wechselnden Abendessen in einem jeweils anderen College-Club, genannt *high tables*, verdeutlicht, bei denen die sich zunächst vornehm zurückhaltenden Professoren ihre Manieren derart verlieren, daß sie sich sogar grobe Entgleisungen leisten. Augenfällig wird das Verhalten des *warden*, der seine sexuelle Begierde beim Anblick von Clare Bayes' Dekolleté durch ununterbrochene, gewaltige und immer rasendere Schläge mittels seines Holzhammers artikuliert (der üblicherweise benutzt wird, um den Wechsel von Speisen und Getränken anzukündigen), und zwar zum Entsetzen aller Anwesenden, die bemüht sind, den evidenten Grund des Lärms zu ignorieren.

Ein anderer Schwerpunkt des Romans besteht darin, daß die universitäre Sprachausbildung — damit die eigene Tätigkeit — ins Lächerliche gezogen wird (typographisches Segment 2, S. 14-19). Die Unsinnigkeit des Lehrsystems wird dadurch veranschaulicht, daß in den Seminaren Etymologien von Wörtern besprochen werden, die in Spanien selbst völlig ungebräuchlich und dem Erzähler selbst unbekannt sind (wie etwa »praseodimio«, »jarampero«, »guadameco«, »engibacaire« etc.). Auf die Frage, woher das Wort »papirotazo« stamme, erfindet der Erzähler das folgende Etymon: »Dieser Schnipser mit dem Zeigefinger wird so genannt, weil man in dieser Weise die Papyrusrollen beklopfte, die zu Beginn des 19. Jahrhunderts in Ägypten gefunden wurden, um ihre Widerstandskraft zu prüfen und erste Anhaltspunke für die Bestimmung ihres Alters zu finden.« (S. 16 f.) Der Ich-Erzähler gibt selbst zu, daß diese Erklärung unsinnig ist, da ein solcher Schlag jeden Papyrus zerstört hätte, doch die Studenten notieren die Definition fleißig und der englische Dozent bestätigt sie. Bevor aber der spanische Lektor in sein Land zurückkehrt, macht ihm der englische Kollege klar, daß er sehr wohl gewußt habe, daß seine Erklärung eine reine Erfindung war: Er versichert ihm, er werde seine hervorragende Erklärung des Wortes »papirotazo« in guter Erinnerung behalten, auch wenn das Wort tatsächlich von »papo« stamme und den Schlag bezeichne, den man dem Gegner am Doppelkinn versetze. Er deutet gleichzeitig an, daß die falsche Erklärung keinen Schaden verursache, weil die Studenten ohnehin sofort 95 Prozent des Gesagten vergessen würden. Dies tröstet den Erzähler, dem außerdem das im Lexikon fixierte Etymon als nicht weniger abenteuerlich als sein erfundenes erscheint.

Ein anderes Thema ist durch eine sehr subtile *mise en abyme* bezüglich der Entstehung und Struktur von Marías' Werk konstituiert. Im typographischen Segment 8 spricht der Ich-Erzähler über seinen Mülleimer: Der zeuge davon, daß er an dem Tag gelebt habe bzw. daß er überhaupt lebe. Die Parallele zwischen dem Mülleimer auf der einen Seite und dem Schreiben sowie der Werkstruktur auf der anderen ist offensichtlich, besonders dann, wenn z.B. der Ich-Erzähler feststellt, daß der Mülleimer das Einzige in seinem Leben sei, was für eine dauerhafte Beziehung und für Kontinuität sorge; jeder neue Müllbeutel (aller Wahrscheinlichkeit nach eine Metapher für das Blatt Papier) biete mit seinem Glanz und seiner Glattheit einen Effekt absoluter Sauberkeit und eröffne unendliche Möglichkeiten. Der Müllbeutel — so fährt der Ich-Erzähler fort — sei wie der Anbruch oder das Versprechen eines neuen Tages, an dem alles noch zu geschehen hat. Deutlicher wird der Vergleich zwischen Mülleimer/-beutel auf der einen Seite und Schreiben/Werkstruktur auf der anderen, wenn er den vollen Müllbeutel als *sein Werk* bezeichnet, das seine Lebensschnur und seine Uhr darstelle. Die Tätigkeit, den Müllbeutel bzw. das Blatt Papier zu füllen, sei durch 'Wegwerfen', 'Unterlassen', 'Auswählen' und 'Erkennen' oder Unterscheiden von Brauchbarem und Unbrauchbarem sowie durch das Resultat dieses Erkennens charakterisiert, und daraus ergebe sich das *Werk,* dem er seinen eigenen Willen aufzwinge. Wenn der Mülleimer/-beutel voll sei, dann sei auch das Werk vollendet und sein Inhalt werde zu Müll. (S. 95)

Von zentraler Bedeutung sind ferner jene Stellen, in denen der Ich-Erzähler als ein über sich selbst stets reflektierendes Subjekt erscheint. Dies ist zugleich ein Merkmal, das die Erzähler vieler Romane Marías' miteinander teilen, so z.B. jener in *El hombre sentimental.* In *Todas las almas* wird nicht über Handlungen oder Geschichten erzählt, sondern es wird der emotionelle Effekt der Wahrnehmungen und Einordnungen bzw. der Handlungen und Geschichten auf den Ich-Erzähler thematisiert. Dies scheint zuweilen der zentrale Erzählgegenstand in den Romanen von J. Marías zu sein, auf jeden Fall der in *Todas las almas.* Ein Beispiel, welches das Behauptete gut zu erläutern vermag, ist jene Liebesnacht, die der Ich-Erzähler mit einer Zufallsbekanntschaft aus einer Diskothek, einer gewissen Muriel, verbringt. Hier gibt sich der Ich-Erzähler seiner Leidenschaft und sexuellen Begierde nicht emotionell engagiert und frei hin, sondern er analysiert während des Sexualaktes die spezifische Situation, die darin besteht, mit einer Unbekannten einen entfesselten, tabufreien sexuellen Verkehr zu haben. Jede Etappe der sexuellen Begegnung wird entweder verglichen mit jenen Stunden, die er mit Clare Bayes verbrachte, oder sie wird zum Gegenstand allgemeiner Erörterungen über die Zufallsbeziehungen:

»Wenn man seit geraumer Zeit an einen einzigen Mund gewöhnt ist, dann erscheinen die anderen Münder unstimmig und weisen Schwierigkeiten auf: Die Zähne sind zu groß oder zu klein, die Lippen sind dürftig oder allzu üppig, die Zunge bewegt sich zur Unzeit oder bleibt unbeweglich, als wäre sie kein Muskel, sondern Fleisch und Knochen; der Geruch der wohlriechendsten Körperteile (Leisten, Geschlecht, Achseln) ist verwirrend (...) 'Mein Schwanz ist in ihrem Mund', dachte ich, als er drinnen war, und ich dachte es mit diesen Worten, weil nur diese Worte kommen, wenn man in Worte oder Gedanken übersetzt, was man gerade mit dem tut, was sie bezeichnen (wenn das, was sie bezeichnen, tätig ist), und das umso mehr, wenn man den anderen Körper kaum kennt, und vor allem, wenn die Worte sich auf die eigenen Körperteile beziehen und nicht auf die des anderen, mit denen man immer respektvoller verfährt und für die man durchaus Euphemismen und Metaphern und neutrale Ausdrücke sucht und verwendet. (...) Muriels Mund ist saugend, wie ich gleich im ersten Augenblick bemerkt hatte, als ich sie küßte, aber er ist nicht so geräumig und flüssig wie der Mund von Clare Bayes. Ihm fehlt Speichel, und ihm fehlt Platz.« (S. 159 ff.)

Der Ich-Erzähler reflektiert nicht nur über die vorgegebene Situation, sondern gleichzeitig über die Worte, die er verwendet, um diese Situation zu formulieren. Damit haben wir immer eine doppelte Ebene in diesem

Roman: eine Ebene, die den Gegenstand betrifft (Objekt-Ebene), und eine andere, die sich über diesen äußert, eine Meta-Ebene also, die — wie der Autor in zahlreichen Interviews erklärte — den Roman von der Fiktionalität »entschlacken« und diese auf das Wesentliche reduzieren soll.[2]

Das Erzählen als Resultat von Gedanken und Erinnerungen des Ich-Erzählers zu verstehen, hat zur Folge, daß die üblichen und traditionellen narrativen Elemente (wie Raum und Zeit) ihre Bedeutung beinahe vollständig einbüßen, was sich in sprunghaften, durch spontane Gedanken und Eindrücke motivierten Übergängen niederschlägt. Man kann durchaus behaupten, daß die Wahrnehmungen des Ich-Erzählers und deren rhetorische Formulierungen das Hauptanliegen des Romans zu bilden scheinen. Die traditionelle Geschichte wird im besten Fall als erklärtes Produkt der Phantasie des Ich-Erzählers wiedergegeben, so z.B. als dieser beim Anhören der Erzählung von Clare Bayes über das Schicksal ihrer Mutter seine eigene *story* daraus spinnt. Die zahlreichen und auch zuweilen irritierenden Klammern und Gedankenstriche verdeutlichen stets die Ebene des Bewußtseins und unterstreichen, daß dieser Roman nicht mehr von einer Außen-, sondern von einer Innenperspektive, nicht mehr von einem von außen her motivierten Realismus, sondern von einem 'Realismus der Seele' geprägt ist.[3] In diesem Roman fehlt allerdings eine Entwicklung bzw. eine Erkenntnis seitens des Protagonisten. 'Bewältigen'/'verarbeiten' heißt hier nur die 'Verwirrung ausführen', als eine Art interne *kátharsis.*

Zum Schluß noch ein Wort zum Spiel mit den autobiographischen Daten. Diese sind zwar vorhanden, dürften aber der breiten Leserschaft, die Javier Marías nicht kennt, ziemlich verborgen bleiben. Festzuhalten ist, daß Marías sich von 1983 bis 1985 als Dozent in Oxford aufhielt und daß er ein in Madrid lebender Schriftsteller ist. Allerdings gibt es eine Reihe von Elementen, die mit Absicht die Aufmerksamkeit des Rezipienten auf den Autor lenken wollen, wie etwa sein hoher Konsum von Zigaretten und Coca-Cola oder seine Leidenschaft, alte und rare Bücher zu sammeln. Auch die Geste, beim Überlegen den Zeigefinger an den mittleren Teil seiner Oberlippe zu drücken, ist eine typische Geste Marías', die hier quasi zur Schau getragen wird. Ob die ausgebreiteten Erinnerungen 'wahre Erlebnisse' darstellen, ist wohl kaum von Bedeutung für die Interpretation des Romans. Wichtig ist nur, daß der Autor offen mit diesen Elementen spielt.

Der Roman endet mit der gleichen Formel, mit der er beginnt, wenn auch mit dem Unterschied, daß das, was zu Anfang ausgelassen war, am Ende nachgeholt wird: »Zwei der drei sind gestorben, seit ich Oxford verlassen habe ...« (S. 7) — »Zwei der drei sind gestorben, seit ich Oxford verlassen habe, aber keiner der beiden ist Clare Bayes, sondern es sind Toby Rylands und Cromer-Blake ... « (S. 265)

Damit bringt der inzwischen in Madrid lebende Protagonist die Erzählung zum Ausgangspunkt der Erinnerung zurück und unterstreicht den Status der Erzählung als Text mit der Funktion, die in Oxford nicht ganz verstandene 'Verwirrung' im oben genannten Sinne zu durchdringen, zu verarbeiten und sich von dieser zu läutern.

Anmerkungen

1) J. Marías, *Alle Seelen,* S. 7 f.: »Wer hier erzählt, was er sah und erlebte, ist nicht der, der es sah und erlebte, aber auch nicht seine Fortsetzung, sein Schatten, sein Erbe oder sein Usurpator.«

2) León-Sotelo (1989, S. 48).

3) Dazu s. Bértolo (1989, S. 17), (1990). Klammer, Gedankenstriche und Anführungszeichen bilden oft eine Reflexion zweiten Grades: Der laufende Text spricht z.B. über eine bestimmte Situation, der in Klammern gesetzte Text spricht über den Text, der sich über die Situation äußert.

Sekundärliteratur

— C. Bértolo, »*El [hombre] sentimental,* de Javier Marías: cara y cruz de la narrativa española«, in: *Insula* 488-489, 1989

— ders., »Los interiores de la mirada. Un profesor español en el mundo cerrado de Oxford universitario«, in: *El País,* 16.4.1989

— ders., »Realismo de almas. *Mientras ellas duermen.* 10 cuentos de Javier Marías escritos entre 1975 y 1990«, in: *El País,* 22.4.1990

— L.H. Castellanos, »La magia de lo que pudo ser. Entrevista con Javier Marías«, in: *Quimera* 87, 1989, S. 24-31

— P. Chía, »Una cuestión personal. Javier Marías *Todas las almas*«, in: *Quimera* 91, 1989

— T. de León-Sotelo, »Reportaje sobre Javier Marías: *Todas las almas*«, in: *ABC,* 14.4.1989

— J.A. Masoliver Ródenas, »*Todas las almas,* de Javier Marías: Historia de una perturbación«, in: *Insula* 517, 1990

— ders., »Crónicas de un rey sin reino. Javier Marías, *Todas las almas*«, in: *La Vanguardia,* 28.4.1989

— E. Pittarello, »Javier Marías«, in: *Dizionario degli Autori,* (Bompiani) Mailand 1987, S. 1424

Julio Llamazares:

Der Roman und die Poesie des sterbenden Landes

Von José Manuel López de Abiada

Julio Llamazares ist dem spanischen Lesepublikum vor allem als erfolgreicher Romancier und als regelmäßiger Kolumnist in der angesehenen Madrider Tageszeitung *El País* bekannt. Seine Mitarbeit bei Rundfunk und Fernsehen findet ebenfalls ein großes Echo. So darf man wohl ohne Übertreibung behaupten, daß er wohl der zur Zeit bekannteste Romancier der Schriftstellergeneration ist, die sich während der sogenannten Übergangszeit von der Diktatur zur Demokratie formiert hat.

Bevor wir sein erzählerisches Werk vorstellen, das zwei Romane[1] — *Luna de lobos* (1985; dt. *Wolfsmond*) und *La lluvia amarilla* (1988; dt. *Gelber Regen*) — und das Reisetagebuch *El río del olvido* (1990; 'Der Fluß des Vergessens') umfaßt, kommen wir nicht umhin, an seine literarischen Anfänge in einer anderen Gattung, in der Lyrik nämlich, zu erinnern. Es war ein kurzer, aber ohne Zweifel entscheidender Abstecher, denn die Spuren sind in den darauffolgenden Werken nicht zu übersehen. In der Tat rettet Llamazares den Rhythmus und die unverwechselbare Bildersprache seiner beiden Gedichtbände — *La lentitud de los bueyes* (1979; 'Die Trägheit der Ochsen') und *Memoria de la nieve* (1982; 'Erinnerung an den Schnee') — in die Prosa seiner Romane hinüber. Andere Momente, die ihn beträchtlich von seinen Generationsgefährten unterscheiden, sind die ländliche Herkunft, die Verwurzelung mit der Landschaft seiner Kindheit, die Sehnsucht nach den Traditionen und der Kultur dieser Umgebung und zugleich das schmerzliche Bewußtsein, daß diese heile Welt nun im Verschwinden begriffen oder sogar schon untergegangen ist. Als Beispiel dafür könnte Vegamián stehen, das Dorf, wo er 1955 geboren wurde und das vor Jahren schon unter den Wassern eines Stausees begraben wurde. In einem kürzlich veröffentlichten Interview erklärt Llamazares selbst in knappen, erhellenden Worten den Ursprung auch seines Schreibens: »Ich wurde in einem Dorf geboren, das heute unter einem Staudamm liegt. Ich war vier oder fünf Jahre alt, als man den Staudamm baute. Ich bin damals weggezogen, für immer. Vor einigen Jahren aber, ich weiß nicht warum, hat man das Wasser aus dem See abgelassen. Und so ist das ganze Dorf wieder aus der Tiefe des Wassers aufgetaucht. Ich habe mein Haus besucht und das Zimmer, wo ich als Kind gespielt hatte. Überall hatte es Schlamm, Algen und tote Forellen. Die mythische Landschaft meiner Erinnerung war von gespenstischem Anblick. Mein Schreiben ist die Erinnerung an eine Zerstörung, die zugleich die Zerstörung meiner Erinnerung ist.«[2]

»Ich stamme aus einem Hirtenvolk«

So ist es denn wohl kaum verfehlt zu behaupten, das Schreiben von Julio Llamazares habe seinen Ursprung weitgehend in der Erinnerung, in der Nostalgie und der Beschwörung einer Abwesenheit, eines definitiven Verlustes, der paradoxerweise seine Erinnerung zugleich zerstört und befruchtet. Seine Erinnerung wird durch das Vergessen erzeugt, durch eben dieses Vergessen, das sein tief versunkenes Dorf im Stausee von Porma umhüllt, und damit jene ganze Welt, die es symbolisierte. Ein Universum, das aus der Distanz zum Mythos wird. Ein Landstrich voller Legenden und Bräuche, mit geheimnisumwitterten Orten und wilder Abgeschiedenheit, wo der Schnee in langen Wintern für Einsamkeit sorgt. Jener Schnee, der seinem zweiten Gedichtband den Titel gibt. Die Landschaft ist auf jeder Seite all seiner Bücher gegenwärtig. Zum Beispiel in den folgenden autobiographischen Versen seines ersten Gedichtbands:

»Ich stamme aus einem Hirtenvolk, das seine Freiheit verlor, als es sein Vieh und seine Weiden verlor. / Während langer Zeit haben meine Ahnen ihre Herden gehütet in der Gegend, wo sich die Stille und der Ginster verdichten. / Und sie hatten keinen anderen Gott als ihr Dasein, und keine andere Erinnerung als ihr Vergessen. / Warm noch ist der Stein, wo sie, als der Tag fiel, das Blut ihrer Reben tranken. Wie weit indes dies alles, wenn ich daran denke. / Wie weit von mir die Gegend, wo die Zeit entspringt, der Ort, wo der Mensch zur Welt kommt und in sich selbst vergeht wie eine Wasserblume.«[3]

»Verwurzelte Poesie«

In einem berühmten Essay von 1952, in dem er mit der ihm eigenen Klarheit die Strömungen der spanischen Nachkriegslyrik definierte, prägte Dámaso Alonso den Begriff »poesía arraigada«. Die »verwurzelte

Poesie« stellte er der »entwurzelten«, der nihilistischen, zweifelnden Dichtung gegenüber. Alonso verstand unter »Verwurzelung« den metaphysischen Halt, sei dies im Glauben, in der Tradition oder in der Naturverbundenheit.

Und genau dies trifft auf Julio Llamazares zu, diesen eigenwilligen Lyriker, der sich entschieden von den wichtigsten Strömungen der zeitgenössischen Poesie in Spanien distanziert und bewußt den tonangebenden Zirkeln fernbleibt. Er ist ein Lyriker, der ganz von der fernen Vergangenheit lebt, sich keltischer Barden entsinnt und mit Beharrlichkeit in einer magischen Vergangenheit wühlt, von der er weiß, daß sie unwiderruflich verloren ist, und die er mit hilflos bittersüßem Ton in die behutsam ziselierten Gedichte hinüberzuretten versucht. Diese glorreiche und großartige, in die natürliche Ruhe der Leoneser Berge gebettete Vergangenheit, durchzogen von keltischen und nordischen Anklängen, stellt Llamazares weitab der spanischen Tradition. Raum und Zeit liegen in seiner Dichtung vor der Romanisierung, sind frei von historischen Bezügen, und daher kann die zeitlose Geographie zum Schauplatz der persönlichen Mythologie des Dichters werden. In einer kurzen, treffenden Anmerkung über *Memoria de la nieve* hat Antonio Colinas die Poetik Llamazares' folgendermaßen zusammengefaßt: »Der Dichter läßt seinen Blick durch eine kaum vermenschlichte Natur schweifen, er verleiht ihr aber mit seiner Betrachtung Räumlichkeit, bevölkert sie mit mysteriösen Ahnungen, macht sie sozusagen legendenhaft und fühlt sich dadurch bereichert, Zeuge einer transzendierten Wirklichkeit.«[4]

Antonio Gamoneda, ein anderer Dicher aus León, meint dazu, daß *La lentitud de los bueyes* »über die überraschenden verbalen Assoziationen hinaus« durch eine andere, eine »erzählerische Komponente« charakterisiert ist: »Es handelt sich um eine 'merkwürdige' Reise aus der Erinnerung (und aus dem Vergessen) heraus, in deren Tiefe sich das Bild eines verlorenen Ortes und einer verlorenen Zeit kristallisiert. Zeit und Ort einer entschwundenen ländlichen Heiterkeit. In diesem Sinn ist das Buch ein elegisches Stück.«[5]

Zum Schluß soll ein repräsentatives Gedicht — es trägt die Nummer 10 in *Memoria de la nieve* — die vorangegangenen Ausführungen zur Lyrik von Julio Llamazares illustrieren. Die Wahl fiel auf dieses Gedicht, weil es das einzige ist, in dem ein konkreter Eigenname — »Kerstin«[6] — vorkommt, und weil es das einzige in beiden Gedichtbänden ist, in dem das Keltische explizit und in einem sehr bezeichnenden Kontext erscheint:

»Durch den, den niemals jemand geliebt hat, habe ich alles kennengelernt: den Schnee und die Stille und den Schrei der Wälder, wenn der Sommer stirbt. / Oder jenes keltische Lied, das mir Kerstin vorsang: /

Wer kann ohne Segel segeln? Wer kann ohne Ruder rudern? Wer kann sich von seiner Liebe trennen, ohne zu weinen? / Jetzt aber nährt der Schnee schon mein Gedächtnis. Und die Stille verdichtet sich hinter den leidgeprüften tiefen Wäldern des Winters. / Daher kann ich ohne Segel segeln. Daher kann ich ohne Ruder rudern. / Daher kann ich mich von meiner Liebe trennen, ohne zu weinen.«

In einem interessanten Kommentar weist Miguel Casado auf die Unbestimmtheit von Zeit, Raum und Personen hin und auf die Verbindung von Wirklichem mit Symbolhaftem, von Heraufbeschworenem mit Erfundenem, von Unerklärtem mit Klarem, von Anwesendem mit Abwesendem: »Die Personen, die sich in dieser verschwommenen Zeit bewegen, haben auch keine exakten Umrisse. Sie haben keinen Namen, äußern sich in verschiedenen Erzählstimmen, stellen Bezüge her, variieren die Perspektive, bis sie sich von einem unpersönlichen Standpunkt aus selber von der Erzählung ausschließen. Dennoch gibt es eine Konstante: das immerwährende Hin und Her zwischen dem Ich und dem Wir, dem Persönlichen und dem Kollektiven. Keiner der beiden Pole dieses Schwankens ist statisch: die Stellung des Ichs variiert von Gedicht zu Gedicht; das Wir umfaßt bald die Menschheit als Ganzes, bald wird es für die Bewohner der Region verwendet, dann wiederum beschränkt es sich auf eine kleine Gruppe von Kindern und Jugendlichen. Trotzdem gibt es aber dieses Hin und Her. In *La lentitud de los bueyes* ist es die Härte des Schicksals einer Gemeinschaft, die der Einzelne zwar einsieht, die er aber, soweit es ihn selber betrifft, nicht hinzunehmen bereit ist. In *Memoria de la nieve* teilt sich das Kollektive, um zur mythischen Vergangenheit zu gelangen, während der Einzelne zum bewußten Ausdruck des Widerstands gegenüber dem Schicksal wird.«[7]

Vorausgeschicktes Nachwort

Obschon *El río del olvido* (1990)[8] nach den beiden Romanen von Llamazares veröffentlicht wurde, müssen wir zuerst von diesem Reisetagebuch sprechen, und zwar aus verschiedenen, zum Teil grundlegenden Erwägungen heraus. Auf der einen Seite tauchen darin Schlüsselstellen auf, die in den späteren Romanen *Luna de lobos* und *La lluvia amarilla* wiederkehren. Zudem zeigt sich mit absoluter Klarheit, daß dieses Werk in seinem Aufbau sich deutlich von traditionellen Reisetagebüchern unterscheidet, handelt es sich doch nicht um eine Fahrt ins Unbekannte, sondern um den Versuch, zu den eigenen Ursprüngen zurückzukehren, um ein »Zurück-zu-den-Wurzeln«, um den klaren Versuch, die persönliche und kollektive Erinnerung wiederzuerlangen. Beides ist bekanntlich stark an die Landschaft gebunden. »Die Landschaft ist Erinnerung«, so lautet bei Llamazares der erste Satz des Vorworts. Dabei handelt es sich um eine Landschaft, die sich beim Reisenden nach und nach »in eine Krankheit des Gemüts und der Seele« verwandelt hat, während er wohl weiß, daß Erinnerung und Zeit sich »gegenseitig vernichtet hatten« und daß seine Erinnerungen zu »Schattenbildern« geworden waren. Seine Reise beginnt an der Mündung des Flusses Curueño und führt ihn bis zur Quelle, und zwar absichtlich flußaufwärts, um so die Distanz, die Landschaft und das Wiedersehen besser erleben zu können,[9] aber auch deshalb, weil die Wanderung ihn so an den Ursprung zurückbringt, in den Paradiesgarten der Kindheit.

Wir haben gesagt, daß Schlüsselstellen dieses Buches in den darauffolgenden Romanen wieder auftauchen. Die erste Gemeinsamkeit ist die Gegend der Handlung. Im Fall von *Luna de lobos* ist die Übereinstimmung offensichtlich, und zwar bis hin zu den leicht veränderten Ortsnamen. Wichtiger als die lautliche Ähnlichkeit der Namen ist in diesem Fall die Stimmung, die Atmosphäre. Bezeichnend sind im weiteren reale lokale Vorkommnisse, die durch den wiederholten Gebrauch zu Motiven werden. So etwa die Geschichte des »Maulwurfs« von La Mata del Curueño (als »Maulwürfe«, spanisch *topos*, bezeichnete man zur Franco-Zeit untergetauchte Regimegegner): ein alter Bauer hatte sich jahrelang in einer unterirdischen Grube im Stall versteckt, gleichsam lebendig begraben. Diese traurige Begebenheit taucht, mit leichten Varianten, aber unter Wahrung des Szenariums, im sechzehnten Kapitel von *Luna de lobos* wieder auf. Aufschlußreich ist ferner, daß die Hündin der Hauptperson den gleichen Namen trägt wie die Hündin von Llamazares, der bezeichnenderweise *El río del olvido* gewidmet ist.

Die Entsprechungen zwischen dem Reisetagebuch und dem zweiten Roman, *La lluvia amarilla*, sind anderer Art. Der Schauplatz ist diesmal Ainielle, ein Pyrenäendorf in der Provinz von Huesca, das »stumm unter dem Vergessen und dem Schnee« verfault. Andrés de Casa Sosas, der »Letzte von Ainielle« und Hauptperson des Romans, ist das *alter ego* von Llamazares. So ist denn allen drei Büchern sehr vieles gemeinsam.

Das gilt auch noch für eine weitere, besonders auffallende, wenngleich verborgene und schwer zu übersetzende Besonderheit, auf die ich hier nur ganz kurz hinweisen möchte. Der Diskurs ist immer — namentlich in *La lluvia amarilla* — geprägt von einem rhythmischen Atem der Syntax und ist als weiteres, auffallendes Merkmal durchsetzt von Passagen, denen man sehr wohl Qualitäten von »magischem Realismus« zuerkennen darf.

»Wolfsmond« oder die Hetzjagd

Das Hauptthema von *Luna de lobos* ist unverkennbar: es ist die stete und immer wildere Jagd des Menschen auf den Menschen. Diesem übergreifenden Thema ist ein zweites untergeordnet: die allmähliche Wandlung des Menschen zum Raubtier und seine langsame und unausweichliche Anpassung an den Rhythmus und die Zyklen der Natur, um überhaupt überleben zu können. Zeit und Ort der Handlung werden genau angegeben. Sie währt von November 1937 bis Dezember 1946 und spielt in den Bergen und Bergdörfern des Curueñotales. Daraus könnte geschlosssen werden, *Luna de lobos* sei in erster Linie ein Heimatroman.

Sehen wir jedoch etwas genauer hin. Wie gesagt, ist das Hauptthema die unmenschliche Hatz des Menschen auf den Menschen. Im Roman wird dies durch die vier Partisanen verdeutlicht: durch Angel, einen ehemaligen Lehrer und Mitglied der illegalen Gewerkschaft CNT; durch Ramiro und Gildo, zwei ehemalige Bergleute; und schließlich durch einen siebzehnjährigen Jungen, den Bruder von Ramiro. Der Roman ist in vier Teile gegliedert. In den drei ersten sterben Juan, Gildo und Ramiro unter den Kugeln der Guardia Civil; im vierten Teil kehrt Angel, der einzige, der noch lebt, in das Haus seines Vaters zurück. Dort vegetiert er, wie oben erwähnt, lebendig begraben in einer Grube, bis er schließlich mit der Bahn und ohne genaues Ziel eine ungewisse und »lange Reise in das Vergessen oder in den Tod« antritt (S. 152).

Jeder der vier Teile bezieht sich auf einen bestimmten Zeitabschnitt: November bis Dezember 1937, Juli 1939, Sommer 1943, August bis Dezember 1946. Es versteht sich von selbst, daß diese Zeitabschnitte eine ganz konkrete historische Bedeutung haben, wobei zu unterstreichen ist, daß der politische Diskurs keinen Vorrang hat. Vielmehr zeigt sich, daß der Text die historischen Grenzen weit überschreitet, um sich ausführlich mit der Thematik von Einsamkeit und Gewalt zu befassen und schließlich in den nebulösen und vieldeutigen Bereich der Legende einzumünden.

Das Thema nun der Hatz des Menschen durch den Menschen wird schon am Anfang des Romans angeschnitten, als die vier Männer von der nördlichen Front in Asturien in die Leoneser Berge zurückkehren, »auf der Flucht vor einem Krieg«, wie Angel, der Ich-Erzähler, sagt, »der uns dann auch auf der anderen Seite erwartete« (S. 132). Das Motiv spitzt sich dann auch zu, so etwa in den ersten Schußwechseln mit der Guardia Civil (S. 114 f.) oder in der listigen Flucht inmitten von aus dem Stall getriebenen Kühen aus dem von Guardias umstellten Gehöft (S. 142 ff.). Besonders dramatisch wird es, als Angel eines Nachts aus seinem Versteck in den Bergen auftaucht und im bewachten Haus seines Vaters erscheint, der auf dem Sterbebett liegt. Am nächsten Tag, während man den Sarg zum Friedhof trägt, denkt er folgendermaßen über seine Lage als Gehetzter nach: »Es beginnt plötzlich in Strömen zu regnen, während sich der Karren mit dem Sarg vor dem Haus in Bewegung setzt, hinter sich ein Rinnsal von Regenschirmen und die Legende dieses unbeugsamen und unsichtbaren Mannes, der in der vergangenen Nacht wieder einmal der Wachsamkeit der Guardias ein Schnippchen geschlagen hat und sie jetzt zweifellos von irgendwoher beobachtet. Dieser Mann, den sie sich in so vielen Nächten in der heimeligen Wärme der Ställe und Küchen vorgestellt haben, unsterblich wie sein Schatten, fern wie der Wind, tapfer, schlau, intelligent, unbesiegbar. Dieser Mann, dem droben auf dem Berg der Spiegel des Regens jedoch nur ins Gedächtnis ruft, was er immer war: ein einsamer, gehetzter Mann. Ein Mann, den Angst und Rachsucht, Hunger und Kälte in die Enge getrieben haben. Ein Mann, dem man selbst das Recht verwehrt, die Erinnerung an die Seinen zu begraben.« (S. 185)

Die allmähliche Anpassung der geflüchteten Männer an die Gewohnheiten von Raubtieren und die stetig wachsende Ähnlichkeit mit ihnen tritt als Thema in dosierter und gelungener Form auf. Den ersten expliziten Hinweis finden wir in einem kurzen Dialog zwischen Angel und seiner Geliebten María: »'Du riechst nach Wildnis', sagt sie. 'Du riechst wie ein Wolf.' 'Was bin ich denn anderes?' María dreht sich um und schaut mich an. (...) 'Ihr könnt nicht so weitermachen, Angel. Ihr könnt doch nicht ewig wie die Tiere leben. Oder noch schlimmer: Hinter Tieren sind sie nicht so her wie hinter euch.'« (S. 74 f.)

Nach ihrer verzweifelten nächtlichen Flucht aus dem Stall des Bauernhofs finden sich Angel und Ramiro wieder, dank der perfekten Nachahmung des Uhurufs: »'Weißt du was? Fast hätte ich dich verwechselt.' 'Mit wem?' 'Mit dem Uhu. Du rufst schon genausogut wie er.' 'Ja natürlich', sage ich und lehne mich erschöpft an die Mauer. 'Und ich laufe so gut wie eine Gemse und höre so gut wie ein Hase und greife mit der Schläue eines Wolfes an. Ich bin bereits das beste Tier in dieser ganzen Wildnis.'« (S. 148)

Am Ende des Romans hat sich Angel »endgültig in ein Raubtier verwandelt«. »Ein Raubtier« jedoch, »dessen Nähe Mensch und Tier erschreckt«: »Ein Raubtier — wie sollte man das sonst nennen? —, das seinen Unterschlupf erst verläßt, wenn das Sonnenlicht seinen von Einsamkeit und Blut durchfluteten Augen nicht mehr schaden kann.« (S. 169)

Als er schließlich nach neun langen Jahren ständiger Verfolgung und Flucht »abgerissen, erschöpft, mit nackten Füßen«, um »der lauernden Schlaflosigkeit der Hunde zu entgehen und das deutlich vernehmbare Geräusch seiner Schritte zu dämpfen«, nach La Llánava zurückkehrt, hat er sich in einen aufbrausenden und endgültigen Menschenhasser verwandelt: »Meine Füße sind zwei unförmige weiße Klumpen, ohne Zehennägel. Mein Körper kann kaum noch die Last der Decke und des Umhangs tragen. Nur die Wut hält mich noch aufrecht. Nur die Wut und die Verzweiflung, die mich mit erbitterter Kraft unbeirrbar nach Hause treibt. (...) Da ist er endlich, der unsichtbare Atem der Kühe: warm und kraftvoll in seiner jahrhundertealten Tiefe, liebevoll wie eine vertraute und zugleich fremde Umarmung. Seit langem schon habe ich gelernt, mir weniger die Gesellschaft der Menschen als die der Tiere zu wünschen. Seit langem schon habe ich gelernt, welchen Ort mir die Menschen zugewiesen haben.« (S. 196)

»Gelber Regen« oder die Erinnerung eines Einsamen

Wieder erkennen wir auf Anhieb das Hauptmotiv des Romans *La lluvia amarilla:* die Einsamkeit. Ein sehr aktuelles Thema, das allein schon das verbreitete Urteil der Kritik widerlegt, es handle sich um einen »Heimatroman«. Die Kritiker täuschten sich wohl wegen der bäuerlich-ländlichen Umgebung, in der der Roman angesiedelt ist. Doch trägt *La lluvia amarilla* durchaus auch ausgeprägt städtische Züge. Das Gerüst bildet zwar der verworrene und dornenreiche Monolog des letzten Bewohners eines verlassenen Dorfes in den Pyrenäen von Aragón, aber dieses lange Selbstgespräch wird durch die Erinnerung und das merkwürdige Zusammenfließen von Angst, Fieber und Phantasieren erzeugt. Daneben gibt es auch Züge mit einer klaren soziologischen Dimension. Die Sprache und die Bilddarstellung — und hier liegt eine weitere Stärke von Llamazares — geben dem Roman den Hauch von Ländlichkeit und bilden eine Chronik und eine harsche Kritik der Landflucht.

Chronik einer Landflucht

Um das Motiv der Landflucht, das auch konkrete anthropologische und soziologische Elemente beinhaltet, besser zu verstehen, ist es wohl angebracht, noch einmal auf den definitiven Verlust seines Heimatdorfes einzugehen, wo Llamazares geboren wurde und wo sich das Haus seiner Kindheit befand. Dorf und Haus werden langsam von einer Schlamm- und Moosschicht zerfressen.

Dieses Bild hat eine augenfällige Parallele im langsamen Tod — oder, wenn man so will, in der langen Agonie (aber Agonie im Sinne von Unamuno: Kampf) — des Dorfes Ainielle und in den vergeblichen Bemühungen des letzten Bewohners, diesen Tod zu verhindern. Vergeblich deshalb, weil er sich bewußt ist, daß beider Leben seit Jahren miteinander verschweißt sind und daß sie zusammen auf einen unabwendbaren Untergang zusteuern: »Jener letzte Satz meines Vaters [die Akzeptierung des Todes] ist mir immer im Gedächtnis haften geblieben. (...) Er kommt mir jetzt gelegen, nach so vielen Jahren, wenn der Schmerz wie ein bitterer und gelber Regen meine Lungen durchtränkt, um ohne Angst dem Käuzchen zu lauschen, das schon meinen Tod ankündigt, zwischen der Stille und den Trümmern dieses Dorfes, das in kurzer Zeit mit mir sterben wird.« (S. 74)

Vergebliche Bemühungen auch, weil Andrés de Casa Sosas, die Hauptperson, weiß, daß sein Dorf damals zu sterben begann, als die ersten wegzogen. So zum Beispiel als Bescós, der »einer der ersten war«, den Ort verließ: »Er hatte neun Kinder und kaum Land, um sie zu ernähren. Bei Kriegsende ging er nach Biescas hinunter, um im Wasserkraftwerk zu arbeiten.« (S. 49) Aber eigentlich begann alles im ersten Jahrzehnt dieses Jahrhunderts, als man das erste Haus zuschloß. (S. 76)

Andrés de Casa Sosas hatte Tag für Tag »den langsamen und allmählichen Wandel der Ruinen« des Dorfes erlebt; er war »Zeuge des endgültigen Verfalls eines Dorfes geworden, das vielleicht schon tot war« (S. 76), bevor sein letzter Wächter geboren wurde. Er wußte überdies, daß diejenigen, die ins Unterland gegangen waren, nie mehr zurückkehren würden (S. 77), »daß der Prozeß des Verfalls immer der gleiche war und in jedem Haus unaufhaltsam«:

»Der Schimmel und die Feuchtigkeit nagten zuerst still an den Wänden, später an den Dächern, und dann, als ob es sich um einen langsamen Aussatz handeln würde, am fleischlosen Skelett der Balken, auf die sich die Dächer stützten. Dann kamen die wildwachsenden Flechten zum Vorschein, die schwarzen, toten Krallen des Mooses und der Holzwurm, und am Schluß, wenn das ganze Haus schon bis zu seiner Grundsubstanz verfault war, brachte der Wind oder ein Schneefall den Rest zum Einsturz.« (S. 82)

Und er wußte auch, welches das endgültige Los der Handwerksgeräte, der Werkzeuge, der Möbel und der restlichen Gegenstände sein würde, die die Bewohner von Ainielle »während Jahrhunderten in harter Arbeit« hergestellt und zusammengebracht hatten: »Sie würden nach und nach an andere Orte gebracht, in andere Häuser, vielleicht in ein Geschäft in Huesca oder Zaragoza. In Basarán und in Cillas war dies bereits geschehen. Auch in Casbas. Und in Otal. Und in Escartín. Und in Bergua.« (S. 127) Die Industriegesellschaft »integriert« diese kulturelle Vergangenheit und diese definitiv erloschenen Identitätsmerkmale in ihre »Moderne«, als ob sie Fetische wären oder Trophäen einer wilden Jagd, bei der die letzten Exemplare einer bedrohten und unabwendbar zum Aussterben verurteilten Art erlegt wurden.

Andrés de Casa Sosas ist nicht nur ein mit dem Tode ringender Zeuge der Landflucht in seiner Gegend und ein anachronistischer Überlebender, er ist auch der letzte Landfluchtbewahrer der Seele und der Name einer lokalen Kultur, die mit ihm stirbt.

Anmerkungen

1) Julio Llamazares: *Luna de lobos*, Barcelona: Seix Barral 1985, dt. *Wolfsmond*, übers. von W. Böhringer, Frankfurt/M.: Suhrkamp 1991, und *La lluvia amarilla*, Barcelona: Seix Barral 1990, dt. *Gelber Regen*, Frankfurt/M.: Suhrkamp 1991. Da die deutsche Übersetzung bei Entstehen des Artikels noch nicht vorlag, sind die Zitate aus *La lluvia amarilla* vom Verfasser dieses Artikels übersetzt.

2) Jacobo Machover: »La mémoire des villages engloutis«, in: *Magazine Littéraire* Nr. 278 (Juni 1990), S. 64.

3) Julio Llamazares: *La lentitud de los bueyes*, Madrid: Hiperión, 1988, S. 16.

4) Antonio Colinas: »Memoria de los sueños primeros«, in: *El País*, 14.8.1983 (Libros, S. 1).

5) Antonio Gamoneda: »*La lentitud de los bueyes* de Julio Llamazares«, in: *Ceranda* (León), Nr. 16 (1. Jg., 4.-10. Mai 1979), S. 18.

6) Es handelt sich um Kerstin Aerlmalm, der Llamazares *La lluvia amarilla* widmet.

7) Miguel Casado: *Esto era y no era. Lectura de poetas de Castilla y León, I*, Valladolid: Ámbito, 1985, S. 259.

8) Julio Llamazares: *El río del olvido. Viaje*, Barcelona: Seix Barral, 1990, S. 7. Das Vorwort, mit dem Titel »Paisaje y memoria« (Landschaft und Erinnerung), hat er 1989 in La Mata de la Bérbula datiert, dem Dorf, wo er als Kind jeweils den Sommer verbracht hatte.

9) Vgl. dazu das Interview mit María José Obiols: »En memoria del olvido. Julio Llamazares vuelve a la región donde transcurre su último libro«, in: *El País*, 28.1.1990, S. 4.

Antonio Muñoz Molina:

Die Begegnung von Kunst und Verbrechen

Von Susanne Kleinert

Antonio Muñoz Molina, geboren 1956 in Ubeda/Jaén, hat in den letzten Jahren drei Romane beim Verlag Seix Barral, Barcelona, veröffentlicht: *Beatus ille* (dt. *Beatus ille oder Tod und Leben eines Dichters*) 1986, der den Premio Icaro erhalten hat, *El invierno en Lisboa* ('Der Winter in Lissabon'), 1987, für den der Autor mit dem Premio de la Crítica und dem Premio Nacional de Literatura ausgezeichnet wurde, und schließlich 1989 *Beltenebros* ('Beltenebros'). In seiner präzisen und atmosphärisch suggestiven Gestaltung verschiedener städtischer Milieus kann Muñoz Molina auf die Erfahrung journalistischer Arbeiten zurückgreifen, die er in den Bänden *El Róbinson urbano* ('Der Stadt-Robinson', Granada 1984) und *Diario del Nautilus* ('Tagebuch des Nautilus', Granada 1985) publiziert hat. In einer von Heidrun Adler besorgten deutschen Übersetzung ist 1989 *Beatus ille oder Tod und Leben eines Dichters* im Rowohlt-Verlag erschienen. Beim Verlag Mondadori wurden außerdem 1987 *Las otras vidas* ('Die anderen Leben'), ein Band Erzählungen, und bei Planeta Anfang 1991 ein Text über das Kalifat mit dem Titel *Córdoba de los Omeyas* ('Das Córdoba der Omajjaden') publiziert. Muñoz Molina lebt seit 1974 in Granada; er ist allerdings keineswegs ein regionalistischer Schriftsteller — nur *Beatus ille* spielt in Südspanien, in der Stadt Mágina nahe dem Geburtsort des Autors.

Zur Internationalisierung des Ambientes in »El invierno en Lisboa«

Muñoz Molinas literarische Landschaften haben wenig mehr gemein mit den literarischen und allgemeinkulturellen Spanienklischees, gegen die noch Juan Goytisolo anschreibt. Die Protagonisten seiner letzten beiden

Romane bewegen sich als Verfolgte und Verfolger, meist gekleidet in Regenmäntel mit hochgeschlagenem Kragen wie in den Gangsterfilmen der amerikanischen »Schwarzen Serie«, durch nächtliche städtische Milieus — Bars, Jazzclubs, Kinos — in Madrid, San Sebastián, Berlin, Lissabon, Florenz. Spanien unterscheidet sich kaum mehr von den internationalen Schauplätzen: Es regnet überall, von der vielbeschworenen spanischen Sonne wird der Leser hier nicht verwöhnt. In *Beltenebros* kommt der müde Untergrundaktivist Darman nach zwanzigjähriger Abwesenheit Mitte der sechziger Jahre nach Madrid zurück und findet sich in der Stadt nicht mehr zurecht: Das Madrid des Bürgerkriegs und der ersten Jahre des Franco-Regimes ist in der Stadtarchitektur inzwischen überlagert von modernen, international austauschbaren Gebäuden.

Am auffälligsten ist die Internationalisierung des Ambientes in *El invierno en Lisboa*, dem einzigen Roman des Autors, der in einer chronologisch nicht genau festgelegten Gegenwart spielt, während die beiden anderen Romane von der Zeitebene der sechziger Jahre aus bis in den Bürgerkrieg und die ersten Nachkriegsjahre zurückgehen. Der in schnellem Tempo und gelungenen Action-Szenen erzählte Text ist die Geschichte des *amour fou* eines zwischen San Sebastián, Berlin, Lissabon und Madrid umhergetriebenen und von Kriminellen verfolgten Paares, die in den Gesprächen zwischen dem beobachtenden Ich-Erzähler und dem Protagonisten Santiago Biralbo, einem Jazzpianisten, rekonstruiert wird. Ein eifersüchtiger Ehemann, ein Mord, ein gestohlener Cézanne, filmreife Gangster und die Spuren einer aufgelösten rechtsextremistischen portugiesischen Untergrundorganisation treiben Biralbos Geliebte Lucrecia von San Sebastián nach Berlin, Genf, Lissabon und Madrid. Biralbo verfällt inzwischen in einen Zustand der Lethargie und des Wartens, in den Zeitstillstand unerfüllter Leidenschaft und gibt die Musik auf. Als Lucrecia nach drei Jahren wieder in San Sebastián auftaucht, zieht sie ihn in ihre kriminellen Verwicklungen hinein. Biralbo tötet schließlich in Lissabon in einem dramatischen Showdown auf einem fahrenden Zug Lucrecias Mann, den amerikanischen Kunsthändler Malcolm, nachdem er selbst nur knapp den Gangstern entkommen konnte.

Die Zeiterfahrung des Protagonisten, ein wichtiges Motiv im Aufbau der Atmosphäre, wechselt zwischen Zeitstillstand und hektischer Beschleunigung und wird mit dem Liebesmotiv und den Reflexionen über die Musik verknüpft. Während die Liebesgeschichte in einer verfehlten Begegnung in Madrid endet und das Perpetuum mobile von Flucht und Verfolgung weiterläuft, gewinnt Biralbo mit seiner neuen Identität nach Malcolms Tod auch eine neue Freiheit in der Kunst. Die Gefühlskälte, die er in der komplizierten Beziehung mit der undurchsichtigen Lucrecia und der Flucht vor den Gangstern entwickelt, gibt seinem Klavierspiel eine unverhoffte Leichtigkeit, da er nun fähig ist, die Musik als eine »kalte und absolute Leidenschaft« (S. 54) zu praktizieren. *El invierno en Lisboa* ist so nicht nur als eine Mischung aus Kriminal- und Liebesroman konzipiert, sondern erhält durch die zahlreichen Reflexionen über die Musik auch Züge des Künstlerromans. Die Kunst, d.h. das gestohlene Cézanne-Bild und der Jazz, bringen die Protagonisten nicht nur dazu, sich auf internationalem Parkett zu bewegen, sondern liefern dem beobachtenden Ich-Erzähler auch die atmosphärischen Anhaltspunkte zur Rekonstruktion der Geschichte. Spielerische Hinweise auf Kunst und Literatur gehen auch direkt in den Text ein: So erinnern die Action-Szenen stark an das Kino, und die Namen des Jazzclubbesitzers Floro Bloom und des Trompeters Billy Swann verweisen wohl nicht zufällig in ironischer Brechung auf Joyce und Proust.

Kriminalroman und Zeiterfahrung in »Beltenebros«

Die Thematisierung des Jazz in *El invierno en Lisboa* und des Films in *Beltenebros,* also zweier populärer Genres, wirft ein Licht auf die Romane selbst, sind sie doch bemüht, mit der Verbindung zwischen Kriminalroman und Künstlerroman, zwischen Action und metafiktionaler Selbstthematisierung den Grenzbereich zwischen den Gattungen zu erkunden. In allen Romanen greift Muñoz Molina auf das in der neueren spanischen Literatur so erfolgreiche Genre des Kriminalromans zurück, nutzt es jedoch nicht wie Vázquez Montalbán zur Darstellung aktueller Probleme der spanischen Gesellschaft, sondern eher zur Sicherung der Spuren einer verdrängten, verschwiegenen Vergangenheit, am ausgeprägtesten in *Beltenebros,* einer Demontage heroisierender Bilder des klandestinen Widerstands gegen Franco. Er beherrscht souverän die Kunst des kriminalistischen Rätsels und der Spannungssteigerung; bezeichnenderweise nennt A. Soria Olmedo in seinem Artikel »Fervor y sabiduría: la obra narrativa de Antonio Muñoz Molina« (in der Zeitschrift *Cuadernos hispanoamericanos* 458 [1988], S. 107-111) Alfred Hitchcock als einen der Bezugspunkte des Autors. Gleichzeitig hält Muñoz Molina an den Errungenschaften des modernen Romans fest, wenn er beispielsweise die Zeitebenen verdoppelt und ineinander schachtelt oder die Wahrnehmung der Grenzen von Fiktion und Realität als Problem in die kriminalistische Recherche einbaut. Dies zeigt sich besonders prägnant auf der ersten Seite des Romans *Beltenebros,* der sich als Kriminalroman mit dem ersten klassisch-schlichten Satz präsentiert: »Ich kam nach Madrid, um einen Mann zu töten, den ich noch nie gesehen hatte.« (S. 7) Bereits der zweite, syntaktisch komplizierte Satz beginnt, eine Atmosphäre des Irrealen und Falschen aufzubauen, die typisch für die Wahrnehmung des Protagonisten im Hinblick auf den klandestinen Widerstand ist und die das gesamte Bild der Vergangenheit prägt, das der Roman entwirft. Der Ich-Erzähler Darman kommt Mitte der sechziger Jahre im Auftrag einer Organisation, die der Leser erst allmählich anhand verschiedener Indizien als kommunistische Untergrundorganisation identifiziert, nach Madrid, um einen Verräter namens Andrade zu liquidieren. Durch immer neue Hinweise wird Darman mit einer Tat konfrontiert, die er selbst schon weitgehend vergessen hatte: Zwanzig Jahre vorher hatte er bei seiner letzten Reise nach Madrid den angeblichen Verräter Walter alias Beltenebros erschossen und damit dessen Frau Rebeca Osorio ins Unglück gestürzt. Darman, für den die Untergrundtätigkeit schon lange keinen Sinn mehr hat, sieht sich in Madrid in eine unheimliche, labyrinthische Duplizität der Ereignisse verwickelt: Andrades Freundin ist eine junge Frau, die der Rebeca Osorio von 1945 nicht nur täuschend ähnlich sieht, sondern auch denselben Namen trägt.

Beruht diese Überlagerung von Vergangenheit und Gegenwart auf Zufall, auf der Inszenierung durch einen Unbekannten oder auf einer Wahrnehmungsstörung des Protagonisten? Oder entspricht sie der Zeiterfahrung der jahrzehntelangen, Darman zunehmend irreal erscheinenden Untergrundtätigkeit des kommunistischen Widerstandes gegen Franco, einer Erfahrung der »ausgelöschten Zeit« und des »grundlosen Wartens« (S. 13)? Auf den Spuren der jungen Rebeca Osorio und des angeblichen Verräters Andrade stößt Darman immer wieder auf den Namen Ugarte, den gesichtslosen Kommissar der politischen Polizei, der im Dunkel lebt und so das Prinzip der Klandestinität noch perfekter verkörpert als Darmans Genossen. Es gelingt Darman nach und nach, den Schleier der Irrealität, den die Vergangenheit über die Gegenwart breitet, aufzuheben und die Atmosphäre der Täuschung und Fälschung als Produkt einer Inszenierung zu entlarven. Allerdings erweisen sich in dieser detektivisch-aufklärenden Spurensuche alte Lebenskonzepte als gefährlich illusionär, und die Liquidierung vermeintlicher Verräter zum Schutz der Organisation stellt sich als Mord an Unschuldigen heraus. Der Detektiv und Mörder Darman fördert prekäre Wahrheiten zutage: Verfolger und Verfolgte, Schuldige und Opfer sind nicht mehr klar abgrenzbar, Heroismus und Verrat liegen unentwirrbar nahe beieinander, und die aus dem politischen Diskurs ausgeblendete Ebene der Leidenschaft und des Wahnsinns bestimmt allemal das Handeln stärker als politische Programme, die im übrigen in *Beltenebros* konsequent ausgeklammert werden.

Die Schlußpointe, die die wahre Identität des vermeintlich 1945 getöteten Verräters Beltenebros aufdeckt und hier nicht verraten werden soll, erfüllt zwar die dem Genre eigene Erwartung einer Identifizierung des Schuldigen, beläßt aber das im Roman vermittelte Geschichtsbild in einem eigentümlichen Zwielicht: Widerstand und politische Polizei bewegen sich im selben Spinnennetz paranoid anmutender Manipulationen, in einer simulierten Realität, die dem Kino (dem privilegierten Ort des Romans) ununterscheidbar nahe kommt. Wie in *Beltenebros* Rebeca Osorios Romane voll romanesker Intrigen die Anweisungen für die Untergrundorganisation enthalten und von den Mitgliedern peinlich genau in die Realität umgesetzt werden, so sind in dem Geschichtsbild, das dem Roman zugrundeliegt, Realität und Fiktion, Wahrheit und Fälschung unentwirrbar miteinander verbunden. Die Strukturmuster des Kriminalromans werden hier also zum Aufbau eines unheimlichen Geschichts- und Realitätsbildes verwendet. Der Mörder-Detektiv Darman löst zwar die Frage nach dem Täter, doch für den Leser bleibt der Verdacht, daß im Keller der spanischen Geschichte noch manche Leichen und ungeklärte Verstrickungen zwischen Opfern und Tätern zu entdecken sind.

»Beatus ille«
und das Verwirrspiel der (Re-)Konstruktion von Geschichte

Auch *Beatus ille* weist einen ähnlich doppelten Zeitbezug auf: 1969 kehrt der Student Minaya, resigniert und verängstigt nach einer gescheiterten Studentenrevolte und der Verhaftung durch die franquistische Polizei, von Madrid in seine Heimatstadt Mágina zurück und versucht, Leben und Tod des Jacinto Solana, eines Dichters der Bürgerkriegszeit, zu rekonstruieren. Was zunächst nur ein Vorwand ist, um in der Villa reicher Verwandter Unterschlupf finden zu können, wird in dem Maße für Minaya zu einem inneren Bedürfnis, in dem die Vergangenheit sich dem nachforschenden Zugriff entzieht und ein unaufgeklärtes Verbrechen zu verbergen scheint. Auch hier beschäftigt sich eine der thematischen Linien des Romans mit der Schwierigkeit, die Vergangenheit des Bürgerkriegs und der ersten Jahre der Franco-Zeit über einen zwanzig- bis dreißigjährigen Zeitraum hinweg aufzuarbeiten.

Der Zugang zur Vergangenheit scheint zunächst nicht schwierig, da die Bewohner der Villa, Minayas Onkel Manuel, dessen Mutter Doña Elvira und der Bildhauer Utrera, ebenso wie die Stadt Mágina selbst ihr Leben wie in einem Zeitstillstand verbringen. Der herzkranke Manuel, früher der Freund Jacinto Solanas und wie er Kämpfer auf der Seite der Republik, lebt in der Erinnerung an seine Frau Mariana, die 1937 in der Nacht vor der Hochzeit erschossen wurde; seine Mutter Doña Elvira ist erstarrt in ihrem konservativen Weltbild, das sie den eigenen Sohn als Versager verachten läßt; Utrera, ein vom Franco-Regime zunächst verwöhnter, dann fallengelassener Bildhauer, produziert stets die gleichen Imitate romanischer Heiligenskulpturen. Die Konstellation der Hausbewohner ist also geprägt von dem alten Antagonismus zwischen Republik und Franquismus. Groteskes Symbol der geschichtlichen Erstarrung sind die immer noch sichtbaren Einschußlöcher im Kopf einer Generalsstatue, die während der Republik von der aufgebrachten Menge »exekutiert« wurde. Minaya entdeckt, daß ausgerechnet ein Soldatendenkmal, eine frühe Arbeit Utreras, die Züge der ermordeten Mariana trägt. Die Suche nach der Vergangenheit wird nun immer mehr zu einem kriminalistischen Fall: Wer hat Mariana erschossen, wie starb Solana, wurde sein Roman mit dem Titel »Beatus ille« tatsächlich 1947 von der Guardia Civil verbrannt?

Minaya beginnt an der offiziellen Version zu zweifeln, als er mit der Hilfe der geheimnisvollen Hausgehilfin Inés, in die er sich verliebt, alte Aufzeichnungen findet, offensichtlich Teile von »Beatus ille«, in denen Solana seine leidenschaftliche Begegnung mit Mariana in der Mordnacht und die Umstände des Verbrechens rekonstruiert. Schließlich gelingt Minaya die Entlarvung des Mörders, doch gleichzeitig stellt er fest, daß das eigentliche Rätsel auf einer ganz anderen Ebene liegt und daß er in seiner detektivischen Spurensuche ein Opfer der eigenen Projektionen und einer raffinierten Manipulation wurde. In einer für den Leser völlig überraschenden Pointe erkennt er, daß seine Heroisierung Solanas korrigiert werden muß: Der vergessene Dichter der Republik ist weder ein politischer Märtyrer noch ein Held des Schreibens, der in Minayas Phantasie selbst noch in dem Moment an seinem Werk arbeitet, als die Guardia Civil anrückt, um ihn zu erschießen. Solana lebt und hat als offiziell Toter in perfekter Tarnung die Schritte Minayas gelenkt. Das gesuchte Meisterwerk »Beatus ille« — das Buch im Buch — hat niemals existiert. Muñoz Molina spielt hier vermutlich auf die Erwartungshaltung an, daß nach Francos Tod die durch die Zensur in die Schubladen verbannten Meisterwerke auftauchen würden — bekanntlich stellte sich heraus, daß die Schubladen leer waren. Die Heroisierung der Bürgerkriegsgeneration und vor allem das Konzept des revolutionären Schriftstellers wird in *Beatus ille* kritisiert, aber auch verständlich gemacht: Auf den letzten Seiten wird in einer gut konstruierten *mise en abyme*, einer Spiegelung des Romans im Roman, Minaya und dem Leser deutlich gemacht, daß die Mythisierung und Heroisierung der Vergangenheit, die Suche nach dem verschollenen, in Wahrheit nie geschriebenen Buch notwendig ist, damit ein neues Buch, nämlich *Beatus ille*, als Roman der Rekonstruktionsarbeit Minayas — und des Lesers — geschrieben werden kann.

Damit wird auch das Rätsel der Identität des Ich-Erzählers gelöst, der nur ab und zu auftaucht, während der größte Teil der Handlung in der dritten Person erzählt wird. Schon am Anfang des Romans tritt der Ich-Erzähler als eine mysteriöse Figur auf, die das Geschehen steuert, wenn er über Minaya und seine definitive Abfahrt aus Mágina sagt: »Jetzt (...) kann ich mir vorstellen oder erzählen, was geschehen ist, und immer noch ihre Schritte, die von Inés und die seinen, aufeinanderzulenken, bis sie sich auf dem leeren Bahnsteig erkennen, als würde ich beide in diesem Augenblick erfinden und ihre Gegenwart, ihre Sehnsucht und ihre Schuld entwerfen.« (S. 10)

Ähnlich wie in *Beltenebros* werden hier Vergangenheit und Gegenwart, Fiktion und Realität, Erinnerung und Erfindung miteinander verquickt. Der Autor läßt teilweise die verschiedenen Zeitebenen ineinanderfließen und geht damit weit über die herkömmlichen Erzählstrukturen des Kriminalromans und auch des traditionellen Geschichtsromans hinaus. *Beatus ille* erhebt nicht den Anspruch, ein objektivierbares Bild der Geschichte der Bürgerkriegsgeneration zu entwerfen, sondern zeigt auf, daß die Nachgeborenen mit einem immer schon medial vermittelten Puzzle, mit Bruchstücken aus Legenden, Dokumentarmaterial und fremden Erinnerungen konfrontiert sind. Daher ist auch in der Handlungsstruktur des Romans die Aufdeckung des Verbrechens zweitrangig gegenüber dem Thema der Spurensuche und der Interpretation einzelner Fragmente der Vergangenheit. Die Geschichte existiert für Minaya nur in Texten, Fotos und Erzählungen, und ihre Verbrechen sind nur noch in der Struktur von Krimi-Plots und in einer den Filmen der »Schwarzen Serie« nachempfundenen Atmosphäre vorstellbar. Dabei läßt Muñoz Molina allerdings keinen Zweifel daran, daß die Fiktionen der Literatur, des Kinos und der Kunst tragfähiger sind und auch in ihrer Vielfältigkeit mehr Wahrheit und Authentizität erreichen können als die Fiktionen der Politik. Sowohl in *Beatus ille* als auch in *Beltenebros* ist Luque, ein linksorientierter Aktivist, der bedingungslos an den Realitätsgehalt seiner politischen Rhetorik glaubt, diejenige Figur, die am wenigsten die Chance zur Erkenntnis hat.

In Muñoz Molinas fiktiven Welten der (Re-)Konstruktion und Simulation des politischen Widerstands und der Verfolgung, der verdrängten und vergessenen Verbrechen und einer Vergangenheit, die nicht sterben will, haben die literarischen und künstlerischen Fiktionen vor allen anderen Konstrukten den einen Vorteil, daß sie am Ende als solche durchschaubar werden.

Alejandro Gándara:

»Punto de fuga« — Versuch einer Phänomenologie der Angst

Von Inge Beisel

Alejandro Gándara, 1957 in Santander geboren, studierte Soziologie an der Universidad Complutense, an der er später eine Zeitlang als Professor für Geschichte lehrte. In den Jahren 1988 und 1989 leitete er die Koordination des Beilagenteils »Libros« in *El País*. Er ist Gründer und Direktor der Escuela de Letras in Madrid, wo er heute lebt.

Seinen Durchbruch als Schriftsteller erreichte A. Gándara 1984 mit seinem ersten Roman, *La media distancia* (dt. *Die Mittelstrecke*), wodurch er sich eine bedeutende Stellung unter den Autoren der jüngeren spanischen Literatur erwarb. Seither veröffentlichte er drei weitere Romane: *Punto de fuga* ('Fluchtpunkt', 1984), *La sombra del arquero* ('Der Schatten des Bogenschützen', 1990) und das für alle Altersstufen gedachte *El final del cielo* ('Das Ende des Himmels', 1990). Darüberhinaus erschien 1989 eine Sammlung verschiedener Artikel unter dem Titel *No nos entendemos* ('Wir verstehen uns nicht'), in der sozialpsychologische und im weiteren Sinne ethische Themen, Fragen der menschlichen Kommunikationsfähigkeit sowie literaturkritische bzw. -theoretische Probleme erörtert werden. Das im gleichen Jahr publizierte Werk *Sucesos civiles* ('Zivile Begebenheiten') umfaßt eine Zusammenstellung von Berichten über Madrid, welche Gándara zwischen 1988 und 1989 in *El País* veröffentlichte.

Veröffentlichungen: *La media distancia,* Madrid, 1. Aufl. 1984 (3. Aufl. 1990); *Punto de fuga,* Madrid, 1. Aufl. 1986 (2. Aufl. 1988); *No nos entendemos,* Madrid, 1. Aufl. 1989; *Sucesos civiles,* Madrid, 1. Aufl. 1989; *La sombra del arquero,* Madrid, 1. Aufl. 1990; *El final del cielo,* Madrid, 1. Aufl. 1990.

Übersetzungen ins Deutsche: *Die Mittelstrecke,* übers. von Eva Schikorski, Frankfurt/M. 1991.

Alejandro Gándara konzentriert sich in seinen Romanen — und dies gilt tendenziell ebenso für seine Essays und Berichte — vor allem auf die komplexen inneren Wirklichkeiten des Menschen. Dementsprechend bildet die jeweilige äußere Realität nur einen häufig nicht vollständig zu konkretisierenden Rahmen, in dem mit großer Wahrnehmungssensibilität innere, meist negativ getönte Bewußtseinsbewegungen (wie z.B. das Erleben von Formen der Beziehungsunfähigkeit und emotionalen Zuständen) der jeweiligen Protagonisten aus der Perspektive des erzählenden Ichs in inneren Monologen entfaltet werden.

So ist in seinem ersten Roman *La media distancia* die Ankunft des salmantinischen Mittelstreckenläufers »El Charro« in Madrid zwecks Unterzeichnung eines neuen Vertrags nur Anstoß zur Entfaltung einer inneren Krise, wobei der Protagonist, der sein Schicksal als Läufer zunehmend besiegelt sieht, immer tiefer in das Labyrinth seiner Erinnerungen sowie die Fraglichkeiten seiner eigenen Geschichte eindringt — dies mit wachsendem Pessimismus, sich gewahr werdend, daß sich das Leben im Mittelmäßigen zurücklegt, im Flitter des Alltäglichen, der Routine.

La sombra del arquero und auch das kürzlich erschienene, mit Illustrationen versehene Werk *El final del cielo* führen die im ersten Roman sich abzeichnende thematische Ausrichtung nach innen fort. Letzteres nimmt den Flugzeugabsturz eines Vaters und seiner beiden Söhne in unheilvoller Umgebung zum Anlaß, um in einem von den Kindern initiierten, den verknöcherten Vater mitreißenden Abenteuer die komplexen Gefühlswelten und inneren Beweggründe der Figuren für sich selbst und den Leser erfahrbar werden zu lassen.

Punto de fuga besticht im Vergleich zu den übrigen literarischen Werken thematisch und erzählstrukturell durch seine Radikalität. Aus diesem Grunde sei diesem Werk im folgenden besondere Aufmerksamkeit gewidmet.

»Punto de fuga« oder die vergebliche Suche nach einem Fluchtpunkt

Ist man versucht, von der äußeren Gestaltung des Werks auf eine schnelle Lektüre zu schließen, so muß man sich spätestens nach einigen Seiten eines Besseren belehren lassen. Das auf den ersten Blick (geringe Seitenzahl, großer Druck usw.) scheinbar bescheiden daherkommende Werk verweigert sich einem raschen, automatisierten Lektürevorgang. Dies ist zunächst dadurch bedingt, daß der Roman in seiner diskursiven Anlage von der traditionellen Erwartungsnorm abweicht: Der Leser wird gerade nicht expositorisch in ein Handlungs- und Konstellationsgefüge einschließlich der raum-zeitlichen Konkretisierung eingeführt, sondern erhält in diesem Bereich während der Lektüre nur ein Minimum an Orientierung. Demgegenüber ist er gefordert, den Faden eines Bewußtseinsstroms zu verfolgen mittels einer Textur, deren Webstruktur nicht den 'normalen' Gesetzen der Verknüpfung entspricht. Der von der Ausdrucksdichte einem lyrischen Werk gleichkommende Roman negiert herkömmliche optische Orientierungsmittel, wie Kapitel- und Absatzeinteilung, verweigert zum Teil die automatische Vornahme in Sinneinteilungen durch systematische Auslassung von Punkten (es dominieren Kommata, Fragezeichen und Doppelpunkte), streut *blanks* ein, läßt semantische Anschlüsse unmotiviert und syntaktische Zusammenhänge vage, nährt die stumpfe Wiederholung gleicher Konjunktionen (»y«, »que«, »o«) bis zum verwirrenden Exzeß und springt zwischen verschiedenen Aussageebenen (Beschreibung, Selbstanalyse, Metakommentare usw.).

Diese textuellen Verfahren sind jedoch gerade die Voraussetzung dafür, daß wir als Leser einen vielleicht unbekannten und nicht ganz ungefährlichen Raum mitbeschreiten dürfen — den Bewußtseinsraum eines extrem angstvollen, ja umfassend lebensunsicheren Menschen. Die besondere Textgestaltung ist unabdingbares Mittel, erfahrbar zu machen, was sich im Bewußtsein eines von Angst vereinnahmten Menschen abspielt, wie sich in immer neuen fliehenden Bewegungen das lähmende Gift der Angst, der toxischsten aller Emotionen, unausweichlich auf Wahrnehmung, Denken und Handeln zersetzend ausbreitet. Insofern entspricht die diskursive Struktur des Textes ganz ihrem zu entfaltenden Thema, an das der Leser zu Beginn des Romans über allgemeine Beschreibungen herangeführt wird: Das erzählende Ich konkretisiert begrifflich die Art der ihm innewohnenden Angst. Es handelt sich nicht um eine in ihren Implikationen positive Angst, welche als Warnsignal fungieren, Risiken vermeiden und somit lebenserhaltend wirken kann. Nein, es geht vielmehr um eine den ganzen Menschen umgreifende Angst, welche teilweise den Zustand ihrer unmittelbaren expressiven Anzeichen (Zittern, Weinen) schon überschritten zu haben scheint, eine sich verselbständigende, gegenstandslose Furcht, deren Motivationsgründe nicht mehr ausmachbar sind, die sich in wiederholenden Phasen unaufhaltsam steigert und einen inneren Fluchtmechanismus in Gang setzt.[1]

Während der Beginn des Romans eine erste Umschreibung der Form des Angstzustandes liefert, versucht die weitere Komposition des Textes, das subjektive Erleben von Furcht, d.h. die Bewußtseinsbewegungen eines grundlegend angstvollen Menschen, im Detail mitvollziehbar zu modellieren. Thematischer Brennpunkt bildet somit die versuchte Annäherung an eine Phänomenologie von Angst. Ihre — mit dem Protagonisten — im Verlauf des Romans entfalteten Haupterscheinungsformen werden vom Autor über die geschickt genutzte Mehrdeutigkeit des Wortes

»fuga« vorwegnehmend im Titel gebündelt: Mit der Doppeldeutigkeit des Begriffs »fuga« im Sinne von »Flucht« und (musik.) »Fuge« greift Gándara zwei charakteristische Merkmale für das Erleben von Angst heraus: Zum einen die den Protagonisten dominierende zwanghafte Fluchtbewegung, welche sich sowohl in Wahrnehmungsweise, Entwicklung von Vorstellungen und im konkreten Verhalten ablesen läßt — unentwegt und doch vergeblich auf der Suche nach einem möglichen Fluchtpunkt; zum anderen — analog zu der für die Fuge charakteristischen imitierenden, (kontrapunktisch) variierenden Durchführung eines zu Beginn aufgestellten Themas — die Mehrtönigkeit und den phasischen Charakter der angstvollen Bewegung, deren Tonalität graduell an Negativität (in Richtung auf Tod bzw. Erstarrung) und Intensität zunimmt.

Verflochten mit diesen Erscheinungsformen der Angst sind punktuelle, bruchstückhafte Informationen der Hauptfigur über sich selbst und sein soziales Umfeld sowie die zeitlich unkoordinierte Vorgabe von Handlungsschritten, die sich der Leser mühsam wie Mosaiksteine zu einem möglichen Ganzen zusammensetzen muß: Die erzählte Zeit umspannt ca. einen Tag. Der Leser erhält, der Wahrnehmungsweise des Protagonisten (Prínchipe) folgend, Fetzen aus einer Fakultätssitzung, gleitet mit ihm räumlich in den Blick des geliebten Gegenübers (Adela) ab, wendet sich ins Grundsätzliche und driftet zeitlich ab ... Wir erfahren von einem Traum, der Rettung einer Katze am Morgen, die sich in den Drähten eines Daches verfangen hat, von der Ruhelosigkeit und Flucht des Protagonisten, der den normalen Weg zur Universität verweigert und, ohne zu frühstücken, unausweichlich in die entgegengesetzte Richtung durch die Straßen flieht, sich in ein Schmuckgeschäft manövriert und eine Kette stiehlt; wir hören von dem unvermeidlichen Aufsuchen einer befreundeten Kriminellen (Marga), der versuchten Annäherung an die geliebte Frau in einer Kneipe, dem Bedürfnis der (für den Leser vom Motiv her lange unklaren) Aussprache mit ihr, welche sich nicht verwirklichen kann, von der panikartigen Flucht aus der momentan erlebten Nähe zu ihr, dem Ringen um ein Gespräch mit seinem Vorgesetzten, Professor Don Javier, immer auf der Suche nach dem zu ergründenden Motiv seines schlechten Gewissens, vom Diebstahl der Filmkamera eines Japaners und der erneuten nächtlichen Rückkehr zu Marga, dem Vermissen der Kette und der wachsenden Unsicherheit über die Erinnerung an das Vergangene, von der verkrampften vergeblichen Suche der Kette bei Adela, der Steigerung der inneren Spannung bis zum Mord an ihr, von der von Marga organisierten, letztendlich scheiternden Begegnung mit seinem Nebenbuhler El Tribunio, von den Schüssen des Machuca, eines Polizisten und früheren Geliebten Margas, der unmittelbaren Todesnähe des Prínchipe ... und am Ende steht die immerwährende nackte Angst.

Die so erstellbare — in Einzelheiten uneindeutig bleibende — grobe Handlungsstruktur ist immer nur Teil des in Vorstellungen wuchernden und zeitlichen Sprüngen verhafteten ängstlichen Ichs. Geschickt steigert der Autor kompositorisch die Einfühlung des Lesers in solche Bewegungen, indem er ihn — analog zum Bewußtseinsstand des erlebenden Ichs — über die unterliegenden Motivationen seines Tuns im unklaren läßt. Erst im Nachhinein werden jeweils tröpfchenweise Indizien aus der Vorgeschichte eingestreut, die Ansätze zur Erklärung des psychisch durch den Wahn der Angst zunehmend gestörten Verhaltens des Protagonisten geben. So erfährt der Leser, daß Prínchipe als Dozent den Unterrricht abgebrochen und die Klasse verlassen hat (S. 38); er war es, der in der Sitzung abweichend zu den anderen Assistenten gestimmt, somit die Fakultät 'verraten' (S. 44) und den Namen Adelas von der Stipendiumsliste gestrichen hat (S. 63). All dies steigert das schon empfundene Gefühl der Lebensunfähigkeit, des Versagens und gibt Anlaß zu verstärkten Schuldgefühlen. Das heißt, über diese Indiziengabe läßt der Autor auf ein in der Hauptfigur innewohnendes Konglomerat von Emotionen schließen (Schuldgefühle, Unsicherheit, Feindseligkeit), welche dann als Komponenten des komplexen Phänomens Angst wirken.

Das mangelnde Selbstbewußtsein und die geglaubte Lebensunfähigkeit des Protagonisten werden systematisch über die Beziehung zu den anderen Figuren gesteigert. Dies ist vor allem dadurch bedingt, daß sich Prínchipe aufgrund seiner eigenen angstvollen Prämissen jede Beziehung dichotomisch als negatives oder positives Gegenmodell zu sich selbst konstruiert, wobei letzteres — inkarniert in der Figur von Adela — durch seine Unerreichbarkeit schließlich ebenso in Negativität und Rivalität umkippen muß. Aus der grundlegenden Unsicherheit gegenüber jeglicher Beziehung heraus entfaltet der Protagonist eine eingeschränkte, weil von vornherein pessimistisch getönte Wahrnehmungsweise, welche kaum positive Verhaltens- und Deutungsalternativen offenläßt. Schärfstes Gegenmodell unter den Männern bildet der Tribun, weil dieser als Mann all das verkörpert, was er, Prínchipe, nicht erreichen kann: Schneller beruflicher Erfolg und öffentliches Ansehen, Liebesfähigkeit zum anderen Geschlecht trotz Insensibilität (S. 16, 40). Als mutmaßlicher Geliebter Adelas ist er für ihn lebensbedrohlich, weil er seine eigene Sehnsucht nach Entsprechung im geliebten anderen (hier: in Adela) zerstören könnte. Gleichzeitig entwirft der Protagonist jedoch die Bedrohlichkeit aus sich selbst, um diese gefürchtete Entsprechung mit dem Gegenüber nicht wirklich werden lassen zu müssen.[2] Einen weiteren männlichen Gegenpart bildet der Professor, Don Javier, ein verknöcherter Alter, den er zwar in seinem Opportunismus (S. 13) und seiner Morbidität (S. 29,

56 f.) durchschaut, von dem er andererseits dennoch durch sein schlechtes Gewissen abhängig ist.

Die Beziehung zu Marga ist in höherem Maße ambivalent. Sie, ehemals intelligenter Kopf an der Universität, jetzt Teil des kriminellen Milieus, ist für Prínchipe Ansprechpartner und erotischer Bezugspunkt, vielleicht nicht zuletzt deshalb, weil sie psychologisch — es wird von »Paranoia« (S. 34) gesprochen — ähnlich gefährdet erscheint wie er. Die vermutbare Flucht zueinander wird jedoch nicht Basis einer positiven Beziehungsentwicklung, sondern verläuft in feindseliger Gespanntheit, wobei er keine Schwäche zeigen und sich bestätigt wissen will (S. 33 f.), sie jedoch diesen Versuch durch Verweis auf grundlegende Schwächen schon im voraus zunichtemacht (S. 32). Am Ende steht auch in dieser Beziehung trotz intuitiver Bindung das Unverständnis (»no te entiendo«, S. 36) im Vordergrund.

Adela wird von Prínchipe als höchstes positives Gegenmodell verabsolutiert; sie ist in ihrer Intelligenz, Lebensfähigkeit (das Wortfeld um »capaz« bzw. »incapaz« ist thematisch zentral) die Perfektion schlechthin (S. 12). Folglich ist sie für ihn gleichermaßen Gegenstand höchsten Interesses und größter Furcht. Die Intensität der Sehnsucht bedingt die Intensität der Angst mit; Liebe, wie in geringerem Maße jede Form der Beziehung, wird von ihm — so sichert der Text mehrfach ab (S. 63, 78) — als eine gesteigerte Form der Angst erfahren. Der Protagonist erlebt sich in einem Konflikt zwischen dem Wunsch der Annäherung und dem der Flucht (z.B. S. 38 ff., 43), welche sich aus der Angst vor ihrer Verwirklichung nährt. Die Vollkommenheit des geliebten Gegenübers steigert das Gefühl seiner eigenen Lebensunsicherheit, woraus sich teilweise für den Leser die Aggressivität gegenüber Adela erklären läßt, welche in ihrem Extrem (Mord, S. 78) einer Form der versuchten Selbstzerstörung gleichkommt.

Jede der oben aufgeführten Beziehungen — vgl. ebenso die Episode mit der Verkäuferin (S. 18 ff.) und dem Japaner (S. 46 ff.) — erstellt sich letztlich nach den Regeln der Über- und Unterlegenheit. Aus der angstvoll übersteigerten Notwendigkeit der Selbstbestätigung und der gleichzeitigen Unmöglichkeit ihrer Verwirklichung wird jede Beziehung notgedrungenermaßen zum Kampfplatz des eigenen Machtbeweises.

Gándara führt in mehreren Miniaturdramen (S. 18 ff., 73 ff.) vor, wie die Angst kognitive Prozesse in Bewegung setzt, welche selbst wiederum furchtsteigernd sein können.[3] Neben Rastlosigkeit, Flucht, innerer Verstrickung und Fall in wuchernde Vorstellungswelten zeigt der Geängstigte vor allem eine Tendenz zur Übersemiotisierung. Das sensibel Wahrgenommene wird zeichenhaft überladen und als Wirklichkeit geglaubt. So wird die in der Auslage sichtbare Schaufensterpuppe bedrohlich negativ gelesen als Maske mit verhinderten Sinnesöffnungen (S. 18), das Aussehen und das Verhalten der Verkäuferin werden — unter Projektion des eigenen Scheiterns — symptomatisch für einen inneren Akt der Verzweiflung gesehen usw. Am stärksten werden die oben genannten Symptome in der Begegnung des Protagonisten mit Adela wirksam, da hier die empfundene Angst am größten ist. Prínchipe projiziert seine mögliche Unfähigkeit zum Dialog schon antizipierend in die bevorstehende Situation, so daß diese schließlich nur einen negativen Ausgang nehmen kann (S. 36 ff.). Ein Lächeln ihrerseits wird Anlaß zur negativen Umwertung der Begegnung, wobei sich folglich die Negativität auf die gesamte Person Adelas dergestalt ausweitet (S. 38 f.), daß die Beziehung von ihm mehr und mehr durch die Brille der Rivalität gesehen wird: Äußerungen ihrerseits werden als Indizien für seine Beherrschung durch sie gelesen (S. 41, 43, 51), verstärken die eigene Schwäche (S. 43) und die als Lähmung und Erdrückung in Erscheinung tretende Angst ... bis zur panikartigen Flucht (S. 51). Ihren absoluten Höhepunkt erreicht die Übersemiotisierung und Projektion falscher Annahmen in der zweiten und letzten Begegnung (S. 73 ff.) vor dem von ihm begangenen Mord. Er antizipiert ein inneres Drama, in dem — entsprechend seinem inneren Zwiespalt — Liebe und Tod (im Mord) in einem Akt verschmelzen (S. 75), liest ihr Zuziehen der Vorhänge grundsätzlich als Schließen aller Wege, auf denen er ihr begegnen könnte (S. 75), sieht in ihren Bewegungen eine negative Strategie (S. 77), empfindet körperliche Leere und Ekel, einen Widerwillen vor der eigenen Geschichte, legt in seiner Vorstellung die vergeblich gesuchte (und eventuell beim Nebenbuhler vermutete) Kette um ihren Hals, setzt seine Hände an die Stelle der Kette und erdrückt, löscht sie aus, wie er dies schon im Akt des Streichens ihres Namens auf der Liste tat.

Die versuchte Selbstzerstörung schreitet im folgenden mit schnellen Schritten voran, wobei der Gesamtgestus des Romans einer zunehmenden Desorganisation des angsterfüllten Ichs hin zum Tod entspricht. Dies wird kompositorisch mit verschiedenen Mitteln verwirklicht: Auffällig ist zunächst die zunehmende Länge der angstvollen Bewußtseinsbewegungen bei gleichzeitigem Anstieg zeitlich-inkohärenter Einbettungen, welche an den Verlust des Erinnerungsvermögens und des Zeitgefühls des Protagonisten heranführen, das im Schlußteil des Romans (S. 89 ff.) durch zunehmende (semantische, syntaktische usw.) Zerrissenheit der Textstruktur auch für den Leser dominiert. Verstärkt wird der Prozeß der wachsenden Verwirrung durch die von Anfang an vorhandenen wiederholenden bzw. kreisenden Denkstrukturen, die in der zweiten Hälfte des Romans (S. 61, 83 u.a.) — symptomatisch für die wachsende Neurose — größere Ausmaße annehmen. Hinzu tritt die wiederholt vorgeführte, stetig ansteigende Unfähigkeit des Protagonisten, zwischen innerer und äußerer Wirklichkeit zu unterscheiden, sowie das vermehrte Auftreten von umfassenden psycho-physischen Symptomen, wie z.B. Erstickungsgefühl als körperliche Manifestation der zunehmenden Verunsicherung durch Bedrängnis (S. 70, 72 f.) sowie der Ekel gegen sich selbst als Ausdruck der inneren Mißachtung. In unmittelbarer Todesnähe verdichten sich im Protagonisten schließlich die gesamten vorangegangenen Erfahrungen und Geschehnisse noch einmal, verschmolzen mit einem Bild des unendlichen Falls, welches illustriert, daß die Annahme, der Tod könne als einzig möglicher Fluchtpunkt fungieren, vergebens ist, denn die Angst in ihrer Vielgestaltigkeit erscheint grenzenlos.

Somit schließt sich der Kreis; der Leser — in seiner Lektüre ebenso auf der Suche nach Fluchtpunkten — wird über das Ende wieder an den Ausgang des Romans zurückgeführt. Die Kreisstruktur verweist zusammen mit den semantischen Feldern des Falls, des Fliehens, der Verstrickung und des Gefangenseins auf die innere Bewußtseinsstruktur des Protagonisten, die der Leser miterfahren muß, sowie auf den ausweglosen Teufelskreis desjenigen, den die Angst wie einen die Wirklichkeit einnehmenden Kontinent beherrscht.

Anmerkungen

1) »(...) diese Angst, welche den Pulsschlag nicht verändert, unterscheidet sich wesentlich von jenen anderen Ängsten: sie hat immer eine Erklärung, wie verborgen sie auch sei. Dies kann so weit gehen, daß sie im Grunde ihrer nicht bedarf, obgleich sie von ihr abhängt; diese Art von Angst habe ich, nicht jene, die andauert, kommt und geht, sondern jene, die einfach da ist.« (Im spanischen Text S. 11)

2) Zum Beispiel in der ersten Begegnung mit Adela (S. 43 f.) bringt Prínchipe u.a. aus Angst vor dem Dialog das Gespräch auf den Tribun und schafft somit die Prämissen für ein Scheitern der Begegnung.

3) Ein treffendes Beispiel hierfür ist die Ladendiebstahlszene (S. 18-24). Die Flucht vor der eigenen Person findet ihren zeitweiligen Endpunkt in der gleichzeitig als innere Notwendigkeit und auswegloses Gefangensein empfundenen Situation des Diebstahls der Kette, der — wie der Text später andeutet (S. 66, 78) — mehrfach motiviert sein kann: als Mittel der Selbstbestätigung vor Marga, als Ausdruck eines Wunsch- oder Auslöschungsgedankens bezüglich Adelas, als Form des Selbstbeweises gegen die Angst und/oder als ein inneres Hinarbeiten auf das eigene Ende, das eine Eliminierung der Angst, die seine Wirklichkeit ausmacht, implizieren könnte. Zurück auf der Straße löst der Akt des Stehlens imaginative Verfolgungsbilder aus (S. 25-27), welche das Angstgefühl erneut steigern lassen.

Der spanische Kriminalroman:

Gesellschaftlicher Wandel im Spiegel einer populären Gattung

Von Albrecht Buschmann

Die Geschichte des modernen spanischen Kriminalromans beginnt mit einer bedeutenden Leiche. Erst mußte General Franco sterben und seinen Zensurapparat mit ins Grab nehmen, bevor der Weg frei wurde für eine bodenständige Kriminalliteratur, die sich mit Korruption, Gewalt und Mord im eigenen Land beschäftigte. Was nicht heißen soll, daß bis 1975 in Spanien keine Krimis veröffentlicht wurden; aber es handelte sich fast ausnahmslos um Übersetzungen englischer und amerikanischer Autoren. Die beiden Pioniere Mario Lacruz (*El inocente,* 1953, dt. *Steckbrief für einen Unschuldigen,* Rowohlt 1965) und der Katalane Manuel de Pedrolo (*Joc brut,* 1965, auf kastilisch *Juego sucio,* 1972) konnten mit ihren geschickt ins Krimigewand gekleideten Parabeln auf die Unterdrükkungsmechanismen der Franco-Gesellschaft nur ein Minderheitenpublikum erreichen, und einzig der Literaturprofessor Francisco García Pavón wurde mit seinen vorwiegend im ländlichen Ambiente angesiedelten und eher unkritisch-humoristischen Geschichten um den Dorfpolizisten Plinio einem größeren Publikum bekannt (z.B. *Nuevas historias de Plinio,* 1972; dt. *Kriminalgeschichten – deutsch/spanisch,* Reclam 1980). Die franquistische Propaganda hatte erfolgreich verhindert, daß spanische Autoren an die Tradition der eigenen, wenn auch bescheidenen Krimiliteratur der Vorkriegszeit anknüpfen konnten: Nach ihrer offiziellen Lesart »durfte in Spanien nichts Außergewöhnliches vorfallen, und schon gar kein Verbrechen, denn das hätte die herrschende Ordnung gestört: noch viel weniger durfte von der Arbeit der Ordnungshüter gesprochen werden.«[1]

All das änderte sich Mitte der siebziger Jahre: Die sich mit dem Tod des Diktators vergrößernde Freiheit der literarischen Rede und die bis heute andauernde Politik der forcierten Industrialisierung ohne sozialpolitische Bremse boten beste Voraussetzungen, um eine an den Mustern des amerikanischen Krimis der *hard-boiled-school* orientierte Literatur in Gang zu bringen. 1974 erschien Manuel Vázquez Montalbáns *Tatuaje* (dt. *Carvalho und die tätowierte Leiche,* Rowohlt 1989) und ein Jahr später Eduardo Mendozas *La verdad sobre el caso Savolta* ('Die Wahrheit über den Fall Savolta'). Dieser zentrale Text der spanischen Gegenwartsliteratur ist zwar nur mit Einschränkungen als Krimi zu bezeichnen, aber gerade seine gelungene Mischung aus Krimi, *roman rose* und historischem Roman machte das niveauvolle Spielen mit populären Gattungen (und eben auch dem Krimi) literaturfähig.

Seitdem sind, grob geschätzt, etwa 100 bis 150 spanische Kriminalromane veröffentlicht worden, dazu eine etwa ebenso große Anzahl von Kriminalerzählungen und Kurzgeschichten. Der Krimi wurde, neben dem erotischen Roman, zu einem der Modegenres der *transición,* der bis 1982 währenden Phase der demokratischen Umgestaltung des Landes. Viele junge Autoren versuchten ihr Glück, kamen aber über einen Erstling nicht hinaus. Auch etablierte Autoren der Höhenkammliteratur wie Juan Benet (*El aire de un crimen,* 'Die Gestalt eines Verbrechens', 1980) oder Alfonso Grosso (*Los invitados,* 'Die Gäste', 1978) ließen sich kurzfristig von der Aussicht auf hohe Auflagen locken. Doch ein gutes Dutzend Autoren schreibt bis heute hauptsächlich Krimis und leistet somit seinen Beitrag zu einer Krimischule *a la española.* Da mein Überblick sich nicht in Aufzählungen verlieren möchte, wird er ungerecht sein: Mancher originelle Autor wird unerwähnt bleiben; viele interessante Texte werden nur am Rande gestreift werden.[2] Auf Eduardo Mendoza und seine sprachspielerischen Krimiparodien (z.B. *El misterio de la cripta embrujada,* 1986, dt. *Das Geheimnis der verhexten Krypta,* Suhrkamp 1990), auf Juan Madrid und Manuel Vázquez Montalbán werde ich nicht in der Ausführlichkeit eingehen, die sie verdient hätten, da diese Autoren in gesonderten Einzeldarstellungen dieses Bandes behandelt werden.

Die Detektivfiguren

Für den Leser deutscher Krimis ist es ganz selbstverständlich, sich vorwiegend von beamteten Kommissaren durch die Handlung führen zu lassen. Der Identifikation mit den Vertretern der staatlichen Obrigkeit sind hierzulande keine psychologischen oder moralischen Schranken gesetzt. Ganz anders hingegen in Spanien: Dort war bis 1975 die berüchtigte *Brigada política-social* nicht nur für die Aufklärung von Kapitalverbrechen zuständig, sie beteiligte sich auch als politische Polizei, folternd und mordend, an der Jagd auf Kommunisten und andere politische Gegner. Zwar wurde die Abteilung inzwischen aufgelöst, die Beamten selbst aber nur versetzt. Wer in den sechziger Jahren als junger, regimetreuer Mann in den Polizeidienst eintrat, hat heute womöglich die Chefetagen erreicht.

Nicht zuletzt deshalb wimmelt es in spanischen Kriminalromanen nur so von korrupten Polizisten. Wenn sie nicht selbst die gesuchten Verbrecher sind (wie z.B. in Mariano Sánchez' Erzählung *La sonrisa del muerto,* 'Das Lächeln des Toten', 1990), stellen sie sich oft als Repräsentanten der noch immer mächtigen franquistischen Seilschaften den ermittelnden Romanhelden in den Weg. So muß sich beispielsweise Manuel Vázquez Montalbáns Privatdetektiv Pepe Carvalho ständig den Nachstellungen des Kommissars Contreras erwehren, der ihn schon in den Sechzigern als jugendlichen Kommunisten im Visier hatte.

Mit den achtziger Jahren jedoch begann bei den Autoren und beim Publikum der Haß auf die Uniformen etwas nachzulassen. Nun konnten Polizisten auch Hauptfiguren werden, aber sie blieben zwielichtige, gebrochene Gestalten wie etwa Francisco González Ledesmas Kommissar Méndez, ein sexistischer alter Franquist, ein Maulheld gegen Frauen, Freiheit und Demokratie, der seine ungeladene Dienstwaffe allerdings nur noch zur Einschüchterung benutzt und der schon unter Franco bei Demonstranten öfter ein Auge zudrückte (in *Crónica sentimental en rojo,* 'Chronik der Gefühle in Rot', 1984).

Heute finden sich unter den Krimihelden sogar positive Polizisten, etwa der junge idealistische Inspektor Huertas in Andreu Martíns *Barcelona Connection* (1988, auf deutsch unter gleichem Titel beim Elster-Verlag, 1989). Der hat zwei Kleingangster festgenommen, und als einer der beiden auspacken will, wird er im Gefängnis ermordet: Huertas ist einem internationalen Drogenring auf die Füße getreten. Unverblümt versucht man, ihn zu bestechen, und als auch sein Chef ihm einreden will, daß hinter alledem sicher nur eine Weibergeschichte stecke, wird Huertas renitent. Mit seinem Partner Faura deckt er ein Geflecht von Korruption und Erpressung zwischen Politikern, Polizeioberen und Drogengrößen auf. Ohne seine Vorgesetzten zu informieren, trägt er stichhaltige Beweise zusammen und nimmt wichtige Hintermänner fest. Aber auch sein bester Freund, der Untersuchungsrichter Solá, wird mit kompromittierenden Fotos erpreßt und läßt die Gangster wegen angeblicher Verfahrensmängel laufen. Nun wird Huertas selbst zum Gejagten. Partner Faura, in Wahrheit auch er bestochen und Huertas bloß zugeteilt, um ihn zu kontrollieren, lockt ihn in eine Falle. In einer wilden Schießerei kann Huertas gerade noch sein Leben retten. Der Roman endet mit einer Zeitungsmeldung: Der Polizei sei ein wichtiger Schlag gegen die Drogenmafia gelungen, gesucht werde ein gewisser Inspektor Huertas, in dessen Wohnung mehrere Kilo Heroin sichergestellt worden seien. — Dieses Beispiel zeigt, daß es in Spanien bis heute kein *police procedural* gibt, keinen

Krimi, der die Ermittlungen *mit Hilfe* des Polizeiapparates beschreibt; die 'guten' Polizisten spanischer Krimis müssen, und das mit wenig Erfolg, *gegen* den (verbrecherischen) Polizeiapparat arbeiten.

Somit wird verständlich, daß es den Autoren näher lag, ihre Hauptfiguren als neugierige Normalbürger einzuführen (z.B. Julián Ibáñez' Buchhalter Novoa in *Mi nombre es Novoa,* 'Mein Name ist Novoa', 1986), oder als engagierte Journalisten, etwa in Jordi Sierra i Fabras' *En la esquina del círculo* ('In der Ecke des Kreises', 1987) oder in Jorge Martínez Revertes Romanen um den Journalisten Julio Gálvez (z.B. *Gálvez en Euskadi,* 1982, dt. *Baskisches Wechselgeld,* Rotbuch-Verlag 1989). Und außerdem haben sich, vor allem als Serienhelden, Privatdetektive unterschiedlicher Spielart bewährt. Etwa der Ex-Polizist und Ex-Boxer Toni Romano, der in drei der fast ein Dutzend Bücher von Juan Madrid auftritt. (Nicht berücksichtigt werden hier die dreizehn Romane der ab 1989 erschienenen *Brigada Central*-Serie, in denen Juan Madrid seine Drehbücher für die gleichnamige Fernsehproduktion zweitverwertet hat; vgl. hierzu den Beitrag von Jürgen Sieß in diesem Band.) Den Polizeidienst quittierte Toni ausgerechnet im Jahr 1975, weil er nach zehn Jahren im Dienst weniger als je zuvor an eine demokratische Reform des Apparates glaubte. Seitdem schlägt er sich mal als Angestellter einer Detektei, mal als Rausschmeißer in einer Diskothek durch. Seine Ermittlungen stützen sich auf seine physische Kraft, seine unbestechliche moralische Integrität in bester *lone-wolf*-Tradition, und vor allem auf seine intime Kenntnis der Madrider Unterwelt- und Kneipen-Szene. Der bekannteste und originellste spanische Privatdetektiv ist jedoch sicherlich der kulturpessimistische Bücherverbrenner und Gourmet Pepe Carvalho, die Hauptfigur sämtlicher Krimis des Journalisten und Allroundschreibers Manuel Vázquez Montalbán (seit 1974 bisher acht Kriminalromane und fünf Bände mit Krimi-Erzählungen, auf deutsch als Rowohlt-Taschenbücher).

Egal, ob Polizist, Journalist oder Privatdetektiv, allen Detektivvarianten gemeinsam ist ihre menschliche Glaubwürdigkeit; moralische oder physische Supermänner alter Schule sind die Ausnahme (z.B. Pedro Casals cooler Anwalt Lic Salinas in *La jeringuilla,* 'Die Spritze', 1986). Und fast immer unterliegen die Detektivfiguren ihren Gegnern, sie sind letztlich machtlos gegenüber dem korrupten Filz von Wirtschaft, Politik und Polizei. Der spanische Krimi ist pessimistisch, vielleicht aber auch nur realistisch — wie man will.

Sex and Crime

Bis in die siebziger Jahre hinein sorgten sich in Spanien Kirche und Staat um die Propagierung einer äußerst strengen Sexualmoral, unter deren

Vorzeichen auch die jungen Krimiautoren aufgewachsen waren. Nach 1975 hörte niemand mehr auf die Tugendwächter von gestern, und was so lange unter der Decke gehalten worden war, wurde nun in oft maßloser Form beschrieben. Attraktive Eroberungen der Detektive, lesbische Liebe, Fetischismus und andere für den Durchschnittsleser exotisch-prickelnde Praktiken werden in Nebenhandlungen ausgiebig ausgebreitet.

Doch nicht nur die Beschreibung sexueller Handlungen war unter Franco verboten, auch die Darstellung von Gewalt unterlag, wie anfangs erwähnt, strengen Auflagen. Was lag also näher, als beide Elemente, Sex und Gewalt, miteinander zu verbinden und damit das Suggestionspotential noch zu erhöhen. Auf dieser Schiene schrieb Andreu Martín den Inzest-Schocker *Hay amores que matan. ¿Y qué?* ('Es gibt Liebe, die tötet. Na und?', 1984), oder *El día menos pensado* ('Der Tag, an den keiner dachte', 1986), einen harten Thriller aus dem Drogenmilieu. Doch der Autor, der sich in seinen bisher fünf Romanen am deutlichsten dem *Sex and Crime*-Muster verschrieben hat, ist Carlos Pérez Merinero. In seinem Erstling *Días de guardar* ('Angespannte Tage', 1981) erscheint die obsessive Darstellung von Sex ohne Reue und von Gewalt ohne Sühne als purer Reflex auf vier Jahrzehnte franquistischer Repression: Der Ich-Erzähler, der Gangster Antonio Domínguez, berichtet von seiner gerade beendeten Arbeitswoche, während der er vier Überfälle verübt, drei Menschen ermordet, mehrere Frauen vergewaltigt und eine Frauenleiche geschändet hat. Am Schluß des Romans fährt er im Zug zu seiner Mutter aufs Land; die Polizei hat keine Spur, und er beginnt, neue Pläne zu schmieden. Dem Autor gelingt es, den Monolog seines Helden von der ersten Seite an in mimetischer Sprechweise voller Ellipsen, Abschweifungen und Wiederholungen in wüstem, variantenreichen Argot wiederzugeben. Mit all dem erreicht Pérez Merinero geschickt sein erschreckendes Ziel: den Leser zur Identifikation mit einem ungestraft mordenden und vergewaltigenden Schwerverbrecher zu locken.

Der politische Krimi als Medium der Gesellschaftskritik

Wenn man sich an das hochpolitisierte Klima der sechziger und frühen siebziger Jahre erinnert, die die prägenden Jugendjahre fast aller hier genannten Autoren waren, dann erstaunt es nicht, daß der junge spanische Krimi auch als politisches Medium genutzt wurde. So reflektiert Jorge Martínez Revertes *El mensajero* ('Der Bote', 1982) die Enttäuschung der politischen Linken Ende der siebziger Jahre und versucht, die Mechanismen aufzudecken, die vom politischen Engagement zum Terrorismus führen. Das baskische Unabhängigkeitsstreben und die ETA-Problematik stehen im Mittelpunkt von Eugenio Ibarzábals *La trampa* ('Die Falle', 1988) oder Juan Luis Cebriáns *La rusa* (1986, dt. *Die Russin,* Goldmann-Verlag [2]1988). In Juan Madrids Erstling *Un beso de amigo* (1980, dt. *Ein freundschaftlicher Kuß,* Elster-Verlag 1989) ermittelt Toni Romano gegen die Hintermänner faschistischer Schlägertrupps, die, wie auch in Wirklichkeit geschehen, das Madrider Malasaña-Viertel als Ziel für Immobilienspekulationen entdecken. In seinen Krimiskizzen (z.B. *Un trabajo fácil,* 'Eine leichte Arbeit', 1986, oder *Jungla,* 'Dschungel', 1988) richtet Madrid sein Augenmerk vor allem auf die untersten sozialen Schichten, wo Armut und Chancenlosigkeit Kriminalität alltäglich werden lassen.

Wie Juan Madrid ist auch Manuel Vázquez Montalbán erklärtermaßen angetreten, in seinen Romanen eine Chronik der gesellschaftlichen Umwandlung Spaniens zu schreiben. Daß er diesem Anspruch gerecht wird, belegen zum einen der thematische Reichtum seiner Bücher, die Fülle an schlüssigen Biographien, aber auch die Professionalität in der erzählerischen Umsetzung gesellschaftlicher Entwicklungen. Dies läßt sich deutlich an *Los mares del Sur* (1979, dt. *Tahiti liegt bei Barcelona,* Rowohlt 1985) zeigen, dem mit einer Auflage von über 350.000 Exemplaren bisher erfolgreichsten und vielleicht besten spanischen Krimi. Detektiv Carvalho untersucht die Umstände der Ermordung des Managers Stuart Pedrell, der ein Jahr vor seinem Tod aus seinem Karriereleben ausgestiegen war, um sich seinen Lebenstraum zu verwirklichen und auf Gauguins Spuren in der Südsee zu leben. Doch die Reise in die Südsee war nur eine Finte, in Wirklichkeit zog er sich in ein unwirtliches Hochhausviertel vor Barcelona zurück und befriedigte die linken Neigungen seiner Jugend, indem er in der Kommunistischen Partei aktiv wurde. Wegen der Liaison mit einer Genossin wurde er von deren Bruder zusammengeschlagen und starb, weil ihm seine Freunde, die inzwischen bestens ohne ihn zurechtkamen, die lebensrettende Hilfe verweigerten. Die großen Träume von einst enden auf »Südseeinseln aus Beton« (S. 200) und in einem ganz und gar unwürdigen Tod. (Eine eingehendere Untersuchung dieses Romans legt H. Stenzel in diesem Band vor.)

Das Grundmotiv der scheiternden Flucht aus einem individuell vorgezeichneten Lebensrahmen, das sich auch in anderen Carvalho-Romanen findet, verweist auf ein allgemeines Problem: Die grundsätzliche Beschränkung der Freiheit des Menschen durch seine inneren Widersprüche. Aber Carvalhos Kommentare zum Abschluß des Falles legen auch eine konkrete, politische Interpretation des Buches nahe: »Außerdem hatte ich die Gelegenheit, eine exemplarische Geschichte kennenzulernen (...) Es gibt Dinge, die gegen die Natur sind. Dem eigenen Alter, der eigenen sozialen Stellung entfliehen zu wollen, führt zur Tragödie. Denken Sie immer daran, wenn Sie in Versuchung kommen, sich in die Südsee abzusetzen.« (S. 171) Bedenkt man außerdem die symbolische Aufladung des Titels, die Assoziierung von »el Sur« mit dem Traum vom besseren Leben, dann erscheint der Roman als konzentrierte literarische Verdichtung des politischen Klimas gegen Ende der *transición*. Es geht um den *desencanto*, um die 'Enttäuschung' weiter Kreise der Bevölkerung über die vielen Kompromisse im Umgang mit dem franquistischen Erbe, um die Desillusionierung, als deutlich wurde, daß es keine revolutionäre Erneuerung Spaniens geben würde. Das tödliche Ende von Stuart Pedrells Sehnsucht nach »el Sur« steht für das Scheitern dieses kollektiven Traums.

Was nun macht die spanischen Krimis für den deutschen Leser interessant? Zunächst einmal ihr spanisches Ambiente, ihr urbaner Realismus: Wer sie mit wachem Auge liest, mit etwas Gespür für mentalitätsgeschichtliche Veränderungen, der wird bei der Lektüre von Krimis verschiedener Jahrgänge einiges über den Wandel der spanischen Gesellschaft seit dem Tod Francos erfahren. Daneben überzeugt diese junge spanische Krimitradition durch ihren stilistischen und formalen Variantenreichtum, der immer wieder zu überraschenden Lektüreerlebnissen führt. Vielleicht hat Manuel Vázquez Montalbán nicht ganz unrecht, wenn er mit Hinweis auf die immense Krimiproduktion der USA, Englands oder selbst Frankreichs immer wieder betont, eine Schwalbe mache noch keinen Sommer und es gäbe keinen spanischen Krimi, sondern nur eine Handvoll Autoren, die mit Krimimustern spielen.[3] Aber ohne den Beitrag eben dieser Krimiautoren wäre die Erneuerung der spanischen Romanliteratur während der letzten fünfzehn Jahre kaum so erfolgreich verlaufen.

Anmerkungen

1) Vgl. Salvador Vázquez de Parga, »La Novela Policíaca Española«, in *Los Cuadernos del Norte* 19 (1983), S. 24-37, S. 30 (deutsch vom Vf.); dieser Artikel ist die wichtigste Quelle für die Geschichte des spanischen Krimis. Auf Vázquez de Parga greift auch Patricia Harts umfangreiche Studie *The Spanish Sleuth – The Detective in Spanish Fiction* (London/Toronto 1987) zurück, in der jedoch auch nur Krimis bis 1983 erfaßt werden.

2) Als weiterführende Lektüre sei dem interessierten Leser außer den schon genannten Titeln folgende Auswahl empfohlen: Die Sondernummern zum spanischen Krimi von *Los Cuadernos del Norte* 19 (1983), *Monographic Review* 3 (1987), *El Urogallo* 9/10 (1987). An Artikeln: Rudolf Schmidt, »Der Detektiv im Irrenhaus. Die vier Romane Eduardo Mendozas«, in *Tranvía* 11 (1988), S. 78-80; Dorothee Nolte, »Spanische Krimis in deutscher Übersetzung«, in *Tranvía* 16 (1990), S. 60-62.2

3) Zum Beispiel in dem Artikel »Contra la Novela Policíaca« in *Insula* 512/513 (1989), S. 9.

Manuel Vázquez Montalbán:

Die Kriminalromane — Pepe Carvalho auf der Suche nach der Identität des postfranquistischen Spanien

Von Hartmut Stenzel

Daß er literarischen Ruhm dereinst vor allem als Autor von Kriminalromanen erlangen würde, ist Manuel Vázquez Montalbán nicht in der Wiege gesungen worden, weder biographisch noch nach seinen ersten literarischen Anfängen. 1939 geboren und im in der Nachkriegszeit besonders ärmlichen Altstadtmilieu des Barrio Chino in Barcelona aufgewachsen, absolviert er seine Schullaufbahn in kirchlichen Einrichtungen und muß in verschiedenen Berufen Geld verdienen, ehe er mit dem Studium von Literatur und Philosophie beginnen kann. Bald in der antifranquistischen Opposition engagiert (seit 1961 ist er Mitglied der katalanischen kommunistischen Partei), macht er mit den Kerkern des Regimes Bekanntschaft und beginnt Gedichte zu schreiben. Nach seiner Entlassung mit zunehmender Intensität journalistisch tätig, verlegt er sich literarisch stärker auf erzählende Prosa. Verfaßt er zunächst eher traditionelle Werke (seine *Tres novelas ejemplares,* 'Drei exemplarische Novellen [1969], zitieren im Titel ja Cervantes' berühmtes Gattungsvorbild), so experimentiert er seit Ende der sechziger Jahre verstärkt mit Erzählstrategien, die die Diskursivität und konventionelle Logik der Gattungstraditionen in Frage stellen. In diesem Zusammenhang entsteht mit *Yo maté a Kennedy* (1972, dt. *Ich tötete Kennedy*) bereits ein Werk, das später zum ersten Band der Carvalho-Reihe wird, in Entstehung und Gehalt jedoch noch ganz zu einer Phase experimenteller Auflösung und Verformung tradierter Gattungsschemata gehört. Den eigentlichen Ausgangspunkt der Kriminalromanproduktion bildet dann — noch fast gleichzeitig mit dem an surrealistische Vorbilder erinnernden Prosaexperiment *Cuestiones marxistas* ('Marxistische Fragen') geschrieben — *Tatuaje* (1974, dt.

Carvalho und die tätowierte Leiche), ein Werk, auf das bis 1988 in regelmäßiger Folge zwölf weitere Bände der Serie um den desillusionierten Privatdetektiv folgen sollten (davon fünf mit kürzeren Erzählungen, die die Folgen einer Fernsehserie verarbeiteten). Zwei noch ausstehende, aber bereits konzipierte Werke (*El premio* ['Der Preis'] und *Milenio* ['Jahrtausend']) sollen den Zyklus dieser Romane abschließen.

Alle vierzehn Bände der Reihe erscheinen (zum Teil erneut) seit 1986 in der »Serie Carvalho« beim Verlag Planeta (Barcelona), darunter: *La soledad del manager* ([1]1977, zitiert als *Soledad*, dt. *Carvalho und der tote Manager*), *Los mares del Sur* ([1]1979, zitiert als *Mares*, dt. *Tahiti liegt bei Barcelona*), *Asesinato en el comité central* ([1]1981, zitiert als *Asesinato*, dt. *Carvalho und der Mord im Zentralkomitee*), *Los pájaros de Bangkok* ([1]1983, zitiert als *Pájaros*, dt. *Die Vögel von Bangkok*).

Die deutschen Übersetzungen sind bei Rowohlt in der Reihe *rororo-Thriller* erschienen. In diesen Ausgaben werden allerdings nicht nur manche Titel, sondern auch komplexere Dialoge und die Handlung unterbrechende beschreibende oder reflexive Passagen auf die (vermuteten?) Erwartungen von Kriminalromanlesern hin durch Kürzung »normalisiert«. So wurde aus *La soledad del manager: Carvalho und der tote Manager;* in *Los mares del Sur,* dessen Titel ebenso unter Preisgabe des thematisch zentralen Motivs zu *Tahiti liegt bei Barcelona* eingedeutscht wurde, fehlen sogar einige wesentliche Abschnitte ganz. Diese Ausgaben werden deshalb hier nicht weiter berücksichtigt.

Von der Avantgarde zum Krimi: Vázquez Montalbáns Auseinandersetzung mit der Tradition des Kriminalromans

»Die Carvalho-Romane interessieren mich nur insofern, als sie es mir ermöglichen, eine Gattung zu vergewaltigen. (...) In einer Situation der Krise des realistischen Erzählerdiskurses erscheint eine konventionelle Gattung mit einem Mal als etwas Belebendes.«[1] So pointiert, wie unser Autor sich in Interviews und Gesprächen zu äußern liebt, umreißt diese Bemerkung zentrale Probleme von Gattungstradition und Erzählweise, die ihm zumindest nach und nach klar wurden. Nach und nach, da er immer wieder versichert, sich beim Schreiben nicht von einem Konzept oder Plan leiten zu lassen, sondern zu erproben, wohin ihn die Dynamik eines Entwurfs führt, wie er mit seinen schriftstellerischen Fähigkeiten imstande ist, damit umzugehen (vgl. *Magazine*, S. 29, *Quimera*, S. 16, 19). Der erste echte Kriminalroman der Reihe, *Tatuaje*, sei sogar — so behauptet er zumindest — nur zufällig entstanden, aufgrund einer Wette, ob er in der Lage sei, in vierzehn Tagen einen Kriminalroman zu verfassen.

Wie ernst man solche Versicherungen, die bei Vázquez Montalbán immer auch ironischer Selbstinszenierung dienen, im einzelnen auch nehmen mag, festhalten kann man jedenfalls, daß der Autor in einer Situation auf Traditionen des Kriminalromans zurückgreift, in der sich in seinem Schaffen eine Phase der Experimente mit subversiv-traditionskritischen Schreibweisen erschöpft hatte, Experimenten, die auf Verkehrung tradierter narrativer Schemata und produktive Verunsicherung des Lesers zielten. Mag diese Wende geplant oder zunächst spontan eingeleitet worden sein, signifikant ist jedenfalls, daß sie sich nahezu zeitgleich mit dem Ende der Diktatur in seinem Schaffen abzeichnet. Die mit der ökonomischen Blüte einhergehende »Normalisierung« des Franco-Regimes in den sechziger Jahren hatte er als einen Prozeß beschrieben, der allen gängigen Erklärungsmustern und Verstehensparadigmata Hohn sprach[2], dieses Problembewußtsein dann in dem *Manifiesto subnormal* (1972, 'Subnormales Manifest') theoretisch formuliert. Der an der Oberfläche der Gesellschaft so reibungslos verlaufende Übergang von der Diktatur zur Demokratie stellte nun ideologisch wie literarisch die spanischen Avantgardeautoren vor Probleme, die hier nicht näher diskutiert werden können, auf die Vázquez Montalbán jedenfalls in der Konzipierung und Weiterentwicklung der Carvalho-Romane literarisch eine produktive Antwort suchte.

Entscheidend für die Entwicklung dieser Serie ist der Rückgriff auf jene sozialkritische Tradition des Kriminalromans, die sich im Gefolge der *hard-boiled novel,* der »schwarzen Romane« eines Dashiell Hammett oder Raymond Chandler entwickelt hat. Wenn Vázquez Montalbán auch seine relativ geringe Kenntnis dieser Tradition betont und sich bisweilen lieber auf literarisch »anerkanntere« Vorbilder wie Graham Greene oder Leonardo Sciascia beruft (vgl. *Europe,* S. 167, *Quimera,* S. 14, 19), so machen nicht nur signifikante intertextuelle Anspielungen in den Romanen selbst (vgl. etwa *Mares,* S. 54 ff., 217, oder *Soledad,* S. 95, *Pájaros,* S. 61, 86 etc.), sondern auch Vázquez Montalbáns metakritische Reflexionen deutlich, daß er wesentliche Elemente der Handlungslogik dieser Gattung kritisch aufgreift und in der Konstruktion seiner Romane einsetzt. Hierzu gehört insbesondere die bereits in dem Beitrag von A. Buschmann beleuchtete Beziehung zwischen dem Verbrechen und der gesellschaftlichen Situation entwickelter kapitalistischer Verhältnisse sowie die Relativierung einer Detektivgestalt, deren aufklärerische Tätigkeit im Grunde angesichts der gesellschaftlichen Dimension des Verbrechens selbst da scheitern muß, wo sie ein zuvor verborgenes Geschehen rekonstruieren kann (vgl. *Quimera,* S. 15 ff., sowie *Europe,* S. 164 f.). Eine immer wiederkehrende Erfahrung des Detektivs ist denn auch in vielen Romanen des Zyklus, daß die Lösungen, die er schließlich für seine Fälle anzubieten weiß, niemanden mehr interessieren oder doch ohne Konsequenzen bleiben.

Wesentlich bei diesen Rückgriffen auf die Gattungstradition der *black novel* ist jedoch ihre Umwertung, die ebensosehr Prinzipien literarischer Gestaltung wie einer gesellschaftskritischen Darstellungsintention folgt. Exemplarisch läßt sich dies an der für die spezifische Wirklichkeitskonstruktion des Kriminalromans in jeder Hinsicht zentralen Gestalt des Detektivs zeigen. Pepe Carvalho ist durchaus nicht »Phil Marlowes spanischer Bruder«, wie ein gefälliger Interviewtitel trotz Vázquez Montalbáns ausdrücklichem Widerspruch glauben machen will (vgl. *die horen*, S. 19 f., sowie *Europe*, S. 167). Ideologisch entscheidend ist die Destruktion der moralischen Integrität, die den Detektiv etwa bei Chandler auszeichnet. Dort eignet diesem bei allem skeptischen Pessimismus eine grundsätzliche Aufrichtigkeit, die ihn zu einem Gegenbild zur allgegenwärtigen Korruptheit der Gesellschaft stilisiert.[3] Diese idealistische Trennung von Detektiv und gesellschaftlichen Verhältnissen transformiert Vázquez Montalbán in eine dialektische Beziehung, in der der Detektiv selbst zu einem Produkt der Verhältnisse wird, in denen er agiert. Ein Grundmuster in seiner Darstellung der Detektivgestalt ist denn auch die Reduktion der Handlungsmotivationen Carvalhos auf quasi körperliche Grundbedürfnisse: eine weitgehend bindungslose Sexualität und gutes Essen. Zwar wird seine evident zynisch-enttäuschte Distanziertheit in einigen Romanen der Serie durch einen Impuls der Solidarität mit den Opfern durchbrochen, doch negiert Carvalho zumeist nachdrücklich jedes nichtkommerzielle Interesse an seinen Fällen. Ja, sein berufliches Interesse inspiriert ihm gar angesichts der »Krise aller Werte« in der Demokratie eine zynisch-ironische Aufwertung der Diktatur, in der das Normensystem noch in Ordnung gewesen sei und die Privatdetektive noch genügend Aufträge erhielten (*Mares*, S. 13 f.). Diese distanzierende Konzeption der Detektivgestalt steht zugleich im Dienst einer Erzählstrategie, die sich konsequent fast jedes auktorialen Eingriffs enthält und das Geschehen vorwiegend in divergierenden personalen Perspektiven präsentiert — zumeist in der des Detektivs, aber natürlich auch in der der Personen, die er befragt — und damit dem Leser jede Möglichkeit einer einheitlichen Orientierung und Wertung verwehrt (vgl. dazu auch *Quimera*, S. 15). Mit solch kritischer Umformung der Tradition der *black novel* verbinden sich nun inhaltliche Neuerungen, die aus dem Zyklus Carvalhos eines der wichtigsten literarischen Projekte im postfranquistischen Spanien machen.

Öffnung und Überwindung der Kriminalromantradition: Problematische Individualität und spanische 'transición'

Daß — wie betont wurde — der Autor dem Leser in den Carvalho-Romanen keinen kohärenten, verstehenden Zugang zu dem Geschehen anbietet, erklärt sich aus einer entscheidenden Umformung, mit der Vázquez Montalbán die Gattungstradition des Kriminalromans überwindet und sie zu historischer Konkretion bei der Darstellung einer problematischen Individualität öffnet. An die Stelle des in den Werken Hammetts oder Chandlers bei allem kritischen Realismus nie genauer situierten, geschweige denn analysierten, nur pauschal als korrupt und skrupellos gezeichneten Milieus von Geschäft und Politik tritt zumindest in den gelungensten Werken des Zyklus in vielfältiger Brechung die historische Dimension des gesellschaftlichen und ideologischen Wandels im Spanien der *transición.* Besonders deutlich im biographischen und gleichzeitig historischen Ablauf der Jahre 1976 bis 1982, von *La soledad del manager* bis zu *Los pájaros de Bangkok,* sind in den Nachforschungen, die Carvalho unternimmt, in komplexer Weise lebensgeschichtlich prägende Erfahrungen mit zentralen Problemen des Übergangs zur Demokratie verwoben — sei es durch bisweilen etwas plakativ wirkende politisch-geheimdienstliche Intrigen (so etwa in *Asesinato* und *Soledad*), sei es durch die historische Dimension individueller Motivationen und Erfahrungen, in die jene »Fälle« sich auflösen, in die der Detektiv involviert wird.

Thematisiert wird dieser einschneidende Transformationsprozeß der spanischen Gesellschaft dabei als die brutale Negation von Traditionen, Hoffnungen und Illusionen. Wie sich dieser Übergang scheinbar so bruchlos wie selbstverständlich hat vollziehen können, wie angesichts dieser Normalisierung und Banalisierung gesellschaftlicher Konflikte und individueller Enttäuschungen jedes tradierte Deutungsmuster versagt: das wird zum eigentlichen Gegenstand der Ermittlungen Carvalhos. Von dem damit verbundenen, vielbeschworenen *desencanto* kann er sich schon deshalb nur zynisch distanzieren, weil er ihn selbst biographisch wie ideologisch repräsentiert. Daß die Detektivgestalt selbst durch ihr Altern im Fortgang der Romane eine historische Dimension erhält (und nicht als immer gleiche jede neue Ermittlung aufnimmt), ist zwar ein bereits bei Chandler angelegtes Handlungselement des Kriminalromans[4], entscheidend neu ist jedoch, daß das Altern der Gestalt Carvalhos eine Signifikanz gewinnt, in der biographischer und gesellschaftlicher Wandel als Einheit erscheinen. In die Lebenszeit des Detektivs ist die Geschichte seines Landes eingeschrieben, und seine Verständnislosigkeit, seine Abwendung von der gesellschaftlichen Situation, in der er lebt, resultiert aus der Erkenntnis, daß dieser weder individuell noch historisch Sinn zu eigen ist.

Am schärfsten vielleicht profiliert sich dieser Zusammenhang in *Los pájaros de Bangkok.* In diesem Roman wird das dominante Motiv der in drei verschiedenen Fällen in unterschiedlicher Weise sinn- und ergebnislosen Suche des Detektivs unterlegt mit wiederholten Verweisen auf die Wahlen von 1982, die nicht nur den Abschluß des Prozesses der *transición* durch den Wahlsieg der Sozialisten bedeuteten, sondern in den Kommentaren verschiedener Romangestalten wie in der inneren Reflexion Carvalhos zugleich zum Symbol der Absurdität allen politischen Engagements werden. Als er von dem miserablen Abschneiden der Kommunisten erfährt, wird in seiner Erinnerung das Bild der thailändischen Guerrilla in dem Dschungel, in dem er selbst einem Phantom hinterherjagt, von emphatisch-desillusionierten Reminiszenzen überlagert: »(...) seine Erinnerung war angefüllt von Gesichtern heldenhafter spanischer Kommunisten, gealterten Gesichtern, verschwommen jetzt, gleich den Zügen von Ertrunkenen im Ozean der Normalität. Sie hatten vierzig Jahre im Dschungel gelebt, um auf fünf Abgeordnete zu kommen.« (*Pájaros,* S. 202)

In dieser Episode verdichten sich exemplarisch die erzählerischen Intentionen Vázquez Montalbáns. Der in der Erzählperspektive immer wieder privilegierte Standpunkt Carvalhos ermöglicht im Roman einen relativierten, gebrochenen und doch zugleich kritisch-reflektierenden Blick auf eine ebenso bedrängende wie dem Verstehen sich entziehende Realität, die im avantgardistischen Experiment nicht mehr adäquat literarisch zu gestalten war. Wenn Vázquez Montalbán mittlerweile auch selbst Schwierigkeiten mit der systematischen Negativität dieser durch die Sicht Carvalhos erzeugten Perspektive hat und zumindest ankündigt, er werde (in literarisch signifikanter Imitation von Unamunos Roman *Niebla,* dt. *Nebel*) mit ihm abrechnen und ihn verschwinden lassen (vgl. *Le Monde,* S. 18, *Magazine,* S. 30) — man kann jedenfalls nicht umhin, die Bedeutung eines literarischen Experiments zu unterstreichen, in dem in kritischer Weiterführung und Überwindung von Gattungselementen des Kriminalromans ein Romanzyklus entstanden ist, der, so der Autor selbst, »die spanische *transición* im weitesten Sinne widerspiegeln soll« (*Europe,* S. 165). Die Leistung dieser spezifischen literarischen Rekonstruktion spanischer Wirklichkeit kann hier nur knapp an dem insgesamt gehaltvollen Werk der Carvalho-Reihe veranschaulicht werden.

»Los mares del Sur«: Die Erkundung des Identitätsverlusts als Erhellung der Gegenwart

Der Auftakt dieses Romans führt den Leser in doppeltem Sinn in unwegsames Gelände. Zunächst folgt er einer Bande jugendlicher Autodiebe, deren Eskapade in einem Traumauto auf der Flucht vor der Polizei in einer verlassenen Baustelle endet, dann den Reflexionen eines arbeitslosen Privatdetektivs, der auf der Flucht vor seiner Misere zunächst Delikatessen und auch noch eine Hündin kauft. Beide Episoden stehen unverbunden hintereinander, in der Art von harten Filmschnitten gereiht, distanziert und kommentarlos erzählt. Daß die Leiche, die einer der Jugendlichen bei seinem Fluchtversuch am Ende der ersten Szene findet, zugleich Gegenstand des Auftrags ist, der sich am Ende der zweiten Szene anbahnt, ergibt sich erst aus den folgenden Abschnitten. Dennoch entfaltet sich in diesem Auftakt des Romans eine Reihe weiterer Bezüge, die implizit, in der Lektüre erst nach und nach erschließbar, das Geschehen zugleich strukturieren und perspektivieren. Der Ziellosigkeit des Ausbruchsversuchs der Jugendbande korrespondiert jene des Detektivs; ihr Milieu ist das jener tristen Vorstädte, in denen Carvalho die Antwort auf die Frage nach dem Motiv für das Verschwinden eines erfolgreichen Geschäftsmanns finden wird, das zu klären er beauftragt werden wird. Dessen Leiche wieder hat sich im Bauschutt eben da gefunden, wo eine Reflexion des Detektivs seine Tätigkeit als »Opfer der Demokratie« angesichts der »Krise aller Werte« angesiedelt hatte: »Wir Privatdetektive sind so nützlich wie Lumpensammler. Wir gewinnen aus dem Müll zurück, was noch kein Müll ist. Oder das, was, genau besehen, letzten Endes vielleicht nicht mehr als Müll angesehen werden könnte.« (*Mares,* S. 14)

Die daran anschließende ironische Bemerkung »niemand hörte der Ansprache zu« ist eine der wenigen Stellen, an denen der Erzähler explizit in das Geschehen eingreift. Sein Kommentar unterstreicht den aus der fragmentarischen Reihung des Geschehens, aus den Dialogen wie den verschiedenen personalen Perspektiven hervortretenden Eindruck einer Lebenswelt, die sich dem Verstehen geradezu widersetzt. Genau in diesem Licht erscheint auch der Fall, den Carvalho dann übernimmt. Der tot aufgefundene Stuart Pedrell war vor einem Jahr spurlos verschwunden, ohne bis zu seinem Tod je wieder ein Lebenszeichen von sich gegeben zu haben. Der Grund für den Auftrag ist der Wunsch seiner Witwe, weniger die Umstände des Todes als vielmehr dieses unerklärliche Verschwinden selbst durch Verstehen »unter Kontrolle zu bringen« (*Mares,* S. 20). Das Verschwinden erscheint als bedrohlich, insofern es als unverstandenes Verhalten in die rational geordnete Welt des Geschäftslebens eindringt. Der eigentliche Gegenstand der Nachforschungen Carvalhos profiliert sich damit als der Auftrag, Verhaltensmotive aufzuklären, die eben jene Ordnung der Lebenswelt in Frage stellen, die schon in den ersten Abschnitten als brüchig erschienen war.[5]

Die Nachforschung nun vollzieht sich entsprechend der erzählerischen Grundstruktur des Romans zunächst in einer Abfolge von fragmentarischen personalen Perspektiven, in der Bekannte und Familienangehörige des Toten dem Detektiv gegenüber ein Bild von der Person und den Motiven Pedrells entwerfen, in dem sich nach und nach dessen gespaltene Persönlichkeit abzeichnet. Aufgestiegen und zu Macht und Reichtum gekommen in der ersten Phase wirtschaftlicher Prosperität Franco-Spaniens (vgl. *Mares,* S. 50, 69 f.) hatte er versucht, sich ein ästhetisch-kulturelles Ideal als Bezugspunkt und Utopie zu bewahren, eine Utopie, die sich im Bild des Südens, der Gestalt Gauguins und dessen Flucht in die »mares del Sur« kristallisiert (vgl. *Mares,* S. 21, 37 f., 46 f., 67 etc.). In komplexer intertextueller Anspielung bündelt Vázquez Montalbán die Verstehensproblematik, die sich aus diesen Informationen für Carvalho ergibt, in der Deutung einer Serie von Gedichtfragmenten aus dem Nachlaß des Toten, von Fragmenten, die die Problematik des Südens umspielen und als »Zyklus der Enttäuschung [*desencanto*]« deutbar werden, als poetische Umschreibung der Einsicht, daß »der Süden nicht existiert« (vgl. *Mares,* S. 101 f.). Die vieldeutige literarische Interpretation der Motivlage Pedrells, zugleich affirmiert, aber auch als »Jammerliteratur« negiert durch eine ironisch präsentierte handfeste »authentische Literatur des Volkes« (*Mares,* S. 103), ruft dann die entscheidende, intuitiv gewonnene Einsicht des Detektivs hervor, die Utopie der »mares del Sur« gesellschaftlich zu deuten, als den Versuch Pedrells nämlich, seine Identität in einer seiner bisherigen Existenz diametral entgegengesetzten sozialen Situation zu suchen, in eben jenem elenden Neubauviertel San Magín nämlich, mit dessen Bau unter anderem er sein Vermögen gemacht hatte (*Mares,* S. 106 ff.).

In den Motivationen Pedrells, denen Carvalho in solch vielfältig gebrochener Verstehensarbeit sich annähert, erkennt der Detektiv nun zugleich eigene Erfahrungen, die im zweiten Teil des Romans zu immer deutlicherer Empathie mit dem Handeln des Toten führen. In dessen Ausbruchsversuch bündelt sich jener individuelle wie soziale *desencanto,* dessen politische Einbettung in die *transición* vor allem durch wiederholte Anspielungen auf ihre umstrittene »sozialpartnerschaftliche« Absicherung durch die *pactos de Moncloa* angedeutet wird, gegen die Pedrell in seiner zweiten Existenz sich massiv ausgesprochen hatte (vgl. *Mares,* S. 118, 130, 159 f.). Überhaupt erscheint diese gescheiterte Flucht in die Lebenswelt des Arbeiterviertels wie der illusorische Versuch einer Negation jenes gesellschaftlichen Entwicklungsprozesses, von dessen ökonomischer Prosperität Pedrell selbst so lange profitiert hatte. In der zunehmenden Identifikation mit dem Toten reflektiert Carvalho letzten Endes den Identitätsverlust seiner eigenen Existenz (vgl. vor allem *Mares,* S. 133 f.), und die Aufklärung des Falles (die hier nicht näher dargestellt werden kann) wird immer mehr zu seiner Privatsache, an der seine Auftraggeber zum Schluß kaum noch interessiert sind. Die »mares del Sur«, der imaginäre außergesellschaftliche Fluchtpunkt, den Pedrell selbst schon durch dessen Verlagerung nach San Magín negiert hatte, werden zum Symbol der Unüberschreitbarkeit des gesellschaftlichen Status quo, jener Lebenswelt der Demokratie, zu deren dominantem Charakteristikum eine quasi metaphysische Orientierungslosigkeit wird (vgl. etwa *Mares,* S. 210 oder 218).

Diese hatte den Anfang des Romans geprägt und holt Carvalho am Ende wieder ein. Profiliert sich in seinen Ermittlungen die Erkenntnis, daß es sinnstiftende Identität nur im Imaginären, außerhalb der Gesellschaft gibt, so wird er am Ende von der für die Kontur der Detektivgestalt konstitutiven Beziehungslosigkeit wieder eingeholt. In seinem Haus auf der Anhöhe von Vallvidrera findet er die Hündin tot auf, die er zu Anfang der Geschichte gekauft hatte, offenbar umgebracht von jener Bande jugendlicher Messerhelden, die auch am Tod Pedrells mitbeteiligt war. Hatte er im Verlauf seiner Ermittlungen zu ihr ebenso eine affektive Beziehung entwickelt wie zu dem Toten, so findet er sich nun am Ende wieder auf sich selbst zurückgeworfen. In seiner doppelten Identitätssuche gescheitert, bleibt ihm im Anblick des Lichtermeers von Barcelona nur der verzweifelte Ausruf »Hurensöhne, Hurensöhne« und die Befriedigung seiner unmittelbaren physischen Bedürfnisse, Hunger und Durst (*Mares,* S. 220). So verdichtet sich in diesem Schlußbild eine vielschichtige Darstellung des Identitätsverlusts, mit der Vázquez Montalbán eindringlich die Brüche jener Lebenswelt literarisch gestaltet, die sich nach dem Ende der Diktatur scheinbar so problemlos etabliert hatte.

Anmerkungen

1) »Manuel Vázquez Montalbán: un privé dans la ville«. Propos recueillis par J.-F. Fogel, in *Magazine littéraire,* Nr. 277, Mai 1990, S. 26-30, hier S. 29. Fortan zitiert als *Magazine.* Außerdem werden im folgenden mit Kurztitel im Text zitiert: »Desde el balneario. Entrevista con Vázquez Montalbán. Declaraciones recogidas por J.F. Colmeiro«, in *Quimera. Revista de literatura,* Nr. 73, Januar 1988, S. 12-23, zitiert als *Quimera;* Pierre Lepape, »Une rencontre avec le romancier espagnol Vázquez Montalbán: La guerre n'est pas finie«, in *Le Monde,* 7. Oktober 1988, S. 11 und 18; Felipe Navarro, »Rencontre avec Manuel Vázquez Montalbán«, in *Europe* Nr. 702, Oktober 1987, S. 163-170; Wolf Stock, »Phil Marlowes spanischer Bruder. Eine Begegnung mit dem Autor Manuel Vázquez Montalbán«, in *die horen,* Nr. 32, 1987, S. 17-21. — Alle Übersetzungen fremdsprachlicher Zitate vom Verfasser.

2) Vgl. dazu v.a. das Kapitel »Los felices sesenta« in der *Crónica sentimental de España,* Madrid 1986 ([1]Barcelona 1971), S. 159 ff., etwa S. 160, wo er ironisch von der »ley de la incon-

gruencia lógica que presidió la vida de la humanidad hasta poco después del año 2000«, vom 'Gesetz der logischen Inkongruenz, welches das Leben der Menschheit bis kurz nach dem Jahr 2000 bestimmte', spricht.

3) Chandler hat dies theoretisch in seinem Essay »The Simple Art of Murder« postuliert. Vgl. dazu wie allgemein zu dieser Gattungstradition U. Schulz-Buschhaus, *Formen und Ideologien des Kriminalromans,* Frankfurt 1975, S. 147 ff., sowie die kritische Wertung bei Ernest Mandel, *Ein schöner Mord,* Frankfurt ^{2}1988, S. 43 ff.

4) Vgl. dazu U. Schulz-Buschhaus, *Formen und Ideologien,* S. 128 f.

5) Es sei hier nur knapp darauf verwiesen, daß diese Anlage der *enquête* deutlich von Georges Simenon beeinflußt erscheint, dessen Kommissar Maigret nicht nur ähnlich vorgeht, sondern in einigen seiner markantesten Untersuchungen auch mit Fällen des (versuchten) Wechsels der Identität zu tun hat (vgl. etwa *M. Gallet, décédé, Maigret et l'homme du banc, Maigret et le clochard*).

Juan Madrid:

Das Abenteuer der Randexistenz und die Akkorde der Vergangenheit

Von Jürgen Sieß

Juan Madrid — 1947 in Málaga geboren — lebt seit 1959 in Madrid, wo er nach dem Examen in zeitgenössischer Geschichte als Lehrer und Journalist (u.a. für die Zeitschriften *Cambio 16*, *La Luna* und *Madrid me mata*) tätig war.

Werke: 1980 *Un beso de amigo* (dt. *Ein freundschaftlicher Kuß*, 1989); 1982 *Las aparencias no engañan* (dt. *Der Schein trügt nicht*, 1989); 1984 *Nada que hacer* (dt. *Nichts zu machen*, 1990); 1985 *Un trabajo fácil* ('Eine leichte Arbeit', Erzählungen); 1986 *Regalo de la casa* (dt. *Ein Geschenk des Hauses*, 1988); 1987 *Hotel Paraíso* ('Paradies-Hotel', Jugendbuch); 1988 *Jungla* ('Dschungel', Kurzprosa); 1989 *Flores, el gitano* ('Flores, der Zigeuner', Erzählung nach einer Fernsehserie). — Zahlreiche Texte für TV-Serien.

Sie sitzen nebeneinander auf dem Podium, aus Madrid und Barcelona angereist, um aus ihren Kriminalromanen zu lesen. Der Jüngere ist, obwohl er den anderen überragt, der 'kleine Bruder'. Während der Ältere gesetzt, ruhig und melancholisch wirkt, hat er etwas Lockeres, Nervöses, wirkt er lebenslustig. Der Ältere ist äußerlich ein Dr. Watson; im Gespräch erweist sich freilich, daß er sich zu dem Jüngeren intellektuell-literarisch, gerade umgekehrt, wie Sherlock Holmes zu seinem Mitarbeiter verhält. Bei der Lesung und der Diskussion ist dieser Holmes präzise und politisch, spricht er immer zur Sache, während sein Partner die witzig-polemische Formulierung sucht und Sinn für das Spektakel hat. Später zeigt sich, daß er sich nicht nur, wie sein Holmes, aufs Essen und Trinken versteht, sondern ebenso sehr aufs Flirten — ein Macho, liebenswert-charmant, da er sich über seinen Machismus lustig zu machen weiß.

Kann er ohne Holmes, den Entdecker und Analytiker, bestehen? Gewiß ist er mehr als ein Spurensicherer, zweifellos geht er eigene Wege. Juan Madrid, der andalusische Watson, macht den Sprung in die Hauptstadt, während Manuel Vázquez Montalbán, der katalanische Holmes, in Barcelona sein London gefunden hat.[1]

Aus dem Schatten von Holmes tritt er heraus, wenn er sich weniger dem Atmosphärischen der Stadt — einem Äußerlichen — als einer psychischen Struktur — in ihm selbst — anvertraut. Der Text *Nichts zu machen* (1984) gibt, wenn ich recht lese, dieser Neigung nach. In ihr liegt auch, wenn ich meiner Intuition als identifikationsbereiter Leser folge, Juan Madrids Stärke. Von Málaga nach Madrid, von der Mittelmeerküste in die kastilische Hochebene zu gelangen, nehme ich als Metapher für den Anspruch, von der »Unterhaltungsliteratur« zur »ernsten Literatur« aufzusteigen. Den Anspruch, sich deren Tradition anzuschließen, formulierte der Erfinder des Gelegenheitsdetektivs Toni Romano 1982 in einem Bericht über den 4. Kongreß des Kriminalromans (in Reims). In *Cambio 16*, der Zeitschrift, für die er viele Jahre gearbeitet hat, schrieb Juan Madrid: »In Spanien fehlt die Tradition des Kriminalromans. Als äußerst populäre Gattung ist er ein Kind der Städte und groß geworden mit deren Anwachsen und mit dem Ansporn, den in diesen Ballungszentren das Bedürfnis nach Lektüre und Unterhaltung gab.«[2]

Dies schließt ein, daß die Großstadt im Kriminalroman des 20. Jahrhunderts ein eigenes Thema wird. Dagegen bleibt offen, ob, in der Nachfolge von Dos Passos oder, in Spanien, von Celas *Colmena* (dt. *Der Bienenkorb*), die Großstadt mit weit vorangeschrittenen Techniken dargestellt und ob die Darstellung auf eine komplexe kriminalistische Fabel gegründet wird; und dies trotz der Reverenz, die verschiedene Kongreßteilnehmer und Juan Madrid als Berichterstatter den Autoren Chandler und Hammett erweisen.

Als Romancier setzt der Erfinder von Toni Romano nicht bei den Großstadtmilieus und auch nicht bei einer solchen Fabel an. Vielmehr läßt ein Netz von kleinen Orten den großen Ort Madrid aufscheinen, und dazwischen bewegen sich die Personen: Die Stellen des topographischen Systems, nicht die Personen, bilden die Schnittpunkte auf der Koordinate der »Geschichte« — um vom »Diskurs« hier einmal abzusehen.

Diese Orte, Cafés, Bars, Tanzlokale, Restaurants, Bordelle vor allem, werden mit ethischen (und, am Rande, mit politischen) Valeurs besetzt, nicht etwa mit soziologischen oder biologischen. Dies unterscheidet J. Madrids Romane deutlich von denen der naturalistischen Tradition. Ob er sich von der Galdós-Linie abwendet, um auf die Seite des Existentialismus zu treten (wie Manuel Logares versichert), ist allerdings noch zu überprüfen: »Dadurch, daß Harlem in eine Galdós'sche Szenerie hineingestellt wurde, verwandelte sich die Kriminalerzählung in eine Sittenchronik, die eher den Grundsätzen des Existentialismus als der Verlorenen Generation Nordamerikas verpflichtet war.«[3] Versteht man unter »existentialistisch« das, was eine Seinsmöglichkeit des Menschen, eine tiefe, das Individuum ausmachende Erfahrung betrifft, lassen sich, gemessen an den frühen Romanen von Cela oder an *Lázaro calla* ('Lázaro schweigt') von Celaya, bei Juan Madrid Spuren des Existentialismus wohl nur schwer finden.

Da Ortsrelationen stärker akzentuiert werden als Personenbeziehungen, können hier auf die Erzählfiktion filmische Techniken (häufiger und rascher Schauplatzwechsel, verschiedene »Kamerablicke«, Rückblende) übertragen werden. Auch sie ermöglichen es, daß der längst schematisch gewordenen, aber von vornherein akzeptierten Form des in der ersten Person geschriebenen Detektivromans eine neue Variante abgewonnen wird, über das Lokal- und Sozialkolorit hinaus (das ja zur Thematik gehört). An den Film läßt auch die Staffelung der Orte der 'Handlung' denken, die dadurch erreicht wird, daß Café und Bar als Verlängerung des Privatraumes[4] ausdifferenziert und zugleich zum Kristallisationspunkt verschiedener gesellschaftlicher Milieus werden. Wie zwischen Öffentlichkeit und Privatsphäre sind auch zwischen Eingangs-, Haupt- und Hinterraum Grenzen gezogen, die zur Übertretung herausfordern. Nun war dies schon bei Chandler thematisch: Dem Detektiv wurde ein *Teil* der Privatsphäre geöffnet (was freilich der Ablenkung vom innersten Bezirk diente), und komplementär dazu mußte er seinen eigenen privaten Bezirk verteidigen. In J. Madrids Toni Romano-Serie steht der, der »ich« sagt, jedoch nicht mehr auf einem zentralen Beobachtungsposten, sondern am Rande: Dabei ist sein sozial-beruflicher Status nicht nur marginal, sondern auch schillernd: zwischen Boxer, Polizist und Detektiv aus Gelegenheit oder wider Willen. Der Weg zu den zentralen Schaltstellen hat sich erheblich verlängert, mehr noch: Die an ihnen Sitzenden bleiben unsichtbar, ungreifbar, unangreifbar. Romano muß nicht nur die Schwellen immer wieder überschreiten, sondern mit jedem »Fall« tauchen auch neue auf. Eine der höchsten ist die Schwelle, die seine ehemaligen Kollegen von der Polizei ihm setzen: Er wird als Abtrünniger behandelt.

In *Nichts zu machen* fehlt der Detektiv. Hauptperson dieses in der dritten Person geschriebenen Romans ist Silverio Roca, ein Verbrecher aus Not, Komplize von Bankräubern, den Verrat zum Erpresser und Totschläger werden läßt. Hier sind die Grenzen zwischen Gangstermilieu und Geschäftswelt durchlässig, und auch zwischen Schutzfunktionen und Gangsterpraktiken gibt es einen fließenden Übergang, was man an der Person Salvadors, Sicherheitschef einer Großbank und Ex-Polizist, ablesen kann. Als Anschlußstelle zur Linie der »ernsten Literatur« ist hier der Roman *Les Gommes* (dt. *Ein Tag zuviel*) von A. Robbe-Grillet in Betracht zu ziehen, wo sich in den Vorgehensweisen Parallelen zwischen Polizei und Gangstern abzeichnen.

In *Nichts zu machen* hat die Rückblendetechnik einen wichtigen Stellenwert, innerhalb der Analyse des »Falles« wie auch für die Selbstvergewisserung der Hauptperson, der der »Kamerablick« sich immer wieder nähert, so daß er punktuell seine Neutralität verliert: Dies lädt den Leser zur Einfühlung in die jeweilige Situation des Silverio Roca ein.

Die Fabel sei knapp skizziert: Als Junge ist Roca in eine Bäckerei eingebrochen, wofür er unter Franco (1943) mit zehn Monaten Haft bestraft wird. Nach einem Bankraub, an dem er als Fahrer beteiligt ist, entkommt er. Später lockt ihn ein einstiger Mithäftling, Vidal, »der Chinese«, der ihn um den für einen riskanten Transport versprochenen Anteil betrügen will, in eine lebensgefährliche Falle. Mit knapper Not entronnen, wird Roca festgenommen und verurteilt. Zwei Jahre nach seiner Entlassung aus der Haft (und damit beginnt der Roman) will er als »Wiedergutmachung« seinen Anteil und den Tod des Komplizen, der ihm in den Rücken gefallen ist.

Unter den Themen fällt das der Selbstjustiz ins Auge, herrschende Praxis auf der Seite der Banker wie auf der des Kriminellen. Der Diskurs des Generaldirektors hört sich freilich ganz anders an; in ihm werden die Rechtsgewalt als regulative Gesellschaftsinstanz und das Recht als Norm betont: »Wenn wir verraten, geprellt oder betrogen werden, haben wir die Polizei und die Gerichte. Aber was bleibt ihnen [den Kriminellen]? (...) Nichts! Ihnen bleibt nichts. Deshalb nehmen sie das Recht selbst in die Hand. (...) Dieser Mann ist seine eigene Polizei. Aber das können wir nicht dulden! Es wäre der Dschungel.«[5]

Die Banker haben Kapitalflucht begangen und die extreme Rechte im In- und Ausland unterstützt. Die Dokumente darüber, die Roca sich verschafft, dienen ihm als Erpressungspfand denen gegenüber, die mit dem Kriminellen Vidal zusammengearbeitet haben. Der »Alte«, der für einen 'Wald mit Förstern' plädiert, gehört seinerseits zu den Herren des ökonomischen »Dschungels«, den er lieber selbst überwachen und lichten läßt, als die Behörden anzurufen.

Nun ist innerhalb der »Geschichte« der Bankdirektor zwar der verdeckte Antagonist von Roca, auf der Ebene der ethischen 'Werte' steht er jedoch mit diesem auf derselben Seite. Dem äußeren Motiv der Machtgier bei dem »Alten« entspricht bei Roca das der Rachsucht. Dessen inneres (verdecktes) Motiv ist das Ehrgefühl, wie das des »Alten« das Gefühl der Leere ist: keine Kinder, keinen Sohn zu haben, wobei die Macht bloß als Ersatz fungiert. In Kapitel 17, das die Einsamkeit des Bankdirektors hervorhebt, heißt es: »Er war alt, ein Greis ohne Kinder, über den die Ärzte wachten wie ein gewissenhafter Uhrmacher über seine Chronometer. (...) Don Ismael versuchte angestrengt, an den Mann zu denken, der Fernando umgebracht hatte. Was er jetzt wohl gerade machte? War er jung und stark oder alt wie er? Zweifellos war er clever und erfahren, das fühlte der Alte. Außerdem besaß der Mann etwas, was er selbst schätzte: Schneid. Und Furcht kannte er nicht.«[6]

Unausgesprochen bleibt, daß ihn mit dem unbekannten Gegner auch die Intensität einer Leidenschaft, von der man sich doch nicht hinreißen läßt, verbindet. Trotz der sozialen Ferne fühlt der Alte sich ihm nahe, mehr noch: der andere könnte sein Sohn sein. Diesem ist jedoch jeder Gedanke an ein Adoptiertwerden fremd: Roca hat die Einsamkeit gewählt, er ist der Nicht-Seßhafte, der Wanderer. (Im Gefängnis erhielt er den Spitznamen »Caballista«: Reiter.)

Auf die Vater-Sohn-Beziehung als thematisches Element stößt man auch in anderen Romanen von J. Madrid. Schon in dem Verhältnis zwischen Unterkommissar Frutos und Toni Romano ist es zu finden (*Der Schein trügt nicht*, 1982). Ausgeführt wird das Thema in der Fernsehfilm-Erzählung *Flores, el gitano* ('Flores, der Zigeuner', 1989), die freilich die Emanzipation Flores' von seinem Vater Rogelio zeigt: »Er hatte nichts zu tun mit jenem Manuel, dem Kind Rogelios ... Diese Musik hatte er mit vielem anderen begraben. Mit den Demütigungen, die er als Zigeuner erfahren hatte, den Beleidigungen, dem gemeinen Verhalten der anderen. Der Verachtung, die in den Blicken lag. Und die Musik jener Sonntage erstarb, um schließlich ganz in ihm zu verstummen. Der alte Affe und sein Volantrock schlugen ihre letzten Purzelbäume.«[7]

Als Flores in der Gesellschaft der *payos* zum Polizeikommissar aufstieg (und sich von seinem Volk entfernte), sind ihm das Trompetenspiel und die Sprache seines Vaters, das *caló* seines Volkes, nicht nur fremd geworden, vielmehr sind ihm diese Akkorde der Vergangenheit entschwunden. Deshalb können seine Angehörigen ihm vorwerfen, er sei zum Renegaten und Überangepaßten geworden: »Du bist schlimmer als die Payos ... Weil du weder Zigeuner noch Payo bist. Du bist nichts.« (S. 125)

Der Flores der TV-Erzählung steht dem Roca des Romans als Antipode gegenüber. Er wird vom Nomaden zum Seßhaften, mehr noch: zum Hüter der Ordnung der 'weißen Spanier', die die anderen wegen ihrer Hautfarbe diskriminieren. Roca sucht, im Unterschied dazu, seinen Weg am Rande dieser Ordnung. In *Flores, el gitano* wird sie nur punktuell kritisch dargestellt, der Text läuft auf ein Plädoyer für die Assimilation hinaus, die notwendigerweise auf Kosten der einen, sich assimilierenden Ethnie und ihrer Kultur geht. Zugestimmt wird der Gesellschaft, die jedem ohne Ansehen der Hautfarbe eine Chance bietet, ohne daß die Herrschaft der 'weißen Spanier' in Frage gestellt würde. Allerdings muß man hervorheben, daß J. Madrid hier ein von der Folklore verdecktes gesellschaftliches Problem zum Thema erhebt.

In *Nichts zu machen* sind, anders, zwei Ethiken einander entgegengesetzt, die quer zur Hauptopposition innerhalb der »Geschichte« stehen. Roca, Don Ismael und Raúl Sandoval (der, um seine Frau zu retten, dem Erpresser Roca hilft) handeln nach traditionellen Normen wie Ehre und Treue — aber auch Gleiches-mit-Gleichem-Vergelten. Diese erhalten angesichts der an keinen ideellen »Wert« gebundenen Praktiken, für die allein die Erhaltung der ökonomischen (und politischen) Macht und das Recht des Stärkeren zählen, den Schein des Menschlichen: der Schein trügt jedoch. Was bleibt, ist die Charakterstärke, die in dem Namen Roca ('Fels') anklingt. Dennoch — und selbst wenn hier Reminiszenzen an den Feudalismus mitschwingen — bildet der starke, feste Charakter ein Gegengewicht zu Kapitalgesellschaft und politischer Korruption. Aus der Dreierkonstellation Roca-Sandoval-Ismael ragt Sandoval heraus: Er gelangt über die Einsamkeit (des anarchistischen Täters oder des Wirtschaftsbosses) hinaus, dank der Liebe, die hier den alten »Werten« zugeordnet ist.

Um auf die Behauptung von M. Logares zurückzukommen: Reminiszenzen an den Existentialismus wären bestenfalls in der Konfrontation gegebener Affekte mit Formen des »fremden Bewußtseins« und den »widerständigen Dingen« (Beauvoir) zu finden. Nun läßt sich aus J. Madrids Erzähltexten aber eher — und fortschreitend — die Tendenz herauslesen, schreibend am Puls der Zeit zu bleiben. Was in *Jungla* ('Dschungel', 1988) existentialistisch klingt, ist bei genauem Hinhören weit von der »Situation« oder dem »geistigen Abenteuer» entfernt, die Sartre und Beauvoir für ihre Schreibweisen beanspruchten: »Sie werden mit mir darin übereinstimmen, daß alles, was ich erzähle, bereits geschehen ist, daß es geschieht oder geschehen kann, eben während Sie es lesen. Viele dieser Geschichten entstammen meiner tagtäglichen Erfahrung als Journalist, und vielleicht erkennen Sie sie wieder.« (»Als wäre es ein Vorwort«, S. 11-12)

Die enge Wechselbeziehung, die J. Madrid hier zwischen Autor und Leser suggeriert, läßt an die Relation denken, die Simone de Beauvoir 1946 in ihrer Apologie des existentialistischen Romans (»Littérature et métaphysique«) herstellte.[8] Der Leser soll sich von der Geschichte ergreifen lassen, in die der Autor ihn hineinzuziehen versucht, er soll an der Erfahrung dessen teilhaben, der sich auf das Abenteuer des *Schreibens* einläßt, und dem Dilemma, zuviel oder zuwenig zu verstehen, nicht ausweichen. Bei J. Madrid liegt, im Unterschied dazu, der Hauptakzent auf dem *Erleben* (vom Leser her gesehen: dem Mit-Erleben).

Nach meiner Lesart leistet Juan Madrid sein Bestes nicht dort, wo er sich von der soziologisch orientierten Lektüre des gelernten Historikers und der politisch orientierten Arbeit des Journalisten leiten läßt, sondern da, wo er aus einem älteren Fundus schöpft, und eben dieser wäre für eine bessere Kenntnis seiner Einstellung zum Verhältnis von Leser, Text und Autor (im Sinne von Simone de Beauvoir) zu entdecken.

Anmerkungen

1) Vgl. die Beiträge von H. Stenzel und A. Buschmann in diesem Band.

2) »Asesinos sueltos«, in: *Cambio 16* vom 15.11.1982, S. 139.

3) »Las apariencias despistan«, in: *Cambio 16* vom 15.11.1982, S. 157.

4) Vgl. Walter Haubrich: »Cafés, Bars und Stammtische«, in: J. Madrid, *Ein Geschenk des Hauses*, Moos/Baden-Baden 1989, S. 229-241.

5) J. M., *Nichts zu machen.* Aus d. Span. v. Hans-Joachim Hartstein, mit einem Nachwort v. Dietmut Roether, Moos/Baden-Baden 1990 (Orig. 1984), S. 160 (korrigiert).

6) Ebd., S. 153 (Schluß der Übersetzung korrigiert nach dem Original *Nada que hacer,* Barcelona, 3. Aufl. 1988, S. 145).

7) *Flores, el gitano (Serie Brigada Central)*, Barcelona 1989, S. 126 u. 184; im folgenden nur die Seitenzahl.

8) In: *Les Temps Modernes* 1, S. 1162-63.

»Allerneueste« spanische Lyrik: Vom Maskenspiel zur Wiederentdeckung der Subjektivität

Von Klaus Dirscherl

Der Neuanfang der »Allerneuesten«: Traditionsbruch und funktionslose Freiheit

»Ein Gedicht ist etwas vollkommen Nutzloses«, verkündet 1974 ein junger Dichter namens Lázaro Santana. Er und viele andere Autoren der siebziger Jahre verabschieden sich damit endgültig, so scheint es, von der gesellschaftlich engagierten Lyrik, wie sie in unterschiedlichen Formen typisch für die fünfziger und sechziger Jahre der Franco-Zeit war. Der Bruch mit der »in dürftiger Zeit« entwickelten Ästhetik findet aber in der Lyrik, wie auch in anderen Gattungen, bereits vor dem politisch-historischen Einschnitt von 1975 statt. J.M. Castellet präsentiert 1970 die Furore machende Anthologie *Nueve novísimos poetas españoles* ('Neun allerneueste spanische Dichter') und diagnostiziert damit, trotz unübersehbarer Parteilichkeit, sehr gut jene radikale ästhetische Veränderung im poetischen Diskurs der siebziger Jahre, die bis heute Spaniens Dichtung prägt oder zumindest zur rivalisierenden Überwindung der damals »allerneuesten« Ästhetik anregt. Selbst konkurrierende Gegenanthologien, die seit Castellets provokativem Paukenschlag die spanische Lyrik zu einem ständigen öffentlichen Streitgegenstand machen, haben die prinzipielle Richtigkeit seiner damaligen Skizze einer neuen Poetik nicht in Zweifel gezogen.

Was zeichnet die *novísimos* aus? Den von Castellet ausgewählten Autoren (J.M. Alvarez, A. Martínez Sarrión, M. Vázquez Montalbán, F. de Azúa, P. Gimferrer, G. Carnero, A.M. Moix, L.M. Panero) fehlen allesamt die Sorge und der Ernst, mit dem die Dichter der fünfziger und sechziger Jahre ihre Leser zur Betroffenheit über die Zustände im eigenen Land bewegen wollten.

Dichtung wird für sie zum Spiel mit literarischen Versatzstücken, aber auch mit Elementen, die sie, scheinbar planlos, aus ihrem multimedialen Umgang mit Kino, Kunst und Trivialliteratur beziehen. Dazu kommt ein freier, aber künstlerisch durchaus virtuoser Umgang mit alten und neuen Gedichtformen. Vom Prosagedicht über das Sonett bis zur Canzone italienischer Herkunft ist alles erlaubt. Angestrebt wird die Loslösung vom Zwang des logisch-rationalen Diskurses. Witzig charakterisiert Castellet die neue Lyrik als »cogito interruptus«. Pere Gimferrer, einer der Begabtesten unter den *novísimos,* bekennt provozierend, daß er seine Gedichte »mit wenig Vorüberlegung, eher sorglos«, und zwar beim Radiohören oder bei sonstiger Musik niederschreibe.

Sorglosigkeit beim Dichten bedeutet aber nicht, daß die *novísimos* die sprachliche Qualität ihrer Verse geringschätzen. Im Gegenteil, für Guillermo Carnero, der 1967 mit *Dibujo de la muerte* ('Zeichnung des Todes') bereits früh eine Demonstration der *novísimos*-Ästhetik gibt, ist »Dichten vor allem eine Frage des Stils«. Die Sorgfalt in der sprachlichen Gestaltung drückt sich u.a. aus in der Seltenheit oder doch zumindest Raffiniertheit des verwendeten Vokabulars und in der Begeisterung, mit der man längst altmodisch geglaubte rhetorische Figuren aus barocker Vergangenheit wiederverwendet. Das lyrische Ich verbirgt sich dabei nicht selten hinter einem literarischen »Maskenspiel«, wie Gimferrer in einem retrospektiven Vorwort zu *Arde el mar* ('Es brennt das Meer') von 1969 schreibt. In der Tat gehören Rollenspiele, ironische Haltungen, vorgetäuschte Emotionen zu dieser Lyrik ebenso wie Witze und Pointen. Der spielerische Umgang mit alten Mythen oder auch solchen der Moderne schafft Raum für den freien Umgang mit lange Zeit tabuisierten Themen, wie beispielsweise der erotischen Liebe. Ähnliche Funktionen der Distanzierung und spielerischen Verfremdung haben die Vorliebe der *novísimos* für ausländische Schauplätze (vgl. L.M. Panero, *Así se fundó Carnaby Street,* 1970; 'So gründete man Carnaby Street') — seien es italienische, englische oder auch deutsche — und ihre manchmal exzessive Lust am Zitieren fremder Texte und Autoren. Kein Zweifel, daß dieser sogenannte »Kulturalismus« leicht zu einem »snobistischen Exhibitionismus« degenerieren kann, wie etwa bei J.A. Alvarez (*Museo de Cera,* 1978; 'Wachsmuseum'). Kein Zweifel aber auch, daß diese massive Hereinnahme fremder Rede, diese Intertextualität um jeden Preis, eine gewaltige Ausweitung des dichterischen Ausdruckspotentials bedeutet. Der Abschied von der einfachen, manchmal geradezu simplen Dichtungsweise, wie sie die sogenannten *poetas sociales,* die engagierten Dichter der Franco-Zeit propagierten, ist damit besiegelt. Das Spiel der *novísimos* mit der Dichtung wird zu einem ikonoklastischen Spiel mit ihren Vorgängern, zu einem intertextuellen Spiel mit den von ihnen verehrten Vorbildern und zu einem kreativen Spiel mit der Sprache selbst. Die außerliterarische Wirklichkeit hingegen ignoriert man trotzig oder man tut zumindest so.

Nichternannte novísimos: Neues Engagement und Lust des Schreibens

Beides, ihre Neigung zur effekthascherischen Theatralisierung der Lyrik und ihre vermeintliche Ausblendung soziopolitischer Fragen, waren denn auch die Hauptangriffspunkte der Kritiker der *novísimos.* Die einen konnten zu Recht darauf hinweisen, daß es neben den »neun Allerneuesten« viele andere in diesen Jahren gab, die weniger lärmend, weniger spektakulär, aber nicht minder originell die Erneuerung der spanischen Lyrik betrieben.[1] Die anderen polemisierten gegen den Erneuerungsanspruch der *novísimos* als dekadentes und neokapitalistisches Kulturspektakel einiger Katalanen und traten stattdessen für die Ideale einer neuzudefinierenden Lyrik in der Nachfolge der sogenannten *poesía social* ein. Heute, nachdem die Rauchschwaden polemischer Kritikergefechte sich verflüchtigt haben, kann man durchaus eine positive Bilanz ziehen. Denn trotz mancher Einseitigkeit der Anthologie von Castellet bleibt unbestritten, daß sie auf zentrale Neuerungen in der Lyrik der siebziger Jahre hingewiesen hat, ja mehr noch, daß sie gerade durch den Schock, der von ihr ausging, viel dazu beigetragen hat, die radikal veränderte Ästhetik der spät- und postfranquistischen Lyrik ins Zentrum der kritischen Öffentlichkeit zu rücken.

Am aggressivsten reagierte die Leoneser Gruppe »Claraboya« mit den 1971 publizierten *Teoría y poemas* ('Theorie und Gedichte'). Den von den *novísimos* eingeschlagenen Weg, insbesondere ihre fast ausschließliche Konzentration auf Fragen der Literatur und Kunst und ihre Ausblendung der sozialen Wirklichkeit, halten die Autoren von »Claraboya« für eine Sackgasse. »Ein Gedicht ist keineswegs ein Durcheinander von Ereignissen«[2], formuliert man mit kritischem Blick auf den »cogito interruptus« der *novísimos.* Stattdessen fordert man eine »dialektische Poesie«, die die Wirklichkeit im sensiblen lyrischen Subjekt reflektiert. Bei Agustín Delgado, dem Begabtesten der Leoneser Gruppe (*De la diversidad. Poesía 1965-1980,* 1. Auflage 1983; 'Von der Vielfältigkeit. Dichtung 1965-1980'), finden wir folglich Gedichte, die weiterhin wie die *poetas sociales* die spanische Wirklichkeit, insbesondere die provinzielle Alltagswirklichkeit, ins Zentrum rücken. Doch der dezidierte Verzicht auf ideologische Interpretationshilfen von Seiten des Autors ist offenkundig. Agustín Delgado evoziert mit einer, man könnte fast sagen: spektakulär einfachen Sprache Momente des Alltagslebens, in denen die Menschen sich in emotionalen Extremsituationen befinden: der Tod des Vaters, ein

Unglücksfall, eine Trennung. An wohlüberlegten Stellen werden sparsam Metaphern eingesetzt, Metaphern aber, die gerade deshalb ihre Wirksamkeit entfalten, weil ihr Transportmedium eine einfache Sprache ist. Gefühle werden also nicht illustriert, verkleidet und aufgeführt, wie das bei den *novísimos* geschieht, sondern man läßt sie im Zustand der Latenz. Der wesentliche Unterschied zur engagierten Lyrik der fünfziger und sechziger Jahre ist eine neue Sorgfalt im Umgang mit den sprachlichen Mitteln. Den Versen Delgados beispielsweise ist ein fast präziöser Lakonismus eigen, der ihn in manchem dem ansonsten meilenweit entfernten Jaime Siles mit seinen präziös-hermetisch gemeißelten Versen (vgl. *Columnae,* 1987) vergleichbar macht.

Der Protest der Gruppe »Claraboya« hat im übrigen nicht nur auf sie selbst aufmerksam gemacht. Klar wurde damit auch, daß sich ernsthafte Betroffenheit oder subjektive Gefühle auslösende Lyrik keinesfalls überlebt hat. Was sich überlebt hat, war lediglich der Diskurs der alten *poesía social.* Aktuell und relevant blieb weiterhin die Frage, welchen Sinn das Schreiben von Versen in einer Wirklichkeit haben soll, in der nach den abgestreiften politisch-sozialen Zwängen des Franco-Regimes neue Zwänge einer massifizierten Konsumgesellschaft treten, in der nach dem Diktat einer überlebten Diktatur in zunehmendem Maße das Konsum- und Geschmacksdiktat fremder Medienkonzerne als Last und Beschränkung empfunden werden. Die Antworten auf diese Problemstellung sind vielfältig. José-Luis Giménez-Frontín (vgl. u.a. *Amor omnia,* 1976) setzt auf die Dichtung als Meditation und als *canto,* als Gesang, denn allein dieser *canto* biete, wenn auch geringe, Chancen, »um die Richtung nicht zu verlieren in einer vom Zufall geprägten Lebenslandschaft, die uns überwuchert«. Der begabte, aber nicht leicht zu lesende Jenaro Talens (*El cuerpo fragmentario,* 1977; 'Der bruchstückhafte Körper') ist sich der Gefahren einer Überbetonung der ästhetischen Qualitäten der Dichtung bewußt, wenn er schreibt: »Die Arbeit an formalen Aspekten, die Problematisierung des Stils dürfen keinesfalls als bloß ästhetisierendes und wirklichkeitsfliehendes Vergnügen des Schriftstellers verstanden werden, sondern vielmehr als Arbeit, die tendenziell die Mechanismen der sprachlichen Sinnstiftung enthüllt ... Nur so kann Lyrik ... aktiv, und sei es auf einer zweiten Ebene, zur Veränderung des Lebens und der Gesellschaft beitragen, wie es vor einem Jahrhundert bereits Rimbaud forderte.«[3]

Selbst bei Jaime Siles, dessen Gedichte bei oberflächlicher Betrachtung durchaus an ein neues *l'art pour l'art* erinnern, findet man das gleiche Bemühen, die dichterische Sprache als Instrument der Erforschung der Wirklichkeit zu begreifen.

Trotz erheblicher Differenzen in der poetischen Praxis ist den zuletzt genannten Dichtern eines gemeinsam. Ihr dichterisches Tun ist begleitet von intensiver Reflexion über die Möglichkeiten der Sprache, und sie betreiben diese Reflexion mit einem philosophischen Ernst, der deutlich macht, daß sie ihre Aufgabe als Dichter weiterhin im Kontext ihrer Gesellschaft sehen, der Poesie aber nicht mehr jene Einflußmöglichkeiten zutrauen, wie dies die *poetas sociales* in den fünfziger und sechziger Jahren in manchmal naiver Weise taten. Vielleicht war es gerade der Ernst, mit dem sie ihre dichterische Aufgabe sahen, der Castellet dazu brachte, sie aus seiner berühmten Anthologie auszuschließen. Vielleicht war es der ausgeprägte Spieltrieb, den er bei diesen Dichtern vermißte und an den *novísimos* schätzte.

Antonio Colinas, den Autor des gelehrt-sinnlichen *Sepulcro en Tarquinia* (1975; 'Grabmal in Tarquinia') hätte man aufgrund seiner Vorliebe für italienische Themen jedenfalls sehr gut zu den sogenannten »Venezianern« rechnen können, als die man die *novísimos* auch bezeichnet hat. Seine anspielungsreichen Meditationen über Ruinen und Tod in Vergangenheit und Gegenwart sind von einer neobarocken Verliebtheit in das Raffinierte und Gelehrte geprägt, wie man sie ähnlich bei P. Gimferrer oder G. Carnero und später bei dem gelehrigsten Schüler der *novísimos,* bei L.A. de Villena, finden kann. In der Dichtung von Jaime Siles, der sparsam, aber nicht weniger kunstvoll mit Worten umgeht, paaren sich subtile Intertextualitätsstrategien mit etymologisierender Formulierungskunst (vgl. *Música de agua,* 1983; dt. *Musik des Schweigens,* übers. von H. Hinterhäuser, 1986). Der Granadiner Antonio Carvajal, den man zu Recht den »zweiten Góngora« nennt, läßt mit viel moderner Gefühlsintensität die Sprachkunst seiner barocken Vorgänger aus dem 17. Jahrhundert wieder aufleben, indem er erotische Themen anspielungsreich und manchmal drastisch deutlich in Form von Sonetten oder anderen traditionellen Gedichtformen behandelt (vgl. *Extravagante jerarquía,* 1983; 'Überspannte Hierarchie'). »Nichts ist schöner, als ein gutes Gedicht zu machen«, schreibt Carvajal in einem Gedicht von 1988, und er artikuliert damit sehr schön die neue Lust am zweckfreien Schreiben, die man im Werk vieler Dichter der postfranquistischen Zeit verspürt.

Doch ihm, wie auch A. Colinas und J. Siles, fehlt die manchmal clowneske Frivolität im Umgang mit fremden und eigenen Themen, wie sie für viele *novísimos* typisch ist. Manchmal fehlt ihnen, so scheint es, die ironische Distanz zum Geschäft des Dichtens, die Castellet an seinen katalanischen Landsleuten so zu schätzen scheint. Antonio Colinas beispielsweise beschreibt die Funktion des *poeta fundamental,* als den er sich zweifelsohne auch betrachtet, folgendermaßen: »Der fundamentale

Dichter sucht weder die Evasion, noch das Vergnügen, noch das Bekenntnis. Er sucht die Erhellung.«[4]

Das erinnert deutlich an José Angel Valente und seine Theorie von der »Poesie als Erkenntnis«. Damit ist auch der Mittelweg angezeigt zwischen Spiel und Engagement, den Colinas und andere Autoren der siebziger und achtziger Jahre einschlagen werden, um einerseits die Sackgasse der *poesía social* aus der Franco-Zeit zu vermeiden und um andererseits dem zweifelsohne mächtigen Sog der *novísimos*-Ästhetik und ihrer Tendenz zur provozierend frivolen Kunstshow zu entgehen.

Postnovísimos: Neue Subjektivität als kunstvolle Inszenierung

Wie stark dieser Sog auch heute noch ist, belegt auf faszinierende Weise eine Anthologie, die 1986 von Luis Antonio de Villena mit der Absicht herausgegeben wurde, endlich eine Dichtergeneration vorzustellen, die sich von den lange dominanten *novísimos* unterscheidet, also eindeutig aus nachfranquistischer Zeit stammt. Programmatisch nennt sie der Herausgeber deshalb auch »postnovísimos« und argumentiert, zunächst überzeugend, daß diese Dichter wichtige Positionen ihrer spektakulär auftretenden Vorreiter aufgeben und so auf den Bruchstücken der alten eine neue Ästhetik begründen. Man verzichtet endlich auf das literarische Versteckspiel hinter vielfältigen Masken, zu dem sich die Autoren der siebziger Jahre lange Zeit verpflichtet sahen. Stattdessen konstatiert Villena bei seinen Anthologie-Zöglingen eine neue Bereitschaft, ja das Bedürfnis, in der Lyrik wieder über sich selbst zu reden. Auch ein neuer Wille zur wohlüberlegten Gedichtkomposition löst die frühere und irritierende Strukturlosigkeit mancher *novísimos*-Texte ab.

Am besten verkörpert diese Neuorientierung der Granadiner Luis García Montero, der mit *El jardín extranjero* ('Der fremdländische Garten') 1982 den angesehenen Adonais-Preis gewann und dessen deutlichste Ausprägung subjektiv-introspektiven Dichtens, *Diario cómplice* (1987; 'Komplizenhaftes Tagebuch'), in diesem Band von Chr. Rodiek vorgestellt wird. Doch betrachten wir genauer das Werk dieses bei Francos Tod erst siebzehnjährigen Dichters, dem heute zu Recht viel Aufmerksamkeit gewidmet wird, so erstaunt doch, wie sehr er — bei allen Distanzierungsversuchen — der Ästhetik eines Gimferrer oder Carnero immer noch verpflichtet ist. Thematisch verarbeitet seine Lyrik über weite Strecken Großstadtleben, wie es die *novísimos* bereits mit viel Witz und Gespür für den Konflikt von Modernitätsstrukturen und individuellen Bedürfnissen in Verse brachten. Auch die zensurfreie Sinnlichkeit erotischen Lebens wird mit sprachlichem Raffinement in sorgfältig gewählte Worte gesetzt, so daß nicht nur der Dichter, sondern auch der Leser Vergnügen, ja sinnliche Erfahrung beim Umgang mit dieser Lyrik verspüren kann. Dabei verzichtet Luis García Montero auch nicht auf die seit den siebziger Jahren unvermeidlichen intertextuellen Verweise auf eigene Lieblingsdichter. Nur die *novísimos*-typische Abneigung gegen alles Spanische, die gerade bei dem ebenfalls in diesem Band vorgestellten L.M. Panero besonders ausgeprägt ist (vgl. L.M. Panero, *Contra España y otros poemas no de amor,* 1990; 'Gegen Spanien und andere Nichtliebesgedichte'), hat sich bei L. García Montero, aber auch bei anderen »postnovísimos«, wie José Gutiérrez oder Blanca Andreu, in eine erneute, beinahe liebevoll-ironische Hinwendung zu spanischen Themen, ja zur eigenen Heimat gewandelt. Unübersehbar ist auch die gleichgebliebene Neigung zur metapoetischen Reflexion, die sich freilich nie in eine Überbewertung der Möglichkeiten von lyrischer Dichtung versteigt, wie das zu Francos Zeiten üblich war.

So gesehen stellen die von Villena sogenannten »postnovísimos« eine kluge und konsequente Weiterentwicklung des ästhetischen Neubeginns dar, den 1970 Castellets Anthologie mit viel Lärm einläutete. Villenas eigene Gedichte illustrieren im übrigen ebenfalls sehr gut die von ihm als »postnovísimo« apostrophierte Ästhetik der achtziger Jahre. Aber ob man dabei bereits von einer neuen Dichtergeneration sprechen soll, bezweifle ich, zumal es bereits in den siebziger Jahren, neben den von Castellet ernannten »Allerneuesten«, Dichter und Dichterinnen gab — man denke nur an die (in diesem Band von A. Mahler und H. Weich näher vorgestellte) sinnlich-subjektive Ana Rossetti —, die außerhalb der normsetzenden Anthologie von Castellet eine Lyrik schrieben, die unverwechselbar das Signum der spät- und nachfranquistischen Zeit trägt.

Anmerkungen

1) Vgl. hierzu die wichtigen Anthologien von E. Martín Pardo (Hg.), *Nueva poesía española,* Madrid 1970; A. Prieto (Hg.), *Espejo del amor y de la muerte. Antología de poesía española última,* Madrid 1971; J.L. García Martín (Hg.), *Las voces y los ecos,* Madrid 1980.

2) Equipo Claraboya, *Teoría y poemas,* Barcelona 1971, S. 12.

3) Zitiert nach J. Battló (Hg.), *Poetas españoles poscontemporáneos,* Barcelona 1974, S. 278.

4) Battló, S. 253.

Leopoldo María Panero:

»Narciso« — Wenn der Sinn stirbt

Von Teresa Delgado

Leopoldo María Panero wurde 1948 in Madrid als Sohn des Dichters Leopoldo Panero (1909-1962) geboren. Er besuchte die italienische Schule in Madrid und begann ein Philologiestudium, das er nicht abschloß. 1968 studierte er in Italien, danach in Paris und Cambridge. Seine Aufnahme in die Anthologie *Nueve novísimos* (1970; 'Neun Allerneueste', hg. von J.M. Castellet) rückte ihn ins Zentrum der Aufmerksamkeit für die neue spanische Lyrik. Panero, jüngster der allerneuesten Dichter, entfernte sich bald von den poetischen Wegen seiner Zeitgenossen (auch wenn Gemeinsamkeiten noch vorhanden waren) und begann ein radikales Einzelgängertum, von dem er bis heute nicht abgelassen hat.

Aber nicht alles ist Belletristik, viel weniger im Leben einiger nicht-integrierten Dichter, die vor dem Ende der Franco-Diktatur in Spanien veröffentlichten. Leopoldo María, dessen Vater u.a. tiefreligiöse und familiengläubige Gedichte schrieb, landete 1967 zum ersten Mal in einer psychiatrischen Anstalt. Als einziger *poète maudit* der 68er-Generation und so oft mißverstanden im spanischen Kulturzirkus, bemüht er sich, dem Wahnsinn innerhalb der poetischen Sprache einen dritten Sinn zu geben. Während andere *novísimos* sich seit Anfang der achtziger Jahre hauptsächlich der Prosa oder dem Essay gewidmet haben, hat Panero seine Lyrik bis heute mit jedem neuen Band weiterentwickelt.

Lyrikbände: *Así se fundó Carnaby Street* ('So wurde Carnaby Street gegründet'), Barcelona, 1. Aufl. 1970; *Teoría* ('Theorie'), Barcelona, 1. Aufl. 1973; *Narciso en el acorde último de las flautas* ('Narziß im letzten Akkord der Flöten'), Madrid, 1. Aufl. 1979; *Last River Together*, Madrid, 1. Aufl. 1980; *El que no ve* ('Wer nicht sieht'), Madrid 1980; *Dióscuros* ('Dioskuren'), Madrid 1982; *El último hombre* ('Der letzte Mann'), Madrid, 1. Aufl. 1984; *Poesía 1970-1985* ('Gesammelte Gedichte'), Madrid 1986; *Poemas del manicomio de Mondragón* ('Gedichte aus dem Irrenhaus in Mondragón'), Madrid, 1. Aufl. 1987; *Contra España y otros poemas no de amor* ('Gegen Spanien und andere Nicht-Liebesgedichte'), Madrid 1990.

Prosa: *En el lugar del hijo* ('An der Stelle des Sohnes'), Barcelona, 1. Aufl. 1976, 2. Aufl. 1977; *Dos relatos y una perversión* ('Zwei Erzählungen und eine Perversion'), Madrid 1984.

Essays: Vorwort zu *Marqués de Sade. Cuentos, historias y fábulas completas* ('Marquis de Sade. Gesammelte Erzählungen und Fabeln'), Madrid 1978.

Deutsche Übersetzungen: Einige Übertragungen aus *Así se fundó Carnaby Street, Teoría* und *Narciso,* übersetzt von Bärbel Göhner, in: F. Boso und R. Bada (Hgg.), *Ein Schiff aus Wasser. Spanische Literatur von heute,* Köln 1981.

Werk und Poetik

Die Erneuerung der poetischen Sprache geschieht in Spanien nicht unmittelbar nach Francos Tod, und die achtziger Jahre haben auch keine besonderen lyrischen Wunder zu Ehren der Demokratie produziert, die sich nicht in die sechziger und siebziger Jahre zurückverfolgen ließen. Die Literatur schreibt ihre eigenen Ereignisse. Pere Gimferrer veröffentlicht 1963 *Arde el mar* ('Das Meer leuchtet'), und A. Martínez Sarrión zerreißt die Syntax in *Teatro de operaciones* (1967; 'Operationstheater). 1970 erscheint die Anthologie *Nueve novísimos,* in deren Vorwort J.M. Castellet behauptet, die Lyrik dieser Dichter bedeute einen zweifellosen Bruch mit den Traditionen aus der Nachkriegszeit. L.M. Panero entwickelt seine poetische Sprache als Verstoß gegen die Konventionen des sozialen Diskurses und wirbt nicht für eine neue Ästhetik, denn sein Wort ist »ein aktiver Untergang: ein Mord«: »Todas mis palabras son la misma que se inclina hacia muchos lados, la palabra FIN, la palabra que es el silencio, dicha de muchos modos.«[1] (All meine Worte sind dasselbe Wort, das sich zu vielen Seiten neigt, das Wort ENDE, das Wort des Schweigens, auf verschiedene Arten gesagt.)

Paneros erster Lyrikband, *Así se fundó Carnaby Street,* ist eine Elegie an die Film- und Comicmythen der Kindheit. Die poetischen Bilder reihen sich aneinander, zusammengeschnitten wie im Film, und fast jede Szene, jedes Prosagedicht, beginnt kurz vor dem Ende seiner Hauptfigur oder zeigt nur ihre Leiche. Die Freibeuter, Che Guevara, King Kong, Emiliano Zapata, Bonny & Clyde, sogar Pavese und Majakowskij, alle *outlaws* überlassen der Geschichte nur ihren Mythos und ihre nackten Knochen. Seine Helden waren Verlierer, und am Ende des Traumes bleibt die Zerstörung, der Hinterhalt, das Blut. Die Elemente des Textes sind assoziierte Fragmente. Panero arbeitet mit Augenblicken, deren Folge sich der logischen Ordnung entzieht. Auch wenn einige Kritiker die Lyrik der *novísimos* als rein formalistische Literatur der tausend Zitate verstehen wollten, ist dies bei Panero nicht der Fall. Seine poetische Radikalität findet ihren Ort auf der Kehrseite der sozial engagierten Dichtung.

Teoría erscheint 1973 und wird einer der beeindruckendsten Lyrikbände der siebziger Jahre. 'Das Lied des einsamen Llaneros', ein langes Gedicht in elf Teilen, entfaltet Paneros symbolische Welt und stellt ihn den andern Kulturalisten seiner Generation gegenüber. Die Leidenschaft für die Schönheit, für Pracht, Schmuck und edle Stoffe findet keinen Platz bei Panero. Er kontrastiert das Schöne mit dem Schauderhaften, das Vertraute mit dem Unheimlichen:

(...) con los huesos
de un ahogado puede hacerse un pastel
con los huesos
con una planta carnívora Ulm

(*Poesía 1970-1985,* S. 73 — aus den Knochen/ eines Ertrunkenen kann man einen Kuchen machen/ aus den Knochen/ aus einer fleischfressenden Pflanze Ulm)

Die Ordnung des vernünftigen Diskurses bricht zusammen, und der Dichter geht mit seiner Sprache bis an die Grenzen des Sinns. Wenn der Sinn stirbt, gerät die Semantik ins Schwanken. Es gibt keine Identität, keine Einheit, keine Abhängigkeit von einer bezeichneten Wirklichkeit. Die Ermordung der Grammatik, des Gesetzes der Vernunft, ist die Voraussetzung für die Entstehung neuer poetischer Dimensionen:

(asesinaba por medio
de una cámara fotográfica) la palabra
está devaluada, flota en el vacío
y son torpes sus pasos, perezosa
como si fuera agua, así es preciso
acrisolar su destrucción
en una nueva extensión lingüística
negadora del agua, de las formas babosas
de lo informe, de lo vago o disuelto
en una nueva extensión no acústica (que será el mar)

(*Poesía 1970-1985*, S. 72 – (er mordete/ mit einem Fotoapparat) das Wort/ ist abgewertet, schwebt in der Leere,/ und seine Schritte sind schwerfällig, träge/ wie Wasser, so ist es nötig,/ seine Zerstörung zu läutern/ in einer neuen sprachlichen Erweiterung,/ die das Wasser leugnet, die geifernden Formen/ des Formlosen, des Verschwommenen oder Zersetzten/ in einer nicht-akustischen Erweiterung (die das Meer sein wird))

Das Gedicht ersetzt die objektive Wirklichkeit, schafft eine poetische Welt, die nach immanenten Gesetzen funktoniert. Auf Paneros dritten Lyrikband, *Narciso*, werden wir noch ausführlicher eingehen.

In den achtziger Jahren veröffentlicht L.M. Panero mehrere Lyrikbände, deren Titel schon auf eine Weiterführung seiner ersten poetischen Ansätze hindeuten: *Last River Together* und *El último hombre* sind zwei Formen eines symbolischen Endes. Das japanische Haiku und Catulls Schmähgedichte dringen in Paneros Lyrik ein. Das Thema des Wahnsinns gewinnt allmählich an Bedeutung. Seine *Poemas del manicomio de Mondragón* ('Gedichte aus dem Irrenhaus in Mondragón'), wo Panero seit Jahren lebt, nehmen das Problem des Lebens in einer psychiatrischen Anstalt wieder auf. Sein letztes Buch, *Contra España y otros poemas no de amor*, ist der republikanischen Volksarmee gewidmet. »Heute noch?« kann man sich fragen. Die spanische Geschichte ist kein Blumenstrauß. Der Putsch vom 23. Februar 1981 oder die ETA, die baskische Untergrundorganisation, geben dem Dichter Anlaß zur Ironisierung der Verzweiflung und des Schauderhaften:

Hábil como un espectro recorro la ciudad
borracho como un vivo, sereno como un muerto,
y me asombro ante aquellos que viven.
Y me excitan sus labios sonrosados
cuando dicen »ven«
»ven a matarme ya que soy un espíritu«.

(Aus dem Gedicht »ETA MILITARRA« in *Contra España ...*, S. 16 – Geschickt wie ein Gespenst laufe ich durch die Stadt,/ besoffen wie ein Lebender, nüchtern wie ein Toter,/ und wundere mich über alle, die noch leben./ Und ihre rosigen Lippen erregen mich,/ wenn sie sagen »komm«/ »komm und morde mich, denn ich bin nur ein Geist«.)

Wer ist dann letztendlich Leopoldo María Panero?

> ***Soy una vieja en un bar llorando***
> ***mientras los hombres juegan al tribunal del silencio.***

(*Contra España ...*, S. 37 – Ich bin eine alte Frau und weine in einer Kneipe,/ während die Menschen 'Gericht des Schweigens' spielen.)

Narziß im letzten Akkord der Flöten

Panero veröffentlichte *Narciso* ('Narziß') 1979, als das Subjekt schon zusammengebrochen war und der Spiegel kein Bild mehr wiedergab. Zwei Jahre davor hatte er sich entschieden, dem Tod entgegenzutreten. Er erklärte sich für tot und schrieb weiter aus dem Nachlaß. Diese Annäherung an den Tod ist tief verwurzelt in den Schriften französischer Autoren wie Bataille oder Blanchot. Sie hängt mit einer Denkart zusammen, die sich in der Erfahrung der Grenzen und deren Verschiebung entfaltet. Im Vorwort zu *Narciso* erzählt Panero die Geschichte eines Schriftstellers, der nach langen Jahren harter Arbeit entdeckt, daß er nie geschrieben hat, weil er nie gelesen wurde; ein Schriftsteller, der davon geträumt hatte, geschrieben zu haben und sich vor seinem Namen im Kulturzirkus verteidigt zu haben. »Die einzige Belohnung der Poesie ist, verstanden zu werden«, heißt es. So einfach, wie es scheint, und diese Figur sieht sich noch dazu mit dem Tod konfrontiert: »Aber es war schlechter, weil es kein Sterben um der Revolution willen war, sondern mangels jeder politischen Solidarität, weil er ein Verrückter, ein Homosexueller war, aller symbolischen Stützpunkte beraubt in der glücklichen und unglücklichen Welt der normalen Menschen, die sich gegenseitig sogar die auffallendste Schuld verzeihen, dank der Unsichtbarkeit, die die Uniform verleiht.« (*Poesía 1970-1985,* S. 116)

Der Text wird mit Johannes de Silentio unterschrieben. Panero betont, dies sei nicht seine eigene Geschichte. Der Autor ändert seine Namen, läßt sich nicht als Einheit festlegen. Das schreibende Subjekt entschwindet. Der Anspruch auf Originalität ist auch kein Maßstab für eine Literatur, in der das Subjekt seinen Thron verlassen hat. Panero läßt seine Texte von Zitaten begleiten, überträgt Gedichte von anderen Autoren und macht sie zu eigenen, indem er sie verändert oder korrigiert.

Sein Narziß sucht das verlorene Subjekt nicht im Wasserspiegel. Er hat leere Augenhöhlen, tote Kinderaugen, die blind ins Licht schauen:

(...) porque
en este mundo sin ojos debe ser cierto
que sólo la muerte nos ve.

(Poesía 1970-1985, S. 122 — dt. Übers. in: *Ein Schiff aus Wasser,* S. 388: weil/ in dieser Welt ohne Augen es wird wohl so wahr sein,/ daß nur der Tod uns sieht.)

Dem Zitat von Montaigne gemäß: »Das Leben hängt vom Willen eines anderen ab, der Tod von unserem«, lösen sich Paneros poetische Bilder aus der Welt der Einengung heraus, aus einer Welt der Nützlichkeit, der Zwecke, der Zeit. Die erotische Sprache funktioniert im Zusammenhang mit der Todessymbolik, sie verschiebt die Sexualität bis an die Grenze des Körpers oder überschreitet sie.

Así fue — es — nuestro amor
erección sobre ruinas, botella verde en el solar vacío
que contiene a Dios, semen
sobre un cadáver.

(*Poesía 1970-1985,* S. 138 — So war — ist — unsere Liebe/ Erektion auf Ruinen, grüne Flasche auf dem leeren Grundstück,/ die Gott beinhaltet, Samen/ auf einer Leiche.)

Panero verwendet die erotische Sprache in Abwesenheit der Liebe und des anderen. Die gesellschaftliche Tabuisierung der Sexualität setzt eine Grenze, die eine Übertretung ermöglicht. Die Erotik seiner Gedichte funktioniert wie die Kehrseite einer sozial beschränkten Sexualität, in der die Rollen, die Räume und das Verhalten durch Konventionen bestimmt werden. Die normale (in eine Norm verkleidete) Erotik spielt sich auf dem Gebiet des Phallus ab, behauptet Panero in seinem Vorwort zu Erzählungen des Marquis de Sade. Die perverse Erotik bewegt sich dagegen auf dem Gebiet der Kastration. Sie lehnt den Geschlechtsakt ab, parodiert ihn oder findet im Ritual der Zerstörung des anderen statt.

Y ella está allá: en la espera,
y no es a ti a quien ama, sino que
es un Otro, amantes, el que usa
voces y cuerpos vuestros — el que os ha
de abandonar. Feto negro que
se interpone entre vuestros dos
cuerpos y hace

siempre imposible la cópula —
creer sólo en la castracíon.

(Aus: »Cópula con un cuerpo muerto ['Geschlechtsakt mit einem toten Körper'], *Poesía 1970-1985*, S. 140 — Und sie ist da: in der Erwartung,/ und dich liebt sie nicht, sondern/ einen anderen, Geliebten, der eure/ Stimmen und Körper benutzt — der euch/ verlassen wird. Schwarzer Fötus, der/ sich zwischen euch stellt und/ den Geschlechtsakt immer unmöglich macht./ Nur an die Kastration glauben.)

Paneros Lyrik bemüht sich um die Abschaffung des sozialen Kompromisses. Seine Texte versuchen, sich dem Rahmen des sozial Möglichen zu entziehen, um eine Entfaltung in der Welt des Unmöglichen zu erreichen. Das Umögliche wird nur symbolisch möglich, d.h. im Bereich der poetischen Sprache. Panero geht davon aus, daß die menschliche Sexualität nicht von Instinkten getrieben wird. Sie ist Lust auf etwas anderes als die Sexualität selber. Phallus, Brüste usw. wären nur Teile einer Kulisse, in der die Beziehung mit dem anderen symbolisiert wird: »Die Erotik ist eine völlig symbolische Praxis, die nicht auf der glücklichen Lust basiert. Sie kennt nur die Wunden des Symbols.« (Vorwort zu *Marqués de Sade*, S. 16)

Die Kastration, das Exkrement, der Inzest sind Elemente einer symbolischen Welt, die nicht nach den Prinzipien der sozialen Normalität funktioniert. Der Phallus ist leer, der Körper ist leer, der Name und das Theater sind leer: der Sinn ist gestorben.

— te pregunté entonces —: »¿Será mi alma
buen alimento para perros?« Y contestaste: »no esperes
que ella sirva para otra cosa: fue creada
y pensada lo mismo que tu cuerpo y huesos para
nutrición de los perros finales — lo mismo
que tu palabra.« »Y ¿nada he de esperar?« »Nada.«

(*Poesía 1970-1985*, S. 162 — Ich fragte dich dann: »Wird meine Seele/ gutes Hundefutter sein?« Und du antwortetest: »erwarte nicht/ daß sie zu etwas anderem nutzt: sie wurde genauso/ wie dein Körper und deine Knochen geschaffen und gedacht für/ die Fütterung der letzten Hunde — genauso/ wie dein Wort.« »Und soll ich nichts erwarten?« »Nichts.«)

Der Vater und die Mutter sind zwei wichtige Motive in diesem Buch. Panero lehnt die Zeugung und die Geburt ab. Geborenwerden heißt Abhängigkeit. Das Lachen der Mutter schreckt und entwaffnet den Sohn. Die Mutter wird mit dem Prinzip der Zerstörung assoziiert. Der neue

Mensch wünscht sich, selbstgeboren zu werden oder direkt aus der Erde zu entstehen, wie im Mythos von Deucalion und Pirra. Jede Abstammung bedeutet eine Bestimmung von außen. Eine Beziehung mit dem Vater kann es erst nach dem Verlust seiner Autorität geben. Die Versöhnung findet auf der anderen Seite des Spiegels statt, in der Liebe vereint auf der anderen Seite des Lebens. Paneros 'Brief an den Vater' ist eine Antwort auf das Epitaph seines eigenen Vaters, auch Dichter und auch bekannt unter dem »grotesken« Namen Leopoldo Panero.

Narciso ist ein entschiedenes Hinuntersteigen in die Schattenwelt, durch die Verwesung der Materie hindurch. Weit entfernt von der poetischen Sprache eines Gimferrer oder Carnero klebt Panero an keinen hohen und edlen Worten der äußeren Pracht. Er kontrastiert immer das Schöne mit seinem Abfall, mit seiner Verwesung. Gimferrer und Carnero überschreiten dagegen selten die Grenze zu den sogenannten »niederen Bereichen«.

Bataille und Breton hatten in den dreißiger Jahren eine Auseinandersetzung, die uns Paneros Einstellung besser erklären könnte. Elisabeth Bange interpretiert Batailles Antwort auf Breton folgendermaßen: »Alles Existierende beruht auf der Verwesung; das, was die Vergangenheit als Abfallprodukt zurückgelassen hat, wird zur Grundlage neuen Lebens. Jede geistige Erneuerung, die dieser Bedingung ihres Entstehens nicht genügend Rechnung trägt und auf die Analyse der zugrundeliegenden Verwesung verzichtet, weil diese als Element des niedrigen Lebens scheinbar nichts mit ihren hohen Zielsetzungen gemein hat, ist zum Scheitern verurteilt.«[2]

Das schreibende Subjekt im 'Narziß' erlebt seine eigene Verwesung, um mit dem tradierten kulturellen Abfall, mit dem Desaster der Lebensgeschichte, mit der Verkleidung der Literatur fertig zu werden. Die Personalpronomina gehen zu Bruch, die Transitivität, die Antwort gibt es nicht mehr.

Anmerkungen

1) L.M. Panero, in: *Joven poesía española,* hg. von C.G. del Moral und R.M. Pereda, Madrid 1987, S. 334.

2) E. Bange, *An den Grenzen der Sprache,* Frankfurt/M. 1982, S. 10.

Ana Rossetti:

Ana und die Engel der Lüste — Religiöse Verlockung und erotisches Begehren im Werk Ana Rossettis

Von Horst Weich und Andreas Mahler

Ana Rossetti wurde 1950 in San Fernando (Cádiz) geboren. Sie lebt vorwiegend in Madrid.

Lyrik: *Los Devaneos de Erato* ('Die Spielereien der Erato'), Valencia 1980 (Premio Gules de Poesía); *Dióscuros* ('Dioskuren'), Málaga 1982; *Indicios vehementes* ('Heftige Anzeichen'), Madrid 1986; *Devocionario* ('Brevier'), Madrid 1986 (Premio Rey Juan Carlos I); *Yesterday* ('Yesterday'), Madrid 1988; *Imago pasionis* ('Imago pasionis', Bilder von Fernando Rubio, Text von Ana Rossetti), San Fernando 1990.

Prosa: *Aquellos duros antiguos* ('Jene alten Fünfer'), Málaga 1987; *Plumas de España* ('Spanische Federn'), Barcelona 1988; »La sortija y el sortilegio« ('Der Ring und die Hexerei'), in: *Cuentos eróticos* ('Erotische Erzählungen'), Barcelona 1988, S. 153-168; *Prendas íntimas: el tejido de la seducción* ('Intimwäsche: das Gewebe der Verführung'), Madrid 1989; *Quinteto* ('Quintett'), Madrid 1989; *Apuntes de ciudades* ('Stadtnotizen'), Málaga 1990; *Hasta mañana, Elena* ('Bis morgen, Helena'), Zaragoza 1990; »El soberbio celeste« ('Der himmlische Hochmütige'), in: *Los Pecados Capitales* ('Die Todsünden'), Barcelona 1990, S. 159-174; *Alevosías* ('Vorsätzlichkeiten'), Barcelona 1991 (Premio La Sonrisa Vertical).

Bisher Übersetzungen einiger Gedichte in verschiedenen deutschsprachigen Zeitschriften; in Vorbereitung: »La sortija y el sortilegio«.

Absenz und Begehren

Im Abschnitt »Der Abwesende« seiner *Fragmente einer Sprache der Liebe* verweist Roland Barthes auf den Zusammenhang von Abwesenheit und

Sehnsucht; Liebe äußere sich im herbeisehnenden Warten auf das begehrte Objekt, begleitet von einem »Diskurs der Abwesenheit«, dessen Trägerin, historisch gesehen, die Frau sei: »Es ist die Frau, die der Abwesenheit Gestalt gibt, ihre Fiktion ausarbeitet (...); sie webt und singt (...).« Die Dichtung der philippinischstämmigen Südspanierin Ana Rossetti ist Arbeit an der Textur des Begehrens; durchweg geprägt von unerfüllter und letztlich unerfüllbarer Sehnsucht nach dem anderen (männlichen) Geschlecht, umschreiben ihre Texte einen Diskurs der Absenz, verleihen aber genau darin dem ersehnten Abwesenden ein gewisses Maß an Präsenz in der Schrift und dem Begehren Macht über das begehrte Objekt. Ana Rossetti ist somit Poetin im klassischen Sinn, Schöpferin einer fiktiven, männlich-sinnlichen Welt, über die sich weibliches Begehren artikuliert als Spur des nie erreichbaren anderen in der Schrift.

Der institutionelle Ort der Artikulation eines immer schon aufgeschobenen Begehrens, der lizenzierten Formulierung des Verlangens und seiner gleichzeitigen diesseitigen Nicht-Einlösbarkeit war in der spanischen Gesellschaft für lange Zeit der religiöse Diskurs des Katholizismus; Ana Rossetti bedient sich der Sprache des Heiligen, des Gebets, der Verehrung, der Mystik und der Anrufung und zeigt in deren stets täuschenden Erfüllungsversprechen ihre latent sexuelle Basis: ihre Texte schreiben sich den vorgegebenen Diskursformen der Legende, des Martyriums, des Zeremoniells ein, ohne deren Autorität oder deren Tabuierungen zu übernehmen. In der respektlosen Aneignung des Religiösen und dessen engem Bezug zum Sexuellen überschreitet sie lange angestammte Grenzen gesellschaftlich zugelassener Sagbarkeit und gibt einer weiblichen Stimme Raum, die sich nicht (mehr) von männlichen Grenzziehungen beeindrucken oder gar einschränken läßt. Ana Rossettis Texte sind Akte der Transgression und Subversion; es sind aber auch Texte der Authentizität, des Begehrens und des Mangels, des Leidens und der Lust. Vor der intertextuellen Folie religiös-ideologischer Lenkung des schamhaft-sehnsüchtigen Blicks der frommen Frau auf die vergötterte Männerwelt des Katholizismus, seine Heiligen, Märtyrer und Engel inszenieren sie deren Erotisierung und Sexualisierung; Ana Rossettis lustgeführter Blick füllt die Helden religiöser Verehrung mit dem Fleisch der Begierde, über das Heilige repräsentiert er das abwesende Lustobjekt in der Schrift.

Die Gegenwart des Abwesenden in der Schrift

Die Überkreuzung des Religiösen mit dem Sexuellen als zentrales Thema und Verfahren in der Dichtung Ana Rossettis zeigt sich am einlässigsten in der 1985 mit dem Premio Rey Juan Carlos de Poesía ausgezeichneten Gedichtsammlung *Devocionario,* in deren Teil »In conspectu angelorum« der nicht mehr unschuldige Blick auf das Heilige in besonderer Weise thematisch wird. Der Teil vereint eine Reihe von Engelgedichten, dessen abschließendem »Just call the angel of the morning« nunmehr besondere Aufmerksamkeit zuteil werden soll.

JUST CALL THE ANGEL OF THE MORNING

»Se ama así sólo una vez. A Dios gracias. A Dios gracias.«
Jean Stubbs

En pos de ti, mi bello ensimismado,
la infancia, desplegándose,
me muestra las imágenes — casi irreconocibles —
de la niña que fui cuando te amaba.
Manos juntas sobre las azucenas del misal,
la blonda de mi velo se anaranja
— sangre y topacio brotan de la bóveda herida —
y en mis mejillas hay una caléndula.
Me duele la cintura, tanto tiempo
en el reclinatorio
arrodillada, llamándote.
Lágrimas adiamantando los retablos,
balanceando el vano turiferio
que de tus manos cuelga.
Los afilados pliegues del elevado fuste
quisiera separar de tus redondas alas,
mas tus ojos de vidrio a mi obstinado rezo
no son dóciles.
Ni ángeles ni arcángeles
hay ya en mis santuarios, ni me muero de amor.
Pero cuando a un muchacho le regalo mis chales,
o en sus brazos enfilo mis pulseras,
o en sus lisos tobillos anudo oro,
sólo busco tus rosadas rodillas
entre el crujiente encaje,
y tu apretado talle igual que el de una niña
y tu entreabierta boca
— los labios retocados con violento carmín —
y tu rizado pelo cayendo por la espalda
como un ramo de lirios.
Sólo te llamo a ti, sólo a ti
al acercarme a un rostro

en su propia hermosura cautivado.
Sólo te llamo a ti.
Pero ahora, acaricio mejillas
antes de que me amen.
Y beso mucho antes de que negarse puedan:
abiertamente tiendo mis celadas.
Mi desesperación, estática y secreta,
mudó en atrevimiento.
No quiero aniquilarme.
No quiero maniatarme si la belleza existe.
No quiero, indefinida ante mi propio ardor
implorar, quietamente,
que el milagro suceda.

(Just call the angel of the morning
»So liebt man nur einmal. Gott sei Dank. Gott sei Dank.« Jean Stubbs
Immer nach dir, mein versonnener Schöner,/ zeigt mir die sich ausfaltende Kindheit/ die — kaum wiedererkennbaren — Bilder/ des Mädchens, das ich war, als ich dich liebte./ Die Hände gefaltet auf den Lilien des Meßbuchs,/ färbt sich der Spitzensaum meines Schleiers orange/ — Blut und Topas quellen aus der verletzten Wölbung hervor —/ und auf meinen Wangen ist eine Ringelblume./ Mich schmerzen die Hüften vom langen/ Knien auf dem Betstuhl,/ dich rufend./ Tränen besetzen die Altarbilder mit Diamanten,/ wiegen den schmucklosen Weihwasserkessel,/ den deine Hände halten./ Die spitz zulaufenden Falten des hohen Säulenschafts/ möchte ich von deinen runden Flügeln trennen,/ aber deine Glasaugen sind meinem beharrlichen Beten/ nicht gefügig./ Weder Engel noch Erzengel/ gibt es mehr in meinen Tempeln, auch sterbe ich nicht mehr vor Liebe./ Aber wenn ich einem Jungen meine Schals schenke,/ oder über seine Arme meine Armbänder streife,/ oder an seine glatten Knöchel Gold knüpfe,/ suche ich nur deine rosigen Knie/ unter dem knisternden Spitzengewand/ und deine schmale Mädchentaille/ und deinen halboffenen Mund/ — die Lippen nachgezogen mit grellem Karmin —/ und dein krauses Haar, das über den Rücken fällt/ wie ein Strauß bunter Lilien./ Ich rufe nur dich, nur dich,/ wenn ich mich einem ganz in seiner Schönheit befangenen Gesicht nähere./ Ich rufe nur dich./ Doch nun liebkose ich Wangen,/ bevor sie mich lieben./ Und küsse, lange bevor sie sich mir versagen können:/ offen stelle ich meine Fallen auf./ Meine Verzweiflung, ekstatisch und verborgen,/ hat sich in Wagemut verwandelt./ Ich will mich nicht tilgen./ Ich will mir keine Fesseln anlegen, und wenn es die Schönheit gibt./ Ich will

nicht, wehrlos vor all meiner Liebesglut,/ bloß in aller Stille darum bitten,/ daß das Wunder geschehe.)

Das den Titel eines bekannten Popsongs der späten sechziger Jahre (Guys & Dolls, »The Angel of the Morning«) aufnehmende Gedicht gliedert sich in zwei zeitlich voneinander geschiedene Teile (1-18; 19-45). In ihm wendet sich eine weibliche Sprecherin an eine Engelsstatue, in deren Konturen sie dereinst das Abbild quasi-göttlicher Schönheit gewahrt hatte und die ihr folglich zum Objekt eines zunächst kindlich-unschuldigen, nach erwachter Sexualität aber eines lustbetont-sündhaften Begehrens geworden ist, das in ihr die Sehnsucht nach der Unschuld ihrer einstigen Liebe aufkommen läßt. Der in seiner eigentümlich ambigen Gewandung damaliger spanischer Kirchenauthentizität entsprechende Engel der Kindheit ist der Sprecherin Erfüllung und Entbehrung zugleich; er macht die vergangene religiöse Vereinigung präsent und erinnert bereits darin an ihren unwiederbringlichen Verlust.

Das Gedicht versprachlicht das Ereignis einer Substitution; es evoziert die vollkommen liebende Sprecherin als Mädchen im unerhörten Gebet vor der Statue und ersetzt dies durch die in ihrer unbedingten Liebe enttäuschte Sprecherin als Frau auf der steten Suche nach der einstigen Befriedigung. Vor der ersten (religiösen) Liebeserfahrung erweisen sich mithin alle (sodann sexuellen) Folgeerfahrungen, Versuche einer vergeblichen Wiederholung des Unwiederbringlichen, als bloße Substitute einer vermeintlich durchlebten Eigentlichkeit; statt einer erneuten Begegnung mit dem geliebten schönen *einen* anderen verschaffen sie der Suchenden stets neue Begegnungen mit immer schon weniger geliebten, weniger schönen vielen anderen, statt gewähnter Präsenz und tatsächlicher Absenz entsteht tatsächliche Präsenz und gewähnte Absenz. Und gleichwohl zeigt sich der beschriebene Wandel als Ergebnis eines bewußten Entschlusses; die in der Vielzahl der Jungen und Männer die Schönheit des Engels ersehnende Sprecherin verneint vehement ihre einstige passive Haltung des Betrachtens, Schwärmens, Wartens auf die Erfüllung und wird zur bewußt aktiv Handelnden (35-45): starre, verborgene Verzweiflung verkehrt sich in dynamischen, offenen Wagemut, weibliche Selbstaufgabe in männliches Jagen, flehendes Bitten in konkretes Tun. Aus dem verzückt betenden Kind wird der ungeduldig männerjagende Vamp.

Die Figur der Aktivierung aus dem Verlust kennzeichnet das Schreiben der Ana Rossetti generell; in ihr entbirgt sich eine neue Form aneignender Bemächtigung, die mit einer traditionell auf Passivität und Passion verpflichteten Frauenrolle bricht und sich die nicht-gefügigen Dinge gleichwohl gefügig zu machen sucht. Der Ort der Bezähmung des Entgleitenden ist die Schrift; im fünften und letzten Abschnitt des Gedichts »Misterios de pasión« der Sammlung *Devocionario* formuliert die Dichterin/Sprecherin dementsprechend ihre Macht über die von ihr imaginierten Ersatzobjekte ihrer Lust:

Pongo en tus manos dagas y sortijas,
convierto tus ausencias en infidelidades,
en ansia irresistible tus retornos.
Cada silencio tuyo es aguda lanzada,
cada palabra como un afán que acude,
mas no te vanaglories: sólo es mío el orgullo
si te logré tan cruel y tan querido.
Pues mi pasión decide la fuerza de tu agravio,
acuerda tu belleza mi deseo
y en tí transfigurarme
responde a una versátil voluntad,
y eres sólo un regalo que me hago a mí misma.

(Ich lege in deine Hände Dolche und Ringe,/ ich verwandle deine Absenzen in Treulosigkeiten,/ in unwiderstehliche Sehnsucht deine Rückkünfte./ Jedes Schweigen von dir ist ein spitzer Lanzenstoß,/ jedes Wort wie ein herbeistürzendes Verlangen,/ aber bilde dir nichts darauf ein: ganz allein mein ist der Stolz,/ wenn ich dich so grausam und so begehrt gemacht habe./ Denn meine Leidenschaft bestimmt die Stärke deiner Aggression,/ mein Begehren bestimmt deine Schönheit,/ und mich in dir zu verklären,/ antwortet auf einen wankelmütigen Willen,/ und du bist nur ein Geschenk, das ich mir selbst darbringe.)

Die poetische Verfügungsgewalt der Sprecherin über ihre Rede macht deren Objekte zu Ikonen der Lust; sie ist es, die deren Schönheit und deren Schmerz imaginiert, sie ist es, die deren ambivalente Faszination inszeniert, in ihren textuellen Objekten berauscht versinkt und sie zugleich beherrscht, sie ist es, die, wie im Ausstellungskatalog zu *Imago pasionis* von 1990, aus Engeln Männer oder, wie im Abschnitt »Sturm und Drang« der Gedichtsammlung *Indicios vehementes* über die Beschreibung des vom Jeans-Plakat lächelnden »Chico Wrangler«, aus Männern Engel macht. Ana Rossettis Dichten überführt religiöses Sehnen in sinnliches Begehren; ihre Texte materialisieren die Idealität christlicher Liebe zum Fest maskuliner Körperlichkeit, hinter der Reinheit der Engelsfassade lauert das Skandalon der Körperöffnung, über das allein der Austausch und die Einswerdung möglich scheinen. Darin wird das Abendmahl zur Defloration, der Kelch zur liebkosenden Hand, die Wunde zur Quelle der Lust, der Hosenschlitz zum Schrein, das Sperma zur Reliquie; zugleich bleibt aber die über das Spiel der Doppelkodierung laufende Transformationsbewegung vom Sakralen zum Profanen und wieder zum Sakralen stets befangen in der Urgewalt und Allmacht des Wortes. Im »Festividad del dulcísimo nombre« betitelten Auftaktgedicht des *Devocionario* gesteht die Sprecherin: »Mis primeras caricias fueron verbos,/ mi amor sólo nombrarte« (Meine ersten Liebkosungen waren Worte,/ meine Liebe, nur dich zu nennen). Dieser ersten Liebe zum Wort bleibt sie treu; das Eingeständnis liest sich demzufolge auch als poetologischer Grundsatz Ana Rossettis, denn im Wort fixiert sich das Begehren der Liebenden nach ihrem Wunsch.

Heterogenität und Synkretismus

Die Repräsentation des Abwesenden in der Schrift unternimmt Ana Rossetti vornehmlich im Gestus des Beschreibens und des Lobpreisens; ihre Stilisierungen männlich-robuster und zugleich engelhaft-anmutiger, androgyner Schönheit begleiten hochgradig differenzierte Bildfelder des Pflanzlichen und des Mineralischen: exotische Blumen, edle Gewebe und erlesene Edelsteine verleihen den Gegenständen ihres Dichtens hervorgehobene Dignität. In ihren Texten mischen sich neben dem Heiligen und dem Profanen das Vergangene und das Gegenwärtige, das Zeitlose und das Moderne, die hohe Kultur und das Populäre; auf diese Weise stehen nebeneinander Seneca und Boy George, Ignatius von Loyola und die Beatles, die Kriminalautorin Jean Stubbs und La Rochefoucauld, Tarzan und der Einsiedlermönch. Die aus der heterogenen Vielzahl der Allusionsbereiche (Literatur, Religion, Politik, Werbung, Film, Malerei, Schlager, Comic) resultierende Vielstimmigkeit charakterisiert vor allem auch Ana Rossettis bislang einzigen Roman, *Plumas de España* (1988), der stets weitere intertextuelle Folien einzieht und sie dialogisch bricht.

Ana Rossettis Texte sind Texte des Austauschs, des Ineinanderführens, des Vermengens und der Interpenetration; es sind Texte, die im Heiligen das Schöne, im Offiziellen das Verbotene, im Zugelassenen das Ausgegrenzte entdecken. Ihr Schreiben ist damit auch Arbeit an kulturellen Oppositionen, deren Gewichtung sie zum Kippen bringt, ohne aber der Verbitterung ideologischer Unterdrücktheit anheimzufallen.

Luis García Montero:

Zur anthologischen Vermittlung neuester spanischer Lyrik

Von Christoph Rodiek

Der 1958 in Granada geborene Lyriker Luis García Montero ist Dozent für Spanische Literatur an der Universität seiner Heimatstadt. Im Mittelpunkt seiner literaturwissenschaftlichen Arbeit steht das Oeuvre Rafael Albertis, das er bereits 1986 in einer umfänglichen Abhandlung erforscht hat (*La norma y los estilos en la poesía de Rafael Alberti,* 'Norm und Stile in der Dichtung Rafael Albertis') und dessen kritische Gesamtausgabe im Aguilar-Verlag er seit 1988 betreut. Seine wichtigsten Essays gelten dem mittelalterlichen Theater (*El teatro medieval. Polémica de una inexistencia,* 'Das mittelalterliche Theater. Polemik über eine Nichtexistenz', Granada 1984) und der europäischen Lyrik der Moderne (*Poesía, cuartel de invierno,* 'Dichtung, Winterquartier', Madrid [2]1988 [1. Aufl. Granada 1987]).

Luis García Montero hat bislang folgende Lyrikbände veröffentlicht: *Y ahora ya eres dueño del puente de Brooklyn* ('Und jetzt bist du bereits Herr über die Brooklyn-Bridge'), Granada 1980; *Tristia* ('Tristia'), Melilla 1982; *El jardín extranjero* ('Der ausländische Garten'), Madrid 1983; *Rimado de ciudad* ('Stadtverse'), Granada 1984; *Égloga de los dos rascacielos* ('Ekloge der beiden Wolkenkratzer'), Granada 1984; *Diario cómplice* ('Komplizenhaftes Tagebuch'), Madrid [2]1988 (1. Aufl. 1987).

In deutscher Sprache (Übersetzung: J. A. Friedl Zapata) liegen zwei Gedichte aus *Diario cómplice* vor: »Notturno« und »Gespräche« (in: *Literaturmagazin* 23, 1989, S. 39-40).

»Diario cómplice«

Der Gedichtband *Diario cómplice* umfaßt 57 Gedichte, die in zwei Abteilungen angeordnet sind, sowie 19 kürzere Prosatexte, die den Titel »Auszüge aus einer Briefsammlung« tragen. Mit Hilfe einer durchlaufenden 'Datierung' in Gestalt von Monatsnamen und Hinweisen auf die Jahreszeit ist die zyklische Struktur des Bandes bereits äußerlich kenntlich gemacht: Es handelt sich um die Chronik einer Liebesbeziehung, die für die Dauer eines Jahres lyrisch 'protokolliert' wird. Die Gattungsbegriffe 'Tagebuch' und 'Brief', mit denen auf das Moment des Autobiographischen und das Darbietungsprinzip chronologischer Sukzession Bezug genommen wird, sind keineswegs bloß metaphorisch gemeint. Vielmehr stehen Spontaneität der Gefühlsäußerung, bekenntnishafte Introspektion und moralische Reflexion im Zentrum des Bandes. Der für diaristisches Schreiben fundamentale Sachverhalt, daß jede Form von Selbstthematisierung unweigerlich zu Stilisierung und Fiktionalisierung führt, wird im Text sogar explizit gemacht. So findet sich im 25. Gedicht des ersten Teils — bevorzugte Stilmittel sind emphatische Metapher, Parallelismus, Anapher und Refrain — ein Hinweis darauf, daß mit 'Komplizen-' bzw. 'Mitwisserschaft' des Tagebuchs das genrespezifische Umdeuten und 'Zurechtbiegen' des schreibenden Ich gemeint ist, wobei Wahrheit und Lüge dergestalt konvergieren, daß Leben und Fiktion sich als nicht mehr unterscheidbar erweisen:

Recuerda que tú existes tan sólo en este libro,
agradece tu vida a mis fantasmas, (...)
Recuerda que yo espero al otro lado
de los tranvías cuando llegas tarde, (...)
Recuerda que mi reino son las dudas
de esta ciudad con prisa solamente,
y que la libertad, cisne terrible,
no es el ave nocturna de los sueños,
sí la complicidad, su mantenerse
herida por el sable que nos hace
sabernos personajes literarios,
mentiras de verdad, verdades de mentira.
Recuerda que yo existo porque existe este libro,
que puedo suicidarnos con romper una página.

(Denke daran, daß es dich nur in diesem Buch gibt,/ bedanke dich für dein Leben bei meinen Gespenstern, (...)/ Denke daran, daß ich auf der anderen Seite/ der Straßenbahnen warte, wenn du zu spät kommst, (...)/ Denke daran, daß mein Reich die Zweifel/ an dieser immer eiligen Stadt sind,/ und daß die Freiheit, schrecklicher Schwan,/ nicht der Nachtvogel der Träume ist,/ sondern die Komplizenschaft, das Offenhalten/ der Säbelwunde, die uns wissen läßt,/ daß wir literarische Figuren sind,/

wahre Lügen, erlogene Wahrheiten./ Denke daran, daß es mich gibt, weil es dieses Buch gibt,/ daß ich durch das Zerreißen einer Seite an uns Selbstmord begehen kann. — S. 47)

Das Gewicht, das García Montero der Tagebuch-Fiktion beimißt, hat sich auch auf den poetologischen Essay *Poesía, cuartel de invierno* prägend ausgewirkt. Die Kommunikation des Autors mit sich selbst und die Aufspaltung bzw. Verdoppelung des dichterischen Ich werden hier als entscheidende Momente der poetischen Moderne aufgefaßt und u.a. an Poe, Baudelaire und Rimbaud zu belegen versucht.

Ein weiterer Grundzug des *Diario cómplice* läßt sich mit dem Epitheton 'Großstadtlyrik' bezeichnen. Für den modernen Dichter ist die Metropole vor allem deshalb als zentrales Motiv anzusehen, weil dieser — so García Montero — nur vermittels der *urbanitas* zur Erkenntnis seiner wahren Natur vorzustoßen vermag (vgl. *Poesía, cuartel de invierno,* S. 16). Untersucht man die spezifische Verarbeitung dieses Sujets im *Diario cómplice,* so zeigt sich eine auffallend unpolitische Dichtung: Die Haltung, die das lyrische Ich der städtischen Kulisse gegenüber einnimmt, ist ausnahmslos von der Reflexion auf Privates beherrscht. Technikkult, städtischer Amüsierbetrieb, soziale oder ökologische Kritik sind für García Montero allenfalls periphere Themen. Anklänge an die Großstadtdarstellung des Naturalismus oder Expressionismus finden sich kaum. Vielmehr fungiert die Metropole vornehmlich als Bild- und Metaphernspender. Hierbei hat es den Anschein, als werde der private Erlebnisbereich von der städtischen Realität immer dann infiltriert, wenn sich letztere der ästhetisierenden Alltagserfahrung des lyrischen Ich als leicht assimilierbar erweist. Der nach innen gerichtete Blick schweift dann gleichsam in die Ferne, bleibt an Details der urbanen Landschaft haften und entdeckt 'schöne' Bilder; so reckt beispielsweise »der ferne Kran, schön wie ein Schwan, seinen langen Hals und stützt ihn auf das graue Vordach des Horizonts« (»[...] la grúa/ que lejana,/ hermosa como un cisne,/ tiende su largo cuello y lo descansa/ sobre el alero gris del horizonte«; S. 13).

Wichtigstes Versatzstück der städtischen Kulisse ist bei García Montero der Autoverkehr. Jener Bereich, in dem »alle Ampeln frösteln, (...) wo der Wind der Taxis weht« und »Paare sich in Autos umarmen« (S. 14), ist ebensosehr ein Ort erotischer Erfahrung wie schmerzlich erfahrener Einsamkeit:

(...) mis ojos
vagan por la ciudad buscando aparcamiento,

en las últimas horas de este lunes sin fin,
lejano y solo.

([...] meine Augen/ schweifen durch die Stadt, auf Parkplatzsuche,/ in den letzten Stunden dieses endlosen Montags,/ fern und einsam. – S. 39)

Die Anspielung auf García Lorca (»Córdoba. Fern und einsam«) verstärkt die düstere Stimmung des Gedichts, hat aber ähnlich ludischen Charakter wie mehrere der Greguería nachempfundene Metaphern und Vergleiche (S. 15: »zwischen den Bäumen/ gleicht die Sonne dem Auge eines Betrunkenen«; S. 45: »eine Tänzerin ähnelt einer Träne,/ die die Wange der Träume hinunterrollt«; S. 42: »die Zeit zog sich die Hackenschuhe aus, um uns nicht zu stören«).

Hinsichtlich der sonstigen intertextuellen Bezüge spielen – von Nerudas Band *Veinte poemas de amor y una canción desesperada* ('Zwanzig Liebesgedichte und ein verzweifeltes Lied') abgesehen – vor allem die *Fleurs du Mal* eine zentrale Rolle. Bereits in einem kurzen poetologischen Selbstporträt[1] spielt García Montero auf Baudelaire an, indem er den berühmten Schlußvers des vorwortartigen Gedichts »Au lecteur« adaptiert (»du, scheinheiliger, mir noch immer ähnlicher Leser«). Der spielerisch unverbindliche Charakter einer solchen Bezugnahme ist allerdings offensichtlich, denn García Montero reiht sich anschließend keineswegs in die Tradition des berühmten »ennui«-Dichters ein, sondern bringt vielmehr seine Verbundenheit mit den spanischen Lyrikern der fünfziger Jahre zum Ausdruck, indem er es sich zum Ziel setzt, ein »ethisches Individuum« zu konstituieren und im lyrischen Werk Einstellungen und Gefühle nach Art der Moralisten zu analysieren. Im übrigen begreift er Lyrik vornehmlich als Metadichtung und erblickt ein vorzügliches Mittel des Zugangs zum Leser in Techniken der Distanzierung: »Mehr als je zuvor ist Dichtung eine bewußte Stilübung über Dichtung.«

Als thematisch diffus erweisen sich auch die übrigen Baudelaire-Reminiszenzen im *Diario cómplice.* Wenn etwa davon die Rede ist, daß »die unruhigen Lüfte deines Haars die künstliche Sehnsucht nach der lichtlosen Kellerwohnung bewahren werden, wo du mich erwartest« (»[...] los aires/ inquietos de tu pelo/ guardarán la nostalgia artificial/ del sótano sin luz donde me esperas«; S. 24), so ist die Anspielung auf *La Chevelure* ebenso offensichtlich wie beiläufig: Während die Sehnsucht, die das weibliche Haar bei Baudelaire »im dunklen Alkoven« auslöst, erlesenen bzw. exotischen Gegenständen gilt, ist bei García Montero von Luxus und Raffinement gerade nicht die Rede. Kaum funktional und meist punktueller Natur sind die Baudelaire-Bezüge auch im letzten Gedicht des Bandes (S. 93-101: »Invitación al regreso«, 'Einladung zur Rückkehr'). Obwohl sich zahlreiche wörtliche Anklänge an *Le voyage* finden und sogar ironisch von den »Algen Baudelaires« die Rede ist, erweist sich die Aussageintention als blasse Replik auf den thematischen Gehalt des Prätextes. Geht es im Schlußvers der *Fleurs du Mal* darum, »au fond de l'inconnu« um jeden Preis Neues zu entdecken, um dergestalt dem »ennui« vielleicht zu entrinnen, so sind die Schlußverse des *Diario cómplice* ein Appell, »auf den Grund des bereits Bekannten« zurückzukehren und in den wohlvertrauten Hafen einzulaufen. Im konkreten Kontext des *Diario cómplice* bedeutet dies, daß die zu Ende des 'Berichtszeitraums' eingetretene Trennung der Partner überwunden und der Status quo ante wiederhergestellt werden sollte.

Postnovísimos

Der Generationsbegriff, den ein Literarhistoriker wie Albert Thibaudet mit besonderer Präzision zu verwenden pflegte, erfreut sich in der spanischen Literaturkritik des 20. Jahrhunderts großer Beliebtheit. So wird beispielsweise zur Bezeichnung der Entwicklungsschübe, die für die Lyrik der beiden vergangenen Jahrzehnte als charakteristisch gelten, mit den Ausdrücken 'Generation von 1970' (»Novísimos«) und 'Generation von 1980' (»Postnovísimos«) operiert. Hierbei geht das Etikett »Novísimos« auf eine Lyrik-Anthologie zurück, die José María Castellet 1970 unter dem Titel *Nueve novísimos poetas españoles* (Barcelona: Barral Editores) herausgebracht hat. Sechzehn Jahre später veröffentlicht Luis Antonio de Villena eine Auswahl, die Castellets Band zugleich fortsetzen und überbieten will: Seine Anthologie soll die Existenz einer wiederum 'allerneuesten' Generation belegen und trägt den Titel *Postnovísimos* (Madrid: Visor 1986), mit dem — wie Villena im Vorwort zu seiner Auswahl erläutert —, u.a. auf den Kontext der Postmoderne angespielt werden soll.

Was die Generation der »Novísimos« angeht, so läßt sie sich einigermaßen klar definieren: Von der Nachbürgerkriegslyrik und ihrer überwiegend national begrenzten sozialen Thematik distanzieren sich diese Autoren mit Nachdruck und versuchen, an die berühmte Lorca-Generation von 1927 anzuknüpfen. Hiermit verbunden ist der Rückgriff auf bestimmte Stilrichtungen der europäischen Moderne, die heute als »historische Avantgarden« bezeichnet werden. Das Vorherrschen ästhetizistischer, den Kunstcharakter emphatisch betonender Tendenzen hat den »Novísimos« denn auch Etiketten wie »culturalismo« und »venecianismo« eingebracht.[2] Die Gruppe der »Postnovísimos«, deren bedeutendste Vertreter durchweg nach 1955 geboren sind, ist sehr viel weniger homogen. Als wichtigste Gemeinsamkeiten bezeichnet Villena ein lyrisches *minimal art* sowie den Rückgriff auf klassisches Traditionsgut: Im ersteren Fall seien die Autoren von Trivialität und Dürftigkeit der künstlerischen Mittel bedroht, im letzteren vom Absinken ins Epigonale. Ihre Lehrmeister und Vorbilder suchten und fanden die »Postnovísimos« nicht in der unmittelbar voraufgehenden Generation, sondern in der von 1950. Bei García Montero zeigt sich dies u.a. in der Annäherung des Lyrischen ans Erzählerische.

Daß Villena eine weitere Gemeinsamkeit der »Postnovísimos« in der 'Postmodernität' ihrer lyrischen Produktion erblickt, hat sich in der Auswahl der Anthologietexte durchaus niedergeschlagen und sei am Beispiel von García Montero kurz erläutert. Insgesamt acht Gedichte unseres Autors sind bei Villena abgedruckt: sechs aus *Diario cómplice* und zwei aus dem Band *El jardín extranjero.* Das bei weitem wichtigste Kunstmittel der beiden letzteren Gedichte ist die Zitatkollage. Im Falle von »Sonata triste para la luna de Granada« ('Traurige Sonate für den Mond von Granada', *Postnovísimos,* S. 76-80) handelt es sich um einen Text mit ausgeprägter intertextueller Intensität (Verlaine-Motto, Baudelaire-Zitate, Mallarmé-Anspielungen usw.).[3] Der Text »A Federico con unas violetas« ('An Federico mit einem Veilchenstrauß', *Postnovísimos,* S. 80-83) stellt gar den Versuch dar, mit Hilfe einer Fülle von Zitaten aus *Poeta en Nueva York* (*Dichter in New York*) Lorcas Erlebnis der nordamerikanischen Metropole in Form eines Metatextes lyrisch zu 'wiederholen'. Ganz im Gegensatz hierzu eignet den sechs Texten, die dem *Diario cómplice* entnommen sind, ein eher bekenntnishafter Ton. Obwohl in Villenas Auswahl die strikt chronologische Abfolge als Ordnungsprinzip kaum mehr wahrnehmbar ist, bleibt doch der autobiographische Zyklus-Charakter spürbar. Allerdings versucht Villena auch bei diesen Texten, das Moment postmoderner Zitatmontage zu betonen, indem er ein Gedicht (»Recuerdo de una tarde de verano«, 'Erinnerung an einen Sommernachmittag') ins Zentrum der Auswahl rückt, das mit seiner betont dekadenten Kulisse — eine extreme Naturstimmung und erlesene Dessous dienen der Steigerung weiblicher Erotik — für die übrigen Texte des Bandes keineswegs repräsentativ ist.

Bereits drei Jahre nach Erscheinen der spanischen Anthologie veröffentlicht Hans-Jürgen Schmitt im *Literaturmagazin* des Rowohlt-Verlages eine deutschsprachige Auswahl aus den *Postnovísimos.* In der Einleitung[4] zu dieser 'Anthologie zweiten Grades' lehnt sich der Herausgeber eng an Villena an und bezeichnet als hervorstechendes Merkmal der ausgewählten Autoren einen durch Eklektizismus, Zitatwut und Vergnügen am Traditionsbruch charakterisierten 'postmodernen Trip'. Von den acht Texten García Monteros, die bei Villena abgedruckt sind, werden lediglich zwei übernommen. Beide stammen aus dem *Diario cómplice* (S. 22 und 26). Natürlich lassen sich bei so schmaler Textbasis Themen und Stilmittel des Originals nur sporadisch darstellen. Auch handelt es sich um Gedichte, die weniger geeignet sind, die zuvor unterstellte 'Postmodernität' García Monteros zu belegen. Dennoch verfährt Schmitt keineswegs willkürlich, denn er konzentriert sich auf *ein* charakteristisches Motiv der Vorlage: die Befindlichkeit des mit der erwachenden Stadt konfrontierten übernächtigten Liebespaares. Ganz offensichtlich hat der Anthologist hier zwei Texte ausgesucht, deren 'Anknüpfbarkeit' an den deutschsprachigen Lyrik-Kontext relativ leicht fällt. Eine neue Subjektivität[5] und eine das Stilmittel der Metapher betonende poetische Sprechweise finden sich nämlich auch in der *deutschen* Großstadtlyrik der siebziger und achtziger Jahre. Ein mit García Montero nahezu gleichaltriger Autor wie Bodo Morshäuser — man denke etwa an den Achtzeiler »Tolstefanz, Sächsische Straße«[6] — gestaltet das Motiv der 'Aubade' allerdings sehr viel schroffer, illusionsloser und unerbittlicher.

Es liegt auf der Hand, daß die Anthologie des *Literaturmagazins* eine gänzlich andere Funktion erfüllt als die spanische Vorlage. Während in dem Band *Postnovísimos* das orientierende Vorwort bloßes Beiwerk ist, steht im *Literaturmagazin* die metatextuelle Information über neueste Tendenzen der spanischen Literatur im Mittelpunkt. Die knappe Textauswahl hat hier nurmehr illustrierenden Charakter. Sie kann dort, wo Deutungen und Verallgemeinerungen des Anthologisten gar zu hypothetisch geraten sind, nicht mehr als Korrektiv wirken.

Verkürzungen solcher Art sind nun freilich bei internationalen Vermittlungsprozessen grundsätzlich schwer vermeidbar, und sie werden durch das Verdienst, die deutschsprachige Öffentlichkeit auf einen Autor wie Luis García Montero bereits kurz nach Erscheinen der Originaltexte aufmerksam gemacht zu haben, durchaus aufgewogen.

Anmerkungen

1) L. García Montero: »Poética«, in: L.A. de Villena: *Postnovísimos*, Madrid 1986, S. 74-76.

2) Vgl. hierzu V. García de la Concha/A. Sánchez Zamarreño: »La poesía«, in: *Letras españolas 1976-1986*, Madrid 1987, S. 65-105; S. Sanz Villanueva: *Historia de la literatura española. El siglo XX: Literatura actual*, Barcelona 1984; G. Siebenmann: »Der Fortgang der Dichtung«, in: *Spanische Lyrik des 20. Jahrhunderts. Spanisch/Deutsch*, ausgew., komm. und hrsg. von G. Siebenmann und J.M. López, Stuttgart 1985, S. 41-65.

3) Das Motto entstammt dem Verlaineschen Zyklus *Sagesse;* mit dem Titel wird auf Baudelaires Gedicht »Tristesses de la lune« angespielt; der Nebensatz »mientras la noche avanza solitaria y perfecta« paraphrasiert den Schlußvers (»Entends, ma chère, entends la douce Nuit qui marche«) eines der berühmtesten Sonette der *Fleurs du Mal;* der Vers »hemos soñado ya todos los sueños« variiert Mallarmés berühmten Halbvers »et j'ai lu tous les livres« (»Brise marine«).

4) »Aus dem Schatten heraus. Zur neuesten Literatur Spaniens«, in: *Literaturmagazin* 23 (1989), S. 20-34.

5) Vgl. hierzu García Monteros Artikel »La otra sentimentalidad«, in: *El País,* 8.1.1982, S. 7 f.

6) Der Text findet sich abgedruckt in dem Band *Berlin! Berlin! Eine Großstadt im Gedicht,* hrsg. von H.-M. Speier, Stuttgart 1987, S. 136. Vergleichbares gilt für Gedichte von Uwe Kolbe und Hans Ulrich Hirschfelder (ebd., S. 46-48 und 112).

Drama und Theater nach 1975: Vom 'Neuen Spanischen Theater' zum Autorentheater

Von Wilfried Floeck

Der Tod Francos bedeutete für das spanische Theater einen wichtigen Einschnitt. Noch schärfer aber war die Zäsur des Bürgerkriegs (1936-1939), die die hoffnungsvolle Entwicklung des spanischen Theaters im frühen 20. Jahrhundert und seine wachsende Anpassung an die europäischen Avantgardebewegungen jäh stoppte und es wieder um viele Jahre zurückwarf. Die großen Reformer der zwanziger und dreißiger Jahre waren tot — wie Miguel de Unamuno (1864-1936), Ramón del Valle-Inclán (1866-1936) und Federico García Lorca (1898-1936) — oder mußten ins ausländische Exil gehen — wie Rafael Alberti (*1902), Max Aub (1903-1972) und Alejandro Casona (1903-1965). In den ersten Jahrzehnten der Franco-Herrschaft waren sie alle gleichermaßen geächtet, und ihre Werke durften nicht aufgeführt werden. Den Vertretern der älteren Generation folgten bald auch junge Autoren wie Fernando Arrabal (*1932) ins Exil, da sie unter den Bedingungen des Franco-Regimes keine Möglichkeiten zu einer eigenen künstlerischen Entfaltung sahen. Ein öffentliches, staatlich subventioniertes Theatersystem war unter Franco so gut wie inexistent. Das spanische Theatersystem war im wesentlichen privat organisiert und kommerziell ausgerichtet. Die staatliche Zensur erlaubte zumindest in den ersten Jahren lediglich triviales Unterhaltungs- und unpolitisches Konsumtheater in der Nachfolge des 1954 verstorbenen Jacinto Benavente, dessen Jugendwerk um die Jahrhundertwende höchst kritisch und innovativ gewesen war, der sich aber seit der Verleihung des Nobelpreises im Jahre 1922 mehr und mehr zum wichtigsten Repräsentanten des konventionellen bürgerlichen Unterhaltungstheaters entwickelt hatte.

Erst zu Beginn der fünfziger Jahre begannen sich die Verhältnisse ganz allmählich zu verändern. Die entscheidenden Etappen auf dem Weg zu einer Erneuerung des Theaters der Nachkriegszeit bildeten die Erstaufführungen der Stücke *Historia de una escalera* (1949; dt. *Geschichte einer Treppe,* 1959) von Antonio Buero Vallejo (*1916) und *Escuadra hacia la muerte* (1953; dt. *Todeskommando,* 1990) von Alfonso Sastre (*1926). Buero Vallejo und Sastre waren die Initiatoren und Wortführer einer Gruppe von Autoren, die ihr Werk in den fünfziger und sechziger Jahren vor allem in den Dienst einer ethischen Erneuerung des Nachkriegstheaters ihres Landes stellten. Gemeinsam war ihnen eine engagierte und kritische Auseinandersetzung mit den politischen und sozialen Problemen der Gegenwart und der Geschichte Spaniens. In ästhetischer Hinsicht blieben sie weit hinter den experimentellen Neuerungen der zwanziger und dreißiger Jahre zurück. Sie knüpften vielmehr wieder an die realistische Tradition des 19. Jahrhunderts an, weshalb die Theaterkritik von ihnen gern als Angehörigen der 'Realistischen Generation' spricht. Zu ihnen gehört auch José Martín Recuerda (*1922), dessen dramatisches Werk in diesem Band dargestellt wird. Die Reformbestrebungen der Realisten der fünfziger und sechziger Jahre führten allerdings nicht zu einer grundlegenden Erneuerung des spanischen Theaters, da sie in einem von staatlicher Zensur und Kommerzialisierung geprägten Theaterbetrieb notwendigerweise zu einem Außenseiterdasein verurteilt waren, was in der Kritik zu Bezeichnungen wie 'totgeschwiegenes Theater' oder 'verlorene Generation' führte.

Die Angehörigen der 'Realistischen Generation' sind auch im Theaterbetrieb des demokratischen Spanien weiterhin präsent, wenn ihnen auch nach 1975 trotz einer ästhetischen Weiterentwicklung ihres Theaters der eigentliche Durchbruch versagt blieb. Eine Ausnahme bildet dabei vor allem Buero Vallejo, der als der bedeutendste und erfolgreichste spanische Nachkriegsdramatiker bezeichnet werden kann.

Das 'Neue Spanische Theater'

Gegen Mitte der sechziger Jahre entsteht in Madrid eine Bewegung, für die sich die Bezeichnung 'Neues Spanisches Theater' durchgesetzt hat. Ihre Vertreter teilen mit der vorangegangenen Generation das gesellschaftskritische Engagement, gehen aber in der theaterästhetischen Gestaltung ihrer Themen originelle Wege. Das 'Neue Spanische Theater' ist ein antirealistisches, experimentelles Theater, das die Suche nach neuen theatralischen Ausdrucksmöglichkeiten über die Vermittlung einer Botschaft stellt. Es ist ein antirealistisches Theater, das die Vormachtstellung der Sprache aufhebt und die von Autoren wie Valle-Inclán, García Lorca oder Artaud konzipierte Idee eines Totaltheaters konsequent weiterführt. Es strebt nach einer Auseinandersetzung mit den verschiedenen avantgardistischen Formen des zeitgenössischen europäischen und amerikanischen Theaters, wobei die Modelle des epischen, des absurden und des grotesken Theaters sowie Artauds Theater der Grausamkeit, das Living Theatre und die Ausdrucksmöglichkeiten des Happening im Mittelpunkt stehen. Innerhalb der nationalen Theatertradition beziehen sich seine Vertreter vor allem auf Valle-Incláns Ästhetik grotesker Verzerrung in der von diesem neugeschaffenen dramatischen Gattung des *esperpento.* Von den zahlreichen Vertretern dieser Bewegung sei hier nur Francisco Nieva (*1929) genannt, der auch heute noch als einer der bedeutendsten Repräsentanten des zeitgenössischen spanischen Theaters gilt.

Die Aufführungsmöglichkeiten der Autoren des 'Neuen Spanischen Theaters' waren noch geringer als diejenigen der vorangegangenen Generation. Lediglich in den unabhängigen Theatergruppen kamen einige von ihnen zur Aufführung. Der Begriff 'Unabhängiges Theater' bezeichnet freie, meist im Untergrund agierende Gruppen, die seit Ende der sechziger Jahre überall in Spanien entstanden waren. Mit den neuen Autoren teilten sie das gesellschaftskritische Engagement, die antirealistische Theaterkonzeption sowie das Verständnis des dramatischen Werks als Gesamtkunstwerk. Ein besonderes Anliegen der unabhängigen Gruppen war der Rückgriff auf Formen des Volkstheaters, das Bemühen um neue Publikumsschichten sowie die Erprobung kollektiver Produktionsformen. Zu den bekanntesten Gruppen gehören Els Joglars in Barcelona sowie Los Goliardos und Tábano in Madrid. Die meisten von ihnen haben sich nach 1975 rasch aufgelöst, allerdings rekrutierte sich aus ihrem Kreis der größte Teil der führenden Schauspieler, Regisseure, Bühnenbildner, Intendanten, Autoren sowie der einflußreichen Kräfte in den Schaltstellen der öffentlichen Theaterverwaltung der achtziger Jahre.

Die Jahre des Übergangs

Entgegen allen Erwartungen brachen in den ersten Jahren nach Francos Tod (1975) für das spanische Theater noch schwierigere Zeiten an. Die sogenannten 'Jahre des Übergangs' von der Diktatur zur Demokratie, die sich mit dem Erlaß der neuen Verfassung (1978) und der Regierungsübernahme durch die Sozialisten (1982) endgültig etabliert hatte, bedeuteten für das Theater eine schwere Zeit, die von einer allgemeinen Interesselosigkeit sowohl des Staates als auch des Publikums für die Belange des Theaters gekennzeichnet ist. Am stärksten wurden vor allem diejenigen enttäuscht, die unter der Zensur des alten Regimes am meisten zu leiden hatten: die Vertreter des 'Neuen Spanischen Theaters', deren politische und gesellschaftskritische Intentionen nun weitgehend ins Leere liefen und mit deren ästhetischen Experimenten das konventionelle, bürgerliche Theaterpublikum nichts anzufangen wußte. Die ersten Jahre nach 1975 durchzog eine Welle der körperlichen Enthüllung, das berüchtigte *destape*, die spanischen Bühnen, in der sich die Befreiung von der jahrelangen sexuellen Repression Luft machte. Darüber hinaus bestand ein enormer Nachholbedarf in der Kenntnis der unter Franco weitgehend verbotenen in- und ausländischen Klassiker der Moderne, die vor allem von den privaten Theatern gespielt wurden. Unter den spanischen Dramatikern profitierten von dieser Entwicklung insbesondere Valle-Inclán, García Lorca und Alberti, deren Stücke zum Teil erstmals in Spanien aufgeführt wurden. Allerdings blieben auch diese Aufführungen ohne durchschlagenden Erfolg, und sie erwiesen sich für die privaten Bühnen oft genug als finanzielles Fiasko.

Schlimmer noch erging es den Autoren der Zeit nach dem Bürgerkrieg. Von den Angehörigen der 'Realistischen Generation' konnten allein die Inszenierungen von Buero Vallejos Antifolterdrama *La doble historia del doctor Valmy* ('Dr. Valmys zweiter Fall', 1979) im Jahre 1976 und Martín Recuerdas Stück *Las arrecogías del Beaterio de Santa María Egipciaca* ('Die Insassen des Beginenklosters der Heiligen Mutter Maria Aegyptiaca') von 1977 einen breiten Publikumserfolg verzeichnen, während die neuen Autoren der späten sechziger und frühen siebziger Jahre so gut wie gar nicht zur Kenntnis genommen wurden. Die allgemeine Wirtschaftskrise des Staates und in ihrem Gefolge eine völlig unzureichende ökonomische Struktur des Theaterwesens, das Fehlen einer staatlichen Kulturpolitik sowie die mangelnde Vertrautheit des Publikums mit den Themen und Techniken des modernen Theaters werden im allgemeinen für die Krise des spanischen Theaters in der zweiten Hälfte der siebziger Jahre verantwortlich gemacht.

Die achtziger Jahre

Ein tiefgreifender struktureller Wandel des spanischen Theatersystems bahnte sich erst Ende der siebziger Jahre und vor allem seit dem Sieg der Sozialisten bei den Parlamentswahlen von 1982 sowie der Gründung des dem Kulturministerium unterstellten Instituto Nacional de las Artes Escénicas y de la Música (Staatliches Institut für Bühnenkunst und Musik) an. Die Erhöhung des staatlichen Theaterbudgets von circa 5 Millionen DM im Jahre 1978 auf knapp 40 Millionen DM im Jahre 1985 und damit verbunden die wachsende Förderung bestehender und die Errichtung neuer Theaterstätten führte zu einem allmählichen Ansteigen des Publikumsinteresses und zu einer allgemeinen Konsolidierung des Theaterbetriebs. Die staatliche Theaterpolitik hatte die Einrichtung eines dezentralisierten, staatlich subventionierten, öffentlichen Theatersystems nach europäischem, vor allem französischem Vorbild zum Ziel. Die Einrichtung eines Centro Dramático Nacional (CDN) im traditionsreichen Madrider Teatro María Guerrero noch in den Jahren des Übergangs sowie die Gründung des Centro Nacional de Nuevas Tendencias Escénicas (CNNTE, 1983) zur Förderung neuer, experimenteller theatralischer Ausdrucksformen und der Compañía Nacional de Teatro Clásico (CNTC, 1986) zur Pflege des spanischen Nationaltheaters des 'Goldenen Zeitalters' sind hierfür die wichtigsten Beispiele. Während 1975 ein öffentliches Theatersystem nahezu inexistent war, ist dieses mittlerweile so fest etabliert, daß es heute etwa die Hälfte der Aufführungen bestreitet.

Die Vormachtstellung der Theaterstädte Madrid und Barcelona ist nach wie vor ungebrochen. Dennoch hat die Förderung des Theaters durch Zentralregierung, Autonome Regionen und Kommunen zu einer erheblichen Dezentralisierung des Theaterbetriebs und zu einem enormen Aufschwung des Theaters in der Provinz geführt, wozu die Kulturhoheit der Autonomen Regionen und deren eigenständige Kulturpolitik entscheidend beigetragen haben. Mittlerweile besitzen fast alle Autonomen Regionen ihr eigenes 'Centro Dramático Nacional', wenn auch deren Existenz und Funktion infolge ihrer häufig unzureichenden finanziellen Ausstattung und ihrer allzu großen politischen Abhängigkeit oft genug auf einer recht prekären Grundlage ruhen. Im Vergleich zum deutschen Theatersystem ist die Unterstützung des öffentlichen Theaters in Spanien auch heute noch mehr als bescheiden. Immerhin sind in den letzten Jahren mit Hilfe eines speziellen staatlichen Unterstützungsprogramms in der Provinz über fünfzig Theaterhäuser restauriert oder neu eingerichtet worden.

Seit einigen Jahren sind ferner Aufschwung bzw. Entstehung eines Theaters der Nationalitäten in galicischer, baskischer und natürlich vor allem in katalanischer Sprache zu beobachten, wobei sich das katalanische Theater durch seine Experimentierfreudigkeit und den Reichtum seiner Bildersprache besonders auszeichnet. Nicht zuletzt hat die Dezentralisierung durch die Entstehung zahlreicher Theaterfestivals vom katalanischen Sitges über das kastilische Almagro bis hin zum andalusischen Cádiz eine weitere Verstärkung erhalten, was darüber hinaus auch zu einer wachsenden Europäisierung und Internationalisierung des spanischen Theaters beigetragen hat.

Die Gegenwart

Im Vergleich zu den Jahren unmittelbar nach Francos Tod hat sich die Situation des spanischen Theaters zu Beginn der neunziger Jahre wesentlich gebessert. Der spanische Theaterbetrieb ist quantitativ und regional stark expandiert; er ist ferner komplexer, reicher, internationaler und vor allem wesentlich professioneller geworden. Freilich sind damit noch längst nicht alle Probleme gelöst. Die Ausbildung von Schauspielern und Regisseuren ist nach wie vor unzureichend; die staatliche Konzeption des Theaters als öffentlicher Dienstleistung ist oft unklar und zu wenig transparent. Die Theaterleute beklagen sich vor allem über die einseitige Bevorzugung der öffentlichen Theaterzentren und das dadurch geförderte Starwesen unter Regisseuren und Intendanten. Deren aufwendige Schauinszenierungen dienen oft mehr dem Zweck, die eigene Selbstdarstellung zu zelebrieren oder als Schaufenster staatlicher Kulturpolitik zu fungieren, als Theater im Dienst eines breiten Publikums zu verwirklichen. Angesichts der Umstrukturierung des Theatersystems drohen die großen privaten Bühnen in eine Krise zu geraten, da sie mit den kostspieligen Inszenierungen der staatlichen Theaterzentren nicht konkurrieren können. Vor allem aber fühlen sich die kleinen freien Gruppen und festen Ensembles vernachlässigt, die seit den sechziger Jahren wesentlich zur Entstehung eines jungen, modernen Theaters und zu dessen ständiger Erneuerung und Weiterentwicklung beigetragen haben.

Nicht zuletzt hat der staatlich institutionalisierte Theaterbetrieb zu einer Ausweitung des Regie- und Ausstattungstheaters auf Kosten eines modernen Texttheaters beigetragen. Intendanten und Regisseure wie Lluís Pasqual, Adolfo Marsillach, José Luis Alonso, Miguel Narros oder José Luis Gómez sind heute nicht nur bekannter als neue Autoren, sie inszenieren auch mit Vorliebe bekannte Klassiker der internationalen Theaterliteratur, da dies weniger risikoreich ist als die Präsentation zeitgenössischer und wenig bekannter Autoren. Diese haben sich teilweise frustriert aus dem Bereich des Theaters zurückgezogen oder sind zu Film und Fernsehen übergewechselt.

Allerdings sind in den vergangenen Jahren auch Anzeichen der Aufwertung eines neuen literarischen Texttheaters zu erkennen, die in den neunziger Jahren eine Trendwende herbeiführen könnten. In den letzten Jahren sind mit Erfolg Stücke von neuen Autoren aufgeführt worden, die vielversprechende Ansätze für eine Weiterentwicklung des spanischen Theaters erkennen lassen. Repräsentativ für dieses neue Texttheater der achtziger Jahre sind die Stücke von José Luis Alonso de Santos (*1942) und Fermín Cabal (*1948), die beide in diesem Band dargestellt werden. Neben ihnen sind Autoren wie José Sanchis Sinisterra (*1940), Alfonso Vallejo (*1943), Concha Romero (*1945), Sebastián Yunyent (*1948), Paloma Pedrero (*1957), María Manuela Reina (*1958) oder Ignacio García May (*1965) zu nennen. Inhaltlich sind für dieses Theater die Gestaltung aktueller Themen aus dem alltäglichen Erfahrungsbereich des Publikums, eine Tendenz zur Behandlung von Problemen aus der jüngsten spanischen Vergangenheit oder auch eine Auseinandersetzung mit der Stellung der Frau in der zeitgenössischen Gesellschaft charakteristisch. Das neue Theater der achtziger und neunziger Jahre ist in ästhetischer und inhaltlicher Hinsicht weniger experimentell und provozierend als die Untergrundstücke des 'Neuen Spanischen Theaters' der letzten Jahre des Franco-Regimes. Das jüngste Theater ist ein eher realistisches Theater, das die Interessen und den Erfahrungshorizont eines breitgefächerten Publikums wieder stärker in Rechnung zu stellen sucht.

Dennoch bedeutet die Aufwertung des individuellen Texttheaters keine bloße Rückkehr zum autonomen literarischen Autorentheater früherer Zeiten. Die Erfahrungen der Teamarbeit und der Gemeinschaftsproduktionen aus den Jahren der unabhängigen Theaterbewegung wirken auch heute noch nach. Es ist bezeichnend, daß ein Großteil der jüngsten Autoren aus dem Theatermilieu stammt und unmittelbare Erfahrungen als Schauspieler, Techniker oder Regisseur mitbringt. Der ehemals autonome literarische Dramatiker scheint sich mehr und mehr zu einem 'Theatermacher' zu entwickeln, der das Theatermilieu und die praktischen Erfordernisse der Bühne bestens kennt und der darüber hinaus mit den Techniken benachbarter Medien wie Film und Fernsehen vertraut ist, die er in seine dramatische Textproduktion einzubringen versteht.[1]

Anmerkung

1) Eine grundlegende Einführung in das zeitgenössische spanische Theater geben die folgenden Werke: B.-S. Kulenkampff, *Theater in der Diktatur. Spanisches Experimentiertheater unter Franco*, München 1979. F. Ruiz Ramón, *Historia del teatro espanol. Siglo XX*, Madrid 6. Aufl. 1984. M.T. Halsey/Ph. Zatlin (Hg.), *The Contemporary Spanish Theater. A Collection of Critical Essays*, Lanham/New York/London 1988. C. Oliva, *El teatro desde 1936*, Madrid 1989. W. Floeck (Hg.),*Spanisches Theater im 20. Jahrhundert. Gestalten und Tendenzen*, Tübingen 1990. Grundlegend für den augenblicklichen Stand des öffentlichen Theatersystems sind die Beiträge des Dossiers »Teatro público: la crisis de un modelo« in der Theaterzeitschrift *El Público*, Nr. 78 (Mai/Juni 1990), S. 1 sowie S. 61-107. Einen ersten, knappen, aber doch ausführlicheren Zugang als die vorangegangenen Ausführungen liefert mein Beitrag »Das spanische Drama im 20. Jahrhundert«, in Chr. Strosetzki (Hg.), *Geschichte der spanischen Literatur*, Tübingen 1991, S. 368-392.

José Martín Recuerda:

Der Mythos vom 'guten spanischen Volk' auf der Bühne

Von Hans Felten

José Martín Recuerda wurde 1922 in Granada geboren. Er ist zur Zeit Universitätsprofessor für Theaterwissenschaft in Salamanca.

Seine wichtigsten Dramen: *La llanura* ('Das Tiefland', 1947/1954), *El teatrito de don Ramón* ('Das kleine Theater Don Ramóns', 1957/1959), *Como las secas cañas del camino* ('Wie trockenes Schilfrohr am Weg', 1960/1965), *Las salvajes en Puente San Gil* ('Die wilden Weiber von der San Gil-Brücke', 1961/1963), *Las arrecogías del beaterio de Santa María Egipciaca. Fiesta española en dos partes* ('Die Insassen des Beginenklosters der Heiligen Maria Aegyptiaca. Spanisches Fest in zwei Teilen', 1970/1977), *El engañao* ('Der Betrogene', 1972; Premio Nacional Lope de Vega 1976, Aufführung Madrid 1981), *Caballos desbocaos. Teatro carnaval en dos partes* ('Scheu gewordene Pferde. Theaterkarneval in zwei Teilen', 1978), *Las conversiones* ('Konversionen', 1980/1985; Neuversion unter dem Titel *El carnaval de un reino*, 'Karneval eines Königreiches', aufgeführt in Madrid 1983), *La Troski se va a las Indias* ('Die Troski fährt nach Amerika', 1984; angeblich der Weltausstellung in Sevilla 1992 gewidmet[1]). Die Jahreszahlen verweisen auf die Entstehungszeit bzw. auf das Jahr der Aufführung der Stücke. Es liegen keine deutschen Übersetzungen vor.

»Meine Bühnengestalten wollen um der Freiheit der Menschheit willen diese unsere verderbte Welt verändern (...). Dieses Stück ist ein Warnsignal, das sich an all die richtet, die uns nicht die Wahrheit sagen wollen, ein Warnsignal an die Politiker und die großen Herren.«[2] Als der andalusische Dramatiker und Literaturprofessor José Martín Recuerda anläßlich der Madrider Aufführung seines Celestina-Dramas *El Carnaval de un reino* im Oktober 1983 den Lesern der Madrider Tageszeitung *El País* diese Botschaft verkündete, da waren weder das Stück noch die Grundthematik noch die Rolle des engagierten Weltveränderers, die Martín Recuerda für sich in Anspruch nimmt, sonderlich neu. *El Carnaval de un reino* basiert auf *Las Conversiones* vom Jahre 1981. Verändert haben sich in beiden Stücken im Vergleich zu den vorausgehenden Dramen nur gerade eben die Kulissen. Nach sechzehn andalusischen Stücken präsentiert Martín Recuerda das Thema Spanien, sein Obessionsthema, jetzt in kastilischen Kulissen. Doch die Grundthematik ist die gleiche wie in allen vorhergehenden Stücken: die Niederlage des einzelnen und die Leidbestimmtheit des spanischen Volkes. *El Carnaval de un reino* dramatisiert in den Kulissen eines im Verfall begriffenen Kastilien des späten 15. Jahrhunderts die Vorgeschichte der jungen Celestina, die durch die politischen und sozialen Umstände, aber nicht zuletzt auch durch eine für sie unglücklich ausgehende Liebesgeschichte zerstört wird, die als »judía conversa« die Rache des Gottes Israel auf ihre Peiniger herabruft und der von den Mächten der Unterwelt Rache versprochen wird. Für Martín Recuerda soll die individuelle Tragödie der jungen Celestina offensichtlich das Schicksal des angeblich »souveränen« spanischen Volkes symbolisieren, »das von jeher gelitten hat und heute mehr leidet als je zuvor«.[3] Die Ursache für diese immerwährende Misere der Spanier sieht Martín Recuerda aber nicht nur in den innerspanischen Herrschaftsverhältnissen, sondern auch in der konstant forcierten Fremdbestimmung des spanischen Volkes, die für ihn mit Karl V. beginnt und deren aktuellstes Zeugnis die »Pseudo-Öffnung Spaniens nach Europa« sei, die das »eigentlich Spanische in den Hintergrund dränge«.[4] Angesichts eines solchen *españolismo* ist es nur konsequent, daß Martín Recuerda auf den spanischen, ja auf den iberischen Charakter seines Theaters allergrößten Wert legt. Hauptcharakteristika dieses seines »iberismo« — wie Martín Recuerda seine Theaterkonzeption umschreibt — sind die Violencia-Thematik und der Andalusienkult: »Iberismus eben deswegen, weil den größten Teil unseres Theaters Gewalttätigkeit auszeichnet. (...) Feuerrote Stierhaut, der Erde entstiegen, auf der wir geboren sind.«[5] Es liegt auf der Hand, daß Martín Recuerdas »iberismo« auf die Geschichtskonzeptionen Menéndez Pidals zurückverweist, für den das Iberische eines der unveränderlichen Kennzeichen der spanischen Nationalideologie war. Doch weit mehr als Menéndez Pidal wendet sich Martín Recuerda gegen die vermeintlich subversiven Einflüsse des Auslandes, und ganz konsequent will er sein spanisches Theater von jeglichem Fremden reinhalten. Nur konsequent ist es auch, wenn er mögliche Analogien zwischen seiner Vorstellung vom Theater und Konzeptionen Antonin Artauds oder gar Einflüsse von dieser Seite auf seine Vorstellungen entschieden von sich weist und ganz im Gegenteil seine Konzeptionen über die Pyrenäen hinweg exportieren möchte.[6]

Bei dieser exzessiven Hispanophilie nimmt es nicht wunder, daß Martín Recuerdas Theater, sieht man einmal von dem ungewöhnlichen Erfolg ab, den er im Klima der Euphorie der frühen Nach-Franco-Zeit mit *Las arrecogías del Beaterio de Santa María Egipciaca* in Madrid im Jahre 1977 errang, weder in Spanien noch im Ausland mit großem Enthusiasmus rezipiert worden ist. Für die relativ geringe Rezeption, die er im eigenen Land erfahren hat, weiß Martín Recuerda auch gleich die Ursachen zu nennen: die berüchtigte spanische Zensur, die auch im neuen, demokratischen Spanien die Theater kontrolliere, die gelenkte Kritik, der dürftige Bildungsgrad des spanischen Publikums und das Unvermögen der Regisseure und Schauspieler, seine Werke ihrer Bedeutsamkeit entsprechend in Szene zu setzen.[7] Diesem Unrecht, das ihm angetan werde, gibt Martín Recuerda gern beredt und mitunter auch larmoyant Ausdruck und stilisiert sich dabei ganz wie seine Protagonisten zum Märtyrer und Opfer der Verhältnisse. Mit Recht spricht Ruiz Ramón in diesem Zusammenhang von einem »clima de lamentación«, in dem sich nicht wenige zeitgenössische Dramatiker gefielen.[8]

Folgt man Ruiz Ramón, dann gehört Martín Recuerda zu den Vertretern der sogenannten »generación realista«, die sich ihrem Selbstverständnis nach zu Protest und Widerspruch berufen fühlten und sich die Aufgabe gestellt hätten, die »moralische und soziale Hypokrisie« der etablierten spanischen Gesellschaft und die diese Gesellschaft »tragenden Wertvorstellungen« zu entmythologisieren. Die »realismo«-Vorstellung weist bei Martín Recuerda eine besondere Nuance auf: Ihn zeichne, so Ruiz Ramón, eine besondere Vorliebe für die Darstellung einer »im Sterben darniederliegenden Wirklichkeit« aus.[9] In der Tat hat Martín Recuerda eine besondere Vorliebe für ein, wie er es nennt, »Andalusien, das von Angst gezeichnet, von dunkler Verfolgung bedroht ist (...)«.[10] Mit anklägerischem Pathos schlägt er sich dabei auf die Seite des angeblich von der Geschichte so sehr geschundenen andalusischen und im weiteren Sinne auch des spanischen Volkes, das für ihn Kollektivopfer der Geschichte ist.

Würde man Martín Recuerda allein an seinen theoretischen Aussagen messen, dann lohnte es sich kaum — angesichts der Trivialität, die durchweg seine Aussagen charakterisiert —, ihm nähere Aufmerksamkeit zu schenken. Dem Dramatiker und Literaturprofessor Martín Recuerda ist offensichtlich die Gabe der Selbstinterpretation und der fundierten theoretischen Äußerungen nicht im Übermaß zuteil geworden. Daher beschränken wir uns im folgenden auf eine Skizzierung seiner Theaterstücke unter besonderer Berücksichtigung von *El engañao* und ziehen seine theoretischen Bemerkungen nur beiläufig mit heran.[11]

Martín Recuerdas Dramenproduktion wird gemeinhin in zwei große Schaffensperioden eingeteilt: Im Gegensatz zu den leidenden Protagonisten der frühen Werke, wie z.B. *La llanura* (1954) oder *El teatrito de don Ramón* (1957), die in ihrem Bewußtsein des Gescheitertseins gefangen bleiben, sind die »coristas« in *Las salvajes en Puente San Gil* (1961) — und hiermit beginnt die zweite Schaffensperiode — mit ihrer aggressiven populären Sprache geradezu Kämpfer gegen die angeblich traditionelle spanische Hypokrisie und die Repression der Erotik. Das etwas weinerliche Pathos der ersten Schaffensperiode ist damit — so Ruiz Ramón — einem »Theater der Schreie, der Gewalt und des Blutes« gewichen.[12] Allein das Leiden an den repressiven politischen und sozialen Verhältnissen, das all die vielen Schreie nach Gewalt und Blut verursachen soll, verkümmert bei Martín Recuerda gern zur Pose, die sich in sadistischen und erotischen Theatercoups gefällt. Für diese aufgesetzte Effekthascherei liefert der gesellschaftliche Populärbereich nicht minder Material. Da verliebt sich die einsame, alternde Lehrerin unter gewalttätiger Mißbilligung des gesamten Dorfes in einen ihrer Schüler (*Como las secas cañas del camino*); da vergewaltigen unwissende Dörfler die aus der Stadt herangereisten »coristas« (*Las salvajes en Puente San Gil*); da paktiert die Kirche mit den Herrschenden; da steht das Volk gegen die Mächtigen (*El engañao*). Spanische *imagerie populaire*, Populärmythen aus der spanischen Geschichte, die dem Zuschauer ohne Signale der Ironie und ohne reflektive Distanz präsentiert werden und die alle Protesthaltung, so bemerkt zu Recht Ruiz Ramón, zur konventionellen Geste verflachen läßt.

Diese Art der ritualisierten Negation manifestiert sich in den historischen Stücken gern in der Art, daß Martín Recuerda spanische Geschichte aus der Sicht des ewig betrogenen Volkes darstellen will. Dessen Wahrnehmung der Geschichte entspräche eher dem authentischen Geschehen als die offizielle Version. Die auf die Perspektive des Volkes konzentrierte Sicht findet sich erstmals in *Las arrecogías del Beaterio de Santa María Egipciaca*, einem Stück, das das Mariana Pineda-Thema aufnimmt, aber nicht im Sinne García Lorcas als Romanze von Freiheit, Tod und Liebe, sondern als emanzipatorisches Agitationsstück, das zur direkten Konfrontation mit der Macht aufruft. Doch nicht nur das frühe 19. Jahrhundert mit der absolutistischen Herrschaft des Königs Ferdinand VII., sondern auch das Zeitalter Karl V. und Philipp II. fiktionalisiert Martín Recuerda in einer der offiziellen Historiographie widerstrebenden Version. Ganz entsprechend versah er das im Jahre 1972 entstandene, aber erst 1981 aufgeführte und publizierte Stück *El engañao* noch nachträglich mit dem ambitiösen Untertitel *Versión dramática de la otra cara del Impe-*

rio ('Fiktionalisierung der Kehrseite des Kaiserreiches').[13] *El engañao* handelt vom Versuch der Gründung des Hospitalordens durch den später heilig gesprochenen Juan de Dios, der in der Auseinandersetzung mit der Amtskirche und im Kampf gegen die widrigen sozialen Umstände scheitert. Das Stück spielt um das Jahr 1540 in Granada, also in der Spätzeit Karl V. Diesem Karl V. verübelt Martín Recuerda von vorneherein, daß er als Habsburger in Spanien doch nur ein Fremder gewesen sei und daß er letztlich nicht nur den Ruin Spaniens, sondern auch den des Imperiums verursacht habe.

Doch nicht Karl V. und die offizielle Politik sind Handlungsträger von *El engañao.* Martín Recuerdas Privatmythologie und seine Zielsetzung, die Kehrseite der Macht in Szene setzen zu wollen, verlangten, daß nicht die Handelnden, sondern die Leidenden die *dramatis personae* werden. Zu der Gruppe der Unterdrückten zählen neben dem einfachen Volk auch die von der Macht verdrängten Höhergestellten. Symbolgestalt der um die ihnen eigentlich zukommende Machtstellung Betrogenen ist Juana la Loca (Johanna die Wahnsinnige), die Mutter Karl V. Die Figur der Juana la Loca — im Gegensatz zum Kaiser ist sie ja 'reine Spanierin' — hat offensichtlich die Funktion, auch innerhalb der herrschenden Oligarchie die andere, die — selbstverständlich unterdrückte — gute Seite des offiziellen Spanien vorzuführen. Das Konzept der »otra cara del Imperio« materialisiert sich also nicht nur als gesellschaftliches Kontrastbild. Juana la Loca solidarisiert sich mit ihrem unterdrückten Volk, und das Volk, das in ihr nicht nur die angestammte Königin, sondern eine Heilige sieht, solidarisiert sich seinerseits mit ihr. »Herrscher wollen wir wie Dich: Wahrheit auf den Lippen, in Lumpen gekleidet, töricht, weil sie zu lieben wissen. Gebenedeit sei Dein Wahn, Doña Juana!« (I,5) Zwischen den Parteiungen der Herrschenden und der Unterdrückten steht der junge König Philipp II. als ein noch nicht von der Macht Korrumpierter. Vom Charisma des Heiligen beeindruckt, erkennt er die Mission des Juan de Dios und verspricht ihm seine Hilfe: »Warte in Deinem Turm in Granada auf meine Tauben, die Dir Botschaft bringen (...).« (II,13) Doch die Tauben erreichen niemals ihr Ziel, oder — und das bleibt offen — sie werden niemals aufgelassen. Trotz des Auftretens von Personen von Stande bleibt der eigentliche Handlungsträger des Stückes das Volk als Kollektiv, »Opfer von Ehrgeiz und Eitelkeit der Herrschenden«.[14] Alle Notleidenden und Marginalisierten — Deserteure, Revolutionäre, Gauner, Verrückte, Syphilitiker und Prostituierte, kurzum: der »Abschaum der Menschheit« — gruppieren sich um Juan de Dios, der gleich zu Anfang des Stückes im Dialog mit den höchsten Bischöfen des Landes die offiziellen politischen und kirchlichen Doktrinen als »heuchlerischen Stolz, heuchlerische Religion und heuchlerischen

Glauben« (I,1) angreift. Das diesem Tribunal zugrundeliegende Modell liegt auf der Hand: Christus vor den Hohen Priestern. Nicht nur in dieser Szene wird der Protagonist auf die Christusfigur hin ausgerichtet: Juan sieht sich als Inkarnation der Wahrheit (I,4); er predigt Gewaltlosigkeit, Frieden und Liebe (II,9); er verwirft Reichtum und Luxus und bekennt sich zur Armut (I,9). Juan de Dios schart Jünger um sich und hat einen Lieblingsjünger (Antón); auch eine Maria Magdalena fehlt nicht (Pinzona).

El engañao ist also auf die Struktur der Heiligenlegende hin ausgerichtet, deren Grundcharakteristikum die Imitatio Christi ist. Auch die anderen gängigen Elemente der Heiligenlegende fehlen nicht: Dem Martyrium, das die heidnischen Henkersknechte dem Heiligen in der Legende zu bereiten pflegen, entsprechen die Prügel, die Juan de Dios von den Hospitalsknechten bezieht, aber auch das syphilitische Leiden, dem er unterworfen ist. Dem unbedingten Festhalten an seinem Glauben, das den Heiligen der Legende auszeichnet, entspricht die Unbeirrbarkeit, mit der Juan de Dios an der Ideologie von der »otra cara del Imperio« festhält. Allein, die Glorifizierung und der Aufstieg in die Seligkeit, die dem christlichen Märtyrer als Lohn zuteil werden, bleiben Juan de Dios versagt. Juan endet als gänzlich Gescheiterter, dem die Hoffnung auf Rehabilitierung im Jenseits verwehrt bleibt. Er ist Juan el engañao, Juan der Betrogene, der sich in seiner Imitatio Christi und damit auch in seiner ideologischen Mission täuscht.

Aus der dramatisierten Legende vom Leben und Sterben des Juan de Dios und von seiner karitativen und ideologischen Sendung wird also vom Ergebnis her — der Gipfelpunkt der Legende, die Glorifizierung des Heiligen, fehlt — eine Antilegende. Und damit wird auch die Perspektive von der »otra cara del imperio« zu einer Perspektive und zu einer Ideologie, die letztlich vor der Wirklichkeit des offiziellen Spanien kapitulieren. Dieses Scheitern der Ideologie ist — gewollt oder ungewollt — schon in der Dramaturgie des Stückes angelegt. In seiner plakativen Schlichtheit erscheint die Christusfigur des Juan de Dios eher wie ein monumentaler Tugendbold. Martín Recuerda sieht indes in dieser dramaturgischen Schwäche seines Helden gerade seine Stärke, empfinde doch, wie er meint, das Publikum vor der Tugend und Reinheit als einem jeweils Unbekannten Furcht.[15] Diese salvierende Selbstinterpretation ändert jedoch nichts daran, daß sein Protagonist Juan de Dios keine Figur von Fleisch und Blut, geschweige denn ein komplexer Charakter ist, sondern allenfalls die Verkörperung, wenn nicht sogar nur die Allegorie ideologischer Vorstellungen. Ebenso wie der Hauptgestalt mangelt es auch der Vorstellung von der »otra cara del imperio« wie auch der Protesthaltung gegen überkommene Ideologien an Überzeugungskraft. Das große ambitiöse

Programm der Denunzierung und der Demaskierung des Mythos von der »España Sagrada«, vom heiligen und ewigen Spanien, reduziert sich bei Martín Recuerda allenfalls auf die Darstellung eindimensionaler Korrektivmythen wie eben auf die Mythen von Juana la Loca als der Volkskönigin oder von Juan de Dios als dem Volksheiligen. Doch vor allem und immer wieder popularisiert Martín Recuerda den Mythos vom »buen pueblo andaluz« und vom »buen pueblo español«. Die Propagierung eines solchen Mythos vom Volk läßt sich indes nur schwer mit der Entmythologisierungstendenz, auf die sich Martín Recuerda so viel zugute hält, in Einklang bringen, ist doch die Vorstellung vom »buen pueblo« zugleich auch integraler Bestandteil des Mythos von der »España Sagrada«, wie ihn zuletzt das Franco-Regime propagiert hatte. Martín Recuerda gerät also mit seiner Lobpreisung des Volkes letztlich in gefährliche Nähe zu einem Mythos, den er eigentlich frontal angehen wollte.

Anmerkungen

1) Vgl. *El País* vom 25.10.1987, S. 30.

2) Vgl. *El País* vom 14.10.1983, S. 32.

3) Ebenda.

4) Vgl. J. Martín Recuerda, *Génesis de »El engañao«. Versión dramática de la otra cara del Imperio,* Salamanca 1979, S. 28. Vgl. auch »José Martín Recuerda«, S. 107, in: *Teatro español actual,* Fundación Juan March, Madrid 1977, S. 99-107.

5) S. de las Heras, »Un autor recuperado: entrevista con José Martín Recuerda«, S. 30, in: *Primer Acto,* Nr. 107 (1969), S. 28-31.

6) Vgl. A. Isasi Angulo, »José Martín Recuerda«, S. 254, in: *Diálogos del teatro español de la posguerra,* Madrid 1974, S. 249-279.

7) Vgl. *Reflexiones sobre el Nuevo Teatro Español,* hrsg. v. K. Pörtl, Tübingen 1986, S. 14-16, insbes. S. 15. Vgl. auch *Teatro español actual,* a.a.O., S. 103.

8) Pörtl, a.a.O., S. 93.

9) F. Ruiz Ramón, *Historia del Teatro Español. Siglo XX,* Madrid 1981, S. 502.

10) Vgl. J. Martín Recuerda, *Teatro: El teatrito de don Ramón (...),* hrsg. v. J. Monleón, Madrid 1969, S. 12.

11) *El engañao. Caballos desbocaos,* hrsg. v. Martha T. Halsey u. A. Cobo, Cátedra, Madrid 1981.

12) F. Ruiz Ramón, a.a.O., S. 507.

13) Vgl. *Génesis de »El engañao«,* a.a.O., S. 4.

14) Ebenda, S. 30.

15) Ebenda, S. 36.

José Luis Alonso de Santos:

Vom Experimentaltheater zum Neosainete

Von José Rodríguez Richart

José Luis Alonso de Santos wurde 1942 in Valladolid geboren und ließ sich ab 1960 in Madrid nieder. An der dortigen Universidad Complutense studierte er Philosophie und Geistes- sowie Informationswissenschaften. Aufgrund seiner frühzeitigen Leidenschaft für das Theater schloß er sich dem Teatro Estudio de Madrid (TEM) an, wo er, u.a. unter der Leitung von William Layton, seine Bühnenausbildung begann und auch schon als Schauspieler arbeitete. Von 1964 bis etwa 1980 war Alonso de Santos eng mit dem nichtkommerziellen Theater der Hauptstadt verbunden, insbesondere mit einigen auf Erneuerung abzielenden nonkonformistischen Gruppen des unabhängigen Theaters, wie Tábano, Teatro Experimental Independiente und Teatro Libre de Madrid — neben dem bereits genannten TEM. 1978 wurde er Dozent für Darstellung an der Real Escuela Superior de Arte Dramático de Madrid und Mitglied der Redaktion der Theaterzeitschrift *Primer Acto.*

Alonso de Santos ist mehrfach ausgezeichnet worden, insbesondere mit den Preisen Tirso de Molina und Nacional de Teatro (1985); letzteren erhielt er gemeinsam mit Alfonso Sastre.

Was seine Arbeit als Kritiker betrifft, so ist besonders ein Band zu erwähnen, den er in Zusammenarbeit mit einem anderen bedeutenden Bühnenautor der Zeit nach Franco, Fermín Cabal, geschrieben hat, *Teatro español de los ochenta* ('Spanisches Theater der achtziger Jahre'), eine Sammlung von Interviews, die die beiden mit Autoren, Schauspielern und Regisseuren verschiedener Gruppen des unabhängigen Theaters geführt haben.

Das Theater Alonso de Santos' hat mit der Zeit immer größere Verbreitung gefunden und sich aufgrund seiner Neuheit und erfrischenden Vitalität auch als kommerzielles Theater für ein größeres Publikum etablieren können. Heute ist Alonso de Santos einer der bedeutendsten Bühnenautoren seines Landes.

Bis jetzt sind zwölf Werke zur Aufführung gelangt: *Viva el Duque, nuestro dueño* ('Es lebe der Herzog, unser Herr', 1975), *Del laberinto al treinta* ('Vom Labyrinth zur Dreißig', 1979), *La verdadera y singular historia de la Princesa y el Dragón* ('Die wahrhafte und einmalige Geschichte von der Prinzessin und dem Drachen', 1980), *La estanquera de Vallecas* ('Die Tabakladenbesitzerin von Vallecas', 1981), *El álbum familiar* ('Das Familienalbum', 1982), *Golfus de Emerita Augusta* ('Golfus de Emerita Augusta', 1983), *El Gran Pudini* ('Der Große Pudini', 1983), *Besos para la bella durmiente* ('Küsse für die schlafende Schöne', 1984), *Bajarse al moro* ('Der Marokkotrip', 1985), *La gran pirueta* ('Die große Pirouette', 1986), *Fuera de quicio* ('Aus den Angeln', 1987) und schließlich *Pares y Nines* ('Die zwei und Nines', 1989). Keines dieser Werke ist bisher ins Deutsche übersetzt worden.

Das Gesamtwerk

Nach María T. Olivera lassen sich die Werke Alonso de Santos' drei Phasen zuordnen: die erste »hat als klaren Bezug die Welt der Literatur, aus der die meisten dargestellten Themen und Konflikte entnommen sind«.[1] In diese Phase fallen die Werke *Viva el Duque, nuestro dueño, El combate de don Carnal y doña Cuaresma* ('Der Kampf des Herrn Fleischeslust und der Frau Enthaltsamkeit') und *La verdadera y singular historia de la Princesa y el Dragón,* in denen die Personen Schauspieler sind, die Theaterstücke proben bzw. aufführen ('Theater im Theater'). Zwar lassen diese Werke das Theater ohne Zweifel auch als Mittel zur Unterhaltung erscheinen, doch glaube ich nicht, daß sie nur, ja nicht einmal in erster Linie, als »liebenswürdige, unterhaltsame und humoristische Betrachtung der dargestellten Welt« (Textausg. S. 13) gelten können. Meiner Ansicht nach ist die Darstellung der Lebensbedingungen der Schauspieler sowie der sozialen Realität des Landes (zum Beispiel in *Viva el Duque*) trotz des Humors, der sich unbestreitbar in dem Stück findet, eher kritisch und von Niedergeschlagenheit gekennzeichnet, beispielhaft für das im Niedergang begriffene Spanien des 17. Jahrhunderts mit seinen gesellschaftlichen Konflikten.

Die zweite Phase, der *Del laberinto al treinta* und *El álbum familiar* zuzurechnen sind, ist eine Phase des Experimentierens, der »Suche des Autors nach neuen Wegen« (Textausg. S. 15), sicherlich die am wenigsten originelle Phase Alonso de Santos', ein leicht mimetischer Übergang zu neuen Wegen im Schatten eines Tadeusz Kantor.

Die dritte Phase, vielleicht die persönlichste der drei, hat als Bezug »die ganz unmittelbare Umwelt des Autors (das Leben in der Stadt, Madrid),

... aus der die Personen, die Situationen und die Sprache der letzten Werke entnommen sind« (ebd.), das demokratische Spanien der Gegenwart, das durch die Wende, aber auch durch Kriminalität, Drogen und Arbeitslosigkeit gekennzeichnet ist: *La estanquera de Vallecas, Bajarse al moro, Fuera de quicio.*

In ihrer Einleitung zu *Bajarse al moro*[2] gehen Fermín Tamayo und Eugenia Popeanga auf die Texte des Autors unter dem Blickwinkel ihrer »offenen« oder »geschlossenen« Struktur ein, ein wesentlicher Aspekt, da er einen unmittelbaren Bezug zu den dramatischen Ursprüngen Alonso de Santos' herstellt, das heißt zu den Theorien und der Bühnenpraxis der Gruppen des unabhängigen Theaters, mit denen er so eng verbunden war.

In dieser Arbeit möchte ich eine eingehende Analyse des Werkes *La estanquera de Vallecas* vornehmen. Während *Viva el Duque* für eine Auffassung von Theater steht, die den Text nur als einen Vorschlag, als Vor-Text für die Inszenierung ansieht, das heißt als einen »offenen Text«, als eines aus einer Reihe von Elementen, die eine Theateraufführung ausmachen, welches vom Regisseur und den Schauspielern geändert werden kann, ist *La estanquera* zuzuordnen einer »neuen Phase in der Dramaturgie Alonso de Santos'. Es handelt sich dabei um Texte, die als solche ausgearbeitet wurden, mit ihrer eigenständigen Bedeutung, als abgeschlossenes Werk begriffen, das der Improvisation auf der Bühne wenig Raum läßt« (Textausg. S. 49). Meiner Ansicht nach liegt hierin ein wesentlicher Unterschied in der dramaturgischen Auffassung und Textbewertung – weitgehend analog der ersten bzw. dritten Phase (nach M.T. Olivera). Hand in Hand damit geht der Übergang vom unabhängigen Theater (bzw. den unter seinem Einfluß geschaffenen Werken) zum öffentlichen und kommerziellen Theater und damit zu einer strengeren, persönlicheren und weniger Veränderungen zulassenden, auch literarischeren Bewertung des Textes. All dies bedeutet eine offenkundige Entwicklung in den Vorstellungen des Autors vom Theater und eine allmähliche, aber deutliche Entfernung von der Dramaturgie des unabhängigen Theaters, die den Beginn seines Schaffens bestimmt hatte, wenn auch in anderen Bereichen Gemeinsamkeiten erhalten blieben, insbesondere Alonso de Santos' Sinn für Sozialkritik, Humor, seine Sympathie für einfache Menschen, für Verlierer und Opfer, der deutlich volkstümliche Charakter seines Theaters, Umgangs- bzw. Randgruppensprache.

»La estanquera de Vallecas«

Das Werk spielt in der Gegenwart und erzählt die Geschichte eines Überfalls auf einen Tabakladen – geführt von einer energischen alten Frau, den zwei kleine Kriminelle, Tocho und Leandro, im Madrider Viertel Vallecas verüben. Als die Polizei eintrifft und das Gebäude umstellt, beschließen die beiden, die alte Frau und ihre Enkelin, Angeles, als Geiseln zu nehmen und sich im Laden zu verschanzen. Der Versuch, die Geiseln zu befreien, indem ein als Arzt verkleideter Polizist eingeschleust wird, scheitert. Während der Belagerung durch die Polizei, die von Samstagmorgen bis Sonntag dauert, entstehen gewisse menschliche Beziehungen zwischen den Geiseln und den Verbrechern: Angeles beginnt, mit Tocho zu flirten, der ihre Gefühle erwidert; alle gemeinsam spielen friedlich Karten und feiern sogar fröhlich mit Musik, Tanz und Getränken Leandros Geburtstag. Schließlich sehen die beiden Männer die Ausweglosigkeit ihrer Lage ein und beschließen, sich zu stellen. Tocho versucht aber im letzten Moment noch zu fliehen, wobei er von Schüssen der Polizei getroffen wird.

Während *Viva el Duque* ein Stück über das historische Spanien, die Gesellschaft, ihre Situation und Merkmale im 17. Jahrhundert ist, spielt die Handlung von *La estanquera* im Spanien unserer Tage, in der urbanen Welt Madrids, in der der Autor lebt. Aber das Wesen der Personen ist im Grunde gleich geblieben: das Volk, die einfachen oder am Rande der Gesellschaft lebenden Menschen, denen Alonso de Santos mit unverhüllter Sympathie begegnet und die sich auf ihre Weise ausdrücken, in ihrer für die ärmlichen Viertel typischen Alltagssprache, ungeschliffen, unverblümt, spontan und natürlich. Die Ausdrucksweise der Hauptpersonen, besonders die Tochos, Leandros und der Großmutter, ist eines der wichtigsten Elemente und einer der Hauptreize des Werkes, ebenso wie sie es in Arniches' Sainetes, aber auch in vielen Komödien Pasos und Alonso Milláns oder in Sastres letzter aufgeführter Tragödie, *La taberna fantástica* ('Die phantastische Taverne'), war. Besonders überrascht der Wortschatz der Großmutter, einer Polizistenwitwe, die den beiden Kriminellen in nichts nachsteht: sie drückt sich ungeniert und vulgär aus und verwendet die schlimmsten Schimpfwörter und Flüche, vielleicht auch in dieser konkreten Hinsicht ein Produkt der Emanzipation der Frau in den Zeiten der Freiheit und Demokratie nach Franco.

Wenn man von der Sprache des Stückes spricht, dürfen auch die Regieanweisungen nicht unerwähnt bleiben, die verglichen mit *Viva el Duque* eine sehr viel größere Autonomie erhalten haben. Wie F. Umbral ganz richtig schreibt, »enthüllt sich uns Alonso de Santos in den Regieanweisungen ..., die ebenso literarisch und von der Dramaturgie her gesehen 'unnötig' sind, wie die Valle-Incláns, (die) uns einen Schriftsteller entdekken lassen, dessen Talent weit über das Theater hinausreicht und der sich irgendwo austoben muß«.[3] Tatsächlich haben die Regieanweisungen in vielen Fällen für die Handlung *keine Funktion* mehr, dienen nicht mehr zur Klärung bestimmter objektiver Details, sondern sie sind vollständig überflüssig, ermöglichen eher das »Austoben« eines Schriftstellers, der sich selbst und sein Bühnenstück ironisiert. Diese zunehmende Verselbständigung der Regieanweisungen stammt aus dem unabhängigen Theater, aber tatsächlich hatte man schon davor, in den repräsentativsten Stücken des Neuen Spanischen Theaters, damit begonnen, ihnen eine neue Funktion zuzuweisen. Dies war sogar eine verbreitete Praxis geworden, wobei in dem auf experimentelle Erneuerung abzielenden Bemühen der traditionelle Rahmen, der ihnen im bisherigen Theater zugekommen war, überwunden wurde. In beiden Fällen jedoch ist das Vorbild Valle-Inclán.[4]

Als wesentliches Element bei Alonso de Santos erscheint der Humor und sein persönlicher Sinn für Komik, Ironie und manchmal sogar Sarkasmus. Dies findet sich zum einen in der Sprache, insbesondere in der unverhüllten, umgangssprachlichen, geistreichen und spritzigen Wortwahl, in den zahlreichen und überraschenden Wortspielen und Repliken. Zum anderen wirken Situationen häufig dadurch paradox, daß eine Person etwas ganz anderes sagt, als man in ihrer jeweiligen Lage von ihr erwarten würde. In *La estanquera* verkörpern hauptsächlich der junge Tocho und die Großmutter den Humor. Allein die Tatsache, daß dieser Humor häufig, ja fast ständig, präsent ist in einer Situation, die auf alle Beteiligten des Theaterstücks normalerweise angsterregend und bedrükkend wirken müßte, ist unerwartet und überraschend. Beispielsweise scheint Tocho die schwierige Lage, in der er sich befindet, zu vergessen und sich mehr als Hauptdarsteller in einer unterhaltsamen Folge einer Fernsehserie zu sehen; für ihn ist fast alles wie ein Scherz.

Die Großmutter ihrerseits ist eine Paraderolle für eine Schauspielerin. Sie erinnert an eine andere beeindruckende Großmutter: die in *Los árboles mueren de pie* (dt. *Bäume sterben aufrecht*) von Casona, eine Rolle, in der vor Jahren Milagros Leal das Madrider Publikum sofort erobern konnte. Sie ist eine energische, tapfere, resolute Großmutter, die vor nichts und niemandem Angst hat, kein Blatt vor den Mund nimmt, voller Ideen und Einfälle steckt, eine erfahrene Frau, die daher, wo nötig, auch Verständnis zeigt und die (mit Tocho) die Bühne beherrscht, die Zuschauer voll und ganz in ihren Bann schlägt.

Es wäre jedoch ein Irrtum, *La estanquera* in erster Linie als humoristisches Stück zu verstehen. Es weist andere wichtige Elemente auf, so z.B. eine mehr oder weniger verhüllte Sozialkritik. Es ist an sich schon bedeutsam, daß der Autor einen Fall von Kriminalität zum Thema genommen hat, der mit Arbeitslosigkeit und Ausgrenzung in Zusammenhang steht. Trotzdem halte ich es, im Unterschied zu Fermín Cabal[5], für etwas übertrieben, das Theater Alonso de Santos' als »engagiertes Theater« zu bezeichnen, zumindest in der üblichen Bedeutung des Begriffs, das heißt im von Jean-Paul Sartre geprägten Sinne. Zweifellos aber finden wir in den Werken Alonso de Santos' eine Form der Sozialkritik, die hin und wieder durch die einfache Darstellung von Situationen oder Personen auf der Bühne zutage tritt oder in den Meinungen und Ansichten dieser Personen zum Ausdruck kommt. Sie zeigte sich schon in *Viva el Duque* und erscheint hier erneut (wie auch in anderen nachfolgenden Werken, z.B. in *Bajarse al moro*) in der Tendenz, die Gesellschaft verantwortlich zu machen und die Verbrecher (die beide arbeitslos und ohne Mittel sind, Leandro ist von seiner Frau verlassen worden ...) verständnisvoll zu entschuldigen. Darüber hinaus sprechen auch die Hauptpersonen von Zeit zu Zeit offensichtliche soziale Ungerechtigkeiten an.

Vielleicht erklärt diese kritische Denkweise Alonso de Santos' auch die Tatsache, daß der Polizist Maldonado, der falsche Arzt, so schlecht wegkommt und lächerlich gemacht wird mit seiner merkwürdigen Idee, die arme Großmutter und ihre naive Enkelin wegen angeblicher gemeinsamer Sache mit den Verbrechern zur Verantwortung ziehen zu wollen. Sicherlich ist es kein Zufall, daß ausgerechnet er den Schlägen der Großmutter zum Opfer fällt und daß er sich zum Schluß bei seinem 'triumphalen Abgang' an der Tür abermals eine Beule holt, wofür ihm das Gelächter der Zuschauer sicher ist.

Wie bei Alonso de Santos üblich fehlen auch in diesem Werk nicht die Elemente der Volksmusik, die das Bühnengeschehen spektakulärer gestalten bzw. Freude, Trauer und andere Gefühle in gewissen Situationen betonen.

»*La estanquera de Vallecas* ist ... ein Werk, das zum Nachdenken anregt, wie man es von einem guten literarischen Werk erwarten kann, und dramatisch überaus interessant durch die Intensität des dargestellten Konflikts, durch die emotionale Entwicklung und durch die Situationen, mal komisch, mal dramatisch, die sich um Personen herum ergeben, welche uns von der Straße aus, in der Sprache der Straße, in kritischem Neosainete ihre Probleme nähergebracht haben. Magie und Nachdenklichkeit ..., gerade so wie Theater sein soll.« Mit diesen Worten faßt M.T. Olivera zutreffend die wesentlichen Werte des besprochenen Werkes zusammen (Textausg. S. 46).

Zum Abschluß sei noch der bekannte Kritiker Andrés Amorós zitiert, der in seiner Behandlung des Theaters zwischen 1976 und 1986 in Spanien in bezug auf Alonso de Santos und seinen Kollegen Fermín Cabal ausführt, daß »beide Autoren bereits als das beste Produkt der Ära nach Franco, im Übergang vom unabhängigen zum kommerziellen Theater, anerkannt sind«.[6]

Anmerkungen

1) Seite 10 der ausführlichen Einleitung zur Ausgabe von *Viva el Duque, nuestro dueño* und *La estanquera de Vallecas,* Madrid 1988.

2) Madrid 1988, S. 39.

3) F. Umbral, »El neosainete«, in: *El País,* Madrid, 13.7.1985.

4) Für eine ausführliche Behandlung dieser Frage verweise ich auf meine Artikel »Aspectos del Nuevo Teatro Español«, in: P. Husquinet (Hg.), *Actas del coloquio sobre el teatro español contemporáneo,* Lüttich o.J. (1986), S. 9-29, und »Entstehung, Form und Sinn des Neuen Spanischen Theaters«, in: W. Floeck (Hg.), *Tendenzen des Gegenwartstheaters,* Tübingen 1988, S. 85-100.

5) »... das Theater Alonso de Santos' ... ist, im guten und altmodischen Sinne des Wortes, ein engagiertes Theater.« Vorwort zur 2. Aufl., J.L. Alonso de Santos, *La estanquera de Vallecas,* Madrid 1986, S. 12.

6) »El teatro«, in: *Letras españolas 1976-1986,* Madrid 1987, S. 158.

Fermín Cabal: Die Poetik des Alltäglichen

Von Wilfried Floeck

Fermín Cabal ist 1948 im nordspanischen León geboren, lebt aber seit seiner Kindheit in Madrid. In den Jahren des Franco-Regimes schloß er sich der sozialistischen Opposition an, deren Reformpolitik im Bereich des Theaters er nach Francos Tod zunächst engagiert unterstützte, zu der er aber in den achtziger Jahren immer mehr auf Distanz ging. In der Bewegung des 'Unabhängigen Theaters' der späten sechziger und frühen siebziger Jahre fand er seine literarische und politische Heimat. Die Aufführungen der Politrevue *Castañuela 70* (1970) der Gruppe Tábano wurden für ihn zu einem Schlüsselerlebnis. 1972 wurde er Mitglied der Gruppe Los Goliardos, von der er 1973 zu Tábano überwechselte. Nach deren Auflösung gründete er mit einigen Weggefährten die Compañía Monumental de las Ventas. Gemeinsam mit Freunden leitete er Aufführungsstätten wie die Sala Cadarso oder El Gayo Vallecano. Während er sich in den ersten Jahren vornehmlich als Schauspieler, Regieassistent, Techniker und Buchhalter betätigte, wirkte er im Laufe der Zeit mehr und mehr an der Textredaktion der gemeinsamen Gruppenproduktionen mit.[1]

Nach ersten eigenständigen Versuchen zwischen 1973 und 1977 folgten ab 1978 fünf Stücke, denen Cabal seinen Ruf als einer der bedeutendsten Nachwuchsdramatiker des demokratischen Spanien verdankt: *Tú estás loco, Briones* ('Du bist verrückt, Briones'), 1978; *Fuiste a ver a la abuela???* ('Hast du die Großmutter besucht???'), 1979; *Vade retro!* ('Vade retro!'), 1979, EA 1982 (veröff. in einem Band, Madrid: Fundamentos, Col. Espiral, 1. Aufl. 1982, 2. Aufl. 1987); *Esta noche gran velada* ('Heute abend großer Kampf'), 1982, EA 1983; *Caballito del diablo* ('Die Libelle'), 1981, EA 1985 (veröff. in einem Band, Madrid: Fundamentos, Col. Espiral, 1. Aufl. 1983, 2. Aufl. 1989). Von 1979 bis 1985 war er Mitglied des Redaktionskomitees der Theaterzeitschrift *Primer acto,* in der er zahlreiche Beiträge und Interviews mit zeitgenössischen Gruppen und

Regisseuren veröffentlichte. Letztere gab er 1975 gemeinsam mit José Luis Alonso de Santos in einem Sammelband heraus.[2] Seit Mitte der achtziger Jahre wandte sich Cabal stärker dem Film und Fernsehen zu, für die er Drehbücher verfaßte und Regiearbeiten übernahm. 1990 schrieb er zwei neue Theaterstücke: *Ello dispara* ('Der Schuß löst sich von selbst'), EA 1990 (veröff. Madrid: Ediciones Marsó-Velasco, 1991) und *Travesía* ('Überfahrt', EA und Veröff. für 1991 vorgesehen). Für seine dramatischen Produktionen wurde der Autor mit mehreren Preisen ausgezeichnet, unter denen insbesondere der Premio Nacional de Teatro von 1984 hervorzuheben ist. Deutsche Übersetzungen von Texten Cabals liegen bislang nicht vor.

Zwischen Neorealismus und Avantgarde

Ähnlich wie José Luis Alonso de Santos behandelt Fermín Cabal in seinen Stücken aktuelle Probleme der zeitgenössischen spanischen Gesellschaft: Vergangenheitsbewältigung und politischer Opportunismus in den Jahren des Übergangs von der Franco-Diktatur zur Demokratie (*Tú estás loco, Briones*), Sozialisationsprobleme in der von konservativ-katholischen Werten beherrschten bürgerlichen Mittelklasse zur Zeit des Franco-Regimes (*Fuiste a ver a la abuela???*), Probleme geistlicher Berufung und kirchlicher Bildungspolitik (*Vade retro!*), Machenschaften im Showgeschäft des Boxsports (*Esta noche gran velada*), Drogenprobleme in der spanischen Jugend der Nach-Franco-Gesellschaft (*Caballito del diablo*). Cabal sieht in der Entfremdung zwischen Bühne und Zuschauern eines der wesentlichen Probleme eines anspruchsvollen, nicht kommerziellen Theaters in Spanien. Sein Ziel ist es, ein breites, möglichst jugendliches Publikum anzusprechen und ihm Themen zu bieten, die es aus eigener Anschauung kennt und denen es in seinem eigenen Alltag ständig begegnet. »Unser augenblickliches Ziel ist es«, heißt es im Handprogramm zu *Tú estás loco, Briones,* »ein Theater zu machen, das einen kritischen Entwurf des Alltäglichen mit aktuellen Themen und Figuren bietet, die dem Leben selbst entnommen sind.« Cabal strebt nach der Verwirklichung einer »Poetik des Alltäglichen«,[3] die unmittelbar an den 'Neuen Realismus' um Franz Xaver Kroetz sowie an das 'Théâtre du Quotidien' der Straßburger Schule der siebziger Jahre erinnert.

Dem Bemühen, ein breites Publikum anzusprechen, dient auch die Verwendung konventioneller realistischer Techniken im Aufbau, in der Handlungsführung, der Raum-Zeit-Gestaltung sowie der Figurenzeichnung. Am deutlichsten ist dies in *Vade retro!* und *Esta noche gran velada,* die Musterbeispiele der Form des geschlossenen Dramas und des aristotelischen Illusionstheaters darstellen. Das zuletzt genannte Stück spielt in der Umkleidekabine des Boxers Kid Peña, der den amtierenden Europameister zu einem Kampf herausgefordert hat, den er aber nach dem Willen seiner Manager verlieren soll. Kurz vor dem Kampf erreicht Kid die Nachricht, daß seine Freundin ihn verlassen hat, Anlaß für Kid, alles hinzuwerfen und aus dem Sumpf der Manipulation auszusteigen, was seine Manager mit allen Mitteln zu verhindern suchen. Der pyramidale Spannungsbogen des Stücks, in dem Spielzeit und gespielte Zeit identisch sind, ist mit äußerstem Geschick gespannt. Die Fragen: Kämpft Kid oder kämpft er nicht? und: Läßt er sich besiegen oder will er gewinnen? halten den Zuschauer vom Anfang bis zum Ende in Atem. Am Schluß des Stücks kehrt Kid als Sieger in die Kabine zurück, doch als er zur Straße hinaustritt, streckt ihn der Schuß aus der Pistole eines bezahlten Killers nieder. Den Mafiamethoden des Boxmanagements widersetzt man sich nicht ungeschoren. *Esta noche gran velada* ist ein völlig konventionelles, aber in seiner Art perfekt gebautes und packendes Stück, dessen Spannung zudem durch entlastende Komik immer wieder unterbrochen wird. Seine melodramatische, an amerikanische Boxerfilme erinnernde Stimmungslage, die jedoch glücklicherweise nicht in dem klischeehaften Happy-End des Hollywood-Films gipfelt, erhöht zweifellos noch seine große Publikumswirksamkeit.

Die Gegenwartsbezogenheit und der kritische Realismus der Dramen Cabals verraten deutlich ihre Herkunft aus dem 'Unabhängigen Theater'. Das gilt in gleicher Weise für den Rückgriff des Autors auf volkstümliche Gattungen wie für seinen Hang zur Komik, mit der er dramatische Situationen immer wieder entschärft. Cabal sieht sich selbst in der ständigen Spannung zwischen seinem Hang zum »Humoristischen« und zum »Dramatischen«, wobei bald die komische, bald die ernste, dramatische Seite überwiegt.[4] Die konventionelle Struktur seiner Stücke legte ihre Aufführung im öffentlichen, staatlich subventionierten oder gar im kommerziellen Theater nahe, und es ist nicht verwunderlich, daß er einen seiner größten Theatererfolge (1983) mit der Inszenierung von *Esta noche gran velada* im privaten Teatro Martín erlebte.

Der Blick aufs breite Publikum barg freilich auch Gefahren in sich, denen Cabal nicht immer entgangen ist. Das zeigt sich in seinem Hang zur Melodramatik ebenso wie in bisweilen allzu billiger Situations- und Farcenkomik, in unübersehbaren Tendenzen zur Schwarz-Weiß-Malerei ebenso wie in der klischeehaften Typisierung vor allem der Nebenfiguren. Zu Recht hat die Kritik auf die Verwandtschaft der Stücke Cabals mit der Tradition des Sainete hingewiesen[5], einer typisch spanischen Form des volkstümlichen Lustspiels, das die großen und kleinen Schwächen der kleinbürgerlichen und mittelständischen Großstadtbevölkerung in einer Mischung aus humorvollem Witz und verständnisvoller Kritik auf der Bühne gestaltet. Um die Jahrhundertwende hatte es in den Stücken von Carlos Arniches sowie der Brüder Serafín und Joaquín Alvarez Quintero eine neue Blüte erfahren, war aber auch in der Zeit nach dem Bürgerkrieg des öfteren wieder aufgegriffen worden, insbesondere in Antonio Buero Vallejos bekanntem Stück *Historia de una escalera*, dessen Aufführung 1949 die Erneuerung des spanischen Nachkriegstheaters einleitete. Mit dem Sainete verbindet die Stücke Cabals auch der perfekte Einsatz der unterschiedlichen Sprachregister des jeweiligen Milieus, aus dem die Figuren stammen und in dem die dramatische Handlung spielt. Das reicht von der rhetorisch-autoritären Verwaltungssprache des Klinikdirektors in *Tú estás loco, Briones* über den Jargon des Boxermilieus in *Esta noche gran velada* bis hin zum *cheli*, dem jugendlichen Slang des Drogenmilieus, in *Caballito del diablo*.

Trotz aller Konventionalität werden Klassifizierungen wie Neorealismus[6] oder Neocostumbrismo[7] dem Werk Cabals nicht gerecht. Vom harmlos-versöhnlichen Sainete unterscheiden ihn die Schärfe seiner Gesellschaftskritik sowie das gewaltsam-tragische Ende seiner Stücke. Mit Recht haben Hazel Cazorla und Jesús Rubio Jiménez betont, daß auch die Komik in den Dramen Cabals und Alonso de Santos' eine nicht nur entlastende, sondern eine bisweilen höchst subversive Funktion besitzt und daß seine Stücke eher an die dramatische Groteskform von Valle-Incláns *esperpento* erinnern.[8] Ferner wird auch die realistische Grundstruktur seiner Stücke des öfteren von ästhetischen Innovationen durchbrochen. In die realistische Szenenfolge von *Tú estás loco, Briones* sind drei irreale Sequenzen eingebaut — ein Alptraum des Protagonisten, ein Gespräch mit einem Franco-Portrait sowie eine Abrechnung mit seinem *alter ego*, das ihm aus dem Spiegel eines Kleiderschranks entgegentritt —, die zu einer grotesken Verzerrung der Wirklichkeit beitragen und zugleich einen tiefen Einblick in die innere Unausgeglichenheit des Helden geben. In *Fuiste a ver a la abuela???* und in *Caballito del diablo* ist die logische Szenenfolge der übrigen Stücke einer an den Film erinnernden Montage von kurzen Bildern gewichen, in der die Einheit von Raum und Zeit in einer Struktur der Inkohärenz und Diskontinuität aufgelöst ist. Nicht zuletzt erweisen die Stücke Cabals ihre Modernität in ihren ständigen metatheatralischen Reflexionen, die sich im bewußten Gestus der Theatralität und Filmpose sowie in theatraler oder filmischer Intertextualität niederschlagen. Mit Robert L. Sheenan kann man das dramatische Werk Fermín Cabals als »Theater zwischen Avantgarde und Realismus« bezeichnen[9], eine Charakterisierung, die in besonderem Maße auf *Caballito del diablo* zutrifft, das nach meiner Einschätzung neben *Tú estás loco, Briones* bislang interessanteste und gelungenste Drama Cabals.

»Caballito del diablo«

Das 1981 verfaßte und am 11. Mai 1985 unter der Regie von Angel Ruggiero uraufgeführte Stück behandelt die hochaktuelle Drogenproblematik im zeitgenössischen Madrid. Das Stück gestaltet in einer Fülle kurzer Bildsequenzen aus dem Leben der Protagonistin Blanca deren allmählichen Ausstieg aus der bürgerlichen Gesellschaft, ihre Flucht in eine Welt des Drogenrauschs bis zu ihrem Tod durch einen 'goldenen Schuß'. Die Flucht Blancas und ihrer Freunde in die Welt der Droge scheint nicht nur in einer grundsätzlichen Opposition gegen die bürgerliche Konsum- und Erwerbsgesellschaft begründet, sondern auch im Gefühl allgemeiner Perspektivelosigkeit und existentiellen Sinnverlustes.

Die Sehnsucht nach einer Traumwelt des Glücks kommt in einer Kindheitserinnerung Blancas zum Ausdruck, die am Anfang und Ende des Stücks wiedergegeben wird und ihren Lebensweg sozusagen einrahmt. Blanca erinnert sich an die Zeit, als sie als Kind mit ihren Cousins stundenlang auf einer Wiese des großväterlichen Bauernhofs lag, den Flug der in der Sonne glitzernden kleinen Libellen über dem Misthaufen beobachtete und sich von dem Summen der Insekten und dem Blau des Himmels in eine Welt des Traums entführen ließ. Auf die Frage des Großvaters an die Kinder, was sie später einmal werden wollten, antwortete das Mächen: eine kleine Libelle, worauf ihre Cousins zu lachen beginnen: »'Die Libellen leben mitten im Mist', sagte der älteste. 'Ja, aber sie berühren ihn nie', entgegnete das Mädchen, 'sie berühren ihn nie.'«[10]

Cabal liebt es, in einem anschaulichen Bild — in *Esta noche gran velada* ist es ein Alptraum Kids, in dem dieser sich als Hummel in ein Honigbekken fallen sieht, sich selbst befreit, um dann jedoch von seinem eigenen Boxstiefel zertreten zu werden — die Quintessenz seiner Stücke wie in einer Art *mise en abîme* zu resümieren. Der Titel des Stücks ist unmittelbar auf Blancas Kindheitserinnerungen bezogen, da *caballito del diablo* im Spanischen 'kleine Libelle' bedeutet. Doch der Titel konnotiert zugleich die Drogenthematik, da *caballo* im Drogenjargon den 'Stoff' bezeichnet. Blancas Leben als Libelle in einer traumhaften Welt paradiesischen Glücks wird damit zugleich zu einem gefährlichen Ritt auf dem 'Drogenpferd' zwischen Misthaufen und Paradies, wobei die Hoffnung, zu dem Misthaufen stets Distanz halten zu können, am Ende wie eine Seifenblase zerplatzt. *Caballito del diablo* gestaltet den gescheiterten Versuch der Protagonistin, ihren Kindheitstraum in die Realität umzusetzen. Was am Ende übrigbleibt, ist die banale Geschichte einer Drogensüchtigen, deren Traum vom Glück zerrinnt und die an einer Überdosis zugrunde geht. Was bleibt, ist ein Roman, den Blanca am Ende über ihr eigenes Leben schreibt und dessen Inhalt sie wie folgt resümiert:

»Um was soll es schon gehen? Um das Milieu. Um das, was mir passiert. Um das, was mir einfällt. Es ist die Geschichte einer Type, die alles unsäglich ankotzt, die sich eine Überdosis verpaßt und die, während sie den Schuß vorbereitet, in ihren Erinnerungen kramt ... Die Geschichte beginnt, als sie klein war und sich heimlich davonmachte, um zum Misthaufen ihres Großvaters spielen zu gehen.« (S. 123)

Das Stück ist die theatralische Umsetzung ihrer Lebenserinnerungen oder — wenn man so will — die Inszenierung ihres autobiographischen Romans. Die Reflexion über das eigene Leben — in der Erinnerung und im Roman — hebt auch im Stück das konventionelle Illusionstheater auf, schafft auch auf der Bühne eine doppelte Ebene der Distanz und ermöglicht dem Zuschauer Abstand und kritische Reflexion.

Dabei wird freilich nie der moralische Zeigefinger des Autors sichtbar. Das Stück wirkt allein durch die vorgeführten Handlungsfragmente, die Dialogausschnitte und die Zeichnung des Drogenmilieus. Es ist die Geschichte der Journalistin Blanca, die nach einer gescheiterten Ehe Teresa, die Schwester ihres Mannes, und deren Freund Celes bei sich aufnimmt und die sich von ihnen mehr und mehr ins Drogenmilieu hinüberziehen läßt, bis sie schließlich ihren bürgerlichen Beruf ganz aufgibt und sich dem Verkauf des Kokains widmet, das Celes aus Thailand nach Spanien geschmuggelt hat. Blancas Rückblick führt den Zuschauer durch das Madrider Junkie-Milieu, durch schmutzige Straßen, düstere Pubs, durch Gefängnisse und Polizeireviere sowie durch die tristen Behausungen der Dealer und Junkies, die zu Blancas Freundes- oder Geschäftskreis gehören. Es ist eine trostlose Welt, in der die Jagd nach Stoff, die Angst vor der Abhängigkeit, existentielle Leere und innere Einsamkeit sowie die verzweifelte Suche nach Glück, Liebe und Geborgenheit vorherrschen. Dabei sind die Figuren zu echter Freundschaft und dauerhaften Beziehungen kaum fähig. In der Welt der Droge herrscht das Gesetz des Dschungels: Jeder betrügt jeden, jeder kämpft gegen jeden, jeder ist vor jedem auf der Hut. »Unter Junkies gibt es kein Gesetz, das gilt«, bringt es eine der Figuren auf den Begriff (S. 116), und Teresa antwortet ihrer »Freundin« Blanca auf deren rhetorisch gemeinte Frage: »Wir sind doch Freundinnen, oder?« mit: »Freundinnen? Wir sind keine Freundinnen. Wir sind Geier« (S. 126). Die Droge führt zu einer völligen Entmenschlichung zwischenmenschlicher Beziehungen.

Allerdings sieht es auch in jener gutbürgerlichen Welt, die Blanca angeekelt verlassen hat und die in dem Stück durch die mit Blanca befreundete Merche vertreten ist, nicht besser aus. Merche hat weder Skrupel, Teresa mit »Tabletten« zu versorgen, noch mit Teresas bzw. Blancas Freund Celes ins Bett zu gehen. Am eindringlichsten demonstriert vielleicht die an Brutalität und Zynismus kaum noch zu überbietende Art, mit der sie Celes vor der Abhängigkeit warnt, die Verrohung ihrer Gefühle: »Wenn du dich kaputt machen willst, wirf dich vor die Metro. Dann hast du es schneller hinter dir.« (S. 114)

Caballito del diablo ist Cabals schwärzestes Stück. Hier ist von der Tradition des Sainete — im Gegensatz zu Alonso de Santos' Drogenstück *Bajarse al moro* — nichts mehr zu spüren. Hier steht auch am Ende nicht wie bei Alonso de Santos ein resigniertes Arrangement mit den Verhältnissen des Lebens, sondern hier steht am Ende der Tod — Tod durchs Messer (Celes) oder Tod durch die Droge (Blanca). Wenn überhaupt einmal Komik aufkommt, dann in der Form schwarzen Humors — so wenn der Leichnam von Celes während der Identifizierung auf dem Leichenwagen kurz den Kopf hebt, um sein Motto zu verkünden: »Die Leute wissen nicht, worum es geht. Wenn sie es wüßten, würden sie alle an der Spritze hängen.« (S. 131) An esperpentische Groteskkomik erinnert es, wenn Teresa sich von der makabren Geschichte des Todes eines Fixers dazu inspirieren läßt, die Rolle Julias, die sie für eine moderne Version von *Romeo und Julia* einübt, umzuinterpretieren, und in überzogener Theatralität nachspielt, wie Julia sich am Grab Romeos den 'goldenen Schuß' setzt (S. 106). Die Geschichte der Protagonisten von *Caballito del diablo* entpuppt sich am Ende selbst als groteske Version der tragischen Liebesgeschichte Shakespeares[11]: Celes stürzt sich mit einem Hammer auf seinen Nebenbuhler und wird von diesem erstochen. Teresa wirft sich vergeblich dazwischen. Blanca sucht verzweifelt bei dem Dealer Sandokán Zuflucht und Trost, weiß aber genau, daß sie diese letztlich nur noch in einer Überdosis findet. Im Drogenmilieu des 20. Jahrhunderts sind nur noch groteske Deformationen der Geschichte Romeos und Julias möglich; in der Wirklichkeit des Drogenmilieus sind selbst idealisierte Fernseh-Superhelden à la Sandokán machtlos. Die mehrfachen Anspielungen oder direkten Verweise auf Figuren der Theater- und Filmgeschichte schaffen immer wieder ironische Distanz und verleihen dem Stück einen Hauch hochgezüchteter Postmodernität, die freilich nie in artistische Spielerei ausartet, sondern hinter der stets die Betroffenheit und das Leiden des Autors — und mit ihm des Zuschauers — an der Unzulänglichkeit und an der Misere des Lebens durchscheinen.

Cabal nimmt in *Caballito del diablo* bei Literatur und Film nicht nur thematische Anleihen. Origineller noch ist seine Übertragung filmischer Montagetechnik auf die Gesamtstruktur des Stücks, das aus etwa 85 kurzen Bildsequenzen besteht, die völlig übergangslos aneinandergereiht werden. Zwar bleibt in dieser Bildfolge ein chronologischer Handlungsablauf (von der Aufnahme Teresas und Celes' in Blancas Wohnung bis zu Celes' Ermordung und Blancas Drogentod) erkennbar, doch werden räumliche Einheit und logischer Zeitablauf nicht nur durch die Fragmentarisierung der Handlung, sondern auch durch ständige *flashbacks* und Überblendungen zerstört. Manche Sequenzen sind lediglich akustisch (durch Tonbandeinspielungen aus dem Off) oder visuell, d.h. durch Einblendung stummer Spielszenen, markiert. Dabei werden einige Bilder wiederholt oder in unterschiedlicher Version gespielt, wie etwa die Auseinandersetzung zwischen Celes und El Marciano, bei der der letztere in einer von Celes imaginierten und in Zeitlupe gespielten Version erschlagen am Boden liegt (S. 121), während er in der 'realen' Version wieder aufsteht und zum Messer greift (S. 130). Diese höchst komplizierte, in räumlichen und zeitlichen Sprüngen vorgehende Struktur entspricht nicht nur der realen Funktionsweise menschlicher Erinnerung (Blanca läßt kurz vor ihrem Tod ihr Leben in Ausschnitten vor ihrer Erinnerung erstehen), die Diskontinuität und Fragmentarisierung der Darstellung spiegelt und symbolisiert zugleich die Inkohärenz und die Sinnlosigkeit des Lebens der dramatischen Figuren. Die äußere dramatische Form wird damit zugleich zu einem wichtigen Sinnträger des gesamten Stücks.

Stücke wie *Esta noche gran velada* und *Caballito del diablo* illustrieren die Spannung des spanischen Dramas der achtziger Jahre zwischen konventionellem und experimentellem Theater. Dabei überwiegt die Rückkehr zur realistischen Konventionalität, was sicherlich auch als Reaktion gegen das überzogene Experimentieren des 'Neuen Spanischen Theaters' zwischen 1965 und 1975 zu erklären ist, das zu einer wachsenden Entfremdung zwischen Theater und Publikum geführt hatte. Die Autoren der achtziger Jahre bringen dabei ihre Erfahrungen mit ein, die sie in den Gruppen des 'Unabhängigen Theaters' gesammelt hatten. Rückkehr zur Konvention aber bedeutete für Cabal nicht Verzicht auf ästhetische Innovation. Sie zeigt sich in *Caballito del diablo* ebenso in literarischer und filmischer Intertextualität wie in der Verwendung der Montagetechniken des Films. Wie Alonso de Santos ist auch Cabal ein Theater- und Filmemacher, der in beiden Medien in gleicher Weise zu Hause ist und in dessen dramatischem Werk die filmischen Interferenzen unübersehbar sind. Deutlich erkennbar ist ferner, daß Cabal neben ausländischen auch die unterschiedlichsten spanischen Theatertraditionen in seinem Werk verarbeitet hat, vom Sainete und dessen grotesker Version in Valle-Incláns Esperpento über den kritischen Realismus der Generation Buero Vallejos und Sastres bis zu den Experimenten des 'Neuen Spanischen Theaters'. Dabei ist ein Drama mit einem ganz eigenen Profil entstanden, in dem die Realität des Theaters der Alltagserfahrung des Zuschauers angenähert wird, in dem Tragik und Komik sich wie im täglichen Leben ständig mischen und in dem die höhnische Aggressivität der tragischen Farce Valle-Incláns und ihrer Nachfolger im 'Neuen Spanischen Theater' ebenso wie die politische und existentielle Tragik des realistischen Dramas der Generation Buero Vallejos auf die Ebene einer modernen Tragikomödie heruntergefahren werden, in der das kritische Engagement der antifranquistischen Linken sich mit der desillusionierenden Erfahrung der letzten Jahre verbindet, daß auch im modernen, demokratischen Spanien der Traum von einer besseren und menschlicheren Welt ein Traum geblieben ist, an dessen Verwirklichung heute niemand mehr ernsthaft glauben möchte.

Anmerkungen

1) Diese und andere Informationen verdanke ich der unveröff. Dissertation von C. Santolaria (*Del teatro independiente al teatro de autor: Fermín Cabal y José Luis Alonso de Santos,* Universität Zaragoza [1989/90]) sowie mehreren Gesprächen mit dem Autor.

2) *Teatro español de los 80,* Madrid: Ed. Fundamentos 1985.

3) Ebda., S. 174; ähnlich in einem Beitrag im *ABC* vom 26. März 1984 (»Teatro para el público«) sowie in einem Interview mit Georg E. Bigelow in *Estreno,* XI,2 (1985), S. 24-27 (»Fermín Cabal. Cifra del teatro español actual: fragmento de una entrevista«).

4) *Teatro español de los 80,* a.a.O., S. 178.

5) Vgl. etwa J.L. Gómez im Prolog zu *Caballito del diablo* in der 2. Aufl. der zit. Ausgabe bei Fundamentos, S. 81-84, sowie J. Rubio Jiménez, »Vom 'Unabhängigen Theater' zum 'Neocostumbrismo'. Das spanische Drama der achtziger Jahre«, in W. Floeck (Hg.), *Spanisches Theater im 20. Jahrhundert,* Tübingen 1990, vor allem S. 317 ff.

6) Vgl. etwa C. Oliva, der von einem neuen Realismus im Theater der achtziger Jahre spricht (*El teatro desde 1936,* Madrid 1989, S. 435).

7) J. Rubio Jiménez, a.a.O. Unter *costumbrismo* versteht man in Spanien eine literarische Tradition, die sich der realistischen, zeitgenössischen Milieu- und Sittenschilderung widmet.

8) H. Cazorla, »El 'guiño esperpéntico' en una obra de Alonso de Santos«, *Revista de Estudios Hispánicos,* 20 (1986), S. 105-114.

9) Zit. nach J. Rubio Jiménez, »Vom 'Unabhängigen Theater' zum 'Neocostumbrismo'«, a.a.O., S. 318, Anm. 15.

10) *Esta noche gran velada. Caballito del diablo,* Madrid 2. Aufl. 1989, S. 131.

11) Vgl. auch J. Rubio Jiménez, »Vom 'Unabhängigen Theater' zum 'Neocostumbrismo'«, a.a.O., S. 327.

Autorinnen und Autoren dieses Buches

Dr. Inge Beisel (Jahrgang 1960) studierte Anglistik, Romanistik (Hispanistik) in Mannheim. Promotion dort 1990. Seit 1989 als wissenschaftliche Angestellte an der Unviersität Mannheim tätig mit Schwerpunkten auf den Gebieten der spanischen und französischen Literatur-/Kulturwissenschaft. Forschungsinteressen: moderne spanische Literatur, Literaturtheorie, Semiotik.

Rosemarie Bollinger (Jg. 1936) besuchte Schule und Universität in Buenos Aires (Argentinien), lebt und arbeitet als Literaturkritikerin und Publizistin in Hamburg. Spezialgebiet: spanisch- und portugiesischsprachige Literatur.

Albrecht Buschmann (Jg. 1964), nach Studium der Hispanistik, Italianistik und Islamkunde in Saarbrücken, Granada und Paris seit 1991 wissenschaftlicher Mitarbeiter am Lehrstuhl für italienische Literaturwissenschaft an der Universität des Saarlandes.

Teresa Delgado (Jg. 1965) studierte Hispanistik und Germanistik an der Universidad Complutense, Madrid, und an der FU Berlin. Seit 1987 lebt sie in Berlin, ist tätig als Mitarbeiterin bei der Zeitschrift *Tranvía*. Zur Zeit arbeitet sie an der FU im Rahmen des studentischen Projektes »Übersetzungen zeitgenössischer spanischer Lyrik«.

Prof. Dr. Klaus Dirscherl (Jg. 1940) studierte Romanistik, Anglistik und Germanistik in München, Manchester und Bordeaux. Seit 1981 lehrt er in Passau Romanische Literaturwissenschaft. Arbeitsgebiete: Literatur der französischen Aufklärung, moderne Lyrik Frankreichs, Spaniens und Portugals, Mentalität und Kultur im Spanien der Franco-Zeit.

Prof. Dr. Hans Felten (Jg. 1938) lehrt Romanische Philologie an der Technischen Hochschule Aachen. Zahlreiche Veröffentlichungen zur spanischen, italienischen und französischen Literatur. Arbeitsschwerpunkt: spanische Lyrik.

Prof. Dr. Angel Raimundo Fernández González (Jg. 1925), studierte an der Univ. Madrid, promovierte in Salamanca. Er arbeitet als Ordinarius für neuere spanische Literatur an der Universität von Navarra in Pamplona. Außer sprachwissenschaftlichen Veröffentlichungen Arbeiten über Jovellanos, Feijoo, Blasco Ibáñez, M. de Unamuno, J. Fernández Santos, R. Sánchez Ferlosio.

Prof. Dr. Wilfried Floeck (Jg. 1943) lehrt Hispanistik an der Universität Gießen. 1968 Promotion in Bonn mit einer Arbeit üer die Cid-Dramen Guillén de Castros u. Pierre Corneilles. 1977 Habilitation in Göttingen mit einer Untersuchung über die Literaturästhetik des französischen Barock. Mitherausgeber der Zeitschrift *Forum Modernes Theater*. Forschungsschwerpunkte: französisches Barock, spanische Aufklärung, französisches und iberoromanisches Theater.

Dr. Reinhold Görling (Jg. 1952) arbeitet nach dem Studium der Germanistik und Politischen Wissenschaften in Hannover als Hochschulassistent. Gleichzeitige Tätigkeit als Literaturkritiker insbesondere spanischer und lateinamerikanischer Literatur für Presse und Rundfunk (*FR*, *NDR*). Forschungsaufenthalte in Barcelona (1978/79) und Sevilla (1987/88). 1985 Promotion mit einer Arbeit zum Thema Literatur und Spanischer Bürgerkrieg (*»Dinamita cerebral«. Politischer Prozeß und ästhetische Praxis im Spanischen Bürgerkrieg*).

Prof. Dr. Friederike Hassauer (Jg. 1951) studierte Romanistik, Germanistik und Kulturwissenschaft in Würzburg, Tübingen, St. Louis und Bochum, wo sie 1980 promovierte. Habilitation 1988 in Siegen, wo sie seit 1989 eine Professur vertritt. Gastprofessuren in Berkeley (Kalifornien) und Mainz. Ab Winter 1991 Lehrstuhl für Romanische Philologie in Wien. Arbeitsschwerpunkte: französische Aufklärung, Reiseliteratur des französischen und spanischen Mittelalters, Frauenforschung. Verschiedene Veröffentlichungen u.a. zur Fabel in der französischen Aufklärung, zur Pilgerfahrt nach Santiago, zur weiblichen Ästhetik.

Dr. Jochen Heymann (Jg. 1956) arbeitet nach einem Studium der Romanistik und Geschichte als wissenschaftlicher Assistent an der Universität Erlangen. Dissertation über italienische Aufklärung. Forschungsschwerpunkte: europäische Aufklärung, spanische und lateinamerikanische Literatur des 20. Jahrhunderts.

Prof. Dr. Dieter Ingenschay (Jg. 1948), seit 1989 im Vorstand des Deutschen Hispanistenverbandes, lehrt Romanische Literaturwissenschaft an der Universität München. Hauptarbeitsgebiete: spanischsprachige Gegenwartsliteratur, literarische Modernität, Ästhetik des Dramas und Theaters, französische Literatur des Spätmittelalters.

Dr. Pere Juan i Tous (Jg. 1952) studierte Philosophie in Barcelona, Romanistik und Germanistik in Würzburg, wo er über das Romanwerk von Pío Baroja promovierte. Zur Zeit tätig als Akademischer Rat an der Universität Paderborn. Mehrere Aufsätze im hispanistischen Bereich. In Arbeit ist eine Habilitationsschrift über Hysterie und Charakterkonzepte in der französischen, spanischen und katalanischen Literatur.

Dr. Susanne Kleinert (Jg. 1952) studierte in Erlangen und Paris, arbeitet als wissenschaftliche Assistentin an der Universität Saarbrücken im Bereich der Hispanistik und Italianistik. Promotion 1979. Forschungsschwerpunkte: Neuere Tendenzen der Geschichtsdarstellung in zeitgenössischen Romanen der Romania.

Prof. Dr. Rolf Kloepfer (Jg. 1942) studierte Romanistik, Germanistik, Komparatistik und Philosophie in Freiburg i.Br., Paris (Sorbonne) und Köln, hat den Lehrstuhl Romanistik III an der Universität Mannheim inne. Hauptforschungsgebiete: Schwerpunkt in den Grenzbereichen von Literaturtheorie, Ästhetik, Semiotik und Kulturanthropologie; dazu zahlreiche Buchveröffentlichungen und Aufsätze.

Prof. Dr. José Manuel López de Abiada (Jg. 1945) lehrt spanische und lateinamerikanische Literatur an der Universität Bern. Forschungsgebiete: spanische Lyrik des 20. Jahrhunderts, lateinamerikanischer Gegenwartsroman, Schelmenroman, die Rezeption der spanischen Literatur im deutschen Sprachraum und die kulturellen Beziehungen Spanien-Schweiz und umgekehrt.

Andreas Mahler (Jg. 1957) arbeitet als Anglist an der Münchner Universität. Er beschäftigt sich derzeit u.a. mit Fragen textuellen/sexuellen Begehrens. Veröffentlichung: »Referenzpunkt oder semantischer Raum«, in: K. Dirscherl (Hg.), *Die italienische Stadt als Paradigma der Urbanität*, Passau 1989.

Montserrat Mullor-Heymann (Jg. 1963) studierte Hispanistik und Germanistik, ist tätig als Lehrbeauftragte an der Universität Erlangen, publizierte mehrere Aufsätze zur modernen spanischen Literatur, die den Forschungsschwerpunkt bildet.

Prof. Dr. Hans-Jörg Neuschäfer (Jg. 1933), seit 1989 Vorsitzender des Deutschen Hispanistenverbandes, lehrt Romanistik an der Universität des Saarlandes. Hauptarbeitsgebiete: moderne spanische Literatur, Literatur des *siglo de oro*, französische Literatur des 19. Jahrhunderts; zahlreiche Buchveröffentlichungen und Aufsätze zu den drei großen romanischen Literaturen (zuletzt: *Macht und Ohnmacht der Zensur. Literatur, Theater und Film in Spanien 1933-1976*).

Dorothee Nolte (Jg. 1963) studierte spanische, französische und deutsche Literatur in Freiburg, Paris und Stanford/Kalifornien. Sie promoviert an der FU Berlin über das Verhältnis von Literatur und Journalismus in Spanien nach 1975; seit 1985 arbeitet sie als freie Journalistin.

Dr. José Rodríguez Richart (Jg. 1930) studierte Romanische Philologie in Valencia und Madrid, ist tätig als Akademischer Direktor (Leiter der spanischen Abteilung) am Fachbereich für Angewandte Sprachwissenschaft sowie Übersetzen/Dolmetschen der Universität des Saarlandes. Hauptarbeitsgebiete: moderne spanische Literatur; Sprachwissenschaft. Arbeiten über das Theater Casonas und über Pedro Salinas.

Dr. habil. Christoph Rodiek (Jg. 1947) ist als Privatdozent für Vergleichende Literaturwissenschaft an der Universität Bonn tätig. Dissertation über Menéndez Pelayo, Habilitationsschrift über internationale Cid-Rezeption. Forschungsschwerpunkte: spanisch-deutsche Literaturbeziehungen, literarische Wertung, Thematologie, literarische Übersetzung, Rezeptionsforschung.

Andrea Rössler (Jg. 1964) studierte Hispanistik und Germanistik in Göttingen und Zaragoza. Nach dem 1. Staatsexamen (1989) Arbeit an einer Promotion am Seminar für Romanische Philologie in Göttingen. Verfasserin diverser Aufsätze, Lexikonartikel und Rezensionen zur spanischen Gegenwartsliteratur. Deutsche Übersetzung von Juan Marsé, *Ultimas tardes con Teresa* (1988).

Dr. habil. Jürgen Sieß (Jg. 1942), Privatdozent, z.Z. Gastprofessor an der Universität Caen (Frankreich). Romanistische und komparatistische Veröffentlichungen; Arbeiten zur spanischsprachigen Literatur u.a. über Lorcas späte Dramen, C.J. Cela und den 'existentialistischen' Roman, J.C. Onetti, Rosario Castellanos. Übertragung einer Auswahl von Gedichten von Miguel Hernández.

Prof. Dr. Kurt Spang (Jg. 1938) studierte Romanistik (Schwerpunkt Hispanistik) und Anglistik an der Universität des Saarlandes, der Sorbonne, der Universidad Complutense, Madrid; promovierte an der FU Berlin. Er ist Ordinarius für Literaturtheorie an der Universität von Navarra, Pamplona. Außer literaturtheoretischen Veröffentlichugen Arbeiten über R. Alberti, J.A. Zunzunegui, J.C. Cela, G. Torrente Ballester, A. Sastre.

Prof. Dr. Hartmut Stenzel (Jg. 1949) lehrt französische und spanische Literatur an der Universität Gießen. Hauptarbeitsgebiete: Theater des *siglo de oro*, französische Klassik, Entstehung der modernen Lyrik in Frankreich und Spanien.

Dr. habil. Alfonso de Toro (Jg. 1950) studierte Romanistik, Philosophie und Germanistik in München. Seit 1978 tätig am Romanischen Seminar der Universität Kiel. Zahlreiche Publikationen zur spanischen, lateinamerikanischen, französischen und italienischen Literatur, zu Semiotik, Gattungstheorie und Epistemologie (darunter: *Zeitstrukturen im Gegenwartsroman*, 1986, span. *Los laberintos del Tiempo*, 1991; *Texto — Mensaje — Recipiente*, 1987/90; *Texte — Kontexte — Strukturen*, 1988).

Dr. habil. Monika Walter (Jg. 1942), wissenschaftliche Mitarbeiterin am Zentralinstitut für Literaturgeschichte in Berlin (Ost), promovierte und habilitierte mit Themen zur spanischen Literatur des *siglo de oro* und zur Literaturtheorie von J. Ortega y Gasset. Aktuelle Forschungsschwerpunkte: Poetiken im Gegenwartsroman Spaniens und Lateinamerikas, Diskurs der Chronikliteratur des 16. Jahrhunderts, Kulturtheorien und die Beziehungen zwischen Literatur und audiovisuellen Medien in Lateinamerika.

Horst Weich (Jg. 1956) ist Hispanist in Passau. Hauptinteressensgebiet: Fragen der katholischen Glaubenslehre. Veröffentlichung: »Roma — capital de la meada«, in: K. Dirscherl (Hg.), *Die italienische Stadt als Paradigma der Urbanität*, Passau 1989.